Studienreihe Informatik

Herausgegeben von W. Brauer und G. Goos

G. Blaschek G. Pomberger F. Ritzinger

Einführung in die Programmierung mit Modula-2

Zweite, korrigierte Auflage

Mit 26 Abbildungen

Springer-Verlag
Berlin Heidelberg New York
London Paris Tokyo

Günther Blaschek
Institut für Informatik der Johannes-Kepler-Universität Linz
A-4040 Linz

Gustav Pomberger
Institut für Informatik der Universität Zürich-Irchel
Winterthurerstraße 190, CH-8057 Zürich

Franz Ritzinger
Institut für Informatik der Johannes-Kepler-Universität Linz
A-4040 Linz

ISBN-13:978-3-540-18077-7   e-ISBN-13:978-3-642-72839-6
DOI: 10.1007/978-3-642-72839-6

CIP-Kurztitelaufnahme der Deutschen Bibliothek
Blaschek, Günther: Einführung in die Programmierung mit Modula-2 /
G. Blaschek; G. Pomberger; F. Ritzinger. – 2. korrigierte Auflage.
Berlin; Heidelberg; New York; London; Paris; Tokyo: Springer 1987.
(Studienreihe Informatik)
ISBN-13:978-3-540-18077-7

NE: Pomberger, Gustav:; Ritzinger, Franz;

Inhalt

Vorwort

Dieses Buch wendet sich sowohl an den Programmieranfänger als auch an den erfahrenen Programmierer, der die Sprache Modula-2 erlernen will. Es beschränkt sich nicht auf die Beschreibung von Modula-2, sondern versucht, dem Leser den Begriff des Algorithmus nahezubringen und dessen Realisierung in Modula-2 zu zeigen.

Die Programmiersprache Modula-2 wurde von Niklaus Wirth, dem Erfinder der mittlerweile weltbekannt gewordenen Programmiersprache Pascal, entworfen und 1978 der Öffentlichkeit vorgestellt. Sie hat, verglichen mit anderen Programmiersprachen wie z.B. Ada, COBOL oder PL/I, einen geringen Sprachumfang und ist daher leicht erlernbar. Trotzdem enthält sie die wichtigsten Sprachelemente, die zur Formulierung kompliziertester Algorithmen und zur Realisierung der modernen Konzepte des Software-Engineering erforderlich sind. Modula-2 zeichnet sich durch einen sehr systematischen Aufbau aus, ermöglicht das Schreiben gut lesbarer Programme und unterstützt viele Prinzipien des modernen Software-Engineering; all dies macht die Sprache zu einem vernünftigen Instrument auch der Einführung in die Grundlagen der Programmierung.

Ziel dieses Lehrbuchs ist es, in zeitgemäße Methoden des Programmentwurfs einzuführen, ein solides Grundwissen der Programmiertechnik zu vermitteln und den Gebrauch der Programmiersprache Modula-2 an vielen Beispielen einzuüben. Beim Leser wird nichts weiter vorausgesetzt als eine gewisse Fähigkeit zum abstrakten Denken, Freude am Lösen von Problemen und der Wille, sich mit komplexen Zusammenhängen auseinanderzusetzen.

Das Buch gliedert sich in zwei Teile, die je drei Kapitel umfassen. Ein Teil behandelt die Grundbegriffe der Programmierung (Kapitel 1, 2 und 5), der andere beschäftigt sich mit der Programmierung in Modula-2 (Kapitel 3, 4 und 6).

In *Kapitel 1* wird der Algorithmusbegriff eingeführt. Es wird versucht, dem Leser das Verständnis von Problemen verschiedenster Art und von deren Lösung durch Angabe von Algorithmen näherzubringen. Das Kapitel wendet sich daher in erster Linie an den Programmieranfänger.

Kapitel 2 behandelt die Grundbegriffe des Programmentwurfs. Es wird gezeigt, wie schwierige und unüberschaubare Probleme durch systematische Zerlegung in Teilprobleme gelöst werden können und nach welchen Kriterien man die dabei entstandenen Teillösungen zu Programmbausteinen (Moduln) zusammenfassen kann. Dieses Kapitel wendet sich ebenfalls an den Programmieranfänger. Die hier diskutierten Programmentwurfstechniken sind jedoch keineswegs trivial und auch vielen erfahrenen Programmierern unbekannt, die mithin ebenfalls aus diesem Abschnitt Nutzen ziehen können.

Kapitel 3 beschreibt die Programmiersprache Modula-2, von den einfachen Sprachelementen zu den komplizierten fortschreitend. Es ist so aufgebaut, daß es vom Programmierer als Nachschlagewerk verwendet werden kann, d.h. es enthält alle Details, die für den Modula-2-Programmierer von Bedeutung sind.

Mit diesen ersten drei Kapiteln sind die Grundlagen geschaffen, die es erlauben, ausführlich auf Teilprobleme bei der Anwendung von Modula-2 einzugehen. Dies geschieht in *Kapitel 4*.

Kapitel 5 behandelt die Problematik des Testens von Programmen und diskutiert, was guter Programmierstil ist. Auch dieses Kapitel sei, obwohl es streng genommen ebenfalls noch von Grundlagen handelt, dem erfahrenen Programmierer zum Studium empfohlen - guter Programmierstil ist in der Praxis keineswegs eine Selbstverständlichkeit.

Auf dem Gebiet der Hardware hat es in den letzten Jahren eine atemberaubende Entwicklung gegeben. Weniger stürmisch, aber keineswegs von geringerer Bedeutung war die Entwicklung von Prinzipien des Software-Engineering. *Kapitel 6* behandelt, wie wichtige Konzepte des Software-Engineering von Modula-2 unterstützt werden.

Die meisten Kapitel und viele Abschnitte enthalten Übungsaufgaben, die dem Leser helfen sollen, das erlernte Wissen zu vertiefen und seinen Wissensstand zu überprüfen.

In diesem Buch sind vor allem die Erfahrungen der Autoren aus der Mitarbeit an Lehrveranstaltungen der Fachgebiete "Einführung in die Programmierung", "Algorithmen und Datenstrukturen", "Übersetzerbau", "Softwaretechnik" und aus verschiedenen Programmierpraktika eingeflossen. Die eingearbeiteten Beispiele und Übungsaufgaben sind zum Großteil diesen Lehrveranstaltungen entnommen.

Dank

Es ist uns unmöglich, alle Personen anzuführen, die das Entstehen dieses Lehrbuchs beeinflußt haben. Besonderer Dank für wertvolle Anregungen und viele Diskussionen sowie für die Durchsicht des Manuskripts gebührt unserem Lehrer Herrn *Prof. P. Rechenberg*. Auch unseren Kollegen *P. Mössenböck* und *P. Schnorf* sind wir Dank schuldig; sie haben unser Manuskript sorgfältig studiert und viele wertvolle Verbesserungsvorschläge gemacht. Außerdem möchten wir uns beim Verlag für die gute Zusammenarbeit bedanken. Zu guter Letzt sind wir Frau *I. Schmittner* zu großem Dank für ihre Geduld und ihre tatkräftige Mithilfe bei der Herstellung des Manuskripts verpflichtet.

Linz, Zürich, im Januar 1986

G. Blaschek
G. Pomberger
F. Ritzinger

1 Algorithmen

Ziel dieses Buches ist es, das für die Anwendung der Programmiersprache Modula-2 notwendige Wissen zu vermitteln. Bevor man mit einer Programmiersprache umzugehen lernt, muß man wissen, was ein Programm ist und wie man Programme konstruiert. Wir wollen daher in diesem Kapitel einige der wichtigsten Grundlagen der Programmierung einführen. Da dies fundamentale Dinge sind, können wir sie nicht formal unter Zuhilfenahme anderer Begriffe definieren; vielmehr wollen wir versuchen, sie anhand von Beispielen zu beschreiben.

Eng verbunden mit dem Begriff *Programm* ist der Begriff *Algorithmus*. Algorithmen sind keine Besonderheit der Informatik - wir begegnen ihnen oft im Alltag, ohne sie als solche zu erkennen -, sie nehmen aber eine zentrale Stellung innerhalb der Informatik ein. Es ist deshalb nützlich, wenn wir gleich im ersten Kapitel erläutern, was wir unter Algorithmen verstehen, welche Eigenschaften Algorithmen haben und was sie für die Programmierung bedeuten. Wir werden dabei so vorgehen, daß wir zuerst einige Beispiele angeben, dann auf allgemeine Eigenschaften von Algorithmen eingehen und daraus eine Definition des Algorithmusbegriffs herleiten. Nach der Beschreibung verschiedener Darstellungsarten von Algorithmen geben wir typische Beispiele für einfache Algorithmen an und diskutieren abschließend den Zusammenhang zwischen Algorithmen und Programmen.

1.1 Beispiele für Algorithmen

Zur Lösung einer Aufgabe (eines Problems) bedarf es einer eindeutigen Vorschrift, die genau festlegt, welche Aktionen (Handlungen) nacheinander auszuführen sind. Die formale Beschreibung einer Lösungsvorschrift nennt man *Algorithmus*.

Ein einfaches Beispiel dafür ist:

(1) Addiere zwei natürliche Zahlen a und b.

(2) Bezeichne die dadurch erhaltene Summe mit s.

Ein Algorithmus besteht also aus einer Aneinanderreihung von mehr oder weniger komplexen *Aktionen*. Jede Aktion bedingt das Vorhandensein von *Objekten*, auf die sie angewandt wird und deren Zustandsänderung dann das Ergebnis der Aktion darstellt. Die Objekte für obigen Algorithmus sind a, b und s. Jedem Objekt ist ein *Wertebereich* zugeordnet; in unserem Beispiel haben alle drei Objekte denselben Wertebereich: die natürlichen Zahlen.

Beispiele für Algorithmen finden sich aber durchaus nicht nur in der Mathematik; vielmehr kann man auch ganz alltägliche Vorgänge algorithmisch beschreiben. Um dies klarzumachen, sei ein Beispiel angeführt, das nichts mit Rechenvorschriften und schon gar nichts mit einem Computerprogramm zu tun hat.

Angenommen, jemand wird beauftragt, mit Herrn Maier einen Gesprächstermin zu vereinbaren. Mit der Aussage

"Vereinbare Gesprächstermin mit Herrn Maier"

ist im Prinzip schon ein Algorithmus gegeben, der allerdings nur dann von einem *Prozessor* ausgeführt werden kann, wenn dieser versteht, welche Aktionen diese Vorschrift im einzelnen umfaßt. Unter einem Prozessor verstehen wir mit Wirth (vgl. Wirth 1978) die treibende Kraft, die die Aktionen eines Algorithmus ausführt. Es ist unerheblich, ob es sich dabei um einen Menschen oder um eine Maschine handelt. Wichtig ist, daß es eine Vereinbarung über die Bedeutung der Aktionsbeschreibung gibt. Wenn es eine derartige Vereinbarung nicht gibt (d.h. wenn eine Formulierung noch nicht exakt genug ist), muß die Vorschrift weiter präzisiert werden. Die Vorschrift muß so lange in eine Sequenz von Aktionen aufgeteilt werden, bis die Bedeutung jeder Aktion für den Prozessor eindeutig ist.

Im folgenden geben wir für die Vorschrift "Vereinbare Gesprächstermin mit Herrn Maier" eine mögliche Sequenz von Handlungen an, die für einen menschlichen Prozessor, der die Vorschrift ausführen soll, exakt genug ist.

Von Bedeutung ist dabei auch die bei der Beschreibung verwendete Nomenklatur. Wir formulieren die einzelnen Aktionen in stilisiertem Deutsch und schließen jede Handlung durch einen Punkt ab. Bei komplexeren Handlungen, d.h. solchen, die sich aus mehreren einfachen Aktionen zusammensetzen, schreiben wir die einzelnen Aktionen eingerückt, zum Beispiel:

```
Solange Maiers Nummer besetzt ist, wiederhole:
   Hörer auflegen.
   Hörer wieder abnehmen.
   Nochmals Maiers Nummer wählen.
```

Die Vorschrift "Vereinbare Gesprächstermin mit Herrn Maier" läßt sich dann folgendermaßen festlegen:

```
Maier im Telefonverzeichnis für Wien suchen.
Wenn Maier nicht gefunden
   dann:
      Brief schreiben.
      Ende.
   sonst:
      Solange nicht mit Maier gesprochen, wiederhole:
         Hörer abheben.
         Maiers Nummer wählen.
         Solange Maiers Nummer besetzt ist, wiederhole:
            Hörer auflegen.
            Hörer wieder abheben.
            Nochmals Maiers Nummer wählen.
         Wenn sich jemand meldet
            dann:
               Fragen "Wer spricht bitte?"
               Wenn Antwort "Maier"
                  dann:
                     Gesprächstermin vereinbaren.
                  sonst:
                     Entschuldigung.
            Hörer auflegen.
```

```
        sonst:
            Hörer auflegen.
    Ende.
```

Dieses Beispiel zeigt bereits eine wichtige Eigenschaft von Algorithmen, nämlich die Hintereinanderausführung (*Sequenz*) von Aktionen. Wie schon in unserem ersten Beispiel, so besteht auch hier der Algorithmus aus einer Menge von Aktionen und einer Menge von Objekten (z.B. Herr Maier, Telefonverzeichnis, Hörer), auf die die Aktionen angewandt werden.

Ferner sehen wir, daß komplexe Aktionen in mehrere Teilaktionen zerlegt werden und daß es in bestimmten Fällen notwendig ist, in Abhängigkeit von einer Bedingung unterschiedliche Aktionsfolgen auszuführen. Wir bezeichnen diesen Sachverhalt als *Verzweigungsaktion* oder *Fallunterscheidung* und haben dafür folgende verallgemeinerte Schreibweise verwendet:

```
Wenn Bedingung X erfüllt ist
    dann:
        aktionsfolge 1
    sonst:
        aktionsfolge 2
    aktionsfolge 3
```

Das bedeutet: Wenn X wahr ist, wird zuerst *aktionsfolge 1* und dann *aktionsfolge 3*, sonst (wenn X nicht wahr ist) wird zuerst *aktionsfolge 2* und dann *aktionsfolge 3* ausgeführt.

Häufig wird es auch notwendig sein, aufgrund bestimmter Kriterien eine Aktionsfolge mehrmals hintereinander auszuführen. Wir führen dafür eine *Wiederholungsaktion* (oder auch *Schleife*) ein und wählen dafür die folgende verallgemeinerte Schreibweise:

```
Solange Bedingung Y wahr ist, wiederhole:
    aktionsfolge 1
aktionsfolge 2
```

Das bedeutet, daß zuerst geprüft werden muß, ob Y wahr ist. Wenn dies nicht der Fall ist, wird sofort *aktionsfolge 2* ausgeführt. Sonst (d.h. wenn Y wahr ist) wird *aktionsfolge 1* ausgeführt. Danach muß geprüft werden, ob Y immer noch wahr ist. Wenn dies der Fall ist, wird *aktionsfolge 1* nochmals ausgeführt und der Vorgang so lange wiederholt, bis der Fall "Y ist falsch" eintritt. Erst dann wird *aktionsfolge 2* ausgeführt.

Beim Entwurf eines Algorithmus müssen wir darauf achten, daß die in ihm verlangten Aktionen eindeutig ausgeführt werden können. Wenn in unserem Beispiel im Telefonverzeichnis von Wien mehrere Einträge für Personen mit dem Familiennamen "Maier" existieren, so ist nicht klar, wie die Aktion "Maiers Nummer wählen" auszuführen ist.

Ein Algorithmus ist eine Verfahrensvorschrift, die keinen Interpretationsspielraum zuläßt. Das gilt besonders dann, wenn der Prozessor ein Computer sein soll. Bei der Formulierung von Algorithmen müssen daher auch alle möglichen Sonderfälle vorbedacht werden. Wenn in unserem Beispiel der Fall eintritt, daß Herr Maier längere Zeit verreist ist, kann die Erfüllung der Bedingung "jemand meldet sich" sehr lange auf sich warten lassen, während der Prozessor pflichtgetreu immer wieder dieselbe Nummer wählt. Um zu zeigen, welche Sorgfalt bei der Formulierung eines Algorithmus aufgewendet werden muß, stellen wir uns die Aufgabe, einen Algorithmus zur Lösung quadratischer Gleichungen zu entwerfen.

Bevor wir damit beginnen können, müssen wir genau festlegen, was gegeben und was gesucht ist. Wir nennen dies die *Spezifikation des Algorithmus*. Es ist klar, daß die Spezifikation so abgefaßt sein muß, daß sie *vollständig* und *eindeutig* festlegt, was gegeben und was gesucht ist.

Die Spezifikation

"Gesucht ist ein Algorithmus zur Lösung der Gleichung $a_2x^2+a_1x+a_0=0$"

reicht daher nicht aus, um unsere Aufgabe zu lösen. Weder ist festgelegt, was gegeben und was gesucht ist, noch welche Nebenbedingungen und Sonderfälle auftreten können.

Wir präzisieren unsere Spezifikation deshalb folgendermaßen:

"Gegeben sind die Werte der Koeffizienten a_0, a_1 und a_2. Die Koeffizienten haben beliebige reelle Werte.

Gesucht sind alle (reellen und komplexen) Werte von x, für die die Gleichung $a_2x^2+a_1x+a_0=0$ erfüllt ist."

Nun haben wir eine klare eindeutige Spezifikation und beginnen den Entwurf unseres Algorithmus damit, eine Lösungsidee anzugeben.

Aus der Mathematik wissen wir, daß nach Transformation der Gleichung zu $x^2+b_1x+b_2=0$ die Formel für die Lösung einer quadratischen Gleichung lautet:

$$x_{1,2} = -b_1/2 \pm \sqrt{(b_1/2)^2 - b_2}$$

Diese Kenntnis vorausgesetzt, müssen wir also zuerst die Diskriminante $(b_1/2)^2-b_2$ berechnen und dann in Abhängigkeit von ihrem Wert die reellen oder komplexen Lösungen. Wir müssen aber auch die Sonderfälle berücksichtigen, z.B. daß einer oder auch mehrere der Koeffizienten Null sind. Dann müssen wir unter Umständen gar keine quadratische, sondern nur eine lineare Gleichung lösen (z.B. wenn $a_2=0$). Oder es liegt überhaupt eine falsche Angabe vor (z.B. $a_2=0$, $a_1=0$, $a_0\neq0$). Den gesuchten Algorithmus können wir dann etwa folgendermaßen beschreiben:

```
Wenn a₂=0 ist
   dann:
      Wenn a₁=0 ist (d.h. a₂=a₁=0)
         dann:
            Wenn a₀≠0 ist
               dann: (a₀≠0 und a₀=0 ist Widerspruch ⇒ Gleichung falsch)
                  Ende.
```

```
        sonst: (a_0=a_1=a_2=0  ⇒  0x²+0x+0=0, für alle x erfüllt)
              Ende.
        sonst (d.h. a_2=0 und a_1≠0)
              x = -a_0/a_1 (Sonderfall lineare Gleichung).
              Ende.
   sonst:  (a_2≠0)
      b_1 = a_1/a_2.
      b_2 = a_0/a_2.
      d = (b_1/2)²-b_2.
      Wenn d<0
         dann:
            x_1 = -b_1/2 + i √|d|.
            x_2 = -b_1/2 - i √|d|.
            Ende.
         sonst:
            x_1 = -b_1/2 + √|d|.
            x_2 = -b_1/2 - √|d|.
            Ende.
```

Damit sollte deutlich geworden sein, wie sorgfältig wir sowohl bei der Spezifikation als auch beim Entwurf eines Algorithmus vorgehen müssen. Eine der häufigsten Fehlerquellen bei der Formulierung von Algorithmen ist, daß der Mensch als Prozessor zwar die meisten Sonderfälle unbewußt berücksichtigt, sie aber bei der Beschreibung eines Algorithmus außer acht läßt. Wenn wir eine Maschine als Prozessor verwenden, führt das unweigerlich zu undefinierten Zuständen oder fehlerhaften Lösungen.

1.2 Definition des Begriffs "Algorithmus"

Der Algorithmusbegriff wurde von vielen Fachleuten (Mathematikern, Informatikern) in unterschiedlicher Weise definiert. Wir wollen zunächst einige dieser Definitionen anführen, dann diese mit den Eigenschaften von Algorithmen, wie wir sie in unseren Beispielen beobachten konnten, vergleichen und daraus schließlich eine für unsere Zwecke geeignete Definition des Algorithmusbegriffs ableiten.

In Knuth 1973 finden wir folgende Definition:

(1) Ein Algorithmus muß nach endlich vielen Schritten enden.

(2) Jeder Schritt eines Algorithmus muß exakt beschrieben sein; die in ihm verlangten Aktionen müssen präzise formuliert und in jedem Falle eindeutig interpretierbar sein.

(3) Ein Algorithmus hat keine, eine oder mehrere Eingangsgrößen, d.h. Größen, die von ihm benutzt und deren Werte vor Beginn seiner Ausführung festgelegt werden müssen.

(4) Ein Algorithmus hat eine oder mehrere Ergebnisgrößen, d.h. Größen, deren Werte in Abhängigkeit von den Eingangsgrößen während der Ausführung des Algorithmus berechnet werden.

(5) Ein Algorithmus muß so geartet sein, daß die in ihm verlangten Aktionen im Prinzip von einem Menschen in endlicher Zeit mit Papier und Bleistift ausgeführt werden können.

Aho, Hopcroft und Ullman geben folgende Definition an (vgl. Aho et al. 1975):

Ein Algorithmus ist eine endliche Folge von Instruktionen, die alle eindeutig interpretierbar und mit endlichem Aufwand in endlicher Zeit ausführbar sind. Algorithmen enthalten Instruktionen zur Formulierung von (beliebig vielen) Wiederholungen anderer Instruktionen. Unabhängig von den Werten der Eingangsgrößen endet ein Algorithmus stets nach endlich vielen Instruktionsschritten. Ein Programm ist dann ein Algorithmus, wenn für alle möglichen Eingabewerte sichergestellt ist, daß keine Instruktion unendlich oft wiederholt wird.

In Kronsjö 1979 heißt es:

Ein Verfahren, beschrieben durch eine endliche Menge von eindeutig interpretierbaren Regeln, das eine endlich lange Folge von Operationen zur Lösung eines Problems oder einer speziellen Problemklasse beschreibt, wird Algorithmus genannt.

Bauer und Goos schreiben (vgl. Bauer u. Goos 1982):

Ein Algorithmus ist eine präzise, d.h. in einer festgelegten Sprache abgefaßte, endliche Beschreibung eines allgemeinen Verfahrens unter Verwendung ausführbarer elementarer (Verarbeitungs-) Schritte.

Und in Rechenberg 1974 finden wir die Definition:

Ein Algorithmus ist ein endliches schrittweises Verfahren zur Berechnung gesuchter aus gegebenen Größen, in dem jeder Schritt aus einer Anzahl ausführbarer eindeutiger Operationen und einer Angabe über den nächsten Schritt besteht.

Diese Definitionen sind zwar alle ähnlich, unterscheiden sich aber doch erheblich in ihrer Präzision und ihrem Inhalt.

Sie stimmen darin überein, daß Algorithmen Beschreibungen für schrittweise Problemlösungsverfahren mit endlich langem Beschreibungstext sind. Einigkeit herrscht auch darüber, daß die Aktionen des Verfahrens eindeutig und ausführbar sein müssen. Während jedoch in der Definition von Bauer und Goos nichts darüber ausgesagt wird, ob ein Algorithmus in endlicher Zeit terminiert oder nicht, wird in den anderen Definitionen explizit angegeben, daß nur Problemlösungsverfahren, die in endlicher Zeit terminieren, als Algorithmen bezeichnet werden. Knuth und Rechenberg legen ausdrücklich fest, daß Algorithmen mindestens eine Ergebnisgröße haben müssen; in den anderen Definitionen wird dies nicht gefordert.

Analysieren wir nun unsere bisher besprochenen Beispiele, so lassen sich daraus folgende Eigenschaften von Algorithmen ablesen:

1. Algorithmen sind Problemlösungsverfahren, die sich aus einzelnen Schritten (Aktionen) zusammensetzen.

2. Jede Aktion hat einen Effekt, der eine Änderung der Werte von Objekten bewirken kann (aber nicht muß) und (implizit oder explizit) bestimmt, welche Aktion als nächste ausgeführt werden soll.

   Beispiele

   (1) Die Aktion "Setze x gleich der Summe von a und b" ändert den Zustand des Objektes x und bestimmt implizit, daß als nächstes die (im Text) folgende Aktion des Algorithmus ausgeführt werden soll.

   (2) Die Aktion "Verzweige zu Aktion 3" bestimmt nur, welche Aktion als nächste ausgeführt werden soll (unter der Annahme, die Aktionen seien numeriert), läßt aber alle Objekte des Algorithmus unverändert.

3. Jede Aktion muß eindeutig interpretierbar sein. Die Eindeutigkeit bezieht sich dabei auf den Prozessor, der den Algorithmus ausführen soll; für ihn darf es keinen Interpretationsspielraum geben.

   Beispiele

   (1) Die Aktion "Gehe bis zur nächsten Kreuzung und biege ab" ist unter Umständen nicht eindeutig, nämlich dann nicht, wenn es darauf ankommt, ob nach links oder nach rechts abgebogen werden soll.

   (2) Die Aktion "Addiere den Wert Eins zum Ergebnis der Operation $\sqrt{x}$ " ist ebenfalls nicht eindeutig interpretierbar, weil das Ergebnis der Operation $\sqrt{x}$ positiv und negativ gedeutet werden kann.

4. Jede Aktion muß ausführbar sein, d.h. sie muß so geartet sein, daß der Prozessor, der den Algorithmus ausführen soll, auch dazu in der Lage ist. Eine nicht ausführbare Aktion wäre z.B.

```
Wenn 2 die grösste ganze Zahl n ist, für die eine Gleichung
   xⁿ+yⁿ=zⁿ ganzzahlige Lösungen x,y,z hat
dann:
  setze X = 2.
sonst:
  setze X = 0.
```

   weil es keinen Prozessor gibt, der die angegebene Frage beantworten kann (Fermat'sches Problem).

5. Jeder Algorithmus muß statisch endlich sein, d.h. seine Formulierung muß mit endlich vielen Zeichen möglich sein. Anders verhält es sich mit der dynamischen Endlichkeit bzw. Unendlichkeit. Die meisten Algorithmen (in dem hier gemeinten Sinn) enden natürlich in endlicher Zeit, aber es gibt auch Prozesse, die endlos sind. Beispiele dafür sind Algorithmen zur Ampelsteuerung oder zur Steuerung eines Dialogs zwischen einem Computer und einem Benutzer. Wenn

wir diese Prozesse als Algorithmen auffassen, müssen Algorithmen nicht notwendigerweise enden. Die dynamische Endlichkeit ist deshalb kein besonderes Kennzeichen für *unseren* Algorithmusbegriff.

6. Algorithmen besitzen in der Regel Objekte, deren Werte vor der Ausführung des Algorithmus festgelegt werden - wir nennen sie *Eingangsobjekte* -, und solche, die während der Ausführung einen bestimmten Wert zugewiesen bekommen. Ein Teil der Objekte (d.h. ihre Werte) bilden das Ergebnis des Algorithmus - wir nennen sie *Ausgangs-* oder *Ergebnisobjekte*. Alle übrigen Objekte bezeichnen wir als *lokale Hilfsobjekte*.

Beispiel

Der Algorithmus zur Lösung quadratischer Gleichungen aus Abschnitt 1.1 benutzt die Eingangsobjekte a_0, a_1 und a_2, die Ausgangsobjekte x, x_1 und x_2 und die lokalen Hilfsobjekte b_1, b_2 und d.

Es gibt aber auch Algorithmen, die keine Eingangsobjekte besitzen. Ein Beispiel dafür ist ein Algorithmus, der die Aufgabe "Bestimme die ersten 1000 Primzahlen" löst. Er benötigt kein Eingangsobjekt. Es gibt auch Algorithmen, die keine Ausgangsobjekte besitzen. Ein Beispiel dafür ist ein Algorithmus, der die Aufgabe "Warte, bis eine Taste gedrückt ist" löst. Dieser Algorithmus kann ohne Ausgangsobjekte formuliert werden, und wir können auch nichts darüber aussagen, ob und wann der Algorithmus endet.

Die Frage, ob ein Algorithmus Ein- und/oder Ausgangsobjekte besitzt, ist also von seiner Spezifikation abhängig. Das Vorhandensein von Ein- und/oder Ausgangsobjekten ist daher kein spezifisches Kennzeichen des Algorithmus, wie wir ihn verstehen wollen.

Wir wollen unter Hinweis auf die oben angeführten Erläuterungen definieren:

Ein *Algorithmus* ist ein mit endlich langem Text formuliertes, schrittweises Problemlösungsverfahren, in dem jeder Schritt (Aktion) für eine bestimmte Klasse von Prozessoren eindeutig und ausführbar ist. Die Ausführung eines Schrittes kann (muß aber nicht) eine Zustandsänderung von Objekten bewirken und schließt die Bestimmung der als nächstes auszuführenden Aktion mit ein.

Diese Definition ist für unsere Zwecke hinreichend klar und präzise. Sie ist jedoch nicht präzise im mathematischen Sinn und unterscheidet sich von anderen Definitionen dadurch, daß sie keine Aussagen über die dynamische Endlichkeit und die Zahl der Ein/Ausgangsobjekte enthält.

1.3 Objekte und Aktionen

Wenn wir als Vorbereitung für das Schreiben von Computerprogrammen Algorithmen formulieren, müssen wir wissen, welche Aktionen und Objekte wir verwenden dürfen. Es hat nur Sinn, Aktionen anzugeben, die ein Computer ausführen kann, und Objekte zu definieren, die ein Computer manipulieren kann. Wir wollen daher im folgenden festlegen, welche Objekte und Aktionen wir (vorläufig) für die Formulierung von Algorithmen zulassen.

Zugelassene Objekte

Wir unterscheiden grundsätzlich *zwei Arten von Objekten*: solche, deren Wert während der Ausführung des Algorithmus verändert werden kann - wir nennen sie *Variablen* -, und solche, deren Wert nicht verändert werden kann - wir nennen sie *Konstanten*.

Jedem Objekt ist ein bestimmter *Wertebereich* zugeordnet. Wir bezeichnen diesen in der Informatik als den *Datentyp* eines Objekts. Der Datentyp definiert die Wertemenge, die eine Variable annehmen kann oder aus der eine Konstante stammt, und die Operationen, die auf dieser Wertemenge erlaubt sind.

Die wichtigsten Datentypen, die wir von nun an bei der Formulierung von Algorithmen benutzen, sind:

> Ganze Zahlen
> Gebrochene Zahlen
> Zeichen (z.B. Buchstaben, Ziffern, Sonderzeichen)
> Zeichenketten (Folgen aus Buchstaben, Ziffern und/oder Sonderzeichen)
> Wahrheitswerte (wahr und falsch)

Oft ist es nützlich, mehrere Objekte zu einem größeren Ganzen zusammenzufassen und sie mit dem gleichen Namen zu bezeichnen, z.B. die Elemente von Vektoren oder Matrizen. So schreibt man in der Mathematik v_1, v_2, ... v_n für die Komponenten des Vektors v und m_{11}, m_{12}, ... für die Elemente der Matrix m.

Wir wollen ebenfalls die Verwendung solcher Objekte zulassen und nennen sie *Felder*. Kennzeichnend für Felder ist es, daß alle ihre Elemente den gleichen Datentyp besitzen. Als Schreibweise benutzen wir die oben angegebene in der Mathematik übliche Notation. Felder können unter anderem zur Darstellung von Zeichenketten benutzt werden. z_5 bedeutet dann das fünfte Zeichen in der Zeichenkette z.

Wir wollen aber auch Objekte zulassen, die mehrere Objekte von unterschiedlichen Datentypen zu einem größeren Ganzen zusammenfassen, und nennen diese *Strukturobjekte*. Strukturobjekte bestehen aus einer hierarchisch geordneten Menge von Objekten, zum Beispiel:

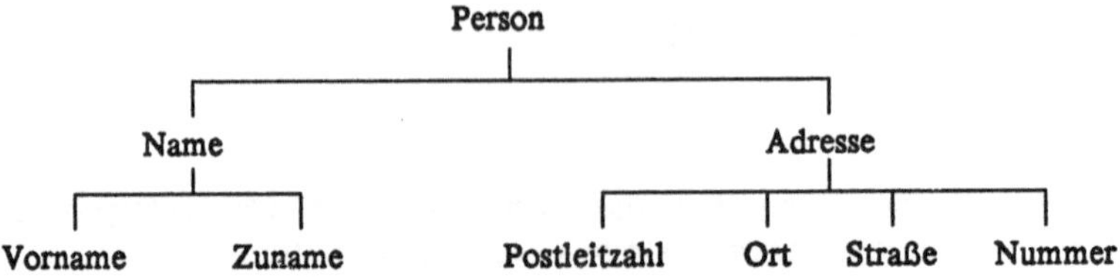

Abb. 1.1   Personenbeschreibung als Strukturobjekt

Die unterste Stufe dieser Hierarchie enthält die einzelnen Datenobjekte, die gewöhnliche Objekte oder Felder sein können. Die beiden höheren Stufen bezeichnen Strukturnamen und repräsentieren die Zusammenfassung einzelner Objekte. Das Objekt "Name" bezeichnen wir dann durch "Person.Name", das Objekt "Vorname" entsprechend durch "Person.Name.Vorname".

Die nunmehr besprochenen Objektarten reichen vorläufig aus, um Algorithmen für eine große Klasse von Aufgaben zu formulieren.

Zugelassene Aktionen

Wie wir den Beispielen aus Abschnitt 1.1 entnehmen können, benötigen wir zur Formulierung von Algorithmen vor allem zwei Arten von Aktionen:

(1) Die Zuweisung eines Wertes zu einem Objekt und

(2) Die Festsetzung, welche Aktion als nächste ausgeführt werden soll (Steuerung des Algorithmusablaufs).

1. Wertzuweisung

Zur Beschreibung der Zuweisung eines Wertes zu einem Objekt benutzen wir einen *Zuweisungsoperator* und schreiben dafür das Symbol ":=". Die Aktion m:=n ist damit folgendermaßen zu lesen: "Gib dem Objekt m den Wert, den das Objekt n hat". Der Wert des Objekts links vom Zuweisungsoperator wird geändert, der Wert des Objekts rechts vom Zuweisungsoperator bleibt erhalten.

Die Hauptanwendung der Wertzuweisung liegt jedoch nicht darin, daß man einem Objekt den gegenwärtigen Wert eines anderen Objekts zuweist, sondern darin, daß man die Werte mehrerer Objekte durch Operationen miteinander verknüpft und das Ergebnis einem bestimmten Objekt zuweist. Dies wird dadurch ausgedrückt, daß man auf der rechten Seite der Zuweisungsoperatoren *Ausdrücke* zuläßt.

Ausdrücke repräsentieren Werte und setzen sich aus *Operanden* (den Objekten) und *Operatoren* zusammen. Der Wert eines Ausdrucks ergibt sich aus den Werten seiner Operanden, der Wirkung der einzelnen Operatoren und einer Erklärung der Reihenfolge, in welcher die Operatoren auf die Operanden angewendet werden.

Als Ausdrücke auf der rechten Seite einer Wertzuweisung lassen wir vorläufig zu:

- *Arithmetische Ausdrücke*, bestehend aus Konstanten, Variablen und mathematischen Funktionen und den in der Mathematik üblichen arithmetischen Operatoren (+ , -, *, /, modulo; wobei * für den Multiplikationsoperator geschrieben wird und x modulo y den Rest der Division x/y bedeutet).

  Beispiele
  ```
  a+b+c   √x   10*(a+SIN(b))   a   100
  ```

  Das Ergebnis eines arithmetischen Ausdrucks ist immer ein arithmetischer Wert.

- *Boole'sche Ausdrücke*, bestehend aus boole'schen Operanden (Ausdrücken, deren Ergebnisse entweder den Wert "wahr" oder "falsch" haben) und den in der Mathematik üblichen boole'schen Operatoren (AND, OR, NOT).

  Beispiele
  ```
  wahr   falsch   p AND q   NOT p   (p OR q) AND r
  ```

- *Vergleichsausdrücke*, bestehend aus Ausdrücken (boole'schen und/oder arithmetischen), die durch einen Vergleichsoperator (< für kleiner, <= für kleiner gleich, = für gleich, > für größer, >= für größer gleich, ≠ für ungleich) verknüpft sind.

  Beispiele
  ```
  x<=y   b>10   (p AND q)=r   x≠y+z
  ```

  Das Ergebnis eines Vergleichsausdrucks ist immer ein boole'scher Wert (wahr oder falsch).

- *Zeichen- oder Zeichenkettenkonstanten.* Um sie von Objektnamen zu unterscheiden, schließen wir sie in Hochkommas ein.

  Beispiele
  ```
  "A"   "y"   " "   "Modula-2"
  ```

Abschließend noch einige Beispiele für Wertzuweisungen:

(1) `count := count+1.`
Dies ist ein sehr häufiger Spezialfall der Wertzuweisung, der Anfängern oft Schwierigkeiten bereitet. Die Aktion bedeutet: "Addiere zum bisherigen Wert der Variablen count den Wert 1 und weise das Ergebnis wieder der Variablen count zu." Durch diese Aktion wird also der Wert des Objekts count um 1 erhöht.

(2) `correct := count<=100.`
Diese Aktion setzt voraus, daß correct ein Objekt ist, dessen Wertebereich (Datentyp) durch die Wahrheitswerte "wahr" und "falsch" gegeben ist. Dem Objekt correct wird der Wert "wahr" zugewiesen, wenn der Wert des (ganzzahligen) Objekts count kleiner oder gleich der (ganzzahligen) Konstanten 100 ist; sonst erhält correct den Wert "falsch".

Wichtig ist noch, daß die Operationen, die wir auf Objekte anwenden, ihrem Datentyp entsprechen. Schreiben wir z.B. folgende Aktionsfolge in einem Algorithmus:

```
x := "Peter".
y := x+10.
```

so ergibt diese Folge keinen Sinn, weil einmal der Wertebereich des Objekts x alle möglichen Zeichenketten umfaßt und ein anderes Mal dasselbe x in einem arithmetischen Ausdruck benutzt wird. Wenn wir annehmen, daß x eine Zeichenkette bedeutet, ist der Ausdruck x+10 ungültig.

2. Aktionen zur Steuerung des Algorithmusablaufs

Die im folgenden festgelegten Aktionen haben den Zweck, die lineare Abarbeitung hintereinander geschriebener Aktionen zu durchbrechen. Sie steuern damit die Ausführungsreihenfolge der Aktionen eines Algorithmus. Wir führen dazu zwei Arten von Aktionen ein:

(1) Fallunterscheidungen

(2) Wiederholungsaktionen

Fallunterscheidungen

Die Beispiele in Abschnitt 1.1 haben gezeigt, daß es oft notwendig ist, eine Fallunterscheidung zu treffen und in Abhängigkeit vom Ergebnis verschiedene Aktionsfolgen auszuführen, zum Beispiel:

```
Wenn Maier im Telefonbuch gefunden
   dann:  Telefonieren.
   sonst: Brief schreiben.
```

Es handelt sich hier um eine Auswahl zwischen zwei Möglichkeiten. Im Gegensatz zur Hintereinanderausführung von Aktionen können wir hier aufgrund einer Bedingung zwischen zwei verschiedenen Aktionen wählen. Unabhängig davon, welches Ergebnis die Prüfung der Bedingung liefert, wird stets nur *eine* der beiden Aktionen ausgeführt.

Verallgemeinern wir den Fall, so lassen wir anstelle der beiden Aktionen jeweils Aktionsfolgen aus null oder mehreren Aktionen zu.

In vielen Fällen aber reicht die Wahl zwischen zwei Möglichkeiten nicht aus - wir wollen beliebig viele Fälle unterscheiden. Etwa wenn wir in Abhängigkeit davon, ob der Wert eines Objekts kleiner, gleich oder größer ist als eine vorgegebene Schranke, unterschiedliche Aktionen ausführen möchten. Dafür benötigen wir eine Aktion, die die Auswahl einer von mehreren Möglichkeiten zuläßt.

Zur Formulierung von Algorithmen definieren wir daher zwei Arten von Aktionen zur Fallunterschiedung: eine Aktion, bei der die Fallunterscheidung aufgrund des Ergebnisses *eines* boole'schen Ausdrucks getroffen wird (d.h. zwei Fälle können unterschieden werden), und eine Aktion, die es uns gestattet, beliebig viele Fälle zu unterscheiden.

Zur Beschreibung der Aktionen verwenden wir englische Wörter in Großschreibung, weil uns dies später bei der Transformation von Algorithmen in Programme zugute kommt.

Für *einfache Fallunterscheidungen* vereinbaren wir folgende Schreibweise:

```
IF  boole'scher ausdruck            IF  boole'scher ausdruck THEN
   THEN                                aktionsfolge 1
     aktionsfolge 1       oder      END
   ELSE
     aktionsfolge 2
END
```

Dabei steht *boole'scher ausdruck* symbolisch für einen beliebig komplexen Ausdruck, dessen Ergebnis ein boole'scher Wert (wahr oder falsch) ist. *aktionsfolge 1* und *aktionsfolge 2* stehen für beliebig lange Folgen von Aktionen; insbesondere können diese Aktionen selbst wieder Verzweigungsaktionen sein, d.h. Verzweigungsaktionen können auch geschachtelt auftreten.

Die Aktion als Ganzes ist folgendermaßen zu lesen:

Der Wert von *boole'scher ausdruck* wird berechnet. Ist dieser Wert wahr, wird *aktionsfolge 1* ausgeführt (THEN-Teil) und danach zu der Aktion, die textlich dem END folgt, übergegangen. Ist er falsch und der ELSE-Teil vorhanden, wird *aktionsfolge 2* ausgeführt und anschließend zu der Aktion, die textlich dem END folgt, übergegangen. Ist der ELSE-Teil nicht vorhanden (und der Wert von *boole'scher ausdruck* falsch), wird sofort die Aktion, die dem END folgt, ausgeführt.

Beispiele

1.
```
i := 0
IF x<0 THEN i := 1 END
j := 0
```

Wenn x<0 ist, gilt nach Ausführung der IF-Aktion i=1, und als nächste Aktion wird die Wertzuweisung j:=0 ausgeführt; sonst gilt i=0, und es wird ebenfalls die Wertzuweisung j:=0 als nächste Aktion ausgeführt.

2.
```
IF x<0
   THEN
     ok := "wahr"
     i := 1
   ELSE
     ok := "falsch"
     i := 2
END
j := 0
```

Wenn x<0 ist, wird folgende Aktionsfolge ausgeführt: ok:="wahr", i:=1, j:=0; sonst (wenn x>=0 ist) wird die Aktionsfolge ok:="falsch", i:=2, j:=0; ausgeführt.

Zur besseren Lesbarkeit haben wir die Aktionsfolgen des THEN- und des ELSE-Teiles eingerückt.

Zur Formulierung der *mehrfachen Fallunterscheidung* vereinbaren wir folgende
Schreibweise:

```
CASE ausdruck
   fall 1: aktionsfolge 1
   fall 2: aktionsfolge 2
      . . .
   fall n: aktionsfolge n
   ELSE aktionsfolge m
END
```

Dabei steht *ausdruck* symbolisch für einen beliebigen Ausdruck und *fall 1, fall 2, ...*
fall n für beliebige Werte oder "Unterbereiche" aus dem Wertebereich von *ausdruck*.
aktionsfolge 1, ... aktionsfolge m stehen symbolisch für beliebig lange Folgen von
Aktionen; insbesondere können diese Aktionen selbst wieder Fallunterscheidungen
sein, d.h. Fallunterscheidungen können auch geschachtelt auftreten.
Für Unterbereiche vereinbaren wir die Schreibweise u..o, wobei u die untere
Grenze und o die obere Grenze bedeutet, -3..2 bezeichnet also die Werte
-3,-2,-1,0,1,2.

Die Aktion als Ganzes ist folgendermaßen zu lesen:

> Der Wert von *ausdruck* wird berechnet. Ist dieser Wert gleich einem der durch
> *fall 1* bezeichneten Werte, so wird zuerst *aktionsfolge 1* ausgeführt und danach zu
> der Aktion, die textlich dem END folgt, übergegangen. Ist der Wert von
> *ausdruck* gleich einem der durch *fall 2* (oder *fall 3*, oder ... *fall n*) bezeichneten
> Werte, gilt Entsprechendes. Stimmt der Wert von *ausdruck* mit keinem der
> durch *fall 1, ... fall n* bezeichneten Werte überein, so wird zuerst *aktionsfolge m*
> ausgeführt und danach zu der Aktion, die textlich dem END folgt,
> übergegangen.

Beispiel

```
CASE tagnummer
   1..5: tag := "Werktag"
   6..7: tag := "Feiertag"
   ELSE Fehlermeldung "Tagnummer falsch"
END
```

Hat das Objekt tagnummer zum Zeitpunkt der Ausführung der Fallunterscheidung den Wert
1, wird dem Objekt tag der Wert "Werktag" zugewiesen, bei 6 der Wert "Feiertag" usw.

Wiederholungsaktionen (Schleifen)

Die Beispiele in Abschnitt 1.1 haben auch gezeigt, daß es oft notwendig ist, die
Wiederholung einer Aktionsfolge zu beschreiben. Wollen wir z.B. einen Algorithmus
angeben, der die Besorgung einiger Bücher aus einer Bibliothek beschreibt, so
können wir ihn folgendermaßen formulieren:

```
Solange noch mindestens ein Buchtitel auf der Wunschliste steht,
wiederhole:
   Hole Buch.
   Streiche Buch aus der Wunschliste.
```

Die Wiederholungsaktion ist (wie der Name schon sagt) eine Aktion, in der wieder eine Aktionsfolge enthalten ist, die ausgeführt wird, solange eine Bedingung (Wiederholungsbedingung) erfüllt ist. In unserem Beispiel lautet die Wiederholungsbedingung "Es muß noch mindestens ein Buchtitel auf der Wunschliste stehen".

Wenn zum Zeitpunkt der ersten Ausführung der Wiederholungsaktion die Wiederholungsbedingung nicht erfüllt ist, d.h. wenn die Wunschliste von Anfang an leer ist, werden die in der Wiederholungsaktion enthaltenen Aktionen überhaupt nicht ausgeführt.

Auf eine andere Variante der Wiederholungsaktion stoßen wir, wenn wir z.B. die Aktion "Hole Buch" präzisieren. Wir wollen dies durch folgende Aktionsfolge beschreiben:

```
Wiederhole:
    Lies Titel des nächsten Buches im Regal.
    solange bis gewünschter Buchtitel gefunden.

Nimm Buch aus Regal.
```

Betrachten wir nun die zuletzt angegebene Wiederholungsaktion im Gegensatz zu der zuerst angegebenen, so stellen wir fest: Bei der zuerst angegebenen Aktionsform werden die in ihr enthaltenen Aktionen ausgeführt, *solange* eine Bedingung noch erfüllt ist. In der zweiten Variante wird eine Aktion ausgeführt, *bis* eine bestimmte Bedingung erfüllt ist.

Im Gegensatz zur "*Solange-noch-Variante*" werden die in der "*Solange-bis-Variante*" enthaltenen Aktionen auf jeden Fall einmal ausgeführt.

Zur Formulierung von Algorithmen definieren wir daher zwei Arten von Wiederholungsanweisungen (wir nennen diese Aktionen auch *Schleifen*) und vereinbaren dafür folgende Schreibweisen:

1. WHILE *wiederholungsbedingung*
       aktionsfolge   "Solange-noch-Variante"
   END

2. REPEAT
       aktionsfolge   "Solange-bis-Variante"
   UNTIL *abbruchbedingung*

wiederholungsbedingung und *abbruchbedingung* stehen dabei symbolisch für beliebig komplexe Ausdrücke, deren Ergebnis ein boole'scher Wert (wahr oder falsch) ist. *aktionsfolge* steht symbolisch für eine beliebige Folge von Aktionen; insbesondere können dies auch selbst wieder Wiederholungsaktionen sein, d.h. Wiederholungsaktionen können auch geschachtelt auftreten.

Die "*Solange-noch-Variante*" ist folgendermaßen zu lesen:

Der Wert des mit *wiederholungsbedingung* bezeichneten Ausdrucks wird berechnet. Hat das Ergebnis den Wert wahr, wird *aktionsfolge* ausgeführt und neuerlich der Wert von *wiederholungsbedingung* (der sich mittlerweile verändert haben kann) berechnet und *aktionsfolge* solange ausgeführt, bis das Ergebnis der *wiederholungsbedingung* den Wert falsch angenommen hat. Danach wird zu der Aktion, die der Schleife (d.h. dem END) folgt, übergegangen.

Die *aktionsfolge* wird also überhaupt nicht oder ein- oder mehrmals durchlaufen. Wir bezeichnen diese Aktion deshalb auch als *Abweisschleife*.

Die "*Solange-bis-Variante*" ist folgendermaßen zu lesen:

Die *aktionsfolge* wird ausgeführt und danach der Wert des mit *abbruchbedingung* bezeichneten Ausdrucks berechnet. Liefert diese Berechnung als Ergebnis den Wert falsch, so wird der bisherige Vorgang wiederholt, und zwar so lange, bis das Ergebnis der *abbruchbedingung* den Wert wahr angenommen hat. Danach wird zu der Aktion, die der Schleife folgt, übergegangen.

Die *aktionsfolge* wird also mindestens einmal durchlaufen. Wir bezeichnen diese Aktion deshalb auch als *Durchlaufschleife*.

Beispiele

```
...
winkel := 0
WHILE winkel<=2*π                    Drucken einer Sinustabelle für
  sinvalue := SIN(winkel)            Winkel zwischen 0 und 2π in
  Drucke winkel,sinvalue             π/8-Schritten
  Neue Zeile
  winkel := winkel+π/8
END
...


...
y2 := x
scount := 0                          Berechnung der Kubikwurzel mit
REPEAT                               Hilfe der Näherungsformel von
  y1 := y2                           Newton (mit maximal 30 Schritten)
  y2 := (2*y1+x/(y1*y1))/3
  scount := scount+1
UNTIL (|y1-y2|<ε) OR (scount=30)
y := y2
...
```

Die bisher besprochenen Aktionen reichen vorläufig zur Formulierung von Algorithmen aus. Wir wollen aber noch vereinbaren, daß wir jedem Algorithmus einen *Namen* geben, der Bezug nimmt auf die Aufgabe, die er löst.

Außerdem geben wir hinter dem Namen - eingeschlossen in Klammern - an, welche *Eingangs-* und welche *Ausgangsobjekte* (siehe Abschnitt 1.2) der Algorithmus hat. Die Gesamtheit dieser Objekte nennen wir *Parameter*. Zur Unterscheidung kennzeichnen wir Eingangsobjekte (gegebene Größen) durch das Symbol ↓ und Ausgangsobjekte (Ergebnisgrößen) durch das Symbol ↑. Wir nennen das die *Schnittstellenbeschreibung* eines Algorithmus, weil damit die Wirkung des Algorithmus auf seine "Umwelt" beschrieben wird.

Beispiele

```
Algorithmus QuadGleichung(↓a0 ↓a1 ↓a2 ↑x1 ↑x2):
Algorithmus Telefongespr:      (ohne Ein-/Ausgangsobjekte)
Algorithmus TagimJahr(↓jahr ↓monat ↓tag ↑tagnummer):
```

1.4 Darstellungsarten von Algorithmen

In den Beispielen des Abschnitts 1.1 haben wir die Aktionen von Algorithmen in einer Mischung aus Umgangssprache und mathematischen Symbolen formuliert. In Abschnitt 1.3, in dem wir die (vorläufig) zugelassenen Aktionen festgelegt haben, haben wir zur Beschreibung der Aktionen eine halbformale Darstellungsart gewählt. Es gibt jedoch auch noch andere Möglichkeiten, Algorithmen zu beschreiben. Wir wollen daher in diesem Abschnitt einige gebräuchliche Darstellungsarten angeben und ihre Vor- und Nachteile diskutieren (vgl. dazu Pomberger 1984).

Zur Veranschaulichung dieser Darstellungsarten geben wir ein Beispiel an und wählen dazu die Aufgabe, den größten gemeinsamen Teiler (ggt) zweier gegebener positiver ganzer Zahlen ($m,n>0$) zu bestimmen. Zur Lösung verwenden wir den Algorithmus von Euklid.

Umgangssprache. Algorithmen können in Umgangssprache formuliert werden. Eine Beschreibung in dieser Form hat den Vorteil, daß man in ihr beliebig viel Text unterbringen kann und praktisch unbegrenzte Ausdrucksmöglichkeiten zur Verfügung hat. Die umgangssprachliche Beschreibung ist jedoch in der Regel nicht eindeutig interpretierbar (d.h. mehrdeutig) und daher für die Darstellung komplexer Algorithmen ungeeignet. Sie eignet sich aber zum Festhalten erster Ideen über die Struktur von Algorithmen. In Umgangssprache können wir den euklidischen Algorithmus etwa so formulieren:

Algorithmus GGT:
Gegeben sind die positiven ganzen Zahlen m und n.
Wenn m kleiner als n ist, vertausche die Werte von m und n.
Dividiere m durch n, bezeichne den Rest mit r.
Wenn r gleich Null ist, dann ist n der größte gemeinsame Teiler (ggt) und der Algorithmus ist zu Ende.
Wenn aber r ungleich Null ist, dann setze m gleich n und n gleich r und dividiere wieder m durch n, nenne den Rest r und wiederhole dies so lange, bis r gleich Null ist.
Dann ist n der größte gemeinsame Teiler (ggt), und der Algorithmus ist zu Ende.

Um klarzumachen, wie der euklidische Algorithmus arbeitet, und um zu zeigen, wie man sich das Verständnis eines gegebenen Algorithmus erleichtern kann, wollen wir an einem konkreten Beispiel den Ablauf des Algorithmus zeigen. Wir wählen dazu die Eingangsgrößen $m=9$ und $n=12$:

Da m kleiner als n ist, werden ihre Werte vertauscht   ⟹   m=12 n=9

Die Division m/n ergibt den Rest 3   ⟹   m=12 n=9 r=3

r ist ungleich Null; m erhält den Wert von n,
n erhält den Wert von r   ⟹   m=9 n=3 r=3

Die Division m/n ergibt den Rest 0 $\Rightarrow$ m=9   n=3   r=0

r ist Null, die Wiederholung ist damit beendet, und
3 (n) ist der größte gemeinsame Teiler $\Rightarrow$ ggt=3

Stilisierte Prosa. Dabei gehen wir so vor, daß wir den Algorithmus als eine Aneinanderreihung einzelner Aktionen darstellen. Jede Aktion hat eine Nummer und beginnt mit einem Stichwort, das eine Zusammenfassung der Aktion darstellt. Die Aktion selbst wird in Prosa beschrieben. Am Ende einer Aktion wird - falls erforderlich - angegeben, welche Aktion als nächste ausgeführt werden soll.

Diese Darstellungsart findet man vor allem bei Knuth (vgl. Knuth 1973). Sie hat den Vorteil, daß man in der Beschreibung jeder Aktion wiederum beliebig viel Text unterbringen kann. Die großen Nachteile dabei sind die Länge, die Mehrdeutigkeit und die Unübersichtlichkeit einer solchen Beschreibung. Im Unterschied zur Beschreibung in Umgangssprache treten zwar die einzelnen Aktionen besser hervor, aber der Zusammenhang des Ganzen bleibt nach wie vor unübersichtlich.

Der euklidische Algorithmus zur Ermittlung des größten gemeinsamen Teilers in stilisierter Prosa lautet:

Algorithmus GGT($\downarrow$m $\downarrow$n $\uparrow$ggt):

Aktion 1 [Vertauschung].
   Wenn m<n, vertausche die Werte von m und n.

Aktion 2 [Restbildung].
   Dividiere m durch n, nenne den Rest r.

Aktion 3 [Ende ?].
   Wenn r=0 ist, dann ist der Wert des Objekts n der größte gemeinsame Teiler von m und n; gib dem Objekt ggt den Wert von n und beende den Algorithmus.
   Wenn r≠0 ist, dann setze mit Aktion 4 fort.

Aktion 4 [Ersetzung].
   Gib dem Objekt m den Wert von n.
   Gib dem Objekt n den Wert von r.
   Gehe zurück zu Aktion 2.

Pseudocode. Pseudocode ist eine halbformale Darstellungsart. Sie gestattet die Beschreibung von Algorithmen ohne die Präzision, wie sie von Programmiersprachen verlangt wird. Dabei werden die Aktionen zur Ablaufsteuerung in einer vorher vereinbarten Schreibweise dargestellt; alles andere kann der Bearbeiter frei formulieren. Oft sind derartige Beschreibungssprachen in ihrem Formalismus an eine gängige Programmiersprache angelehnt, sie müssen es aber nicht sein. Der Vorteil dabei ist, daß die Struktur des Algorithmus klar zum Ausdruck gebracht werden kann, ohne daß man vom Bearbeiter allzuviel Genauigkeit verlangt, und daß diese Art der Darstellung die Transformation von Algorithmen in eine Programmiersprache erleichtert. Sie gestattet außerdem die Beschreibung von (Daten-)Objekten, und auch Erläuterungen lassen sich bequem anbringen (siehe das folgende Beispiel). Diese Art der Beschreibung finden wir in der einschlägigen Literatur immer häufiger. Wir haben in Abschnitt 1.3 für die Festsetzung erlaubter Aktionen bereits einen derartigen Pseudocode festgelegt. Der euklidische Algorithmus in dieser Schreibweise lautet:

```
Algorithmus GGT(↓m ↓n ↑ggt):
  Objekte m,n,ggt,r: ganzzahlig, positiv

  IF m<n THEN Vertausche m und n END
  r := m modulo n    (*Bilde den Rest der Division m durch n*)
  WHILE r≠0
    m := n
    n := r
    r := m modulo n
  END
  ggt := n
END GGT
```

Ablaufdiagramme. Das Ablaufdiagramm ist eine graphische Darstellungsart. Es besteht aus verschiedenen graphischen Symbolen, die einzelne Aktionen symbolisieren, und Pfeilen zur Darstellung des Steuerflusses eines Algorithmus. Abbbildung 1.2 zeigt die Symbole, die wir in Ablaufdiagrammen zur Darstellung der in Abschnitt 1.3 festgelegten Aktionen verwenden. Ihre Bedeutung kann der Leser ohne weitere Erklärungen selbst verstehen. Für Symbole von Ablaufdiagrammen existiert auch eine deutsche Industrie-Norm (DIN 66001). Wir verwenden aber die in Rechenberg 1974 angegebenen Symbole, weil diese mit geringerem Zeichenaufwand eine mindestens ebenso große Klarheit der Darstellung gestatten wie die in DIN 66001 festgelegten Symbole.

Ablaufdiagramme zeigen die strukturellen Eigenschaften von Algorithmen besser als nichtgraphische Darstellungsarten - ein Bild sagt mehr als tausend Worte. In Ablaufdiagrammen lassen sich auch Erläuterungen bequem anbringen und hervorheben. Nachteilig ist, daß Objektbeschreibungen in Ablaufdiagrammen nicht explizit darstellbar sind - sie können nur als Erläuterungen angefügt werden - und daß der Steuerfluß beliebig komplex formuliert werden kann, weil die Verwendung der Pfeile keinerlei Einschränkung unterliegt. Die Folge dieser Freiheit ist, daß Programmierer, die diese Darstellungsart benutzen, oft dazu neigen, unüberschaubare Algorithmen zu formulieren. Ablaufdiagramme sind zur Darstellung von Algorithmen gut geeignet, wenn man bei der Verwendung der Pfeile diszipliniert und umsichtig vorgeht.

Abbildung 1.2 zeigt die in Ablaufdiagrammen verwendeten Symbole:

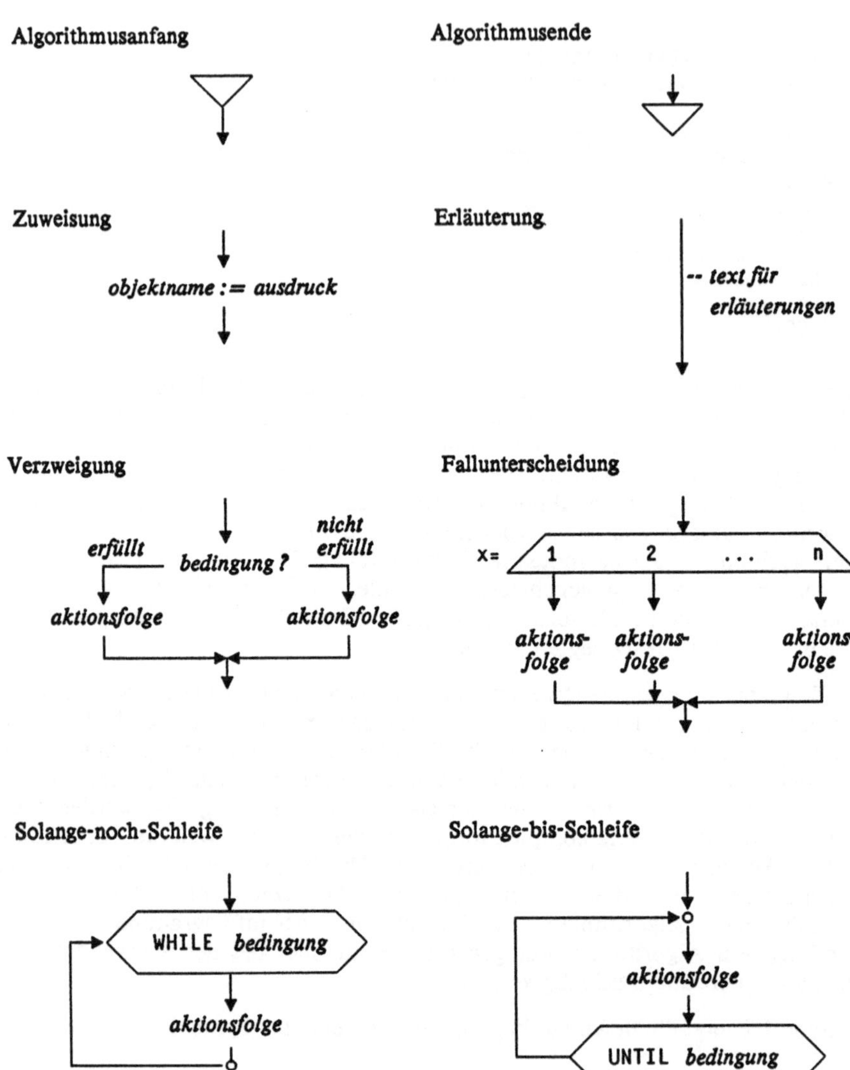

Abb. 1.2 Symbole für Ablaufdiagramme

Abbildung 1.3 zeigt die Darstellung des euklidischen Algorithmus als Ablaufdiagramm:

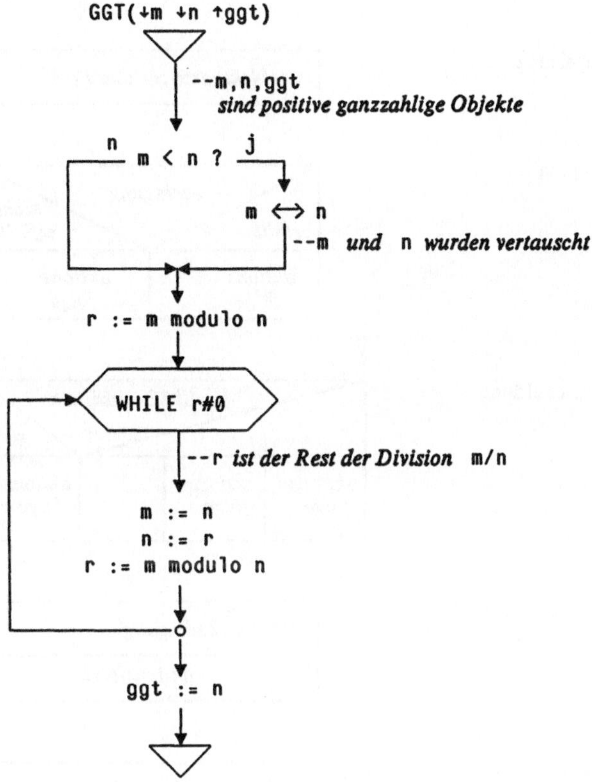

Abb. 1.3   Der euklidische Algorithmus in Diagrammdarstellung

Struktogramme. Struktogramme, nach ihren Erfindern auch Nassi-Shneiderman-Diagramme (Nassi und Shneiderman 1973) genannt, sind graphische Hilfsmittel zum Entwurf und zur Dokumentation von Algorithmen. Sie ersetzen vielfach die älteren Ablaufdiagramme und zwingen den Anwender zur besseren Strukturierung der Algorithmen, indem sie ihn zur Benutzung weniger, bewährter Ablaufstrukturen anleiten. Sie enthalten graphische Symbole für genau die Aktionsarten, die wir in Abschnitt 1.3 eingeführt haben (Wertzuweisung, Verzweigung, Fallunterscheidung und Wiederholungsaktionen). Abbildung 1.4 zeigt die entsprechenden Symbole. Auch für die Symbole in Struktogrammen gibt es mehrere Schreibweisen, die jedoch alle ähnlich sind und zu keinen Interpretationsschwierigkeiten führen. Genau wie Ablaufdiagramme gestatten sie keine explizite Darstellung von (Daten-)Objekten, und Erläuterungen sind nicht so übersichtlich anzubringen wie in Ablaufdiagrammen. Ein großer Nachteil ist, daß sie ohne maschinelle Unterstützung schwer zu erstellen und noch schwerer zu ändern sind.

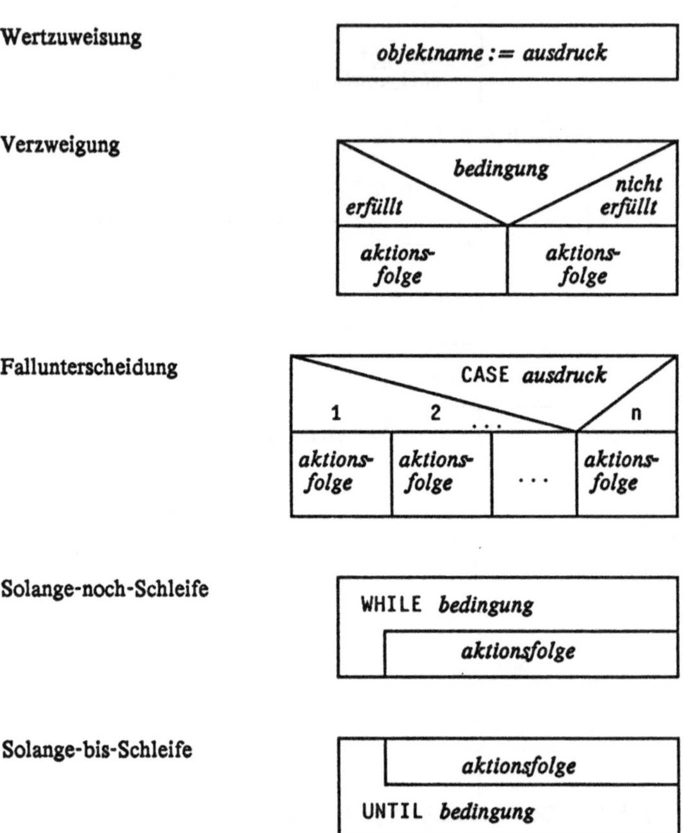

Abb. 1.4 Symbole für Struktogramme

Der euklidische Algorithmus als Struktogramm dargestellt lautet:

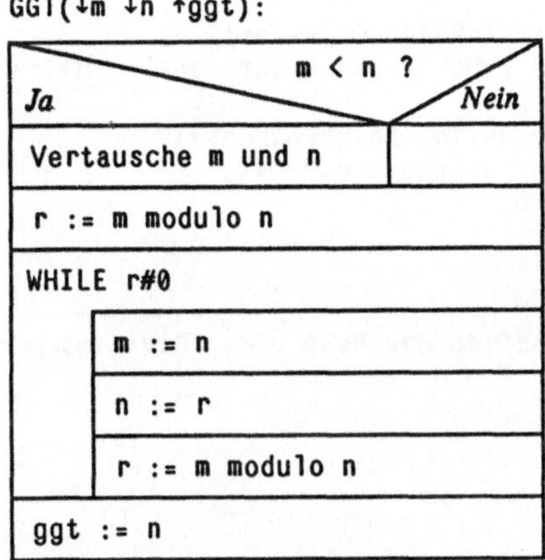

Abb. 1.5   Der euklidische Algorithmus als Struktogramm

Programmiersprache. Den bisher besprochenen Darstellungsarten ist gemeinsam, daß sie sich nicht dazu eignen, einen Algorithmus auf eine Rechenanlage zu übernehmen und dort auszuführen. Um dies zu erreichen, wurden Formalismen entwickelt, die sich zum Schreiben von Algorithmen eignen und so "einfach" sind, daß eine Rechenanlage sie versteht. Ein solcher Formalismus muß daher *alle* Elemente enthalten, die zur vollständigen Beschreibung von Algorithmen (d.h. ihrer Objekte *und* Aktionen) notwendig sind, und er muß gewährleisten, daß alles in ihm Ausgedrückte exakt und eindeutig interpretierbar ist. Außerdem müssen diese Formalismen für den Menschen leicht erlernbar und einfach zu lesen sein.

Den Vorteilen der Darstellung von Algorithmen in einer Programmiersprache steht als Nachteil gegenüber, daß es durch die strengen Regeln auf jedes Symbol und seine Stellung genauestens ankommt. Diese Darstellungsart ist dadurch schwerer zu handhaben und auch schwerer lesbar als andere (z.B. grafische). Bei vernünftiger Schreibweise (Programmierstil) und dank dem hohen Dokumentationswert der Symbole moderner Programmiersprachen (wie z.B. Modula-2) lassen sich Algorithmen aber auch in dieser Darstellungsart übersichtlich und gut lesbar schreiben.

Wir wollen nun den euklidischen Algorithmus in der Programmiersprache Modula-2 darstellen. Dieses Beispiel soll dem Leser lediglich einen ersten Eindruck davon geben, wie Algorithmen in Modula-2 formuliert aussehen. Welche Eigenschaften Modula-2 hat und wie darin Algorithmen formuliert werden, zeigen wir ausführlich in Kapitel 3.

```
PROCEDURE GGT(m,n:CARDINAL; VAR ggt:CARDINAL);
  (*m,n sind Eingangsobjekte, CARDINAL beschreibt den Datentyp
    fuer positive ganze Zahlen. ggt ist ein Ausgangsobjekt*)

  (*Beschreibung der lokalen Objekte*)
  VAR r,h:CARDINAL; (*Deklaration der lokalen Hilfsobjekte r,h*)

BEGIN  (*Beginn der Aktionsbeschreibung*)
  IF m<n THEN  (*Vertausche m und n*)
    h := m;
    m := n;
    n := h
  END;
  r := m MOD n;   (*Bilde den Rest r der Division m durch n*)
  WHILE r#0 DO
    m := n;
    n := r;
    r := m MOD n
  END;
  ggt := n
END GGT;
```

Die zwischen "(*" und "*)" eingefügten Texte sind Erläuterungen (sogenannte
Kommentare) zum besseren Verständnis der Algorithmusbeschreibung.

Wir haben nun die nötigen Voraussetzungen geschaffen, um Algorithmen zu
formulieren und zu verstehen, und gehen im nächsten Abschnitt zu Algorithmen für
einfache Aufgaben über.

1.5 Einige einfache Algorithmen

In diesem Abschnitt wollen wir einige Algorithmen für die Lösung einfacher
Aufgaben aus der Mathematik und der Textverarbeitung angeben. Als
Darstellungsmittel verwenden wir die in Abschnitt 1.3 eingeführte Schreibweise
(Pseudocode).

Der Programmieranfänger ist angehalten, diese Beispiele sorgfältig zu studieren, sich
durch Simulation mit konkreten Werten Klarheit über den Ablauf zu verschaffen
und zu versuchen, die Entwurfsentscheidungen nachzuvollziehen. Die Beispiele (6),
(7) und (8) sind vielleicht für den Anfänger nicht auf Anhieb verständlich. Wir
empfehlen daher, jene Beispiele, deren Studium vorläufig noch Schwierigkeiten
bereitet, zu überspringen und sie zu einem späteren Zeitpunkt nochmals in Angriff
zu nehmen.

Für jede algorithmisch lösbare Aufgabe gibt es mehrere Lösungsmöglichkeiten. Der
Leser möge versuchen, die Aufgaben auf seine Weise zu lösen.

(1) Fakultätsberechnung

Gegeben ist eine positive ganze Zahl n.
Gesucht ist die Fakultät fn von n (n!).

Lösung:

```
Fakultaet(↓n ↑fn):
  Objekte n,fn,i: ganzzahlig, positiv

  fn := 1
  i := 0
  WHILE i<n
    (*fn=i!*)
    i := i+1
    fn := fn*i
  END
END Fakultaet.
```

(2) Minimum-Maximum-Suche

Gegeben ist ein Feld f der Länge n $(f_1..f_n)$, dessen Elemente ganze Zahlen sind.
Gesucht sind das kleinste und größte Element (min,max) des Feldes f.

Lösung:

```
MinMax(↓n ↓f ↑min ↑max):
  Objekte n: ganzzahlig, >0
          f: Feld mit n ganzzahligen Elementen
          min,max,i: ganzzahlig

  min := f_1
  max := min
  i:=1
  WHILE i<n
    (*min ist Minimum von f_1..f_i*)
    (*max ist Maximum von f_1..f_i*)
    i := i+1
    IF f_i<min
      THEN min := f_i
      ELSE IF f_i>max THEN max := f_i END
    END
  END
END MinMax.
```

(3) Primzahlenprüfung

Gegeben ist eine positive ganze Zahl n mit einem Wert größer oder gleich 2.
Gesucht ist ein boole'scher Wert prim, der angibt, ob n eine Primzahl ist.

Lösung:

Der folgende Algorithmus nutzt die Tatsache, daß es für jeden Teiler q einer
Nicht-Primzahl n, der größer als $\sqrt{n}$ ist, auch einen Teiler gibt, der kleiner als
$\sqrt{n}$ ist (nämlich n/q). Es genügt also, zu prüfen, ob n durch 2 oder durch
irgendeine ungerade Zahl zwischen 3 und $\sqrt{n}$ teilbar ist.

```
PrimTest(↓n ↑prim):
  Objekte n,q,r: ganzzahlig
          prim: boole'scher Wert

  IF (n modulo 2 = 0) AND (n≠2)
    THEN prim := falsch  (*n gerade und groesser als 2*)
    ELSE
      prim := wahr  (*wir nehmen an, n sei eine Primzahl*)
      q := 3
      WHILE (q<=√n̄) AND prim
        r := n modulo q
        IF r=0
          THEN prim := falsch  (*n durch q teilbar*)
          ELSE q := q+2
        END (*IF r=0*)
      END (*WHILE*)
  END (*IF (n modulo 2 = 0)..*)
END PrimTest.
```

(4) Beseitigung überflüssiger Leerzeichen in einem Text

Gegeben ist ein Feld `text` von Zeichen (Feldlänge ist `n`, `n>=1`).
Gesucht ist ein Algorithmus, der das Feld `text` so verändert, daß jede Folge aus mehreren Leerzeichen durch ein einzelnes Leerzeichen ersetzt wird, und der die "neue" Feldlänge `k` berechnet.

Lösung:

Im folgenden Algorithmus wird jede Folge aus mehreren Leerzeichen durch ein einziges Leerzeichen ersetzt, indem der Rest der Zeichenkette verschoben wird.

```
BlankEntfernen(↓n ↕text ↑k):
  Objekte n,k,i: ganzzahlig, positiv
          text: Zeichenfeld


  k := 1
  i := 2
  WHILE i<=n
    (*text₁..text_k enthaelt keine Folge aus mehreren Leerzeichen*)
    IF (text_i=Leerzeichen) AND (text_k=Leerzeichen)
      THEN  (*text_i ist ueberfluessiges Leerzeichen*)
      ELSE  (*text_i ist kein ueberfluessiges Leerzeichen, uebertrage!*)
        k := k+1
        text_k := text_i
    END (*IF*)
    i := i+1
  END (*WHILE*)
END BlankEntfernen.
```

In diesem Beispiel beobachten wir erstmals den Fall, daß ein Eingangsobjekt (`text`) nicht nur benutzt, sondern verändert und als Ergebnisobjekt verwendet wird. Wir nennen solche Objekte *Übergangsobjekte* und bezeichnen sie in der Schnittstellenbeschreibung des Algorithmus durch einen den Übergang symbolisierenden Doppelpfeil ↕ (siehe oben).

(5) Häufigkeitsberechnung

Gegeben ist ein Zeichenfeld text der Länge n (n>=0).
Gesucht sind die Prozentzahlen der einzelnen Vokale in text.

Lösung:

```
Vokale(↓n ↓text ↑ha ↑he ↑hi ↑ho ↑hu):
  Objekte n,i: ganzzahlig, >=0
          text: Zeichenfeld
          ha,he,hi,ho,hu: reell
  i := 1
  ha := 0; he := 0; hi := 0; ho := 0; hu := 0;
  WHILE i<=n
    (*zaehle die Vokale*)
    CASE text_i
      "a": ha := ha+1
      "e": he := he+1
      "i": hi := hi+1
      "o": ho := ho+1
      "u": hu := hu+1
      ELSE: (*mach nichts*)
    END
    i := i+1
  END (*WHILE*)
  (*berechne die Haeufigkeiten*)
  ha := ha/n*100
  he := he/n*100
  hi := hi/n*100
  ho := ho/n*100
  hu := hu/n*100
END Vokale.
```

(6) Textkompression

Gegeben sind

- ein Zeichenfeld text der Länge m, das einen Text enthält, z.B.

      In der Kuerze liegt die Wuerze

- die Länge n eines Zielfeldes (shorttext) und

- eine maximale Wortlänge k.

Gesucht ist ein Algorithmus, der text so in shorttext überträgt, daß von jedem Wort nur die ersten k Zeichen, ggf. mit einem Punkt dahinter, übrig bleiben. Für k=4 ergibt sich

      In der Kuer. lieg. die Wuer.

Wenn der komprimierte Text nicht in das Zielfeld hineinpaßt, soll er rechts abgeschnitten werden.

Nebenbedingung: Es kann vorausgesetzt werden, daß 1<=k<n<m ist.

Lösung:

Im folgenden Algorithmus werden alle Elemente der Zeichenkette text nacheinander betrachtet. Wir benutzen bei der Übertragung in das Zielfeld shorttext einen Zähler j, der angibt, wie weit das Zielfeld bereits gefüllt ist, und einen Zähler 1, der die Länge des zuletzt nach shorttext übertragenen Wortes enthält.

```
Komprim(↓m ↓n ↓k ↓text ↑shorttext):
   Objekte i,j,k,1,m,n: ganzzahlig
           text,shorttext: Zeichenfeld

   i := 0; j := 0; 1 := 0
   (*noch kein Zeichen uebertragen*)
   WHILE (i<m) AND (j<n)
     (*text_1..text_i bearbeitet, shorttext_1..shorttext_j gefuellt*)
     i := i+1
     IF text_i=" "
       THEN
         IF (j>0) AND (shorttext_j≠" ") THEN
           j := j+1
           shorttext_j := " "
           1 := 0
         END
       ELSE
         IF 1<=k THEN
           j := j+1
           IF 1=k
             THEN shorttext_j := "."
             ELSE shorttext_j := text_i
           END
           1 := 1+1
         END (*IF 1<=k*)
     END (*IF text_i=" "*)
   END (*WHILE*)
   (*i=m, d.h. text vollstaendig bearbeitet oder
     j=n, d.h. shorttext voll                    *)
   WHILE j<n
     j := j+1
     shorttext_j := " "
   END
END Komprim.
```

(7) Der Kreis der Todeskandidaten

In Knuth 1973 wird unter der Bezeichnung *"Josephus' Problem"* folgende Aufgabe beschrieben:

In einem morgenländischen Reiche herrschte die Sitte, aus einer Reihe von zum Tode Verurteilten auf folgende Weise einen zu begnadigen: Der Sultan läßt alle n Todeskandidaten in einem Kreis aufstellen und fängt an einer bestimmten Stelle (bei Kandidat 1) an, die Männer im Kreis herum von 1 bis m abzuzählen. Der m-te Mann wird exekutiert, und so weiter. Der zuletzt übrig bleibende Mann wird begnadigt. Beispiel: Bei n=7 und m=3 werden der Reihe nach die Kandidaten 3,6,2,7,5,1 exekutiert und Kandidat 4 wird begnadigt.

Gesucht ist ein Algorithmus, der bei gegebenem m und n den Kandidaten auffindet, der begnadigt wird.

Lösung:

Der folgende Algorithmus baut auf der Idee auf, daß man sich für jeden Kandidaten merkt, welche Nummer der (in Abzählrichtung) nächste noch lebende Kandidat hat. Wir empfehlen dem Leser, sich an einem konkreten Beispiel die Funktionsweise des Algorithmus zu verdeutlichen.

```
Todeskandidaten(↓m ↓n ↑begnadigter):
  Objekte m,n,begnadigter: ganzzahlig, >0
          kreis: Feld mit n ganzzahligen Elementen
          i,k,x,y: ganzzahlig


  i := 1
  WHILE i<n  (*stelle Kandidaten im Kreis auf*)
    kreis_i := i+1
    i := i+1
  END
  kreis_n := 1
  x := n
  i := 1
  WHILE i<n
    k := 1
    WHILE k<=m   (*zaehle aus*)
      y := x
      x := kreis_y
      k := k+1
    END (*WHILE k<=m*)
    (*Kandidat x (=kreis_y) wird exekutiert*)
    kreis_y := kreis_x
    i := i+1
  END (*WHILE i<n*)
  begnadigter := kreis_y
END Todeskandidaten.
```

(8) Diagonalisierung

In der Mathematik spielt die "Diagonalisierung" eine gewisse Rolle. Man durchläuft dabei die Elemente einer Matrix entlang den Diagonalen, z.B. in folgender Weise:

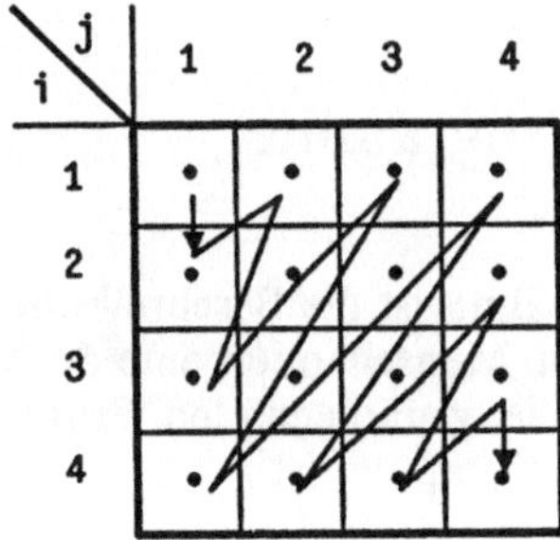

Gesucht ist ein Algorithmus, der für beliebiges n>=1 die Elemente der Matrix M in der oben angegebenen Reihenfolge ausdruckt.

Lösung:

Wir verwenden für die Diagonalisierung zwei geschachtelte WHILE-Schleifen.
Die innere Schleife ist für das Ausdrucken einer Diagonalen zuständig; sie wird
verlassen, sobald einer der beiden Indizes i und j außerhalb der Matrix liegt.
Anschließend werden i und j auf den Beginn der jeweils nächsten Diagonale
eingestellt. Dieser Vorgang wird so lange wiederholt, bis alle Diagonalen
gedruckt sind (d.h. bis der Beginn der nächsten Diagonalen außerhalb der
Matrix läge).

```
DruckeMatrix(↓n ↓M):
  Objekte n,i,j: ganzzahlig, positiv
          M: Matrix mit ganzzahligen Elementen
  i := 1
  j := 1
  WHILE j<=n
    (*alle Diagonalen vor der mit M_i,j sind ausgedruckt*)
    WHILE (i>=1) AND (j<=n)
      (*alle Vorgaenger von M_i,j sind ausgedruckt*)
      Drucke M_i,j
      i := i-1
      j := j+1
    END
    IF j<=n
      THEN (*obere Dreiecksmatrix*)
        i := j
        j := 1
      ELSE (*untere Dreicksmatrix*)
        j := i+2
        i := n
    END (*IF j<=n*)
  END (*WHILE j<=n*)
END DruckeMatrix.
```

Die Schnittstellenbeschreibung der oben angegebenen Lösung enthält kein
Ergebnisobjekt. Das Ergebnis des Algorithmus wird ausgedruckt. Wir benutzen dazu
eine Schreiboperation Drucke, die wir noch nicht eingeführt haben. Lese- und
Schreiboperationen treten in vielen Anwendungsfällen auf und bedeuten (wenn der
Prozessor ein Computer ist) die Aktivierung einer Ein-/Ausgabeeinheit (z.B.
Belegleser, Drucker). Wir verwenden diese Aktionen, ohne eine bestimmte
Schreibweise dafür festzulegen; ihre Bedeutung ist klar.

1.6 Algorithmen und Programme

Wie bereits in Abschnitt 1.1 erwähnt, ist die Beschreibung eines Algorithmus davon
abhängig, ob der Prozessor ein Mensch oder eine Maschine (Computer) ist. In
diesem Abschnitt wollen wir die grundlegenden Probleme diskutieren, die sich
ergeben, wenn der Prozessor ein Computer ist.

Der Verkehr des Menschen mit dem Computer geschieht in der Regel durch
Eingabe von Text (z.B. über eine Tastatur). Algorithmen können - wie in Abschnitt
1.4 gezeigt - auf verschiedene Arten dargestellt werden. Dabei besteht jedoch die

Schwierigkeit, daß der Computer als Prozessor die Art der Beschreibung verstehen muß. Die verwendete Notation muß daher alle Elemente enthalten, die zur Beschreibung von Algorithmen notwendig sind, und sie muß die Eigenschaft besitzen, daß alles in ihr Ausgedrückte vollkommen präzise und eindeutig interpretierbar ist. Außerdem soll sie natürlich auch für den Menschen leicht zu lesen und zu schreiben sein, damit er seine Algorithmen in ihr fließend formulieren kann. Um diese Anforderungen zu erfüllen, wurden, seit es Rechenanlagen gibt, Beschreibungssprachen für Algorithmen entwickelt, die häufig an eine mathematische Formelschreibweise erinnern. Solche Formalismen werden *Programmiersprachen* genannt, weil sie wie natürliche Sprachen über ein Vokabular und grammatikalische Regeln verfügen, die genau festlegen, wie Sätze in dieser Sprache gebildet werden und was diese Sätze bedeuten.

Programme sind Algorithmen, die in einer Programmiersprache abgefaßt sind, damit sie auf einem Rechner ausgeführt werden können. Die Tätigkeit, einen Algorithmus in Form eines Programms auszudrücken, bezeichnet man als *Programmierung*.

Es gibt eine Vielzahl von Programmiersprachen, jede von ihnen hat ihr eigenes Vokabular, und laufend werden neue Programmiersprachen erfunden. Die ältesten Sprachen, die *Maschinensprachen*, sind so aufgebaut, daß jede Anweisung vom Computer direkt interpretiert werden kann. Diese Sprachen orientieren sich am internen Aufbau einer Maschine und nicht an den Gewohnheiten und der Denkweise derer, die sie benutzen. Die Formulierung von Algorithmen ist in diesen Sprachen äußerst mühsam. Zur Vereinfachung der Programmierung wurden daher Sprachen entwickelt, die nicht an eine Maschinenarchitektur, sondern an die algorithmische Denkweise angepaßt sind (die sogenannten *höheren* oder *algorithmischen Programmiersprachen*).

Ein Computer ist so konstruiert, daß er nur die ihm zugrunde gelegte Maschinensprache direkt interpretieren kann. Alle Programme, die auf einem Computer ausgeführt werden sollen, müssen daher in der Maschinensprache des Computers vorliegen, welcher die Ausführung besorgen soll. Für jedes nicht in der Maschinensprache verfaßte Programm muß also eine *Übersetzung* stattfinden. Da Algorithmen, die in einer Programmiersprache abgefaßt sind, bereits eine präzise, eindeutige Beschreibung einer Problemlösung darstellen, kann die Übersetzung von höheren Programmiersprachen in die Maschinensprache wiederum von einem Computerprogramm ausgeführt werden. Solche Programme werden *Übersetzer* oder *Compiler* genannt. Beim Übersetzungsprozeß erzeugt der Compiler aus dem in einer höheren Programmiersprache abgefaßten Algorithmus ein sogenanntes *Objektprogramm* in Maschinensprache (*Maschinencode*). Das Ergebnis einer solchen Transformation ist seiner Bedeutung nach wieder der ursprüngliche Algorithmus, seiner äußeren Form nach aber ist der Algorithmus verändert. Das Objektprogramm kann dann vom Computer interpretiert werden. Den Werdegang eines ablauffähigen Programms zeigt Abbildung 1.6.

Die heute bekannten Programmiersprachen reichen von der Ebene der Maschinensprache über ein mittleres Niveau - Beispiele dafür sind die Sprachen COBOL, Fortran, Basic - zu einem sehr hohen Niveau, auf dem die Erfahrungen bei der Entwicklung moderner Programmierungstechniken schon berücksichtigt sind - Beispiele dafür sind die Sprachen Ada und Modula-2. Algorithmisch orientierte höhere Programmiersprachen vereinfachen die Programmierung, gestatten die Herstellung qualitativ hochwertiger Programmsysteme, aber sie komplizieren den

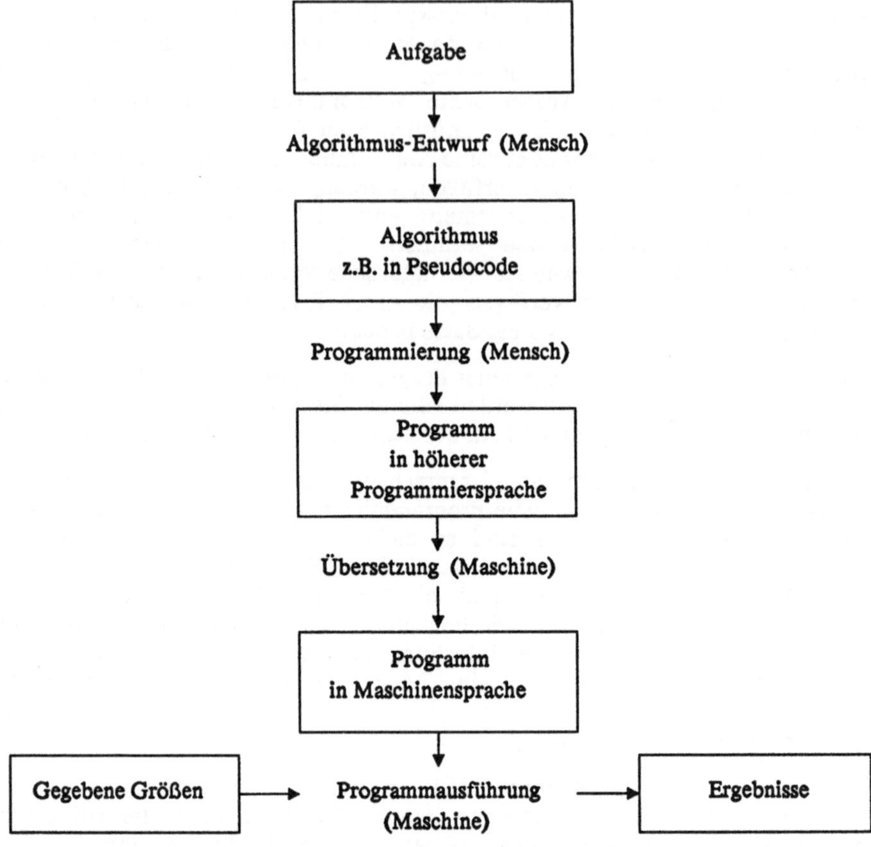

Abb. 1.6 Programmentwicklungsprozeß

Übersetzungsprozeß. Da die Übersetzung von einem Computerprogramm ausgeführt werden kann, ist klar, daß wir der Vereinfachung der vom Menschen auszuführenden Programmierung den Vorzug geben.

Übungsaufgaben

(1)   Das Nimm-Spiel ist ein einfaches Zweipersonen-Spiel, bei dem 12 Stäbchen so auf drei Reihen verteilt werden, daß die erste Reihe 5, die zweite Reihe 4 und die dritte Reihe 3 Stäbchen enthält.

Die Spieler entfernen abwechselnd aus einer der drei Reihen eine beliebige Anzahl von Stäbchen. Sieger ist derjenige, der das letzte Stäbchen nimmt.

Formulieren Sie einen Algorithmus (in stilisierter Prosa), der den Spielverlauf beschreibt.

(2)   Verwenden Sie Algorithmus (3) aus Abschnitt 1.5 für den Entwurf eines Algorithmus, der die ersten n Primzahlen ermittelt. Dokumentieren Sie den Algorithmus in Form eines Ablaufdiagramms.

(3)   Formulieren Sie einen Algorithmus, der alle Primzahlen, die kleiner als eine obere Schranke n (n>0 und ganzzahlig) sind, ermittelt. Beachten Sie den Unterschied zu Aufgabe (2).

(4)   Gegeben sind zwei reellwertige n∗n-Matrizen A und B. Schreiben Sie

    1. einen Algorithmus Mult(↓A ↓B ↓n ↑C), der die beiden Matrizen miteinander multipliziert und das Ergebnis einer Matrix C zuweist

$$C_{ij} = \sum_{k=1}^{n} A_{ik} * B_{kj}$$

    2. einen Algorithmus Trans(↓A ↓n ↑C), der die Matrix A um die Hauptdiagonale spiegelt ("transponiert") und das Ergebnis der Matrix C zuweist.

(5)   Gegeben ist ein Zeichenfeld f der Länge 1 (1>=1) und ein Index k mit 1<=k<=1. In f_k beginnt ein Wort (= Folge von Buchstaben).
Gesucht ist ein Algorithmus Move(↓f ↓l ↕k ↑word ↑wl), der das Wort in ein Feld word der Länge 8 überträgt. Hinterher soll k auf das letzte zum Wort gehörende Zeichen zeigen, und wl soll die Länge des Wortes (=Zeichenanzahl) enthalten.

Nebenbedingung: Ein Wort endet spätestens in f_l. Ein Wort darf aus höchstens 8 Zeichen bestehen. Ist es länger, werden nur die ersten 8 Zeichen übertragen, eine Fehlermeldung wird gedruckt und die restlichen Zeichen des Wortes werden überlesen, so daß k hinterher auf das letzte überlesene Zeichen zeigt.

(6)   Eine Kundenkartei für beliebig viele Kunden enthält für jeden Kunden n>=1 Karteikarten mit Kundennummer, Name und einem offenen Lieferbetrag. Schreiben Sie einen Algorithmus, der für jeden Kunden die Kundennummer, den Namen und die Summe der offenen Lieferbeträge tabelliert. Achten Sie darauf, daß vor jedem Lesen einer Karteikarte geprüft werden muß, ob die Kartei überhaupt noch Karten enthält.

Nebenbedingung: Die Kartei ist so organisiert, daß Karten mit gleicher Kundennummer stets unmittelbar hintereinander liegen.

(7)   Das Newtonsche Verfahren zur Berechnung einer Quadratwurzel lautet:

Wenn man $\sqrt{a}$ für a>=0 berechnen will, beginnt man mit einem beliebigen Näherungswert $x_0>0$ und berechnet einen neuen Näherungswert $x_1=(x_0+a/x_0)/2$. Durch Wiederholung dieser Berechnung erhält man immer bessere Näherungswerte x_2, x_3,..., die schnell gegen $\sqrt{a}$ konvergieren.

Formulieren Sie einen Algorithmus SQRT(↓a ↓ε ↑x), der mit diesem Verfahren einen Wert x so berechnet, daß für ein gegebenes a und eine gegebene Fehlerschranke ε>0 gilt:

$|x^2-a|<=\varepsilon$

(8)   Gegeben ist ein Feld numbers, das n>=0 Zahlen enthält.
Schreiben Sie einen Algorithmus Sort(↓n ↕numbers), der das Zahlenfeld aufsteigend sortiert.

(9)   Die Felder eines Schachbretts der Größe n*n (n>=2) sind nach folgendem Schema durchnumeriert:

1	2	3
4	5	6
7	8	9

Das Feld mit der Nummer 1 ist immer weiß.
Schreiben Sie einen Algorithmus, der für ein gegebenes n die Nummern aller weißen Felder aufsteigend sortiert ausdruckt.

z.B.   für   n=3   1 3 5 7 9
         für   n=4   1 3 6 8 9 11 14 16

(10)   Geben Sie einen Algorithmus in Form eines Struktogramms an, der für ein gegebenes n>0 die Fibonacci-Zahlen $F_0..F_n$ ermittelt. Das Bildungsgesetz für die Fibonacci-Zahlen lautet:
$F_0=F_1=1,\ \ F_i=F_{i-1}+F_{i-2}$

(11)   Gegeben ist ein Feld L von ganzen Zahlen (Feldlänge ist n, n>=3).
Formulieren Sie einen Algorithmus Such(↓L ↓n ↑max), der ein Feld max (Feldlänge=3) ermittelt, das die drei größten Element des Feldes L in absteigend sortierter Reihenfolge enthält.

(12)   Gegeben ist das folgende Algorithmusstück:

```
Objekte m,n,i,j: ganzzahlig, >0
        L: Feld mit n ganzzahligen Elementen
...
m := 1
i := 2
WHILE i<=n
  j := 1
  WHILE (j<=m) AND (Lⱼ≠Lᵢ)
    j := j+1
  END
  IF j>m THEN
    m := m+1
    Lₘ := Lᵢ
  END
  i := i+1
END
n := m
...
```

Treffen Sie eine Annahme für n und L und versuchen Sie, durch Simulation herauszufinden, was der Algorithmus leistet.

2 Prinzipien der Programmentwicklung

Im ersten Kapitel wurden die Begriffe *Algorithmus* und *Programm* eingeführt. Dabei haben wir Lösungen für sehr einfache Aufgaben angegeben. Bei komplexeren Problemen stellt sich nun die Frage: Wie meistern wir die Komplexität und wie gelangen wir systematisch von der Aufgabenstellung zur Lösung? Leider gibt es keinen Algorithmus für den Entwurf von Algorithmen. Das Problemlösen ist vielmehr ein kreativer Prozeß, der ein umfassendes Verständnis der gestellten Aufgabe und viel Intuition erfordert. Allerdings können wir einleuchtende Richtlinien für ein systematisches Vorgehen beim Entwurf von Algorithmen angeben.

2.1 Das Prinzip der schrittweisen Verfeinerung

Der Schlüssel zur Lösung komplexer Probleme ist die *Abstraktion.* Wirth (vgl. Wirth 1971) empfiehlt deshalb:

> Zerlege die Aufgabe in *Teilaufgaben.* Betrachte jede Teilaufgabe für sich. Erweist sich eine Teilaufgabe immer noch als zu komplex, um dafür eine Lösung angeben zu können, zerlege sie weiter in Teilaufgaben, bis diese so einfach geworden sind, daß man sie mit Hilfe elementarer Aktionen lösen kann. Die Gesamtheit der Teillösungen, zusammen mit einer Vorschrift über ihr Zusammenwirken, bildet die Lösung des Gesamtproblems.

Man nennt dies das *Prinzip der schrittweisen Verfeinerung.* Es besagt, daß man sich beim Entwurf eines Algorithmus nicht sofort auf die Behandlung von Einzelheiten stürzen soll, sondern sich zuerst Klarheit darüber verschaffen, in welche Bestandteile sich die Aufgabe zerlegen läßt. Die so gefundenen Bestandteile sind auf jeden Fall von geringerer Komplexität als die Gesamtaufgabe. Die Wiederholung dieser Vorgangsweise führt entweder zu elementaren Aktionen, die nicht mehr weiter verfeinert werden können (in diesem Fall ist der Verfeinerungsprozeß erfolgreich beendet), oder es stellt sich im Laufe des Zerlegungsvorganges heraus, daß die gewählte Abstraktion nicht der tatsächlichen Problemstruktur entspricht und die weitere Zerlegung behindert. In diesem Fall bleibt uns nichts anderes übrig, als einen oder mehrere Schritte zurückzugehen und eine andere Zerlegung zu versuchen. Im schlimmsten Fall muß der Entwurfsprozeß wieder von vorne begonnen werden. Die bisher geleistete Arbeit war aber nicht umsonst, da die dabei gewonnenen Erkenntnisse beim nächsten Lösungsversuch verwendet werden können.

Um zu zeigen, welchen praktischen Wert dieses Prinzip hat, demonstrieren wir die Vorgangsweise an folgendem Beispiel:

Aufgabenstellung

In der Textverarbeitung begegnen wir häufig der Forderung, daß ein fortlaufend geschriebener Text in optisch ansprechender Form ausgegeben werden soll. Man wünscht sich ein Programm, das einen derartigen Text von einem Eingabemedium liest und ihn mit Randausgleich ausdruckt.

Gegeben sind

- ein Text, der aus beliebig vielen Wörtern besteht. Wörter sind Zeichenfolgen, die durch mindestens ein Leerzeichen voneinander getrennt sind. Das Textende wird durch ein spezielles Zeichen (in unserem Fall das Zeichen "$") markiert.
- eine Zeilenbreite b.

Randausgleich bedeutet, daß jede Druckzeile möglichst viele und nur vollständige Wörter enthält. Das erste Wort soll in der ersten Druckspalte beginnen, das letzte in Druckspalte b enden. Die Abstände zwischen den Wörtern sollen möglichst gleichmäßig verteilt sein. In der letzten Druckzeile sollen die Wörter nur durch jeweils ein Leerzeichen voneinander getrennt sein.

Nebenbedingung: Der Text muß so geartet sein, daß jedes Wort kürzer als die halbe Zeilenbreite (b/2) ist. Dadurch ist gewährleistet, daß jede Druckzeile (mit Ausnahme der letzten) mindestens zwei Wörter enthält. Der Einfachheit halber nehmer wir an, daß der Eingabetext diese Bedingung erfüllt. Um ein optisch ansprechendes Schriftbild zu erzeugen, werden Texte normalerweise mit sogenannter Proportionalschrift ausgedruckt, d.h. die einzelnen Zeichen haben unterschiedliche Breite. Wir nehmen an, daß die einzelnen Zeichen jeweils den gleichen Platz (nämlich eine Druckspalte) in der Druckzeile benötigen.

Gesucht ist ein Algorithmus, der die gestellte Aufgabe löst. Für jedes Problem gibt es mehrere Lösungen. In der Praxis würden wir jener Lösung den Vorzug geben, die das schönste Druckbild liefert und am schnellsten abläuft. Da es uns in diesem Beispiel darum geht, das Wesen der schrittweisen Verfeinerung klarzumachen, verzichten wir auf ein ausgeklügeltes Verfahren und streben einen möglichst einfachen Algorithmus an.

Bei der Lösung der Aufgabe gehen wir gemäß dem Prinzip der schrittweisen Verfeinerung so vor, daß wir zuerst die *Grobstruktur des Algorithmus* entwerfen:

Da der Eingabetext aus Wörtern besteht, bietet sich eine Lösung an, bei der jeweils ein Wort gelesen und verarbeitet wird. Dieser Vorgang endet, sobald das Ende des Textes erreicht ist. Die Verarbeitung eines Wortes führt zur Bildung einer Druckzeile, so daß sich folgender Algorithmus ergibt:

```
Algorithmus Randausgleich(↓b):
   Objekte b: ganzzahlig
           z: Druckzeile
           w: Wort
           ende: boole'scher Wert


   LoescheZeile(↑z)  (*beginne mit einer leeren Druckzeile*)
   REPEAT
     LiesWort(↑w ↑ende)
     VerarbeiteWort(↓b ↓w ↕z)
   UNTIL ende
```

```
      DruckeZeile(↓z)   (*drucke letzte Zeile*)
   END Randausgleich
```

In dieser ersten - noch groben - Fassung haben wir vier Aktionen eingeführt:

- `LoescheZeile` liefert eine Leerzeile, die noch kein Zeichen enthält.

- `LiesWort` liest vom Eingabemedium ein ganzes Wort und stellt fest, ob das Ende des Eingabetextes bereits erreicht ist.

- `VerarbeiteWort` fügt das gelesene Wort an die Druckzeile z an. Wenn dieses Anfügen nicht möglich ist (weil die Zeile sonst länger als b würde), nimmt VerarbeiteWort den Randausgleich vor, druckt die Zeile z und beginnt eine neue Druckzeile.

- `DruckeZeile` gibt die Zeile z unverändert aus.

Keine dieser vier Funktionen ist bereits so einfach, daß sie ohne weiteres in Form elementarer Aktionen formuliert werden kann. Das Problem des Randausgleichs ist aber durch unseren ersten Entwurfsschritt bereits wesentlich einfacher geworden. Wir müssen nur noch alle neuen Aktionen schrittweise einer Lösung zuführen. Wir beginnen dabei mit VerarbeiteWort, da dieser Teilalgorithmus am schwierigsten ist.

```
Algorithmus VerarbeiteWort(↓b ↓w ↕z):
   Objekte b: ganzzahlig
           w: Wort
           z: Druckzeile
           passt: boole'scher Wert

   FuegeWortAn(↓b ↓w ↕z ↑passt)
   IF NOT passt THEN
      StreckeZeile(↓b ↕z)
      DruckeZeile(↓z)
      BeginneNeueZeile
      LoescheZeile(↑z)
      FuegeWortAn(↓b ↓w ↕z ↑passt)   (*diesmal passt es wirklich*)
   END
END VerarbeiteWort.
```

VerarbeiteWort versucht zuerst, das Wort w an die Zeile z anzufügen (FuegeWortAn). Der Versuch mißlingt, wenn das Wort nicht mehr in die Zeile paßt (d.h. wenn die Zeile dadurch länger als b würde). In diesem Fall bleibt die Zeile z unverändert und der boole'sche Parameter passt erhält den Wert "falsch". Die Zeile muß daraufhin so weit durch Einfügen von Leerzeichen zwischen den Wörtern gestreckt werden, daß das letzte Wort in Spalte b endet (StreckeZeile). Zusätzlich zu diesen neuen Teilalgorithmen benötigen wir noch die beiden bereits eingeführten Aktionen DruckeZeile und LoescheZeile sowie eine Aktion BeginneNeueZeile zur Vorbereitung für die nächste Druckzeile.

Für den nächsten Verfeinerungsschritt nehmen wir uns wieder die schwierigste Teilaufgabe vor. In diesem Fall ist das StreckeZeile:

In der Aufgabenstellung steckt die Forderung, daß die Abstände zwischen den einzelnen Wörtern möglichst gleichmäßig verteilt sein sollen. Das kann am einfachsten geschehen, indem man von links nach rechts fortschreitend die Wortzwischenräume um jeweils ein Leerzeichen vergrößert. Wenn die gewünschte Zeilenlänge erreicht ist, bricht der Streckvorgang ab; wenn bereits alle Zwischenräume vergrößert sind, beginnt das Verfahren wieder von vorn:

```
Algorithmus StreckeZeile(↓b ↕z):
  Objekte b: ganzzahlig
          z: Druckzeile
          l: ganzzahlig      (*aktuelle Zeilenlänge*)
          pos: ganzzahlig    (*Position eines Wortzwischenraums
                                innerhalb der Zeile*)


  Bestimme Zeilenlaenge(↓z ↑l)
  pos := 1
  WHILE l<b
    Suche Zwischenraum(↓z ↕pos)
    (*in Spalte pos der Zeile z steht ein Leerzeichen*)
    FuegeLeerzeichenEin(↓pos ↕z)
    l := l+1
  END
END StreckeZeile
```

Durch die Verfeinerung von StreckeZeile stoßen wir wieder auf drei weitere Teilaufgaben:

- BestimmeZeilenlaenge hat nur die Aufgabe, die Länge l der Zeile z zu liefern.

- SucheZwischenraum ermittelt, von der Spaltenposition pos ausgehend, den nächsten Wortzwischenraum und stellt pos darauf ein.

- FuegeLeerzeichenEin verlängert den Wortzwischenraum an der Stelle pos um ein Leerzeichen.

Durch die Verfeinerung der jeweils schwierigsten Teilaufgabe haben wir erreicht, daß wir uns bisher noch keine Gedanken über die konkrete Repräsentation eines Wortes und einer Druckzeile machen mußten. Damit fehlen noch die Verfeinerungen von

```
LoescheZeile
LiesWort
DruckeZeile
BeginneNeueZeile
FuegeWortAn
BestimmeZeilenlaenge
SucheZwischenraum
FuegeLeerzeichenEin
```

Die Verfeinerung jedes einzelnen dieser Teilalgorithmen setzt aber voraus, daß wir bereits über den Aufbau eines Wortes bzw. einer Zeile Bescheid wissen. Wir sehen also, daß sich *schrittweise Verfeinerung* nicht nur auf Aktionen, sondern auch auf die von ihnen bearbeiteten Objekte bezieht (Prinzip der *Datenabstraktion*).

Sowohl Wörter als auch Zeilen können durch *Zeichenfelder* dargestellt werden. Darüber hinaus benötigen wir noch eine Angabe, wie viele Elemente der Zeichenfelder tatsächlich belegt sind (die Länge eines Wortes bzw. einer Zeile). Wir realisieren daher sowohl Wörter als auch Druckzeilen durch *Strukturobjekte* (siehe auch Abschnitt 1.3 Objekte und Aktionen):

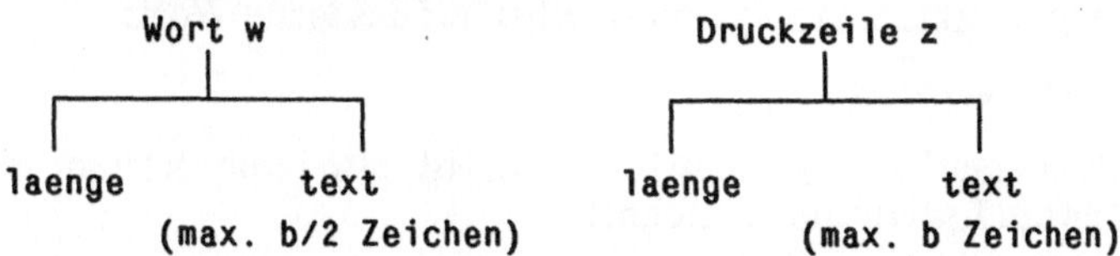

Abb. 2.1   Strukturobjekte für Wort und Zeile

Die Länge eines Wortes w bezeichnen wir mit `w.laenge`, das i-te Zeichen mit `w.text`$_i$. Die Länge einer Zeile z bezeichnen wir mit `z.laenge`, das i-te Zeichen mit `z.text`$_i$. Damit sind wir in der Lage, die noch nicht gelösten Teilprobleme zu verfeinern:

```
Algorithmus LoescheZeile(↑z):
  Objekt z: Druckzeile

  z.laenge := 0
END LoescheZeile
```

`LoescheZeile` hat nur die Aufgabe, eine Druckzeile der Länge 0 zu liefern.

```
Algorithmus LiesWort(↑w ↑ende):
  Objekte w: Wort
          ende: boole'scher Wert
          ch: Zeichen

  REPEAT  (*ueberlies Leerzeichen*)
    Lies(↑ch)
  UNTIL ch≠" "
  w.laenge := 0
  WHILE (ch≠" ") AND (ch≠"$")  (*bilde Wort*)
    w.laenge := w.laenge+1
    w.text_w.laenge := ch
    Lies(↑ch)
  END
  ende := ch="$"  (*Textende ?*)
END LiesWort
```

`LiesWort` erfüllt drei Aufgaben:

- Zu Beginn werden *Leerzeichen überlesen*, d.h. es wird ein Wortanfang gesucht.

- Anschließend werden so lange weitere Zeichen gelesen und daraus ein *Wort gebildet*, bis entweder ein Wortende (ch=" ") oder das Textende (ch="$") erreicht ist.

- Der *Ausgangsparameter* ende erhält den Wert "wahr", wenn das zuletzt gelesene Zeichen "$" war; sonst ist ende="falsch".

Die Situation nach dem Lesen des letzten Wortes ist noch keineswegs klar. Wir wollen uns daher an zwei Beispielen vergegenwärtigen, was dabei geschieht:

(a) Die Textendemarkierung folgt unmittelbar auf das letzte Wort:

```
... letzteswort$
```

(b) Die Textendemarkierung steht für sich, ist also vom letzten Wort durch mindestens ein Leerzeichen getrennt:

```
... letzteswort $
```

Im ersten Fall endet das Lesen von "letzteswort" mit dem Zeichen "$" (das aber aufgrund der Schleifenkonstruktion nicht mehr nach w.text übertragen wird). Der Ausgangsparameter ende erhält also den Wert "wahr".

Im zweiten Fall kann nach dem Lesen des letzten Wortes das Textende noch nicht festgestellt werden (ende hat den Wert "falsch"). LiesWort wird also - vom Algorithmus Randausgleich aus - noch einmal aktiviert. Diesmal stoßen wir sofort auf das Zeichen "$". Das gelieferte Wort hat dadurch die Länge 0. Da mit jedem gelesenen Wort der Teilalgorithmus VerarbeiteWort ausgeführt wird, muß dieser Sonderfall darin berücksichtigt werden. In VerarbeiteWort wird wiederum FuegeWortAn benutzt, um eine Druckzeile um ein Wort zu verlängern. Wir müssen also festlegen, daß in FuegeWortAn nichts geschehen soll, wenn w.laenge=0 ist (der Ausgangsparameter passt soll dabei den Wert "wahr" erhalten):

```
Algorithmus FuegeWortAn(↓b ↓w ↕z ↓passt):
   Objekte b: ganzzahlig
           w: Wort
           z: Druckzeile
           passt: boole'scher Wert
           l: ganzzahlig  (*Zeilenlaenge*)
           i: ganzzahlig  (*Hilfsvariable*)

 IF w.laenge=0
   THEN passt := "wahr"  (*leeres Wort hat immer Platz*)
   ELSE
     BestimmeZeilenlaenge(↓z ↑l);
     passt := l+1+w.laenge<=b
     IF passt THEN
       IF l>0 THEN
         FuegeZeichenAn(↓" " ↕z)  (*erzeuge Wortzwischenraum*)
       END
       i := 1
       WHILE i<=w.laenge
         FuegeZeichenAn(↓w.text_i ↕z)

         i := i+1
       END (*WHILE*)
     END (*IF passt*)
   END (*IF w.laenge=0*)
 END FuegeWortAn
```

Wenn die Druckzeile bereits Wörter enthält (z.laenge>0), muß vor dem Anfügen eines neuen Wortes ein trennendes Leerzeichen an die Druckzeile angefügt werden.

Zum Anfügen eines Zeichens an eine Druckzeile bedienen wir uns einer neuen Funktion FuegeZeichenAn, die wir als nächste verfeinern wollen:

```
Algorithmus FuegeZeichenAn(↓ch ↕z):
   Objekte ch: Zeichen
           z: Druckzeile


   z.laenge := z.laenge+1
   z.text_z.laenge := ch
END FuegeZeichenAn
```

Der Algorithmus BestimmeZeilenlaenge ist mit der von uns gewählten Realisierung einer Druckzeile leicht verfeinert. Er besteht nur aus einer einzigen Aktion:

```
Algorithmus BestimmeZeilenlaenge(↓z ↑l):
   Objekte z: Druckzeile
           l: ganzzahlig


   l := z.laenge
END BestimmeZeilenlaenge
```

Die Aufgabe, die SucheZwischenraum erfüllen muß, ist nicht so einfach. Der Algorithmus muß den Wert von pos auf irgendein Leerzeichen des jeweils dem nächsten Wort folgenden Wortzwischenraums einstellen:

```
Algorithmus SucheZwischenraum(↓z ↕pos):
   Objekte z: Druckzeile
           pos: ganzzahlig


   WHILE z.text_pos=" "
     pos := pos+1
   END
   WHILE z.text_pos≠" "
     IF pos=z.laenge
       THEN pos := 1
       ELSE pos := pos+1
     END
   END
END SucheZwischenraum
```

Zuerst muß sichergestellt werden, daß pos auf ein Wort innerhalb der Druckzeile zeigt. Anschließend muß das Ende des Wortes (d.h. eine Leerzeichenfolge) gesucht werden. Da auf das letzte Wort in der Druckzeile keine Leerzeichen mehr folgen, muß der Suchvorgang wieder in Spalte 1 beginnen, wenn das Ende der Druckzeile erreicht ist (pos=z.laenge).

Der Algorithmus FuegeLeerzeichenEin muß den gesamten Inhalt der Druckzeile von der Spalte pos aus bis zum Zeilenende um eine Druckspalte nach rechts verschieben. Die Druckzeile wird dadurch um ein Zeichen länger:

```
Algorithmus FuegeLeerzeichenEin(↓pos ↕z):
  Objekte pos: ganzzahlig
          z: Druckzeile
          i: ganzzahlig


  i := z.laenge
  WHILE i>=pos
    z.text_{i+1} := z.text_i
    i := i-1
  END
  z.laenge := z.laenge+1
END FuegeLeerzeichenEin
```

Damit bleibt noch die Verfeinerung von DruckeZeile:

```
Algorithmus DruckeZeile(↓z):
  Objekte z: Druckzeile
          i: ganzzahlig


  i := 1
  WHILE i<=z.laenge
    Drucke(↓z.text_i)
    i := i+1
  END
END DruckeZeile
```

Damit sind alle Teilprobleme so weit gelöst, daß außer Wertzuweisungen und
Anweisungen zur Ablaufsteuerung nur noch drei Aktionen vorkommen, die wir
nicht mehr weiter verfeinern können:

Lies(↑x) liest das jeweils nächste Zeichen x des Textes vom Eingabemedium.

Drucke(↓x) gibt das Zeichen x auf das Ausgabemedium Drucker aus.

BeginneNeueZeile sorgt dafür, daß das nächste mit Hilfe von Drucke
ausgegebene Zeichen in die nächste Zeile gedruckt wird (Zeilenvorschub auf
dem Drucker).

Es handelt sich dabei um elementare Aktionen in dem Sinn, daß wir voraussetzen
müssen, daß sie von dem Prozessor, der unsere Algorithmen ausführen soll,
unmittelbar verstanden werden können.

Das Zusammenwirken der einzelnen Teilalgorithmen kann durch Abb. 2.2
veranschaulicht werden.

Nach Abschluß des Verfeinerungsprozesses stellt sich oft heraus, daß manche
Teilalgorithmen nur an einer einzigen Stelle benutzt werden (z.B. StreckeZeile)
und andere so einfach sind, daß sie nur aus wenigen einfachen Aktionen bestehen
(z.B. LoescheZeile und BestimmeZeilenlaenge). Die Aktionen dieser
Teilalgorithmen könnten ebensogut dort, wo sie benutzt werden, eingefügt werden,
ohne daß sich an der Lösung etwas ändert. Dadurch wird aber die bei der
schrittweisen Verfeinerung gewonnene Zerlegung teilweise wieder rückgängig
gemacht, und der daraus entstehende längere Algorithmus wird nicht mehr so leicht
zu verstehen sein.

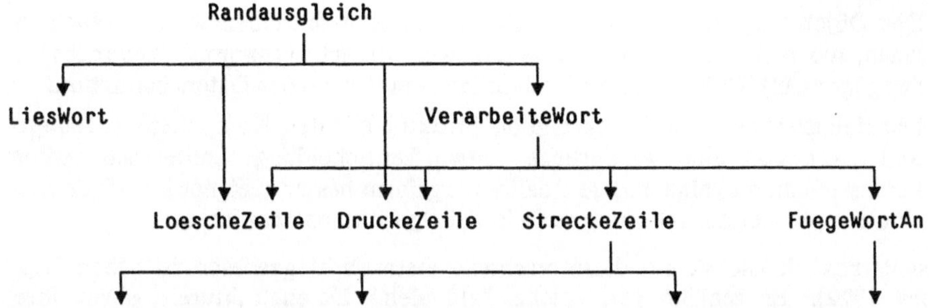

Abb. 2.2 Zusammenhang der Teilalgorithmen von Randausgleich

2.2 Datenkapselung

Beim Studium der in Abschnitt 2.1 entwickelten Lösung für das Problem des Randausgleichs fällt auf, daß sechs Teilalgorithmen (LoescheZeile, DruckeZeile, BestimmeZeilenlaenge, SucheZwischenraum, FuegeLeerzeichenEin und FuegeZeichenAn) alle ein und dasselbe Datenobjekt (z) manipulieren, d.h. *direkt* auf das Objekt zugreifen. Weiter gibt es zwei Teilalgorithmen (StreckeZeile und FuegeWortAn), die das Datenobjekt z *indirekt* manipulieren, indem sie die oben genannten Algorithmen benutzen. Das ist keine Besonderheit dieser Aufgabe, sondern tritt sehr häufig auf. Diesen Sachverhalt zeigt Abb. 2.3.

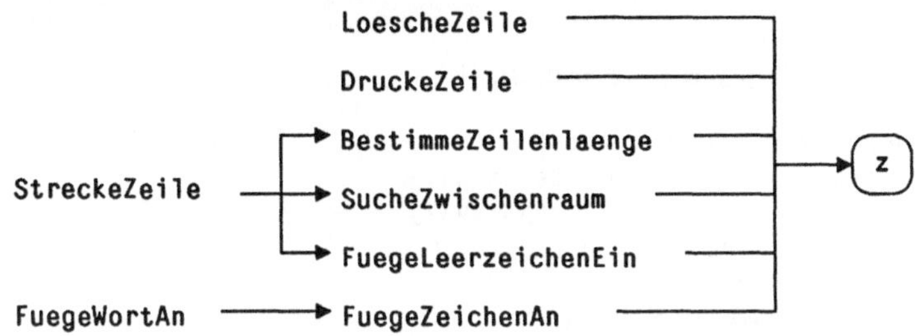

Abb. 2.3 Zugriff von Algorithmen auf ein Datenobjekt

Diesen Zugriff haben wir dadurch ermöglicht, daß wir allen Algorithmen z als Parameter mitgegeben haben. Eine Folge davon ist, daß die Druckzeile z in allen Teilalgorithmen bekannt sein muß. Dies gilt sogar für den "Hauptalgorithmus" Randausgleich, der z nur zwischen den Teilalgorithmen herumreicht. An unserer bisherigen Lösung beobachten wir folgende Tatsachen:

- Die Schnittstellen (Parameterlisten) sind durch das "Herumreichen" der Druckzeile unnötig groß geworden.

- Das Objekt z muß in jedem Teilalgorithmus beschrieben werden (auch in jenen, die nicht direkt damit arbeiten, wie `VerarbeiteWort`, `Streckzeile`, `FuegeWortAn`). Dies steht im Widerspruch zum Prinzip der Datenabstraktion.

- Die Realisierung einer Druckzeile als Struktur mit den Komponenten `laenge` und `text` war eine willkürliche Entwurfsentscheidung. Sollte sich später herausstellen, daß eine andere Realisierungsform besser geeignet ist, würde sich eine entsprechende Änderung auf alle Teilalgorithmen auswirken.

Es ist Parnas' Verdienst, auf diese Nachteile erstmals hingewiesen zu haben (vgl. Parnas 1972). Er schlägt vor, solche "globalen" Datenstrukturen gegen ihre Umgebung hin *abzukapseln*, indem man für jede Struktur eine Reihe von *Zugriffsalgorithmen* schreibt und diese gemeinsam mit der Datenstruktur zu einem höheren Ganzen zusammenfaßt. Alle übrigen Algorithmen, die auf diese Datenstruktur zugreifen wollen, können dies nur noch über die Zugriffsalgorithmen. Sie bedienen sich dieser Zugriffsalgorithmen, um Änderungen am Inhalt der gekapselten Daten vorzunehmen oder um Informationen über sie zu gewinnen.

Die Zusammenfassung von Datenstrukturen und Zugriffsalgorithmen zu einem höheren Ganzen bezeichnen wir als *Datenkapsel*.

Zur Darstellung einer Datenkapsel in Pseudocode benutzen wir folgende Schreibweise:

Datenkapsel kapselname

Zugriffsalgorithmen: Aufzählung der Namen aller Zugriffsalgorithmen
        (z.B. `LoescheZeile`, `DruckeZeile`, `FuegeLeerzeichenEin`,...)

Objekte: Beschreibung der gekapselten Objekte
        (z.B. `z: Struktur`
            `laenge: ganzzahlig`
           `text: Zeichenfeld`
        `END)`

Beschreibung der Zugriffsalgorithmen: z.B.:

```
FuegeLeerzeichenEin(↓pos)
   lokale Objekte: pos: ganzzahlig
                   i:   ganzzahlig
   i := z.laenge
   WHILE i>=pos
      z.text_{i+1} := z.text_i
      i := i-1
   END
   z.laenge := z.laenge+1
END FuegeLeerzeichenEin
```

Beschreibung der lokalen Hilfsalgorithmen (d.h. der Algorithmen, die von den
        Zugriffsalgorithmen benutzt werden und die selbst keine Zugriffsalgorithmen sind).

Eine Datenkapsel besteht aus drei Teilen:

1. Beschreibung der gekapselten Daten (diese Objekte sind allen Algorithmen, die in der Datenkapsel definiert werden, bekannt, d.h. alle diese Algorithmen haben auf sie Zugriff)

2. Algorithmen, die mit den gekapselten Daten arbeiten

3. Aufzählung aller Algorithmen, die außerhalb der Datenkapsel benutzt werden können.

In manchen Fällen sind alle Algorithmen von außen zugänglich. Im allgemeinen Fall enthalten Datenkapseln aber auch *Hilfsalgorithmen* zur Verwaltung der gekapselten Daten, die nur von Zugriffsalgorithmen benutzt werden, aber nicht von außen zugänglich sein sollen.

Für unser Beispiel des Randausgleichs können wir folgende Datenkapsel ZeilenVerwaltung angeben:

Datenkapsel ZeilenVerwaltung

Zugriffsalgorithmen: LoescheZeile, StreckeZeile, FuegeWortAn, DruckeZeile

Objekt: z: Struktur
              laenge: ganzzahlig
              text: Zeichenfeld
           END

Beschreibung der Zugriffsalgorithmen

```
LoescheZeile:
  z.laenge := 0
END LoescheZeile


StreckeZeile(↓b):
  Objekt pos: ganzzahlig
  pos := 1
  WHILE z.laenge<b
    SucheZwischenraum(↕pos)
    FuegeLeerzeichenEin(↓pos)
  END
END StreckeZeile


FuegeWortAn(↓b ↓w ↑passt):
  Objekte b: ganzzahlig
          w: Wort
          passt: boole'scher Wert
          1,i: ganzzahlig
  IF w.laenge=0
    THEN passt := "wahr"
    ELSE
      1 := z.laenge
      passt := 1+1+w.laenge<=b
      IF passt THEN
        IF 1>0 THEN
          FuegeZeichenAn(↓" ")
        END
        i := 1
        WHILE i<=w.laenge
          FuegeZeichenAn(↓w.text_i)
          i := i+1
        END (*WHILE*)
      END (*IF passt*)
```

```
    END (*IF w.laenge=0*)
  END FuegeWortAn

  DruckeZeile:
    Objekt i: ganzzahlig
    i := 1
    WHILE i<=z.laenge
      Drucke(↓z.text_i)
      i := i+1
    END
  END DruckeZeile
```

Beschreibung der lokalen Hilfsalgorithmen

```
  SucheZwischenraum(⇕pos):
    Objekt pos: ganzzahlig
    WHILE z.text_pos=" "
      pos := pos+1
    END
    WHILE z.text_pos≠" "
      IF pos=z.laenge
        THEN pos := 1
        ELSE pos := pos+1
      END
    END
  END SucheZwischenraum

  FuegeLeerzeichenEin(↓pos):
    Objekte pos: ganzzahlig
            i: ganzzahlig
    i := z.laenge
    WHILE i>=pos
      z.text_{i+1} := z.text_i
      i := i-1
    END
    z.laenge := z.laenge+1
  END FuegeLeerzeichenEin

  FuegeZeichenAn(↓ch):
    Objekt ch: Zeichen
    z.laenge := z.laenge+1
    z.text_{z.laenge} := ch
  END FuegeZeichenAn
```

Wir haben also jene Algorithmen, die die Druckzeile bearbeiten, zu einer Datenkapsel zusammengefaßt. Man beachte, daß wir auch die Algorithmen StreckeZeile und FuegeWortAn in die Datenkapsel aufgenommen haben, die logisch zum Aufgabenkomplex "Zeilenverwaltung" gehören. Da das Objekt z (Druckzeile) allen Algorithmen der Datenkapsel zugänglich ist, wurde der Teilalgorithaus BestimmeZeilenlaenge überflüssig.

Die Umwandlung der durch schrittweise Verfeinerung gewonnenen Lösung in eine Lösung mit einer Datenkapsel zieht natürlich auch Änderungen der Algorithmen, die die Zugriffsfunktionen der Datenkapsel benutzen, nach sich. In all diesen Algorithmen (Randausgleich, VerarbeiteWort) entfällt die Beschreibung der Druckzeile z; das Objekt z wird aus allen Parameterlisten entfernt.

Zum Beispiel hat der Hauptalgorithmus Randausgleich nun folgende Gestalt:

```
Algorithmus Randausgleich(↓b):
  Objekte b: ganzzahlig
          w: Wort
          ende: boole'scher Wert

  LoescheZeile  (*beginne mit einer leeren Druckzeile*)
  REPEAT
    LiesWort(↑w ↑ende)
    VerarbeiteWort(↓b ↓w)
  UNTIL ende
  DruckeZeile  (*drucke letzte Zeile*)
END Randausgleich
```

Das Zusammenwirken der einzelnen Teilalgorithmen kann nun durch folgende Skizze veranschaulicht werden:

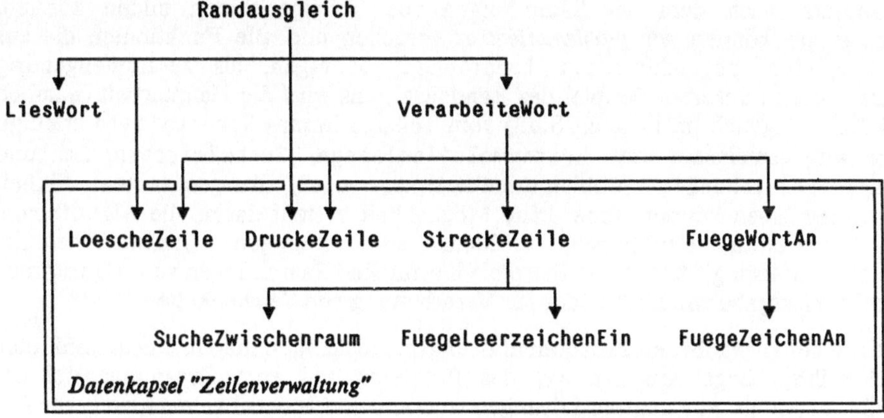

Abb. 2.4 Struktur des Algorithmus Randausgleich mit einer Datenkapsel

Vorteile der Datenkapselung

- Die *Schnittstellen* der Zugriffsalgorithmen werden einfacher, weil die gekapselten Objekte nicht mehr als Parameter mitgeführt werden müssen.
- Die gekapselten Objekte sind vor unberechtigtem Zugriff *geschützt*. Auf sie können nur noch die durch die Zugriffsalgorithmen definierten Operationen angewandt werden.
- Die Algorithmen, die die Datenkapsel benutzen, brauchen von der konkreten Repräsentation der gekapselten Objekte nichts zu wissen (*Geheimnisprinzip*). Das bedeutet, daß eine Änderung der Struktur der gekapselten Objekte nur in den Zugriffsfunktionen ihren Niederschlag findet (dies entspricht dem Prinzip der Datenabstraktion).

Der einzige *Nachteil von Datenkapseln* besteht darin, daß sie oft sehr einfache Zugriffsalgorithmen enthalten, die z.B. nur eine Wertzuweisung ausführen (in unserem Beispiel `LoescheZeile`). Das Verstecken einer Wertzuweisung (oder sonstiger elementarer Aktionen) in einem eigenen Algorithmus bläht die Gesamtlösung unnötig auf. Wenn die Zahl der Zugriffsalgorithmen sehr groß wird, leidet darunter die Übersichtlichkeit.

2.3 Der Begriff des Moduls

Im vorangegangenen Abschnitt haben wir mehrere Algorithmen zu einer Datenkapsel zusammengefaßt. Wir sind dabei dem Grundsatz gefolgt, alle Funktionen, die mit gemeinsamen Objekten arbeiten, *datenorientiert* zu einem höheren Ganzen zu vereinigen. Dies ist jedoch nicht der einzige sinnvolle Grundsatz, nach dem wir Sammlungen von Teilalgorithmen bilden können. Genausogut können wir *problemorientiert* vorgehen und alle Funktionen, die zur Lösung eines abgeschlossenen Teilproblems beitragen, als zusammengehörig betrachten. In unserem Beispiel des Randausgleichs wird die Hauptarbeit (nämlich der Randausgleich im engeren Sinn) vom Teilalgorithmus `StreckeZeile` erledigt, den wir gemeinsam mit `BestimmeZeilenlaenge`, `SucheZwischenraum` und `FuegeLeerzeichenEin` problemorientiert zu einer übergeordneten Einheit zusammenfassen können. Eine dritte Möglichkeit besteht darin, alle Algorithmen, die verwandte Funktionen erfüllen, zu vereinigen (*funktionsorientierte* Zusammenfassung). Klassische Beispiele hierfür sind Sammlungen von Algorithmen zur Ein-/Ausgabe von Daten oder zur Verarbeitung von Zeichenketten.

Welche der angegebenen Zusammenfassungsmöglichkeiten man in einem konkreten Fall wählt, hängt von der Art des Problems und vom Zusammenspiel der Teillösungen ab. Für manche Lösungen sind alle drei Möglichkeiten gleichermaßen gut geeignet. Meist drängt sich jedoch eine Vorgangsweise geradezu auf, während eine andere unnatürlich wirkt.

Die Zusammenfassung mehrerer Algorithmen zu einem höheren Ganzen nennen wir einen *Modul*, den wir nach Goos folgendermaßen definieren (vgl. Goos 1973):

> Unter einem *Modul* verstehen wir eine Sammlung von Objekten und Algorithmen mit der Eigenschaft, daß ihre Kommunikation mit der Außenwelt nur über eine klar definierte Schnittstelle erfolgt. Das Zusammensetzen mehrerer Moduln zu einer Gesamtlösung darf keine Kenntnis ihres inneren Aufbaus voraussetzen, und die Korrektheit eines Moduls muß ohne Kenntnis seiner Einbettung in die Gesamtlösung nachprüfbar sein.

Aus dieser Definition ersehen wir, daß die Schnittstelle für den Modulbegriff von besonderer Bedeutung ist. Wir können die Schnittstelle eines Moduls logisch in zwei Teile aufspalten:

- *Importschnittstelle*: Sie beschreibt, welche Objekte und Funktionen der Modul von seiner Umgebung benötigt.

- *Exportschnittstelle*: Sie beschreibt, welche Objekte und Funktionen der Modul seiner Umgebung zur Verfügung stellt.

Zur Formulierung eines Moduls in Pseudocode legen wir folgende Schreibweise fest:

```
MODUL Modulname:
    IMPORT Liste der importierten Objekte und Funktionen
    EXPORT Liste der exportierten Objekte und Funktionen
    Beschreibung der Objekte des Moduls
    Beschreibung der Algorithmen des Moduls
END Modulname
```

Die *Beschreibung der Objekte des Moduls* hat den Zweck, die Datentypen aller Objekte festzulegen, die entweder exportiert oder von mehreren Algorithmen des Moduls gemeinsam benutzt werden.

Analog dazu umfaßt die *Beschreibung der Algorithmen des Moduls* sowohl die exportierten Funktionen als auch die (lokalen) Hilfsfunktionen.

Eine Datenkapsel ist ein Sonderfall eines Moduls mit der Eigenschaft, daß sie ausschließlich Funktionen exportiert, da alle in ihr definierten Objekte vor der Außenwelt geheimgehalten werden müssen.

Mit dem Prinzip der schrittweisen Verfeinerung haben wir nicht nur eine Technik zur Meisterung der Komplexität, sondern auch ein Hilfsmittel zur Strukturierung von Algorithmen kennengelernt. Das Modulkonzept bietet uns nun eine weitere Strukturierungsmöglichkeit. Angewandt auf unser Beispiel des Randausgleichs führt die Gliederung in Moduln z.B. zu folgender Hierarchie:

Abb. 2.5 Modulhierarchie des Algorithmus Randausgleich

Unsere Gesamtlösung besteht demnach aus drei Moduln: der Datenkapsel ZeilenVerwaltung (datenorientierte Einheit), dem Modul TextWort, der die Algorithmen zur Wortverarbeitung (LiesWort und VerarbeiteWort) funktionsorientiert zusammenfaßt, und dem "Steuermodul" Randausgleich.

Die Modularisierung ist eines der wichtigsten Prinzipien des Entwurfs. Wir wollen daher im folgenden zusammenfassend angeben, worauf bei der Bildung von Moduln besonders zu achten ist:

* *Einfachheit.* Jeder Modul soll eine überschaubare, für sich alleine verständliche Einheit bilden. Aus dieser Forderung läßt sich aber nicht eine bestimmte maximale Länge für einen Modul (in Zeilen oder Seiten) ableiten. Auch ein Modul, der mehrere Seiten lang ist, kann durchaus eine überschaubare und verständliche Einheit sein, wenn er gut gegliedert ist.

- *Minimalität und Überschaubarkeit der Schnittstellen.* Die Schnittstellen zwischen Moduln sollen so einfach wie möglich gehalten werden; das bedeutet wenig importierte und exportierte Objekten und Funktionen sowie kurze Parameterlisten. Wenn ein Modul zu viele Informationen mit seiner Umgebung austauscht, besteht die Gefahr, daß die Einfachheit und Überschaubarkeit verloren geht.

- *Unabhängigkeit.* Moduln sollen voneinander so unabhängig sein, daß Änderungen des inneren Aufbaus eines Moduls oder der Funktionen, die er bereitstellt, keine Änderungen an anderen Moduln nach sich ziehen. Das heißt, die Menge aller Annahmen, die Moduln über einander machen, beschränkt sich auf die Objekte ihrer Schnittstellen. Wenn die Schnittstelle eines Moduls spezifiziert ist, kann der Entwurf der inneren Struktur daher ohne Kenntnis des Gesamtsystems durchgeführt werden. Dies entspricht auch dem Abstraktionsprinzip der schrittweisen Verfeinerung und der Definition des Modulbegriffs.

- *Abgeschlossenheit.* Die Funktionen eines Moduls sollen alle auf denselben Datenstrukturen arbeiten (Datenkapseln) oder notwendig und hinreichend sein, um eine in sich abgeschlossene Aufgabe zu lösen. Ein Modul darf keine Sammlung von beliebigen Funktionen sein, zwischen denen keine logische Beziehung besteht.

- *Testbarkeit.* Jeder Modul soll so beschaffen sein, daß seine Korrektheit ohne Kenntnis seiner Einbettung in ein Gesamtsystem nur unter Betrachtung seiner Schnittstelle überprüft werden kann.

Aus diesen Kriterien wird deutlich, daß der Zweck der Modularisierung darin besteht, komplexe Algorithmen aus einzelnen Bausteinen zusammenzusetzen. Dadurch erreicht man überschaubare Teillösungen, die zu Sicherheit, Flexibilität und leichter Änderbarkeit der Gesamtlösung führen. Diese Technik empfinden wir in vielen anderen Disziplinen (z.B. beim Bau von Maschinen) längst als selbstverständlich.

Übungsaufgaben

(1) Gesucht ist ein Algorithmus, der ein Feld (=Kette) aus 100 Elementen aufbaut. Jedes Element kann eine der drei Ziffern 0, 1, 2 sein. Das Feld soll so geartet sein, daß es keine unmittelbar benachbarten Teilketten beliebiger Länge enthält (Rechenberg 1974, Wirth 1975).
Beispiele für fehlerhafte Ketten: 001201, 0102102101.

Entwerfen Sie den Algorithmus nach dem Prinzip der schrittweisen Verfeinerung.

(2) Für die folgende Aufgabe ist ein Algorithmus `Wortzaehlung(↓text ↓n)` nach dem Prinzip der schrittweisen Verfeinerung zu entwerfen:

Gegeben ist ein beliebiger Text in Form eine Zeichenfeldes der Länge n, n>=0. Er besteht aus Wörtern, die durch Leerzeichen, Komma oder Punkt voneinander getrennt sind. Die Häufigkeit der Wörter soll gezählt, die Wörter sollen am Ende zusammen mit ihrer Häufigkeit ausgedruckt werden.

Beispiel

Der Text

```
Wenn mancher Mann wüsste, wer mancher Mann wär, gäb mancher Mann
manchem Mann manchmal mehr Ehr.
```

liefert den Ausdruck

```
Wenn 1
mancher 3
Mann 4
wüsste 1
wer 1
wär 1
gäb 1
manchem 1
manchmal 1
mehr 1
Ehr 1
```

Nebenbedingungen: Von Wörtern, die länger als 10 Zeichen sind, werden nur die ersten 10 Zeichen verwendet. Unmittelbar aufeinander folgende Trennzeichen (Leerzeichen, Komma, Punkte) wirken wie ein einziges. Es brauchen nur die ersten 100 Wörter registriert zu werden. Wenn der Text länger ist, muß nach den ersten 100 Wörtern ein Hinweis darauf ausgegeben werden, daß die folgenden Wörter nicht mehr untersucht werden.

(3) Erweitern Sie den Algorithmus Randausgleich aus Abschnitt 2.1 so, daß der Text mehrspaltig und zwar mit n Spalten zu m Zeilen ausgegeben wird. Für die einzelnen Spalten soll ein Randausgleich mit einer Zeilenbreite b durchgeführt werden (RandausgleichSpaltenweise(↓n ↓m ↓b)).

(4) Entwerfen Sie einen Algorithmus Columns(↓ncols ↓nlines ↓colsize), der einen Eingabetext zeichenweise einliest und die darin vorkommenden Wörter spaltenweise ausdruckt. Die Wörter sind durch (beliebig viele) Leerzeichen voneinander getrennt. Der Eingabetext soll in ncols Spalten zu je colsize Zeichen so ausgedruckt werden, daß er spaltenweise von oben nach unten gelesen werden kann. Nach jeweils nlines Wörtern soll eine neue Spalte begonnen werden, nach jeweils ncols Spalten eine neue Seite. Überlange Wörter sollen abgeschnitten werden, so daß zwischen zwei nebeneinander stehenden Spalten mindestens ein Leerzeichen bleibt.

Beispiel

```
ncols=3, nlines=4, colsize=6
```

Eingabetext:

```
Kräht der Hahn am Mist, ändert sich das Wetter oder es bleibt,
wie es ist.
```

Ausgabetext:

```
Kräht Mist, Wette      1. Seite
der   änder oder
Hahn  sich  es
am    das   bleib
---------------------------------
wie               2. Seite
es
ist.
```

Entwerfen Sie Ihren Algorithmus nach der Methode der schrittweisen Verfeinerung. Verwenden Sie besondere Sorgfalt auf die Wahl der einzelnen Abstraktionsschichten und dokumentieren Sie jeden Entwurfsschritt ausführlich.

(5) Entwerfen Sie eine Datenkapsel zur Verwaltung einer (Personen-)Warteschlange der Länge n.

Der Zugriffsalgorithmus `Anfuegen(↓name ↑ok)` soll das Element `name` ans Ende der Warteschlange anfügen, wenn die Warteschlange noch weniger als n Elemente enthält. Wenn das Element noch Platz hatte, soll `ok="wahr"`, sonst `ok="falsch"` geliefert werden.

Der Zugriffsalgorithmus `Entfernen(↑name ↑ok)` soll das erste Element aus der Warteschlange entfernen und seinen "Wert" (name) und `ok="wahr"` liefern. Falls die Warteschlange keine Elemente mehr enthält, soll `ok="falsch"` geliefert werden.

Eine Warteschlange kann man sich abstrakt folgendermaßen vorstellen:

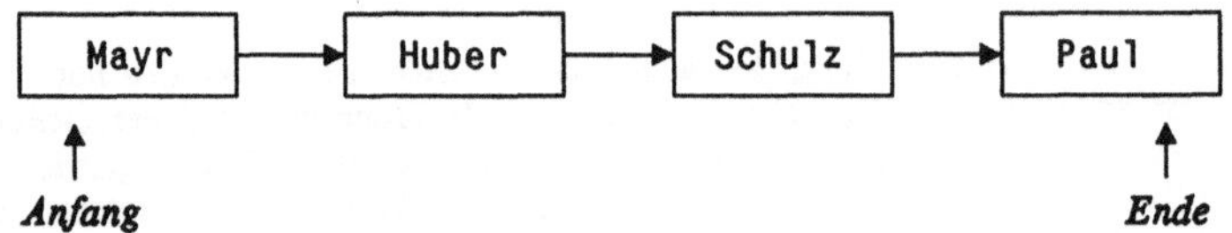

Überlegen Sie genau, mit welchen Objekten Sie die Warteschlange realisieren wollen und wie Sie sich jeweils Anfang und Ende merken.

3 Die Programmiersprache Modula-2

In den ersten beiden Kapiteln wurde der Begriff des *Algorithmus* eingeführt und erklärt, wie die Lösung eines Problems durch Algorithmen beschrieben werden kann. Dieses Kapitel beschreibt die Programmiersprache Modula-2 und zeigt, worauf zu achten ist, wenn Algorithmen (im letzten Schritt beim Programmentwurf nach der schrittweisen Verfeinerung) als Modula-2-Programme formuliert werden sollen.

Das Kapitel ist so aufgebaut, daß sich der Anfänger schrittweise das Vokabular und die grammatikalischen Regeln von Modula-2 erarbeiten kann, daß es aber auch vom fortgeschrittenen Programmierer als Nachschlagewerk benutzt werden kann. Mancher Anfänger mag sich angesichts der vielen Details überfordert vorkommen. Ihm sei an dieser Stelle versichert, daß es nicht erforderlich ist, von Anfang an alle Einzelheiten im Kopf zu behalten. Wir empfehlen ihm vielmehr, sich anhand der angegebenen Beispiele vorerst einen Überblick zu verschaffen. Wenn später (bei den Übungsaufgaben oder bei der Anwendung von Modula-2) Fragen oder Unklarheiten auftauchen, kann der Handbuchcharakter dieses Kapitels genutzt werden, um nach und nach Sicherheit im Umgang mit Modula-2 zu gewinnen.

Im ersten Teil dieses Kapitels wird eine Darstellungsform für die Beschreibung des Aufbaus einer Sprache vorgestellt. Der Rest des Kapitels zeigt - vom Einfachen zum Komplizierten fortschreitend - die Schreibweise und Verwendung aller in Modula-2 möglichen Programmkonstruktionen. Dabei wird durch ausführliche Erklärungen und viele Beispiele ganz besonders auf den Programmieranfänger Rücksicht genommen.

3.1 Notation für die Sprachbeschreibung

Es gibt verschiedene Methoden zur Beschreibung von Programmiersprachen. Verbale Erklärungen in natürlicher Sprache haben dabei immer den Nachteil, daß sie langatmig sind. Außerdem sind sie nicht immer eindeutig und können mißverstanden werden. In der Informatik haben sich daher formale Beschreibungen (sogenannte *Grammatiken*) in verschiedenen Formen durchgesetzt, die wiederum den Nachteil haben, daß sie für Programmieranfänger schwer verständlich sind. Wir werden im folgenden - nach dem Motto "Ein Bild sagt mehr als tausend Worte" - die Sprachelemente von Modula-2 grafisch darstellen. Die Bilder, die wir dazu verwenden, sind wie die zur Beschreibung der Programmiersprache Pascal in Jensen und Wirth 1978 verwendeten Bilder aufgebaut. Alle Sprachelemente haben Namen und sind durchnumeriert. Die Nummern sollen beim Auffinden eines Bildes helfen.

Im folgenden Beispiel geben wir Sprachregeln zur Bildung von Namen an, wie sie manchmal in Literaturangaben geschrieben werden. Wir legen dabei fest, daß ein Name mit dem Zunamen beginnt und mit dem Vornamen endet. Die beiden Namensteile sollen durch ein Komma getrennt sein:

Name$_1$

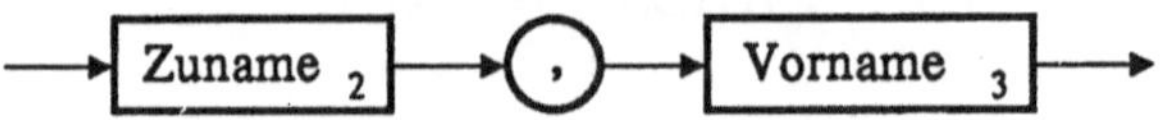

Sprachelemente, die zusammengesetzt und somit an anderer Stelle erklärt sind, werden durch eine rechteckige Umrandung gekennzeichnet. Selbsterklärende Bestandteile eines Sprachelements wie das Komma in unserem Beispiel werden in einem Kreis dargestellt. Die Pfeile geben an, in welcher Richtung das Bild gelesen werden muß.

Ein Zuname besteht aus einer (beliebig langen) Folge von Buchstaben, mindestens aber aus einem:

Zuname$_2$

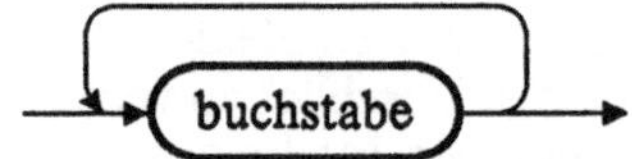

Eine Wiederholung von Buchstaben wird durch eine "Weiche" hinter dem Buchstaben und eine Rückführung dargestellt. Die abgerundete Umrandung des Wortes "buchstabe" soll andeuten, daß ein Buchstabe - wie das Komma im obigen Beispiel - ein nicht weiter zerlegbarer Bestandteil ist. Dabei ist aber zu beachten, daß "buchstabe" nicht für ein bestimmtes Zeichen, sondern für eine ganze Klasse von Zeichen steht.

Ein Vorname besteht entweder aus einem "einfachen Vornamen" oder aus zwei durch einen Bindestrich getrennten einfachen Vornamen ("Doppelname"):

Vorname$_3$

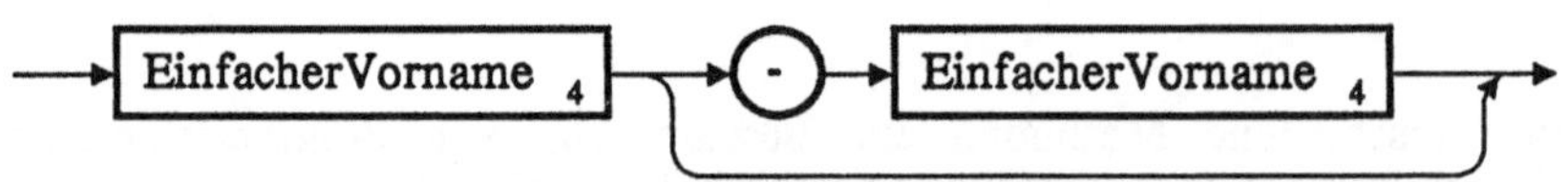

Die Tatsache, daß der Bindestrich und der zweite einfache Vorname fehlen können, wird im Bild durch eine "Umleitung" dargestellt.

Ein einfacher Vorname besteht - wie ein Zuname - aus einer Folge von Buchstaben. Er kann aber auch durch einen einzelnen Buchstaben und einen dahintergestellten Punkt abgekürzt werden:

EinfacherVorname$_4$

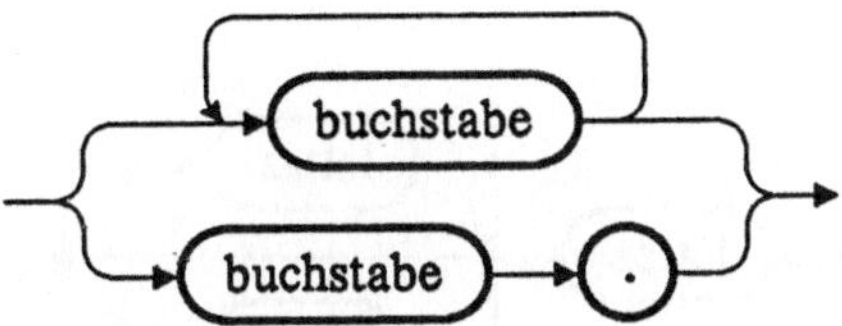

Diese Wahlmöglichkeit wird - wie die Auslassung in einem Vornamen - durch eine Weiche und eine Zusammenführung angezeigt.

Nach den bisher angegebenen Regeln ist

```
Kennedy,John-F.
```

ein gültiger Name, während die Schreibweise

```
Charly Chaplin
```

nicht erlaubt ist. Der Grund dafür liegt nicht darin, daß der Vorname an erster Stelle steht (eine Buchstabenfolge kann nach unseren Regeln sowohl ein Vorname als auch ein Zuname sein), sondern darin, daß die beiden Namensteile durch ein Leerzeichen anstelle eines Kommas getrennt sind.

Die Sprachkonstruktionen von Modula-2 können vollständig mit den angegebenen Bildelementen dargestellt werden. Auch wenn viele Bilder auf den ersten Blick kompliziert erscheinen, so können sie doch alle auf dieselbe Weise gelesen werden, nämlich durch *Verfolgen der Pfeile*.

3.2 Lexikalische Elemente von Modula-2

Jedes Modula-2-Programm besteht im wesentlichen aus einer Folge von *Symbolen* (wie z.B. Zahlen und Namen), die ihrerseits wieder aus einzelnen Zeichen zusammengesetzt sein können. In diesem Abschnitt wird beschrieben, nach welchen Bildungsgesetzen diese Symbole (die sogenannten *lexikalischen Elemente* der Programmiersprache) aufgebaut sind.

Dieser Abschnitt ist wahrscheinlich etwas mühsam zu lesen; manches wird erst durch die Anwendung in den folgenden Abschnitten verständlich.

3.2.1 Bezeichner

Jedes Programm arbeitet mit *Objekten*. Zum Zwecke der eindeutigen Identifikation können sie *benannt* werden, das heißt, der Programmierer kann selbst für seine Objekte *Namen* vergeben. Im deutschen Sprachraum hat sich für diese Namen das Wort *Bezeichner* (vom englischen *identifier*) eingebürgert. Wir werden im folgenden die Begriffe "Name" und "Bezeichner" synonym verwenden.

In Modula-2 müssen Bezeichner nach folgenden Regeln aufgebaut sein:

Ident$_1$

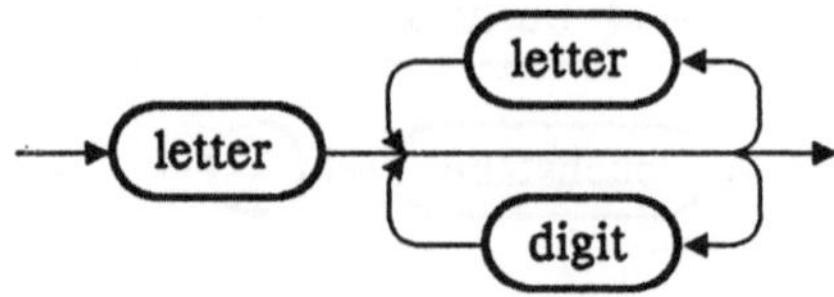

- Ein Bezeichner kann aus den *Buchstaben* A-Z und a-z (*letter*) und den *Ziffern* 0-9 (*digit*) bestehen.

- Das erste Zeichen in einem Bezeichner *muß* ein Buchstabe sein. (Der kürzestmögliche Bezeichner besteht aus einem einzigen Buchstaben.)

- Es gibt - im Gegensatz zu älteren Programmiersprachen - keine Längenbeschränkung für Bezeichner.

- Groß- und Kleinbuchstaben haben verschiedene Bedeutung (d.h. die Bezeichner wert, Wert und WERT werden in Modula-2 als verschieden aufgefaßt und können daher auch zur Identifikation verschiedener Objekte benutzt werden).

Beispiele

Gültige Bezeichner sind:

```
i
Modula2
George
DasIstEinSehrLangerBezeichner
switch
```

Ungültige Bezeichner sind:

`4mal`	(Ziffer nicht als erstes Zeichen erlaubt)
`Wärmepumpe`	(Umlaute sind keine gültigen Buchstaben)
`George Orwell`	(Bezeichner dürfen keine Leerzeichen
`Jahres-Bilanz`	oder Sonderzeichen enthalten)

Die hier angegebenen Regeln geben nur an, wie ein Name aufgebaut sein muß, um von einem Modula-2-Compiler als richtig erkannt zu werden. An dieser Stelle sei jedoch darauf hingewiesen, daß auch die *Namenwahl* (siehe 5.1.2) bei der Programmierung eine wichtige Rolle spielt.

In manchen Fällen reicht die Angabe eines Bezeichners allein nicht zu einer eindeutigen Identifikation eines Objektes. Dann muß einem Bezeichner z ein zweiter Bezeichner y und ein Punkt vorangestellt werden (y.z). Diese Schreibweise bezeichnen wir als *Qualifikation* (vom englischen *qualify* = einschränken, näher bestimmen) eines Bezeichners. y.z heißt dann ein *qualifizierter Bezeichner (qualified identifier)*:

QualIdent$_2$

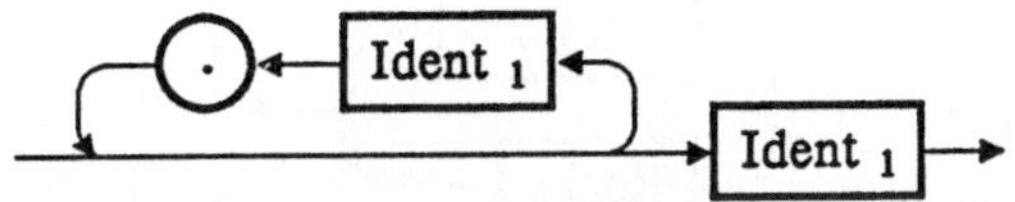

- Ein qualifizierter Bezeichner kann ein einzelner Name sein. (In Modula-2 heißt jeder Bezeichner, der ein Objekt eindeutig bestimmt, "qualifiziert".)
- Wenn eine einfache Qualifikation der Form `y.z` noch immer nicht zur eindeutigen Identifikation eines Objektes ausreicht, kann die Qualifikation wiederholt werden (z.B. `x.y.z`).

Diese Regeln beschreiben vorläufig nur die Formulierung von qualifizierten Bezeichnern. Eine ausführliche Erklärung der Qualifikation und ihrer Bedeutung findet sich in Abschnitt 3.8 "Das Modulkonzept".

3.2.2 Schlüsselwörter

In jeder Programmiersprache gibt es einige Wörter mit fester Bedeutung, die zur Beschreibung der in einem Programm enthaltenen Aktionen und Objekte dienen. Wir bezeichnen sie als *Schlüsselwörter* (engl. *key words*).

Schlüsselwörter sind in Modula-2 genauso aufgebaut wie Bezeichner. Sie sind jedoch *reservierte Wörter* und dürfen nicht als Namen für Objekte, sondern nur für ganz bestimmte Zwecke verwendet werden. Die Einfachheit von Modula-2 zeigt sich unter anderem daran, daß es darin (anders als in anderen Programmiersprachen) *nur 40 Schlüsselwörter* gibt, die man leicht im Kopf behalten kann:

```
AND          ELSIF           LOOP         REPEAT
ARRAY        END             MOD          RETURN
BEGIN        EXIT            MODULE       SET
BY           EXPORT          NOT          THEN
CASE         FOR             OF           TO
CONST        FROM            OR           TYPE
DEFINITION   IF              POINTER      UNTIL
DIV          IMPLEMENTATION  PROCEDURE    VAR
DO           IMPORT          QUALIFIED    WHILE
ELSE         IN              RECORD       WITH
```

Schlüsselwörter müssen immer *groß geschrieben* werden. Das bedeutet, daß die Kleinschreibung benutzt werden kann, um z.B. `Pointer` oder `var` als Bezeichner zu verwenden, was aber nicht empfohlen werden soll.

3.2.3 Zahlen

In Modula-2 werden - wie in den meisten anderen Programmiersprachen auch - *ganze Zahlen* (engl. *integer numbers*) und *gebrochene Zahlen* (reelle Zahlen, engl. *real numbers*) unterschieden:

Number$_3$

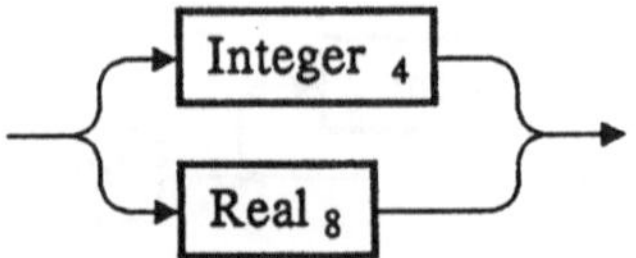

Ganze Zahlen werden im allgemeinen zum Zählen verwendet. In Modula-2 können ganze Zahlen in verschiedenen Darstellungsarten angeschrieben werden, die sich in der *Zahlenbasis* (Dezimal-, Oktal- oder Hexadezimalsystem) unterscheiden:

Integer$_4$

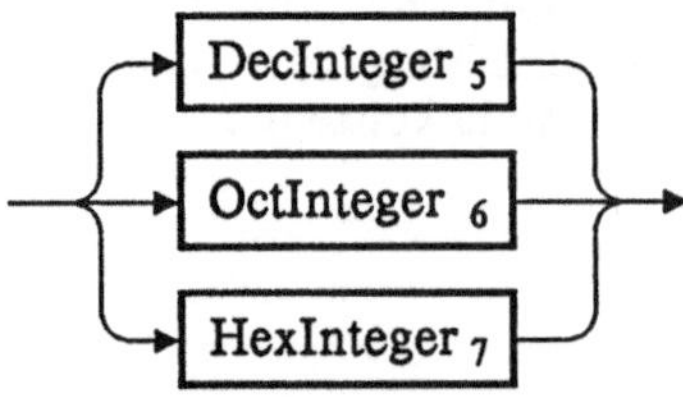

Dezimalzahlen werden wie üblich ohne besondere Kennzeichnung durch Aneinanderreihung von Dezimalziffern formuliert:

DecInteger$_5$

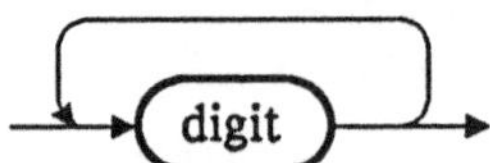

Sie dürfen weder ein Vorzeichen noch irgend ein Trennzeichen enthalten.

Oktalzahlen bestehen aus den Ziffern 0–7 und werden durch den Buchstaben B an ihrem Ende gekennzeichnet:

OctInteger$_6$

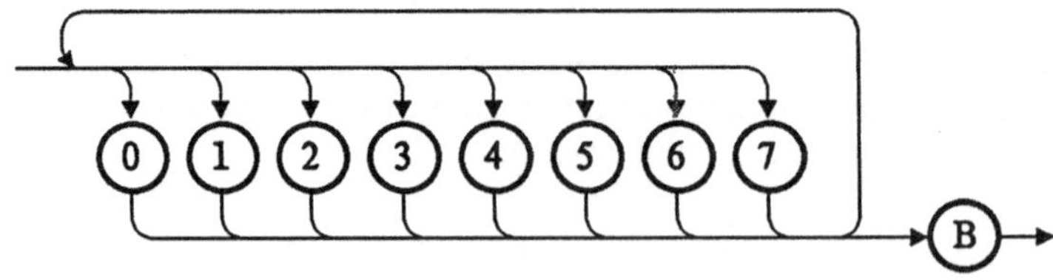

Anmerkung: Die Oktalzahl 123B entspricht der Dezimalzahl 83 ($1*8^2 + 2*8^1 + 3*8^0$).

Hexadezimalzahlen können aus Dezimalziffern und den Buchstaben A–F gebildet werden. Sie müssen mit einer Dezimalziffer beginnen und mit dem Buchstaben H abgeschlossen werden:

HexInteger$_7$

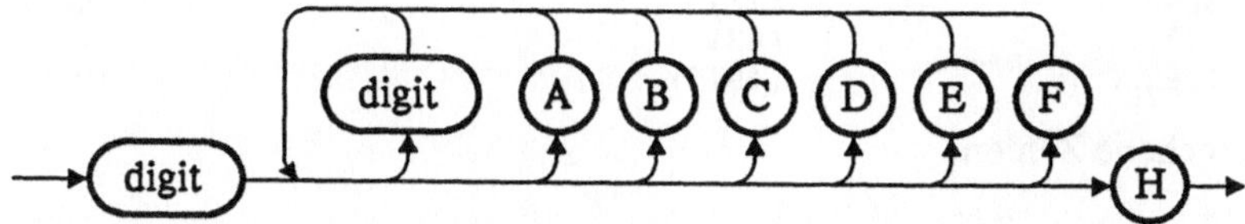

Die Buchstaben A-F haben innerhalb einer Hexadezimalzahl die Bedeutung von "Ziffern" mit den Zahlenwerten 10-15.

Anmerkung: Die Hexadezimalzahl 4D2H entspricht der Dezimalzahl 1234 $(4*16^2+13*16^1+2*16^0)$.

Die Dezimalzahl 172 muß hexadezimal als 0ACH angeschrieben werden. Die führende Null ist erforderlich, um anzuzeigen, daß es sich um eine Zahl handelt. (ACH ist nach den in 3.2.1 angegebenen Regeln ein gültiger Bezeichner!)

Gebrochene Zahlen werden zur Darstellung von Werten mit Kommastellen verwendet. Sie bestehen aus einem *ganzzahligen Teil*, der wie eine dezimale Ganzzahl (DecInteger) aufgebaut ist, und einem *Dezimalpunkt*, dem null oder mehrere *Nachkommastellen* und ein *Exponententeil* folgen können:

Real$_8$

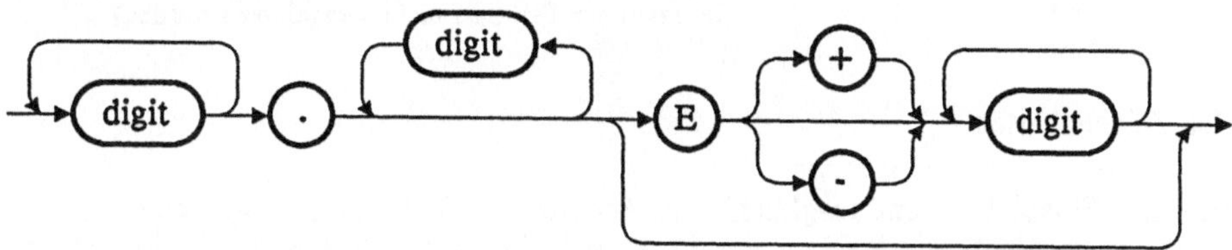

- Der ganzzahlige Teil einer gebrochenen Zahl muß durch einen *Punkt* abgeschlossen werden, nicht etwa durch ein Komma, wie im deutschsprachigen Raum üblich.

- Der Dezimalpunkt *muß* gesetzt werden, auch wenn keine Nachkommastellen folgen. (100. wird als gebrochene Zahl aufgefaßt, 100 hingegen als ganze Zahl. Diese Unterscheidung ist wichtig, weil gebrochene Zahlen im Rechner anders dargestellt werden als ganze Zahlen und für beide Arten von Zahlen verschiedene Operationen zugelassen sind.)

- Vor dem Dezimalpunkt muß *mindestens eine Ziffer* stehen. "Ein Zehntel" darf nicht - wie in England und den USA üblich - als .1 geschrieben, sondern muß mit einer führenden Null als 0.1 dargestellt werden.

- Der Buchstabe E zu Beginn des Exponententeils kann als "... mal zehn hoch ..." gelesen werden. Die Zahlen 1.E3 und 1.E-3 sind daher mit 1000. und 0.001 identisch.

Beispiele für gültige Zahlen

Ganze Zahlen:

```
0
123
0CH          (12)
77B          (63)
77BH         (1915)
```

Gebrochene Zahlen:

```
0.
0.0
3.14159
1.5E6        (1500000.0)
5.E-4        (0.0005)
```

Beispiele für ungültige Zahlen

Ganze Zahlen:

```
5o           (Der Buchstabe o zählt nicht als Ziffer Null)
1D           (Hexadezimalzahlen müssen mit H abgeschlossen werden)
DACH         (Hexadezimalzahlen müssen mit einer Ziffer beginnen)
678B         (8 ist keine gültige Oktalziffer)
1 000 000    (Zahlen dürfen weder Leerzeichen
1'000'000     noch irgendwelche anderen Trennzeichen enthalten)
```

Gebrochene Zahlen:

```
123,4        (Komma ist nicht als Dezimalpunkt zugelassen)
1E6          (Dezimalpunkt muß angegeben werden)
.333         (Ganzzahliger Teil darf nicht weggelassen werden)
```

3.2.4 Zeichenketten

Wie das Beispiel "Randausgleich" in Abschnitt 2.1 bereits zeigt, können mit
Programmen nicht nur Zahlen, sondern auch *Zeichen* verarbeitet werden. Unter
einer *Zeichenkette* (engl. *string*) versteht man eine (beliebig lange) Folge von
Zeichen. Welche Zeichen (engl. *characters*) darin vorkommen dürfen, hängt im
wesentlichen vom verwendeten Computer und dem darauf verfügbaren *Zeichensatz*
ab. Wir werden in den folgenden Beispielen den *ASCII*-Code (American Standard
Code for Information Interchange - Amerikanischer Normzeichensatz für den
Informationsaustausch) benutzen, der für die meisten Mikrocomputer verwendet
wird. Er umfaßt Groß- und Kleinbuchstaben, Ziffern und Sonderzeichen (die
sogenannten *druckbaren Zeichen*). Dazu kommt noch eine Reihe von Steuerzeichen,
die von verschiedenen Geräten (z.B. Drucker) "verstanden" werden. Anhang D
enthält eine Tabelle aller ASCII-Zeichen.

Eine Zeichenkette hat in Modula-2 folgende Gestalt:

String$_9$

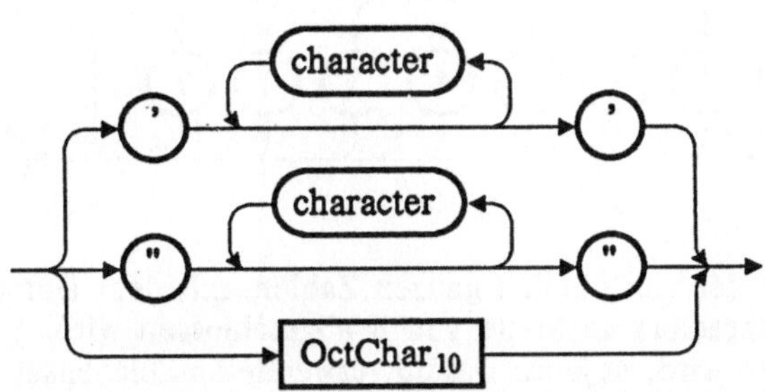

- Eine Zeichenkette wird am Anfang und am Ende durch ' oder " begrenzt. Sie muß mit derselben Art von Apostroph enden, mit der sie begonnen wurde.

- Eine Zeichenkette kann beliebig viele (auch null) druckbare Zeichen enthalten. Die Begrenzer zählen nicht zur Zeichenkette.

- Die Anzahl der Zeichen zwischen den Begrenzern wird als die *Länge der Zeichenkette* bezeichnet. Für Zeichenketten der Länge 1 werden wir im folgenden auch die Begriffe *Einzelzeichen* oder einfach *Zeichen* verwenden.

- Eine Zeichenkette darf - im Gegensatz zu allen übrigen Symbolen - *Leerzeichen* enthalten. Sie darf sich aber nicht über mehrere Zeilen erstrecken, sondern muß *in eine Zeile* geschrieben werden.

- Wenn eine Zeichenkette durch ' eingeschlossen wird, darf sie das Zeichen " enthalten, nicht aber den Begrenzer ' selbst. Das gilt analog auch für durch " begrenzte Zeichenketten.

  Daraus folgt, daß eine Zeichenkette nicht sowohl " als auch ' enthalten kann.

Beispiele

Gültige Zeichenketten sind:

```
' '                        (leere Zeichenkette)
" "                        (ein einzelnes Leerzeichen)
'George'
"George Orwell's Buch"
'Er rief "Vorsicht!"'
```

Ungültige Zeichenketten sind:

```
'Max&Moritz"               (Anfangs- und Endebegrenzung müssen gleich sein)
'George Orwell's "1984"'   (" und ' dürfen nicht gemeinsam vorkommen)
```

Für Einzelzeichen (also Zeichenketten der Länge 1) gibt es noch eine andere Darstellungsform, die auch die Beschreibung *nicht-druckbarer Zeichen* gestattet:

OctChar$_{10}$

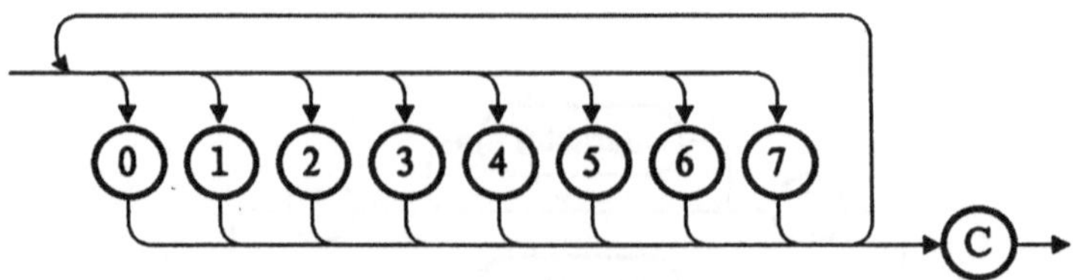

Diese Form ähnelt der von oktalen ganzen Zahlen, mit dem Unterschied, daß die Zahl mit C (für character) an Stelle von B abgeschlossen wird. Das Zeichen, das dadurch beschrieben wird, ist jenes, das im verwendeten Zeichensatz (z.B. ASCII) an der durch die Oktalzahl bezeichneten Stelle steht (siehe Anhang D). Das "höchste" darstellbare Zeichen ist dabei 377C (dezimal 255).

Beispiele

12C	(Zeilenvorschub; line feed)
40C	(Leerzeichen)
63C	(Ziffer "3")

3.2.5 Operatoren und Begrenzer

Ein Modula-2-Programm enthält nicht nur Objekte, die verarbeitet werden (Operanden), sondern auch *Operatoren*, die angeben, was mit den Objekten geschehen soll, und *Begrenzer*, die Operanden voneinander trennen.

Als Operatoren werden zum Großteil Sonderzeichen oder Kombinationen von Sonderzeichen verwendet; aber auch die Schlüsselwörter AND, DIV, IN, MOD, NOT und OR haben den Charakter von Operatoren. Im folgenden sind alle Sonderzeichen angegeben, die als Operatoren und Begrenzer dienen. Ihre Verwendung wird später erklärt.

Arithmetische und Mengenoperatoren:

+	Addition, Vereinigung von Mengen
−	Subtraktion, Vorzeichenumkehr, Mengendifferenz
*	Multiplikation, Durchschnitt von Mengen
/	Division, symmetrische Mengendifferenz

Logische Operatoren:

&	Und-Verknüpfung (gleichbedeutend mit AND)
=	Gleichheit
<>	Ungleichheit
#	Ungleichheit (gleichbedeutend mit <>)
<	Kleiner
<=	Kleiner oder gleich
>	Größer
>=	Größer oder gleich
~	Negation (gleichbedeutend mit NOT)

Klammern:

( )	Runde Klammern (Klammern im algebraischen Sinn)
[ ]	Index-Klammern
{ }	Mengen-Klammern

Sonstige Operatoren:

:=	Wertzuweisung
↑	Auswertung von Zeigervariablen

Begrenzer:

,	Komma
.	Punkt
;	Strichpunkt (Semikolon)
:	Doppelpunkt
..	Bereichs-Symbol
|	Trennstrich

3.2.6 Trennung von Symbolen

Im Gegensatz zu manchen älteren Programmiersprachen (wie COBOL oder Fortran)
gibt es in Modula-2 keine Vorschriften für die äußere Form von Programmen. Es
muß lediglich gewährleistet sein, daß die in einem Programm enthaltenen Symbole
vom Compiler als solche erkannt werden können; das heißt, der Compiler muß
erkennen können, wo ein Symbol endet und das nächste beginnt. Wir können dazu
folgende Regeln angeben:

- Jedes Symbol muß vollständig in einer Zeile stehen.

- Symbole dürfen keine Leerzeichen enthalten. Die einzige Ausnahme von dieser
  Regel sind Zeichenketten.

- Zwischen aufeinanderfolgenden Symbolen dürfen beliebig viele Leerzeichen
  stehen.

- Wenn Mißverständnisse ausgeschlossen sind, dürfen Symbole unmittelbar
  hintereinander (d.h. ohne trennende Leerzeichen) geschrieben werden, z.B.:

```
percent:=value/total*100.0;
```

Nur wenn der Anfang eines Symbols gleichzeitig eine gültige Fortsetzung des
unmittelbar vorhergehenden Symbols ist, müssen Leerzeichen zu ihrer
Trennung verwendet werden. Z.B. bedeutet `x MOD y` den Rest der Division
`x/y`, während `xMODy` einen gültigen Bezeichner darstellt.

3.2.7 Kommentare

In Programmen spielen *Kommentare* eine wichtige Rolle. Sie enthalten *Erläuterungen*
und *Hinweise* für den menschlichen Leser und werden vom Compiler *ignoriert* (d.h.
sie haben keinerlei Auswirkungen auf die Programmausführung). Das bedeutet, daß
Kommentare auch benutzt werden können, um Programmteile unwirksam zu
machen, ohne sie tatsächlich aus dem Programm zu entfernen. Man spricht dann
von "Auskommentieren".

Kommentare dürfen wie Leerzeichen überall zwischen zwei aufeinanderfolgenden Symbolen stehen. Sie beginnen mit dem Doppelzeichen (* und enden mit *). Kommentare dürfen sich über *mehrere Zeilen* erstrecken und können *geschachtelt* werden (d.h. ein Kommentar kann selbst wieder Kommentare enthalten). Die Möglichkeit, Kommentare zu schachteln, ist besonders beim Auskommentieren von Programmteilen von Bedeutung, da diese ihrerseits wieder Kommentare enthalten können.

Beispiele

Gültige Kommentare sind:

```
(*ACHTUNG:
    unrichtige Eingabewerte koennen zum Programmabbruch fuehren!*)
(*** Neue Version: 2.0 ***)
(*Das ist ein (*geschachtelter*) Kommentar*)
(*summe := x+y; (*nur fuer Testzwecke*) *)
```

Ungültige Kommentare sind:

```
(* Ende mit "*)" *)        (Die Klammern für Kommentaranfang und
                            -ende dürfen nicht in Kommentaren vorkommen)
( * invalid comment * )    (Klammer und Stern müssen unmittelbar
                            hintereinander stehen)
```

Die bisher angegebenen Regeln besagen nur, welche Gestalt Kommentare haben müssen, um von einem Modula-2-Compiler erkannt und übergangen zu werden. Wirklich gute und sinnvolle Kommentare in Programmen anzubringen, ist jedoch eine Kunst und kann nur durch Übung erlernt werden. Der Kommentierung von Programmen ist daher in diesem Buch ein eigener Abschnitt (5.1.3) gewidmet.

Übungsaufgaben

(1)   Welche der folgenden Symbole sind in Modula-2 erlaubt (was bedeuten sie) und welche nicht (welche Fehler stecken in ihnen)?

```
VARiable          von1bis10         1bis10            1-10
1..10             1.10              hilfsVariable     Großschreibung
set               in                IN                MODUL
OF                468               -468              468.
.468              468B              468H              468E10
468.E10           468EH             FFH               0FFH
14C               777C              1.0E-6            'Zeichenkette'
"Zeichen"         'Großschreibung'  "        "        ''''
"'"               '"'"              :=                : =
<=                =>                >=                <>
.                 ..                ..                **
```

(2)   Im folgenden ist ein Ausschnitt aus einem Modula-2-Programm angegeben. Zerlegen Sie ihn
in seine einzelnen Symbole und geben Sie für jedes Symbol an, was es bedeutet.

```
PROCEDURE SquareRoot(x:REAL):REAL;
  CONST eps = 1.0E-20;
  VAR
    y: REAL;
    count: CARDINAL;
BEGIN
  IF x<0. THEN
    WriteString("-- negative argument of 'SquareRoot' --");
    HALT
  END;
  y := x;
  WHILE (ABS(y-x*x)>eps) AND (count<20) DO
    y := (y*y+x)/(2.*y);
    INC(count)
  END;
  RETURN y
END SquareRoot;
```

3.3 Elementare Programmstruktur

Modula-2 zeichnet sich gegenüber älteren Programmiersprachen durch das
Modulkonzept aus. In Kapitel 2 wurde bereits erklärt, welche Bedeutung Moduln für
die Entwicklung großer Programme haben. Wie dort bereits angedeutet, kann ein
Modula-2-Programm als sogenannter *Programm-Modul* aufgefaßt werden.

Der euklidische Algorithmus aus Abschnitt 1.4 ("Darstellungsarten von
Algorithmen") hat z.B. als Modula-2-Programm folgende Gestalt:

```
MODULE GGT;
  FROM InOut IMPORT
    ReadCard, WriteCard, WriteLn, WriteString;

  VAR
    m,n,h,r: CARDINAL;


BEGIN
  WriteString("m = "); ReadCard(m); WriteLn;
  WriteString("n = "); ReadCard(n); WriteLn;
  IF m<n THEN
    h := m;
    m := n;
    n := h
  END;
  r := m MOD n;
  WHILE r#0 DO
    m := n;
    n := r;
    r := m MOD n
  END;
  WriteString("ggt(m,n) = "); WriteCard(n,1); WriteLn
END GGT.
```

Dieses Programm besteht aus:

- einem *Modulkopf* (Schlüsselwort MODULE, gefolgt vom Programmnamen (GGT) und ";"),

- einer *IMPORT-Anweisung*, die angibt, daß die Prozeduren ReadCard, WriteCard, WriteLn und WriteString aus einem bereits existierenden Modul InOut zum Lesen von Zahlen und zur Ausgabe von Zahlen, Zeilenvorschüben und Zeichenketten benutzt werden sollen,

- der *Deklaration* der Variablen m, n, h und r als positive Ganzzahlen (d.h. vom Datentyp CARDINAL),

- mehreren *Anweisungen*, die festlegen, welche Aktionen beim Laufenlassen des Programms ausgeführt werden sollen.

Im folgenden wollen wir beschreiben, aus welchen Bestandteilen Modula-2-Programme zusammengesetzt sind. Allgemein muß ein Programm-Modul nach folgenden Regeln angeschrieben werden:

ProgramModule$_{11}$

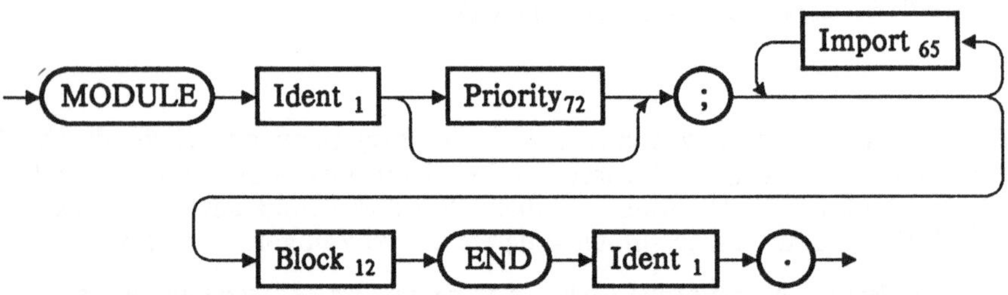

- Ein Programm beginnt mit dem Schlüsselwort MODULE, dem der - vom Programmierer vergebene - Name des Moduls und ein Strichpunkt folgen.

- Hinter dem Modulnamen kann eine Priorität angegeben werden. Die Bedeutung dieser Angabe wird in 3.10.2 "Unterbrechungen und Prioritäten" erklärt.

- Dem Modulkopf können beliebig viele IMPORT-Anweisungen folgen (Einzelheiten siehe Abschnitt 3.8 "Das Modulkonzept").

- Unter Block verstehen wir den eigentlichen Inhalt des Moduls (d.h. die Beschreibung seiner Objekte und Algorithmen).

- Jedes Programm muß mit dem Schlüsselwort END, dem Namen des Moduls und einem Punkt abgeschlossen werden.

Block$_{12}$

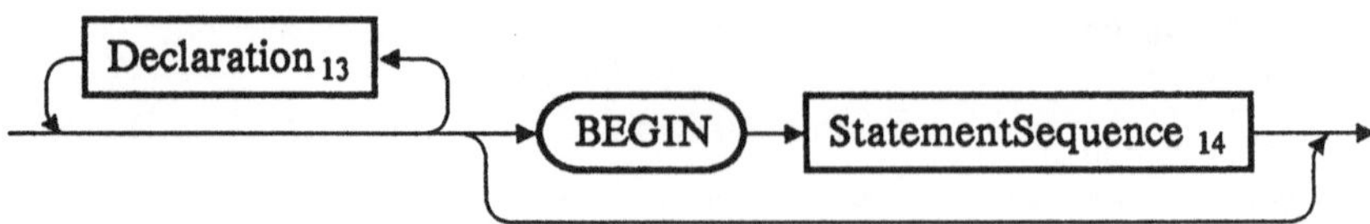

- Ein Block besteht aus beliebig vielen *Deklarationen* (siehe Abschnitt 3.4) und einer Folge von *Anweisungen.*

- Deklarationen und Anweisungen müssen durch das Schlüsselwort BEGIN getrennt werden, das wegfallen kann, wenn der Block keine Anweisungen enthält. (Welche Bedeutung das "Wegfallen" des Anweisungsteils hat, wird in Abschnitt 3.8 "Das Modulkonzept" erläutert.)

Declaration$_{13}$

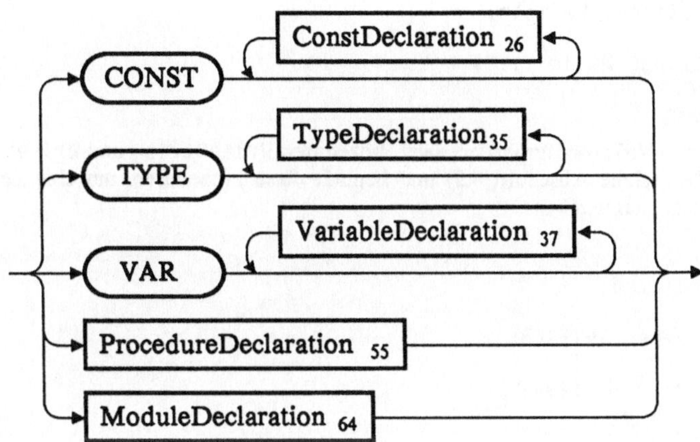

- Eine Deklaration kann eine Konstanten-, Datentyp-, Variablen-, Prozedur- oder Moduldeklaration sein.

- Konstanten- Typ- und Variablendeklarationen beginnen mit einem der Schlüsselwörter CONST, TYPE und VAR. (Zum Aufbau der Deklarationen siehe 3.4.2 bis 3.4.4).

StatementSequence$_{14}$

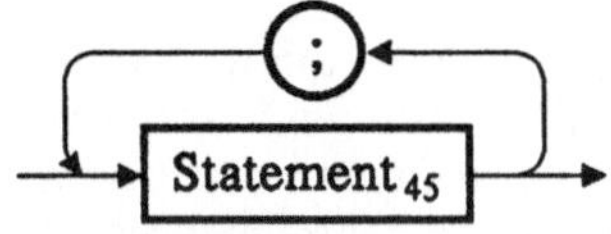

- Eine Anweisungsfolge besteht aus beliebig vielen Anweisungen (siehe Abschnitt 3.6), die Aktionen im Sinne von Kapitel 1 beschreiben.

- Anweisungen werden durch Strichpunkte voneinander *getrennt* (*nicht abgeschlossen* - hinter der letzten Anweisung ist kein Strichpunkt vorgeschrieben).

Ein Programm (=Modul) läuft ab, indem die im Block des Moduls enthaltene Anweisungsfolge ausgeführt wird. Der Programmablauf endet automatisch nach der Ausführung der letzten Anweisung.

Beispiele

```
MODULE Short;
END Short.
```

Das Programm Short **enthält weder Deklarationen noch Aktionen. Seine Ausführung hat daher keine Wirkung.**

```
MODULE Welcome;
  FROM InOut IMPORT
    WriteString, WriteLn;
BEGIN
  WriteString("Hallo ...");
  WriteLn
END Welcome.
```

Das Programm Welcome **importiert zwei Prozeduren** WriteString **und** WriteLn **von einem Modul** InOut **(siehe Abschnitt 4.2) und benutzt diese Prozeduren, um eine Zeile mit dem Text "Hallo ..." auszugeben.**

```
MODULE Addition;
  VAR
    x,y,summe: INTEGER;
BEGIN
  x := 123; y := 1234;
  summe := x+y
END Addition.
```

Das Programm Addition **berechnet die Summe aus den (ganzen) Zahlen x und y. Es liefert aber keine Ergebnisse, da die Programmausführung sofort nach der Berechnung der Variablen summe endet.**

3.4 Deklarationen

Jedes sinnvolle Programm arbeitet mit Objekten. Das können ganze oder gebrochene Zahlen, Zeichen, Zeichenketten und vieles andere sein (siehe Abschnitt 1.3 "Objekte und Aktionen"). Modula-2 schreibt bei der Verwendung von benannten Objekten vor, daß sie zu Beginn des Programms *deklariert* (engl. *declared*) werden müssen. Diese Deklarationen haben mehrere Ziele:

- Eine Deklaration verbindet einen *Namen* mit einem *Datentyp.* Der Programmierer muß sich darüber im klaren sein, von welcher Art die Objekte sind, die er verarbeiten will. Daß er seine Objekte deklarieren muß, zwingt ihn dazu, die Datentypen seiner Objekte "öffentlich" darzulegen. Da mit verschiedenen Datentypen auch verschiedene Operationen zugelassen sind, hat der Compiler dadurch die Möglichkeit, bereits vor der Ausführung des Programms *mißbräuchliche Verwendungen* zu entdecken und sie als Fehler zu melden.

- Häufig verwendete *konstante Werte* können mit Namen versehen werden, die später im Programm anstelle des Konstantenwertes stehen können ("Konstantendeklaration"). Damit werden Programme wesentlich änderungsfreundlicher, da Änderungen dieser Werte (die im gesamten

Programm verstreut sein können) nur an einer Stelle vorgenommen werden müssen.

- Modula-2 hat - wie bereits Pascal - ein *Typkonzept*, das dem Programmierer die Einführung *eigener Datentypen* ermöglicht. Die Definition eines neuen Datentyps erfolgt, indem ein Name als Synonym für diesen Datentyp vergeben wird ("Typdeklaration").

- Der Compiler kann auf Grund der Deklarationen von Variablen für diese Speicherplatz passender Länge reservieren. Darüber hinaus kann er dafür sorgen, daß zur *Laufzeit* des Programms überprüft wird, ob die Variablen gültige Werte (solche, die ihrem Datentyp entsprechen) annehmen.

Im folgenden wird erklärt, welche (vordeklarierte, einfache und strukturierte) Datentypen es in Modula-2 gibt und welche Operationen mit Variablen dieser Datentypen zugelassen sind. Danach wird gezeigt, wie Typen, Konstanten und Variablen deklariert werden und unter welchen Bedingungen Datentypen als gleich angesehen werden.

3.4.1 Datentypen

Jeder Datentyp definiert eine Wertemenge und eine Reihe von Operationen, die auf Elemente dieser Menge angewandt werden dürfen. Aus der Mathematik sind solche Definitionen zur Genüge bekannt, und wir verwenden sie im täglichen Leben, ohne auch nur einen Gedanken an ihre Bedeutung zu verschwenden. So wissen wir, daß die Operation "Addition" ("+") nur auf Zahlen (z.B. Beträge), nicht aber auf Zeichenketten (wie Namen) angewandt werden darf. (Leser, die bereits Erfahrung im Programmieren mit Basic haben, kennen den Operator "+" auch in Verbindung mit Zeichenketten. Die Operation, die er in diesem Fall bedeutet, ist allerdings nicht die Addition in unserem Sinne, sondern das "Anfügen" einer Zeichenkette an eine andere.)

3.4.1.1 Vordeklarierte Datentypen

Modula-2 kennt 6 verschiedene Datentypen, die in jedem Programm ohne Deklaration bekannt sind und daher verwendet werden dürfen (sogenannte *Standardtypen*). Mit diesen Datentypen sind 6 *Bezeichner* (nicht Schlüsselwörter!) verbunden, die man sich wie "unsichtbar" und "automatisch" in jedem Programm deklariert vorstellen kann (daher auch die Bezeichnung "vordeklarierte Datentypen"):

```
INTEGER, CARDINAL, REAL, BOOLEAN, CHAR, BITSET.
```

Der Datentyp INTEGER umfaßt alle *ganzen (positiven und negativen) Zahlen* innerhalb eines bestimmten - vom verwendeten Rechner abhängigen - Wertebereichs. 16-Bit-Rechner (d.h. die meisten Mikrocomputer) gestatten die Verarbeitung von INTEGER-Zahlen im Bereich zwischen −32768 und 32767 (einschließlich), während der Wertebereich bei 32-Bit-Rechnern (z.B. Großrechenanlagen) von −2147483648 bis 2147483647 reicht.

Mit INTEGER-Objekten sind folgende (Rechen-) Operationen möglich:

```
+              Addition
-              Subtraktion und Vorzeichenumkehr
*              Multiplikation
DIV            Division
MOD            Divisionsrestbildung
```

- Die Operatoren +, *, DIV und MOD müssen immer zwischen den Operanden stehen, die verknüpft werden sollen. Der Operator - hingegen kann sowohl *zwischen* zwei Operanden (Subtraktion) als auch *vor* einem Operanden stehen. In diesem Fall bewirkt er die Umkehr des Vorzeichens dieses Operanden.

- Die Anwendung dieser Operatoren auf INTEGER-Zahlen führt wiederum zu einem Ergebnis vom Datentyp INTEGER. Bei der Ausführung einer beliebigen Operation muß daher gewährleistet sein, daß ihr Ergebnis im zulässigen Wertebereich liegt. Wenn diese Bedingung bei der Ausführung eines Programms nicht erfüllt ist, spricht man von einem *Zahlenüberlauf* (engl. *overflow*), der üblicherweise den Abbruch des Programms zur Folge hat.

- Der Operator DIV bedeutet *ganzzahlige Division* (im Gegensatz zu /). Das bedeutet, daß der linke Operand durch den rechten dividiert und die Nachkommastellen des Ergebnisses abgeschnitten werden.

  Zum Beispiel:

```
0 DIV 3 = 0          4   DIV   3   = 1
1 DIV 3 = 0        (-4)  DIV   3   = -1
2 DIV 3 = 0          4   DIV (-3)  = -1
3 DIV 3 = 1        (-4)  DIV (-3)  = 1
```

- Der Operator MOD ermittelt den Rest, der bei der Anwendung von DIV bleibt. Formal kann diese Beziehung so geschrieben werden:

```
x MOD y = x - ((x DIV y) * y)
```

  Die Anwendung von MOD ist allerdings - im Unterschied zu DIV - nur für *positive Werte* von y definiert.

  Zum Beispiel:

```
6 MOD 3 = 0        (-6) MOD 3 =  0
7 MOD 3 = 1        (-7) MOD 3 = -1
8 MOD 3 = 2        (-8) MOD 3 = -2
```

Ganze Zahlen können auch untereinander verglichen werden. Dazu werden die Relationsoperatoren =, <> (#), <, <=, > und >= (siehe 3.2.5 "Operatoren und Begrenzer") benutzt. Das Ergebnis eines Vergleichs ist immer ein *Wahrheitswert* (*wahr* oder *falsch*; siehe auch unter "Datentyp BOOLEAN").

Der **Datentyp CARDINAL** steht für alle *positiven ganzen Zahlen* (einschließlich Null) in einem Bereich, der - wie bei INTEGER - von der internen Zahlendarstellung des verwendeten Computers abhängt. Der größte CARDINAL-Wert für 16-Bit-Rechner ist 65535, für 32-Bit-Rechner 4294967295. Der Datentyp CARDINAL sollte überall dort verwendet werden, wo sichergestellt ist, daß keine negativen Werte auftreten können. Da ganze Zahlen vorwiegend zum Zählen verwendet werden, trifft das in der Mehrheit aller Fälle zu. Wir empfehlen daher, den Datentyp

INTEGER nur dort anzuwenden, wo ausdrücklich auch negative Zahlen auftreten können.

Auf CARDINAL-Objekte können dieselben Operationen wie beim Datentyp INTEGER angewandt werden.

Der **Datentyp REAL** dient zur Darstellung von *gebrochenen Zahlen* (*reellen Zahlen,* engl. *real numbers*). Ihr Wertebereich und ihre Genauigkeit hängen von der Repräsentation im verwendeten Rechner ab. Gebrochene Zahlen werden rechnerintern üblicherweise durch eine ganze Zahl (*Mantisse*) und einen *Exponenten,* der die Position des Dezimalpunkts angibt, gespeichert. Die Genauigkeit reeller Zahlen wird durch die Stellenanzahl der Mantisse bestimmt; der Wertebereich des Exponenten legt die größte und kleinste darstellbare REAL-Zahl fest.

Mit REAL-Objekten sind folgende Operationen möglich:

+	Addition
–	Subtraktion und Vorzeichenumkehr
*	Multiplikation
/	Division

Zu diesen arithmetischen Operationen kommen noch - wie bei INTEGER- und CARDINAL-Zahlen - die Vergleichsoperationen hinzu.

Wegen der begrenzten Genauigkeit der Darstellung reeller Zahlen im Computer können beim Rechnen mit gebrochenen Zahlen Rundungsfehler auftreten. Bei einer angenommenen Genauigkeit von 6 Dezimalstellen liefert die Division 1.0/3.0 den Quotienten 0.333333. Wenn dieses Ergebnis wieder mit 3.0 multipliziert wird, erhält man 0.999999 statt 1.0.

Der **Datentyp BOOLEAN** beschreibt *Wahrheitswerte* (*boole'sche Werte*). Sein Wertebereich umfaßt die beiden Werte *wahr* und *falsch,* die in Modula-2 durch die vordeklarierten Konstanten TRUE und FALSE ausgedrückt werden.

Mit boole'schen Objekten sind folgende Operationen zugelassen:

AND	Und-Verknüpfung (Konjunktion)
OR	Oder-Verknüpfung (Disjunktion)
NOT	Negation

- x AND y ist wahr, wenn sowohl x als auch y den Wert TRUE haben.
- x OR y ist wahr, wenn x oder y (oder beide) den Wert TRUE haben.
- NOT x ist wahr, wenn x den Wert FALSE hat.

Die zweistelligen Operationen AND und OR werden in Modula-2 so ausgewertet, daß der zweite Operand y nur dann berücksichtigt wird, wenn das Ergebnis nicht schon durch den ersten Operanden x eindeutig bestimmt werden kann:

x AND y ist definiert als

- FALSE   für x=FALSE (ohne Berücksichtigung von y)
- y   für x=TRUE

x OR y ist definiert als

- •   TRUE   für x=TRUE (ohne Berücksichtigung von y)
- •   y   für x=FALSE

Mit anderen Worten: Bei der Berechnung des Ergebnisses spielt die Reihenfolge der Operanden eine Rolle.

Boole'sche Werte können wie Zahlen miteinander verglichen werden. Der Ausdruck "x oder y, aber nicht beide" (*exklusives Oder*) kann als x<>y (oder x#y) geschrieben werden. Das Ergebnis des Vergleichs ist genau dann wahr, wenn x wahr und y falsch ist oder umgekehrt. Auch Größer- und Kleiner-Relationen dürfen auf boole'sche Werte angewandt werden. Dabei gilt

```
FALSE < TRUE
```

Der Ausdruck x AND NOT y kann damit auch als x>y (ist nur wahr für x=TRUE und y=FALSE) dargestellt werden. Dabei muß aber beachtet werden, daß bei Relationen immer beide Operanden berücksichtigt werden. Die folgende Tabelle zeigt, welche Ergebnisse Vergleichsoperationen mit boole'schen Werten liefern:

```
x=y          (x AND y) OR (NOT x AND NOT y)
x<>y         (x AND NOT y) OR (NOT x AND y)
x<y          NOT x AND y
x<=y         NOT x OR y
x>y          x AND NOT y
x>=y         x OR NOT y
```

Der **Datentyp CHAR** umfaßt alle in einem bestimmten (leider vom verwendeten Computer abhängigen) Zeichensatz verfügbaren *Einzelzeichen.* Jedem Zeichen ist dabei eine Nummer (*Ordinalzahl*) zugeordnet, die angibt, an welcher Stelle es innerhalb des Zeichensatzes steht (siehe Anhang D). Trotzdem sind mit Elementen vom Typ CHAR keine Rechenoperationen möglich. Allerdings können Einzelzeichen untereinander verglichen werden. Dabei werden die Ordinalzahlen der Zeichen (die nichts anderes sind als deren rechnerinterne Darstellung) miteinander verglichen. Der ASCII-Code ist bereits im Hinblick auf solche Vergleiche konstruiert. Die Buchstaben "A" bis "Z" (bzw. "a" bis "z") sowie die Ziffern "0" bis "9" haben unmittelbar aufeinanderfolgende Ordinalzahlen und sind alphabetisch bzw. nach Ziffernwerten aufsteigend geordnet. Der boole'sche Ausdruck

```
"x ist eine Ziffer"
```

kann damit als

```
(x>="0") AND (x<="9")
```

formuliert werden.

Der **Datentyp BITSET** dient zur Darstellung von *Mengen* ganzer Zahlen zwischen 0 und einer implementierungsabhängigen Obergrenze (üblicherweise 15 für 16-Bit-Rechner und 31 für 32-Bit-Rechner). Mengen werden in Modula-2 durch Aufzählung ihrer Elemente zwischen geschwungenen Klammern angeschrieben.

Beispiele

```
{}                                (leere Menge)
{5}
{1,3,5,7,9,11,13,15}
{0,10,4..7}
```

Anmerkung: Die Schreibweise 4..7 ist eine Abkürzung für die Folge 4,5,6,7.

Mit Mengen-Objekten können folgende Operationen vorgenommen werden:

+	Vereinigung von Mengen
-	Mengendifferenz
*	Durchschnitt von Mengen
/	Symmetrische Mengendifferenz

- u+v ist die Menge aller Elemente, die entweder in u oder in v oder in beiden enthalten sind.

- u−v ist die Menge aller Elemente, die in u, aber nicht in v enthalten sind.

- u*v ist die Menge aller Elemente, die in u und in v enthalten sind.

- u/v ist die Menge aller Elemente, die entweder in u oder in v, aber nicht in beiden enthalten sind.

Beispiel

```
u = {1,2,5,6}  v = {1,3,5,7}

u+v = {1,2,3,5,6,7}
u-v = {2,6}
u*v = {1,5}
u/v = {2,3,6,7}
```

Mengen können auch miteinander verglichen werden. Anders als bei Zahlen und Zeichen sind hier aber nur die Operatoren =, <> (#), <= und >= möglich, und auch deren Bedeutung ist anders:

- u=v ist wahr, wenn u und v genau dieselben Elemente enthalten.

- u<>v ist wahr, wenn es mindestens ein Element gibt, das entweder in u oder in v, nicht aber in beiden Mengen enthalten ist.

- u<=v ist wahr, wenn alle in u enthaltenen Elemente auch in v enthalten sind. (In diesem Fall bezeichnet man u auch als *Teilmenge* von v und v als *Obermenge* von u.)

- u>=v ist gleichbedeutend mit v<=u.

Der Relationsoperator IN kann benutzt werden, um zu überprüfen, ob ein Wert (erster Operand) in einer Menge (zweiter Operand) enthalten ist. Der Ausdruck

```
i IN u
```

ist genau dann wahr, wenn die Menge u das Element i enthält.

3.4.1.2 Einfache Datentypen

In Modula-2 kann - wie schon in Pascal - jeder Programmierer Datentypen selbst erfinden, um ganz genau anzugeben, welcher Art seine Objekte sind, und um seine Programme lesbarer und änderungsfreundlicher zu gestalten. Die einfachsten Möglichkeiten dazu bieten die Enumerations- und Subrange-Typen.

Enumerationstypen (engl. *enumeration types; "Aufzählungstypen"*) können benutzt werden, um Namen für *nichtnumerische Werte* einzuführen. Wenn ein Programmierer in einer herkömmlichen Programmiersprache ein Programm zur Verwaltung von Erzeugnissen aus verschiedenen Materialien schreiben soll, ist er gezwungen, für jeden möglichen Werkstoff eine eindeutige Nummer zu vergeben. Er muß dabei aber immer im Kopf behalten, daß z.B. Stahl die Nummer 5 hat und die Nummer 3 "Glas" bedeutet. In Modula-2 kann er einfach einen neuen Typ einführen, der alle möglichen Materialien umfaßt:

```
Material = (eisen, stahl, kupfer, glas, plexiglas, pvc, gummi)
```

Ein Enumerationstyp wird also definiert, indem man alle Werte, die er annehmen darf, zwischen runden Klammern aufzählt. Gleichzeitig mit dem Typ selbst werden dabei alle Namen (die sogenannten *Enumerationskonstanten*) definiert, die zur Identifikation der einzelnen Werte dienen. Allgemein muß ein Enumerationstyp nach folgenden Regeln deklariert werden:

Enumeration$_{15}$

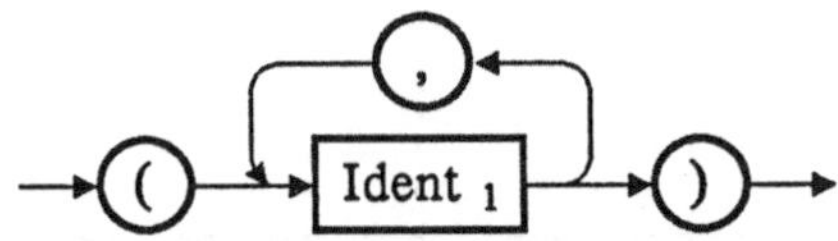

- Ein Enumerationstyp besteht aus einer Liste von Bezeichnern in runden Klammern.

- Die Bezeichner werden durch Kommas voneinander getrennt.

- Alle Bezeichner müssen voneinander verschieden sein. Sie dürfen nur im Zusammenhang mit dem Enumerationstyp (d.h. nicht als Namen für andere Objekte) verwendet werden.

Die einzelnen Enumerationskonstanten werden mit *Ordinalzahlen* in der Reihenfolge versehen, in der sie aufgeschrieben werden. Die erste Konstante (in unserem Beispiel eisen) trägt die Nummer Null. Damit können Werte eines Enumerationstyps nach allen in Modula-2 möglichen Relationen miteinander verglichen werden. Der Vergleich werkstoff<=kupfer gibt im obigen Beispiel Auskunft darüber, ob werkstoff ein Metall ist.

Anmerkung: Der vordeklarierte Datentyp BOOLEAN kann als Enumerationstyp (FALSE, TRUE) aufgefaßt werden.

Subrange-Typen (engl. *subrange types; "Unterbereichstypen"*) werden zum *Einschränken des Wertebereichs* von Typen verwendet, deren Elemente mit Ordinalzahlen versehen sind. Das sind alle Enumerationstypen sowie die vordeklarierten Datentypen INTEGER, CARDINAL, BOOLEAN und CHAR. Die Deklaration eines Subrange-Typs zeigt an, daß sich die Elemente dieses Typs nur zwischen fest vorgegebenen Grenzen bewegen dürfen. Diese Information kann dem Leser eines Programms helfen, das Programm zu verstehen, und befähigt den Compiler, Code zu erzeugen, der zur Laufzeit die Einhaltung der vom Programmierer gemachten Einschränkungen überprüft.

Ein Subrange-Typ wird in Modula-2 in folgender Form deklariert:

Subrange$_{16}$

- Ein Subrange-Typ wird durch Angabe seines *Minimal-* und seines *Maximalwerts* (zu ConstExpr siehe 3.4.2 "Konstantendeklarationen") definiert.

- Die beiden Grenzwerte werden durch zwei Punkte voneinander getrennt und in eckige Klammern eingeschlossen. Beide Werte müssen vom selben Datentyp sein, und der erste Wert darf nicht größer sein als der zweite.

- Durch einen vorangestellten qualifizierten Bezeichner kann der *Basistyp* des Subrange-Typs festgelegt werden.

- Als Basistypen sind INTEGER, CARDINAL, BOOLEAN, CHAR und Enumerationstypen zugelassen.

Jedem Subrange-Typ ist ein *Basistyp* zugeordnet. Darunter versteht man jenen Datentyp, aus dessen Wertebereich der Minimal- und der Maximalwert entnommen sind. Bei ganzzahligen Grenzwerten kann das zu Unklarheiten führen, weil sich die Wertebereiche der Datentypen INTEGER und CARDINAL überlappen. [-10..+10] ist eindeutig vom Basistyp INTEGER, weil die Untergrenze negativ ist; [0..40000] ist (bei einem 16-Bit-Rechner) vom Basistyp CARDINAL, weil die Obergrenze jenseits des INTEGER-Bereichs liegt. Für Subrange-Typen, bei denen beide Grenzwerte positive INTEGER-Zahlen sind (z.B. [0..10]), wird als Basistyp CARDINAL angenommen, sofern nicht durch einen vorangestellten Typnamen INTEGER festgelegt wurde.

Mit Subrange-Objekten sind dieselben Operationen möglich wie mit den ihnen zugrunde liegenden Basistypen.

Beispiele

Gültige Subrange-Typen sind: Basistyp:

```
[0..9]                CARDINAL
["0".."9"]            CHAR
[0C..177C]            CHAR
INTEGER[1..1000]      INTEGER
[eisen..kupfer]       Material
[FALSE..TRUE]         BOOLEAN
```

Ungültige Subrange-Typen sind:

```
[0 . . 9]
["A".."9"]
[1.5..2.5]
[12B..17C]
CHAR[40..50]
```

(Die Punkte müssen unmittelbar aufeinander folgen)
("A" ist im ASCII-Code größer als "9")
(REAL ist nicht als Basistyp zugelassen)
(Grenzwerte müssen vom gleichen Datentyp sein)
(Basistyp und Datentypen der Bereichsgrenzen
stimmen nicht überein)

3.4.1.3 Strukturierte Datentypen

Die vordeklarierten und einfachen Datentypen sind in dem Sinne selbsterklärend,
daß sie keine anderen Datentypen zu ihrer Definition benötigen. Im Gegensatz dazu
"enthalten" die strukturierten Datentypen andere Typen und hängen somit von
diesen ab.

SET-Typen

Der englische Begriff *set* bedeutet im Deutschen eine *Menge* im mathematischen
Sinn. Üblicherweise bestehen Mengen aus gleichartigen Elementen (in unserer
Terminologie: aus Elementen desselben Datentyps). Modula-2 schreibt daher bei
der Deklaration eines SET-Typs vor, daß angegeben wird, aus welchen Elementen
sich die Menge zusammensetzt:

SetType$_{17}$

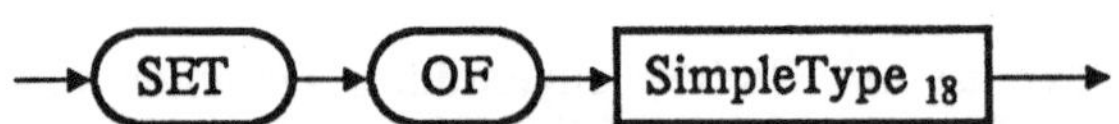

- Ein SET-Typ wird durch die Schlüsselwörter SET und OF, denen ein einfacher
  Datentyp folgt, definiert.

- SimpleType wird als *Basistyp* der Menge bezeichnet und darf nur ein
  Enumerations- oder ein Subrange-Typ sein. (Der Datentyp BOOLEAN wird
  dabei als Enumerationstyp aufgefaßt).

- Die Ordinalzahlen der Mengenelemente müssen - wie bei BITSET - zwischen 0
  und einer implementierungsabhängigen Obergrenze liegen (z.B. 15).

SimpleType$_{18}$

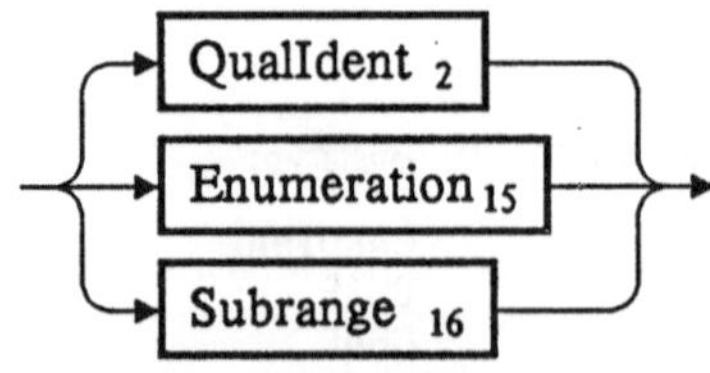

- Alle Datentypen, die durch einen *Namen* (QualIdent) identifiziert werden
  können (wie z.B. die vordeklarierten Datentypen), Enumerationstypen und
  Subrange-Typen werden unter dem Sammelbegriff *einfache Datentypen* (engl.
  simple types) zusammengefaßt.

Der Standardtyp BITSET (siehe 3.4.1.1) ist als

```
SET OF [0..N-1]
```

definiert, wobei N die (implementierungsbedingte) maximale Anzahl von Elementen in einer Menge ist. Auf SET-Typen können daher auch alle Operationen, die in 3.4.1.1 für den Datentyp BITSET erklärt wurden, angewandt werden.

Beispiele

Gültige SET-Typen sind:

```
SET OF [3..5]
SET OF Material          (vgl. 3.4.1.2)
SET OF [eisen..kupfer]
SET OF [0C..17C]         (Zeichenmenge)
SET OF BOOLEAN           (Menge der Wahrheitswerte)
```

Ungültige SET-Typen sind:

```
SET OF [-1..+1]          (Negative Elemente sind nicht erlaubt)
SET OF CHAR              (Nur Enumerations- und Subrange-Typen
                          sind zulässig)
```

ARRAY-Typen

Mit Hilfe von ARRAY-Typen können mehrere gleichartige Objekte zu einem Objekt zusammengefaßt werden. Ein ARRAY (im Deutschen meist als *Liste* oder *Feld* bezeichnet) ist in Modula-2 ein Objekt, das aus einer *festen Anzahl* von Elementen *eines bestimmten Typs* besteht. Jedem Element eines ARRAYs ist ein *Index* (meist eine ganze Zahl) zugeordnet, der zu einer eindeutigen Identifikation des Elements verwendet werden kann. Ein klassisches Beispiel für ein ARRAY ist eine Zeichenkette, die aus einer bestimmten Anzahl von hintereinandergereihten Einzelzeichen besteht.

ArrayType$_{19}$

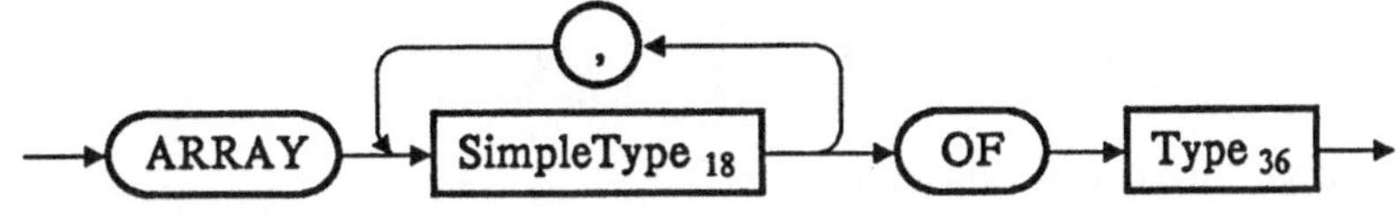

- Ein ARRAY-Typ wird durch das Schlüsselwort ARRAY, dem ein einfacher Datentyp (oder mehrere, durch Kommas voneinander getrennte einfache Datentypen) folgt, und dem Schlüsselwort OF mit einem (beliebigen) Datentyp definiert.

- SimpleType beschreibt einen *Index-Typ* (der Datentyp, von dem die Indizes des ARRAYs sein dürfen) und muß ein Enumerationstyp, ein Subrange-Typ oder einer der beiden vordeklarierten Datentypen BOOLEAN und CHAR sein.

- Type bezeichnet den *Element-Typ* des Feldes (d.h. den Datentyp der einzelnen Elemente).

- Die Schreibweise

```
ARRAY T1,T2 OF T
```

  ist eine Abkürzung für

```
ARRAY T1 OF ARRAY T2 OF T
```

  Damit können *mehrdimensionale* ARRAYs (z.B. *Matrizen*) deklariert werden. Solche mehrdimensionalen Felder werden in Modula-2 wie Felder von Feldern behandelt.

ARRAY-Typen können zur Realisierung von Tabellen benutzt werden. In einem Feld des Typs

```
ARRAY Material OF REAL
```

können z.B. die spezifischen Gewichte (gebrochene Zahlen, daher REAL) aller im Enumerationstyp Material (siehe 3.4.1.2) vorkommenden Werkstoffe gespeichert werden.

Der Datentyp

```
ARRAY [0..19] OF CHAR
```

kann für Zeichenketten (z.B. Namen von Personen) mit maximal 20 Zeichen benutzt werden.

Eine Variable des Datentyps

```
ARRAY [1..100],[0..19] OF CHAR
```

kann zum Abspeichern von 100 Namen (vom Typ ARRAY [0..19] OF CHAR) mit je maximal 20 Zeichen verwendet werden.

Beispiele

  Gültige ARRAY-Typen sind:

```
ARRAY [-1000..+1000] OF CARDINAL
ARRAY [0..9] OF CHAR
ARRAY CHAR OF [0..9]
ARRAY ["0".."9"] OF CARDINAL
ARRAY BOOLEAN,BOOLEAN OF BOOLEAN
ARRAY [eisen..kupfer] OF SET OF [1..10]
ARRAY CHAR,BOOLEAN,Material,[5..7] OF BITSET
```

  Ungültige ARRAY-Typen sind:

```
ARRAY BITSET OF INTEGER      (BITSET ist kein zulässiger Index-Typ)
ARRAY CARDINAL OF INTEGER    (CARDINAL ist kein zulässiger Index-Typ)
ARRAY REAL OF BOOLEAN        (REAL ist kein zulässiger Index-Typ)
```

RECORD-Typen

Auf ähnliche Weise wie ein ARRAY-Typ die Zusammenfassung gleichartiger Elemente zu einem höheren Ganzen gestattet, ermöglicht der Datentyp RECORD (im Deutschen auch *Struktur* oder *Verbund*) die Vereinigung von Elementen *verschiedener Datentypen*. Ein klassisches Beispiel für die Anwendung eines RECORD-Typs ist ein Datum, das aus den Komponenten Jahr, Monat und Tag besteht. Theoretisch könnte das durch den Datentyp

```
ARRAY [1..3] OF CARDINAL
```

dargestellt werden. Bei der Verwendung eines Datums muß man in diesem Fall aber immer im Kopf behalten, daß z.B. der Index 1 das Jahr und 3 den Tag bezeichnet (oder auch umgekehrt). Ein zweiter Nachteil ist, daß ein Verlust an Klarheit in Kauf genommen werden muß, indem man zuläßt, daß Monate und Tage alle Zahlenwerte innerhalb des CARDINAL-Wertebereichs annehmen. Beide Nachteile vermeidet die Definition eines Datums in der Form

```
RECORD
  jahr:  [1900..1999];
  monat: (Jan,Feb,Mar,Apr,Mai,Jun,Jul,Aug,Sep,Okt,Nov,Dez);
  tag:   [1..31]
END
```

Die einzelnen Bestandteile werden eindeutig durch die Namen `jahr`, `monat` und `tag` anstelle der Nummern 1 bis 3 identifiziert. Die Komponenten sind von verschiedenen Datentypen, was auch der Natur der Sache entspricht. Durch die Subrange-Definitionen von `jahr` und `tag` ist festgelegt, in welchen Wertebereichen sich die entsprechenden Zahlenwerte bewegen dürfen. (Insbesondere ist ein Datum auf das zwanzigste Jahrhundert beschränkt.) Der Enumerationstyp für `monat` gestattet (und erzwingt!) die Verwendung von Namen anstelle der Zahlen 1 bis 12.

Allgemein hat die Definition eines RECORD-Typs folgende Gestalt:

RecordType$_{20}$

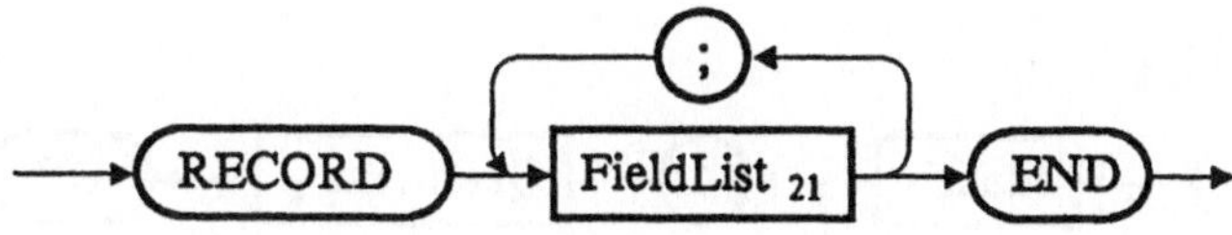

- Ein RECORD-Typ besteht aus den Definitionen seiner Komponenten, die durch die Schlüsselwörter `RECORD` und `END` begrenzt werden.

FieldList$_{21}$

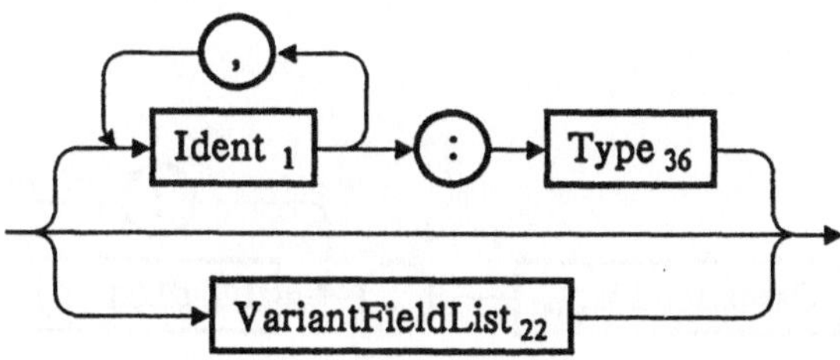

- Eine FieldList (die engl. Bezeichnung *field* ist dem Modula-2-Bericht in Wirth 1985 entnommen) beschreibt RECORD-Komponenten, die vom gleichen Datentyp sind.

- Die FieldLists innerhalb einer RECORD-Deklaration werden durch Strichpunkte voneinander getrennt.

- Eine FieldList besteht aus einer Folge von Bezeichnern (den Namen der entsprechenden RECORD-Komponenten), einem Doppelpunkt und einem beliebigen Datentyp.
- Die Namen *aller* Komponenten innerhalb der Definition eines RECORD-Typs müssen verschieden sein. Es dürfen aber durchaus Bezeichner verwendet werden, die außerhalb des RECORDs bereits mit einer anderen Bedeutung benutzt werden.

Oft enthalten RECORDs Komponenten, die niemals gleichzeitig gültige Werte annehmen können. Das gilt besonders dann, wenn eine Komponente benutzt wird, um verschiedene Fälle zu unterscheiden, wie z.B. in

```
RECORD
  matnr:        CARDINAL;
  art:          Material; (*aus Abschnitt 3.4.1.2*)
  farbe:        (weiss,rot,blau,gelb,gruen);
  matt,rostfrei: BOOLEAN;
  spezgew:      REAL
END
```

In diesem RECORD zur Abspeicherung von Rohstoffbeschreibungen haben Materialnummer und -art sowie das spezifische Gewicht immer eine Bedeutung, während z.B. die Komponente `rostfrei` nur für `art=stahl` einen Sinn ergibt. In Modula-2 können solche Fallunterscheidungen durch eine VariantFieldList innerhalb eines RECORD-Typs zum Ausdruck gebracht werden:

VariantFieldList$_{22}$

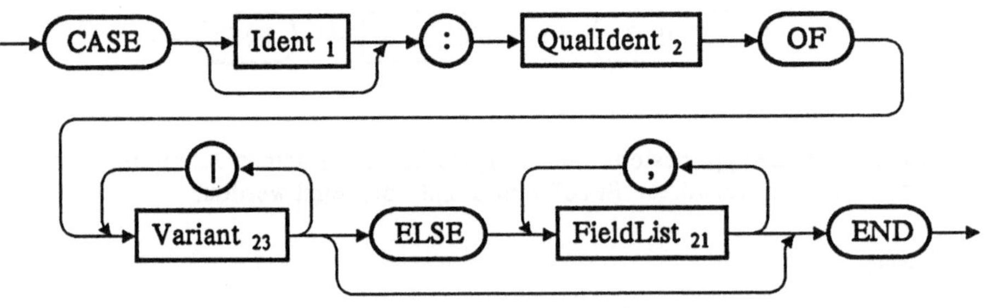

Variant$_{23}$

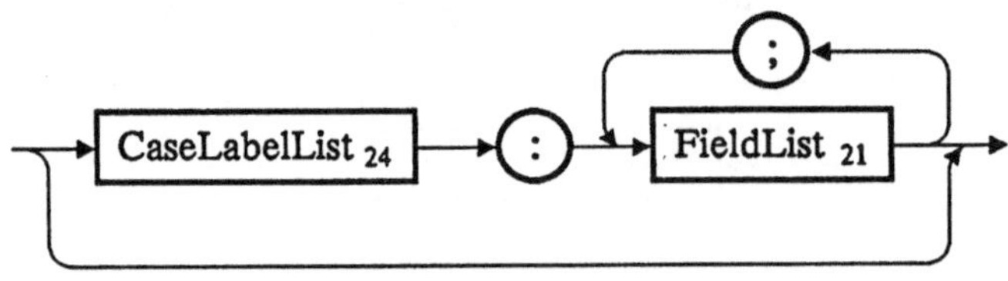

CaseLabelList$_{24}$

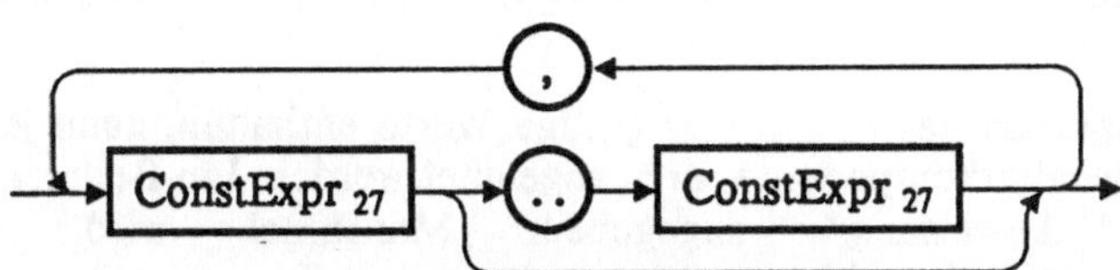

- Eine VariantFieldList beginnt mit dem Schlüsselwort CASE, dem der Name der RECORD-Komponente (Ident), die zur Fallunterscheidung dienen soll, und ihr Typ (QualIdent) folgen. Ident bezeichnen wir in diesem Zusammenhang als *Schalterkomponente* (engl. *tag field* = Etikette).

- Wenn Ident weggelassen wird, bedeutet das, daß kein Speicherplatz für die Schalterkomponente reserviert werden soll. Ihr Datentyp QualIdent muß aber dennoch angegeben werden.

- Hinter dem Schlüsselwort OF werden für jeden gültigen Wert der Schalterkomponente entsprechende Deklarationsteile (*Varianten*) angeführt. Diese Varianten werden durch senkrechte Striche voneinander getrennt.

- Jede Variante beginnt mit einer Liste aller Werte (bzw. Wertebereiche) der Schalterkomponente, für die diese Variante Gültigkeit haben soll (CaseLabelList). Die Werte müssen Konstanten (zu ConstExpr siehe 3.4.2 "Konstantendeklarationen") und vom gleichen Typ wie die Schalterkomponente sein. Jeder Wert darf höchstens einmal vorkommen. Die Schreibweise x..y kann wie bei einem Subrange-Typ als Abkürzung für die Aufzählung aller Werte von x bis y benutzt werden.

- Hinter dem Schlüsselwort ELSE können jene Komponenten angegeben werden, die gültig sein sollen, wenn der Wert der Schalterkomponente keiner der angegebenen Varianten zugeordnet werden kann.

- Eine Variante kann auch leer sein. Diese Regel ermöglicht das Einfügen von senkrechten Strichen vor der ersten und nach der letzten Variante in einer VariantFieldList.

- Eine VariantFieldList wird mit dem Schlüsselwort END abgeschlossen.

Mit dieser Möglichkeit der Fallunterscheidung kann das obige Beispiel nun so umformuliert werden, daß die Gültigkeit der verschiedenen RECORD-Komponenten klar zutage tritt:

```
RECORD
  matnr:   CARDINAL;
  spezgew: REAL;
  CASE art: Material OF      (*aus 3.4.1.2*)
    stahl:
      rostfrei: BOOLEAN
  | glas:
      matt: BOOLEAN
  | pvc,gummi:
      farbe: (weiss,rot,blau,gelb,gruen)
  END (*CASE*)
END (*RECORD*)
```

Die Schreibweise als RECORD mit Varianten hat zudem noch den Vorteil, daß der

Compiler dafür sorgen kann, daß Komponenten, die ohnehin nie gleichzeitig gültige Werte annehmen können, einander *überlappen* (d.h. den gleichen Speicherplatz einnehmen).

Welche Komponenten des RECORDs gültige Werte enthalten, kann jederzeit aus dem Wert der Schalterkomponente art abgeleitet werden. Ein Beispiel dafür ist in 3.6.2.2 "CASE-Anweisung" angegeben. Manchmal wird aber die Schalterkomponente selbst nicht benötigt, weil aus dem Zusammenhang bereits klar ist, welche Variante die richtige ist. In solchen Fällen kann der Bezeichner Ident nach dem Schlüsselwort CASE weggelassen werden. Wenn in unserem Beispiel-RECORD noch die Elastizität von Gummi und die Verarbeitung von PVC zu Folie untergebracht werden soll, kann das durch folgende zusätzliche Fallunterscheidung geschehen:

```
    . . .
  | pvc, gummi:
      farbe: (weiss,rot,blau,gelb,gruen);
      CASE : Material OF
        pvc:   folie: BOOLEAN
      | gummi: elast: REAL
      END
    . . .
```

Hier wäre es sinnlos, die Schalterkomponente art unter einem anderen Namen ein zweites Mal abzuspeichern, weil ihr Auftreten im ursprünglichen RECORD bereits zur Unterscheidung zwischen PVC und Gummi ausreicht.

POINTER-Typen

Allen bisher angeführten Datentypen ist gemeinsam, daß ihre Werte in einem gewissen Sinne selbsterklärend sind und daß ihre "Größe" (d.h. der Speicherplatz, den sie benötigen, und damit auch der Umfang der Daten, die sie aufnehmen können) bereits durch ihre Deklaration festgelegt ist. In manchen Fällen ist das aber unbefriedigend, da nicht von vornherein bekannt ist, wieviele Daten verarbeitet werden sollen. Bei der Behandlung der ARRAY-Typen wurde z.B. ein ARRAY-Typ für ein Feld angegeben, das maximal 100 Namen aufnehmen kann. Wenn nun mehr als 100 Namen gespeichert werden sollen, reicht dieser Datentyp nicht mehr aus. Und wenn weniger Namen zu verarbeiten sind, wird durch die für diesen Fall überdimensionierte Deklaration Speicherplatz vergeudet.

Als Ausweg aus dieser unangenehmen Situation bietet Modula-2 den Datentyp POINTER an, mit dessen Hilfe sich *dynamische Datenstrukturen* (die sich in ihrer Struktur und Größe ändern können) realisieren lassen. Ein POINTER (= *Zeiger*) enthält selbst keinen Wert, sondern zeigt auf eine Variable, die schließlich die gewünschten Daten enthält. Ein POINTER-Typ wird durch die Schlüsselwörter POINTER und TO, denen ein beliebiger Typ folgt, deklariert:

PointerType$_{25}$

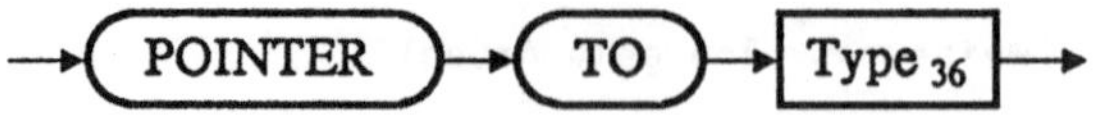

Jeder POINTER-Typ ist demnach an einen ganz bestimmten Datentyp (seinen *Basistyp*) gebunden und darf nicht - wie in älteren Programmiersprachen - als Zeiger auf Variablen verschiedener Typen benutzt werden.

Mit Variablen vom Typ POINTER TO ... sind keine arithmetischen Operationen möglich. Zeiger dürfen nur auf Gleichheit oder Ungleichheit geprüft werden.

Die Mächtigkeit des POINTER-Konzepts zeigt sich daran, daß ein Zeiger auf eine RECORD-Variable verweisen kann, die wiederum einen (oder mehrere) POINTER zur jeweils nächsten Variablen enthält, zum Beispiel:

```
Nameptr = POINTER TO Name

Name    = RECORD
            name: ARRAY [0..19] OF CHAR;
            next: Nameptr
          END
```

Mit diesen Deklarationen kann eine beliebig lange Liste von Namen mit je 20 Zeichen gebildet werden, indem jeder Name mit seinem Nachfolger verbunden (verkettet) wird:

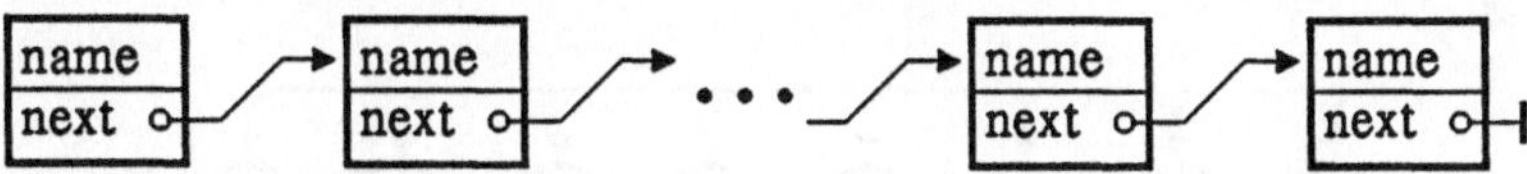

In diesem Bild ist das Ende der Liste durch einen senkrechten Strich anstelle eines Pfeiles dargestellt. In Modula-2 gibt es für diesen Zweck die vordeklarierte Konstante NIL, von der man sich vorstellen kann, daß sie nirgendwohin zeigt. Das Ende einer Liste kann damit erkannt werden, indem man die Komponente next eines Listenelements mit NIL vergleicht.

3.4.2 Konstantendeklarationen

Das Konzept der Konstantendeklarationen hat sich in Pascal so gut bewährt, daß es auch für Modula-2 in fast unveränderter Form übernommen wurde. Damit ist es möglich, für konstante Werte, die im Programm an vielen Stellen benutzt werden, Namen zu vergeben. Daraus ergibt sich ein erheblicher Gewinn an Änderungsfreundlichkeit, da der Wert einer Konstanten nur noch an einer einzigen Stelle geändert werden muß. Wie schon in Abschnitt 3.3 "Elementare Programmstruktur" gezeigt, werden Konstantendeklarationen durch das Schlüsselwort CONST eingeleitet.

ConstDeclaration$_{26}$

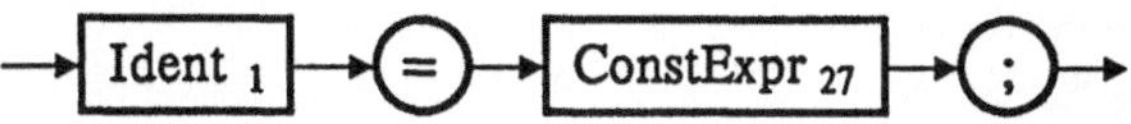

- Eine Konstantendeklaration beginnt mit einem Bezeichner, dem ein Gleichheitszeichen und ein Konstantenausdruck (engl. *constant expression*) folgen. Sie wird mit einem Strichpunkt abgeschlossen.

- Eine Konstantendeklaration bewirkt die Deklaration des Namens Ident als Konstante. Ident ist von nun an im Programm bekannt und wird überall so behandelt, als ob an seiner Stelle der durch den Konstantenausdruck gegebene Wert stünde.

Ein *Konstantenausdruck* ist ein (einfacher oder zusammengesetzter) Ausdruck eines beliebigen Datentyps, der ausschließlich aus konstanten Elementen besteht. Konstantenausdrücke sind in ihrem Aufbau allgemeinen Ausdrücken sehr ähnlich. Wir verzichten daher an dieser Stelle auf eine ausführliche Aufzählung aller Bedingungen, die beim Schreiben von Konstantenausdrücken beachtet werden müssen, und verweisen dazu auf Abschnitt 3.5 "Ausdrücke".

ConstExpr$_{27}$

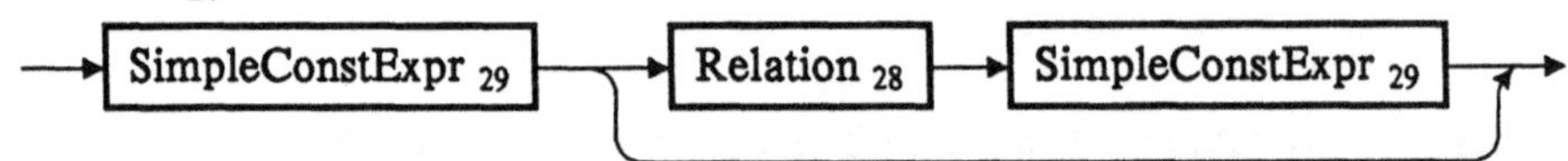

Relation$_{28}$

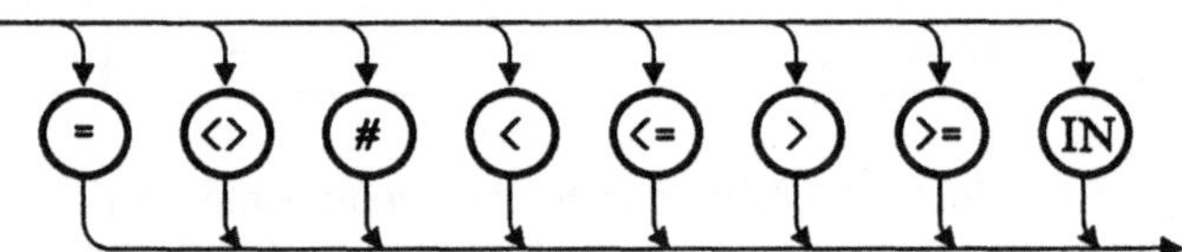

- Ein Konstantenausdruck besteht entweder nur aus einem einfachen Konstantenausdruck (*simple constant expression*) oder aus zwei durch einen Relationsoperator verknüpften einfachen Konstantenausdrücken.

SimpleConstExpr$_{29}$

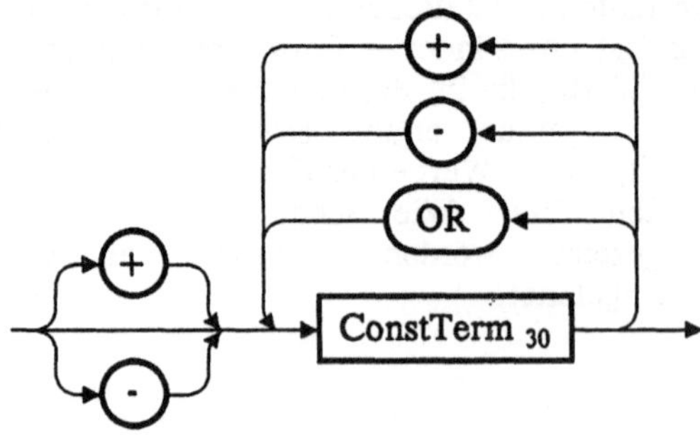

- Ein einfacher Konstantenausdruck besteht aus einem *konstanten Term* oder aus mehreren durch Additionsoperatoren verbundenen Termen.
- Die boole'sche Verknüpfung OR wird gleich behandelt wie die Operatoren + und - (d.h. OR hat dieselbe Priorität wie Addition und Subtraktion).

- Vor dem (ersten) Term kann ein (positives oder negatives) Vorzeichen angegeben werden. In diesem Fall muß es sich bei (jedem) ConstTerm um einen Zahlenwert handeln. Das bedeutet auch, daß der Operator OR dann nicht in SimpleConstExpr vorkommen darf.

ConstTerm$_{30}$

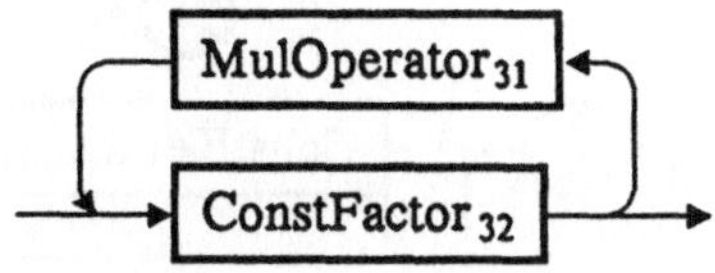

MulOperator$_{31}$

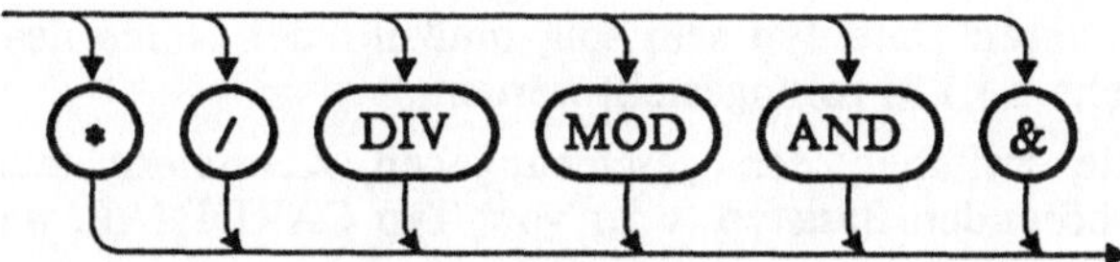

- Ein konstanter Term besteht aus einem *konstanten Faktor* oder aus mehreren durch Multiplikationsoperatoren verbundenen Faktoren.
- Ein Multiplikationsoperator kann sowohl einer der arithmetischen Operatoren *, /, DIV und MOD als auch die boole'sche Verknüpfung AND (bzw. &) sein.

ConstFactor$_{32}$

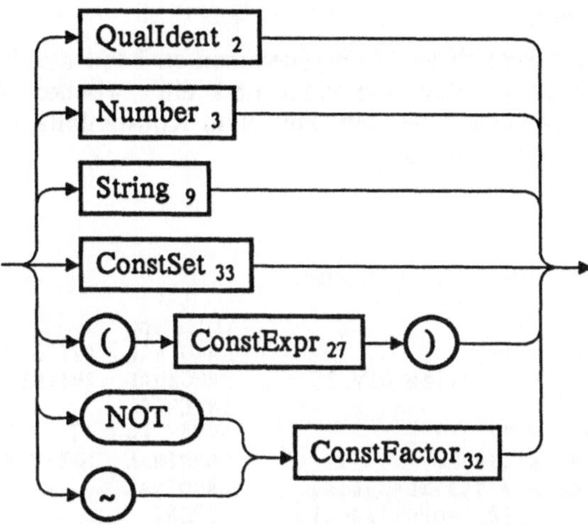

- Ein konstanter Faktor kann ein (qualifizierter) Bezeichner, eine Zahl, eine Zeichenkettenkonstante, eine Mengenkonstante, ein geklammerter Konstantenausdruck oder ein negierter konstanter Faktor sein.

- Wenn ein Bezeichner in einem konstanten Faktor verwendet wird, muß er bereits als Konstante bekannt sein (siehe 3.7.5 und 3.8.2 über Gültigkeitsbereiche).

ConstSet$_{33}$

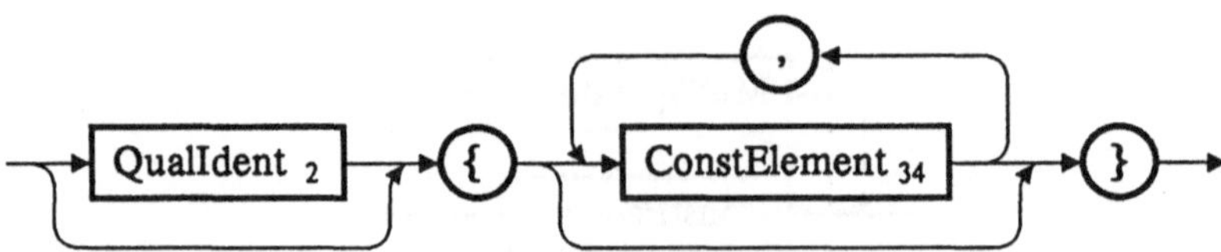

- Eine Mengenkonstante besteht aus geschwungenen Klammern, zwischen denen die Elemente der Menge angeführt werden.

- Eine Mengenkonstante beschreibt ein Objekt vom Datentyp BITSET. Wenn sie von einem anderen Datentyp sein soll, muß ihr der Name des gewünschten SET-Typs (siehe 3.4.1.3) vorangestellt werden.

- Alle Elemente zwischen den geschwungenen Klammern müssen vom zu QualIdent gehörenden Basistyp (oder vom Typ CARDINAL, wenn QualIdent fehlt) sein.

ConstElement$_{34}$

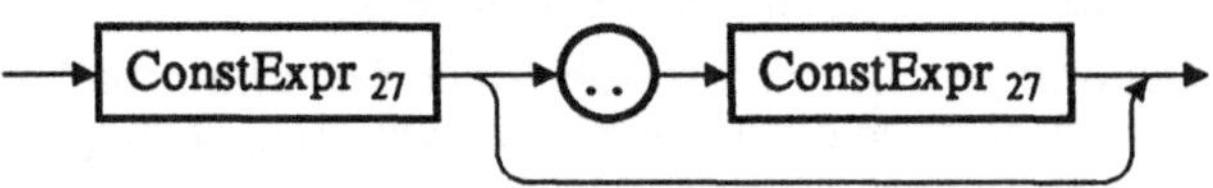

- Elemente einer Mengenkonstanten müssen durch Konstantenausdrücke beschrieben werden.

- Ein geschlossener Bereich von Mengenelementen kann durch die Angabe des kleinsten und des größten Elements und ein zwischen ihnen stehendes Bereichssymbol dargestellt werden. Der erste Konstantenausdruck darf dabei nicht größer als der zweite sein.

Beispiele

Gültige Konstantendeklarationen sind:

```
CONST                            Datentyp:
    wordsize  = 16;              CARDINAL, INTEGER
    bytes     = wordsize DIV 8;  CARDINAL, INTEGER
    minus1    = -1;              INTEGER
    version   = "V 2.3";         ARRAY [0..4] OF CHAR
    listsize  = 20000;           CARDINAL, INTEGER
    listbytes = listsize*bytes;  CARDINAL
    fullset   = {0..wordsize-1}; BITSET
    noptr     = NIL;             POINTER TO ...
```

Anmerkung: Jede Konstante gehört einem bestimmten Datentyp an. Bei ganzzahligen Konstanten ist in manchen Fällen nicht klar, ob sie vom Typ INTEGER oder CARDINAL sind. Sie können dabei sowohl als INTEGER- als auch als CARDINAL-Zahl aufgefaßt werden. Negative Zahlen (z.B. `minus1`) sind jedoch auf jeden Fall vom Typ INTEGER; positive Zahlen, die außerhalb des INTEGER-Bereiches liegen (z.B. `listbytes`) sind auf jeden Fall vom Typ CARDINAL.

Ungültige Konstantendeklarationen sind:

```
CONST
    x: 64;              (Statt ":" muß "=" verwendet werden)
    y = n;              (n ist noch nicht definiert)
```

3.4.3 Typdeklarationen

In Modula-2 können für vom Benutzer vergebene Datentypen Namen vergeben werden. Dadurch ist es einerseits möglich, die Struktur eines Datentyps einmal im Programm zu definieren und den Datentyp an mehreren Stellen zu benutzen. Andererseits kann die Benennung eines Datentyps bei guter Namenwahl viel zur Verständlichkeit eines Programms beitragen.

Typdeklarationen werden immer mit dem Schlüsselwort TYPE eingeleitet (siehe Abschnitt 3.3) und müssen folgendermaßen aufgebaut sein:

TypeDeclaration$_{35}$

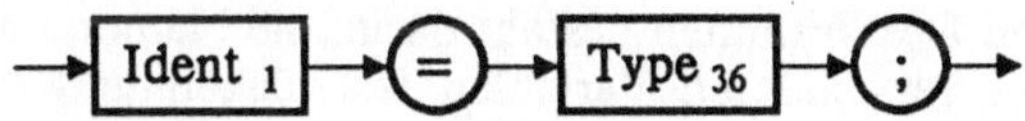

- Eine Typdeklaration beginnt mit einem Bezeichner, dem ein Gleichheitszeichen und ein beliebiger Datentyp folgen. Sie wird durch einen Strichpunkt abgeschlossen.

- Durch eine Typdeklaration wird der Name Ident als Synonym für den rechts vom Gleichheitszeichen angeführten Datentyp deklariert.

- Als Datentyp (Type) sind alle in 3.4.1 angeführten Datentypen erlaubt. Dazu kommt noch der Prozedurtyp, der in 3.7.9 erklärt wird.

Type$_{36}$

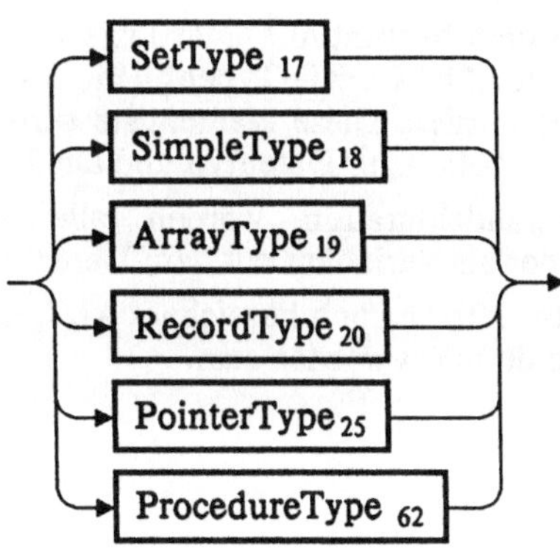

Beispiele

```
TYPE
  Coordinate = CARDINAL;
  String     = ARRAY [0..listsize] OF CHAR;
  Index      = [1..10];
  Listptr    = POINTER TO Listelem;
  Listelem   = RECORD
                  x,y:  Coordinate;
                  next: Listptr
               END;
```

Wenn in einer Typdeklaration der Name eines anderen Datentyps (oder einer Konstanten) benutzt wird, muß dieser bereits zuvor definiert worden sein. Von dieser Regel gibt es nur eine Ausnahme: Für die Deklaration eines POINTER-Typs muß der Basistyp noch nicht bekannt sein. Durch diese Erleichterung ist es erst möglich, einen POINTER-Typ zu definieren, der wiederum in der Deklaration seines Basistyps verwendet wird, wie es das obige Beispiel für Listelem zeigt. Die Vertauschung der Deklarationen von Listptr und Listelem ist jedoch nicht zulässig (siehe auch Abschnitt "POINTER-Typen" in 3.4.1.3).

3.4.4 Variablendeklarationen

Der Hauptzweck von Deklarationen besteht darin, die Namen und Datentypen der in einem Programm verwendeten Variablen festzulegen und die Variablen dem Compiler bekannt zu machen.

Variablendeklarationen werden immer mit dem Schlüsselwort VAR eingeleitet (siehe Abschnitt 3.3) und müssen folgendermaßen aufgebaut sein:

VariableDeclaration$_{37}$

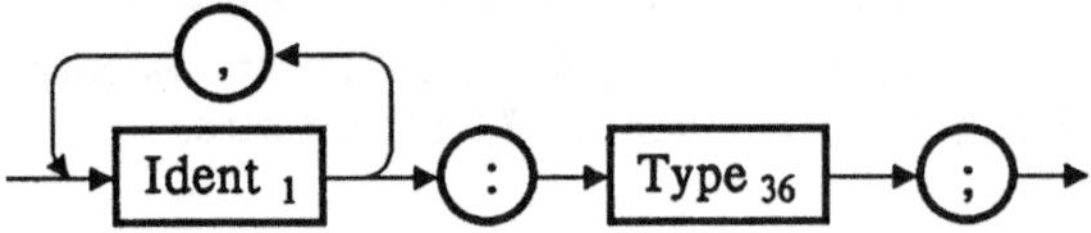

- Eine Variablendeklaration beginnt mit einer Liste von Bezeichnern, die - wie in einer FieldList (siehe "RECORD-Typen" in 3.4.1.3) - durch Kommas voneinander getrennt werden. Diese Namenliste wird mit einem Doppelpunkt abgeschlossen, dem ein beliebiger Datentyp und ein Strichpunkt folgen.

- Durch eine Variablendeklaration werden alle vor dem Doppelpunkt angeführten Bezeichner als Variablen mit dem Datentyp Type deklariert.

- Wenn Type durch einen Typnamen bezeichnet wird, muß dieser bereits vor der Variablendeklaration definiert worden sein.

Beispiele

```
VAR
    i,j,k:    CARDINAL;
    material: Material;
    header:   Listptr;
    name:     ARRAY [0..19] OF CHAR;
    error:    BOOLEAN;
```

3.4.5 Typgleichheit von Objekten

In Modula-2 hängt die Zulässigkeit der meisten Operationen von den Datentypen
ihrer Operanden ab. Wir werden im folgenden an vielen Stellen der Forderung
begegnen, daß zwei Objekte *vom selben Datentyp* sein müssen, und müssen daher
definieren, was wir darunter verstehen:

Zwei Objekte x1 und x2 mit den Datentypen t1 und t2 werden als *vom
selben Datentyp* bezeichnet, wenn eine der folgenden Bedingungen erfüllt ist:

- t1 und t2 werden *durch denselben Namen* bezeichnet, zum Beispiel:

```
VAR                         VAR
    n:    INTEGER;              material: Material;
    wert: INTEGER;             werkstoff: Material;
```

- x1 und x2 werden *innerhalb derselben Variablenliste* oder *innerhalb desselben
  Parameterabschnitts* deklariert, zum Beispiel:

```
VAR                         PROCEDURE P(x,y:CHAR);
    n,wert: INTEGER;        (siehe Abschnitt 3.7 "Prozeduren")
    wuerfel,augen: [1..6];
```

- t1 und t2 werden durch Namen bezeichnet, und die beiden Namen
  wurden in Typdeklarationen als *synonym* erklärt, zum Beispiel:

```
TYPE                        TYPE
    Minute = [0..59];          t = (a,b,c);
    Second = Minute;           t1 = t;
VAR                            t2 = t;
    sec: Second;            VAR
    min: Minute;               x1: t1;
                               x2: t2;
```

- x1 und x2 sind *Konstanten desselben Enumerationstyps,* wie low und high
  bzw. rot und gelb in den folgenden Beispielen:

```
VAR                         TYPE
    voltage: (low,high);       Farbe = (rot,blau,gelb,gruen);
```

Wenn keiner der vier oben angegebenen Fälle zutrifft, werden Objekte als *von
ungleichen Datentypen* betrachtet, auch wenn sie einander in ihrer Struktur völlig
gleichen. In den folgenden Deklarationen sind z.B. die drei Variablen x, y und z
von verschiedenen Datentypen:

```
TYPE
  t1 = ARRAY [1..10] OF CHAR;
  t2 = ARRAY [1..10] OF CHAR;
VAR
  x: t1;
  y: t2;
  z: ARRAY [1..10] OF CHAR;
```

x und y sind von den (zwar inhaltlich gleichen, aber trotzdem verschiedenen) ARRAY-Typen t1 und t2, z ist von einem anonymen (d.h. unbenannten) Datentyp derselben Gestalt.

Hinweis: Die *Elemente* der ARRAYs x, y und z sind jedoch *vom selben Datentyp* CHAR!

Übungsaufgaben

(1)   Geben Sie Deklarationen für Datentypen zur Darstellung folgender Werte an:

> Geldbeträge
> Vorzeichen (positiv, negativ oder 0)
> Einwohneranzahl
> Zuwachs an Einwohnern
> Datum des zwanzigsten Jahrhunderts
> Kennzeichen, ob ein Jahr ein Schaltjahr ist
> Adresse (Straße, Hausnummer, Postleitzahl, Stadt)
> Personendaten (z.B. für ein Einwohnerverzeichnis)
> Schachfiguren
> Menge von Schachfiguren
> Schachbrett (mit Angabe, welche Figuren auf welchen Feldern stehen)

Überprüfen Sie, ob Ihr Datentyp zur Darstellung von Personendaten wirklich alle Einzelheiten enthält, die eine Person vollständig beschreiben. Benutzen Sie einen RECORD-Typ mit Varianten und POINTER-Typen, um Verbindungen zwischen Personen herzustellen (z.B. "x ist verheiratet mit y").

(2)   Welche der folgenden Deklarationen sind ungültig und warum?

```
CONST
  max = 1000;
  min = -0;
  String = "string";
  pi = 3.14159;
  pi2 = 2*pi;


TYPE
  range  = (min,max,medium);
  Name   = ARRAY [1..10] OF String;
  Number = SET OF [min..max];
  circle = [0.0..pi];
  Node   = POINTER TO RECORD
             x: Node;
             CASE [1..2] OF
               1: y: Element
             | 2: z; [max..-max]
             END;
```

3.5 Ausdrücke

Wenn in einem Programm Werte berechnet werden sollen, verwenden wir sogenannte *Ausdrücke* zur Beschreibung, wie diese Werte gebildet werden sollen. Jeder Ausdruck besteht aus *Operanden* und *Operatoren* und bildet eine Vorschrift zur Berechnung des Wertes des Ausdrucks aus den Werten der Operanden.

In diesem Abschnitt wird zuerst erklärt, welche Klassen von Ausdrücken es in Modula-2 gibt, welche Sprachelemente als Operanden zugelassen sind und welche Operatoren darauf angewandt werden dürfen. Danach werden Regeln angegeben, die beim Schreiben von Ausdrücken beachtet werden müssen. Abschließend wird beschrieben, welche Operanden miteinander verknüpft werden dürfen.

3.5.1 Klassen von Ausdrücken

Jeder Ausdruck beschreibt einen *Wert*. Da jeder Wert in Modula-2 einem bestimmten *Datentyp* zugeordnet ist, können auch die Ausdrücke nach ihren Datentypen in Klassen eingeteilt werden:

- *Arithmetische Ausdrücke* (Datentypen CARDINAL, INTEGER, REAL) beschreiben Berechnungen (im engeren Sinne) aus Zahlgrößen.

- *Logische Ausdrücke* (Datentyp BOOLEAN) beschreiben Vergleiche von Werten und Verknüpfungen logischer Werte untereinander (nach der boole'schen Algebra).

- *Mengen-Ausdrücke* (Datentypen BITSET oder SET OF ...) beschreiben Zusammenfassungen von Elementen zu Mengen und Verknüpfungen von Mengen.

- *Allgemeine Ausdrücke* (alle übrigen Datentypen) sind Ausdrücke, die nicht durch Operatoren miteinander verknüpft werden können (z.B. RECORDs, ARRAYs).

Für jede dieser Klassen außer der letzten sind bestimmte Operatoren zugelassen (siehe 3.5.3).

3.5.2 Operanden

Ein Ausdruck kann Konstanten, Variablen oder Aufrufe von Funktionsprozeduren (siehe Abschnitt 3.7.4) als Operanden enthalten.

Eine *Konstante* kann dabei durch eine Zahlkonstante (vgl. 3.2.3), eine Zeichenkette (vgl. 3.2.4) oder durch einen Bezeichner beschrieben werden, der in einer Konstantendeklaration (vgl. 3.4.2) als Konstante definiert wurde.

Eine *Variable* wird im einfachsten Fall durch ihren Namen beschrieben. Wenn es sich um eine Variable vom Datentyp ARRAY, RECORD oder POINTER handelt, können ihre Komponenten (die ihrerseits wieder Variablen sind) durch einen sogenannten *Designator* (engl. für "Bezeichner" im engeren Sinne) beschrieben werden:

Designator$_{38}$

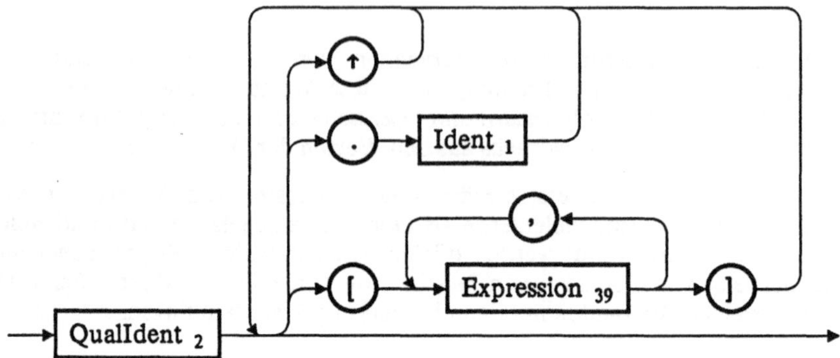

- Der einfachste Designator besteht aus einem (qualifizierten) Bezeichner.
- Wenn x der Name eines ARRAYs ist, kann durch x[y] ein Element dieses ARRAYs bezeichnet werden. (Diesen Vorgang bezeichnen wir als *Indizierung*.) Dabei müssen folgende Regeln beachtet werden:
  - y kann ein beliebig komplexer Ausdruck sein, muß aber mit dem Index-Typ des ARRAYs *zuweisungskompatibel* sein (siehe 3.6.1 "Wertzuweisungen").
  - Der Wert von y muß zur Laufzeit im Bereich des Index-Typs liegen.
- Wenn das Element x[y] des ARRAYs x wieder ein ARRAY ist, kann die Indizierung wiederholt werden. Statt x[y][z] kann man in diesem Fall jedoch die kürzere und klarere Schreibweise x[y,z] verwenden.
- Wenn x der Name eines RECORDs mit einer Komponente y ist, kann die Komponente y mit x.y bezeichnet werden.
- Ist x vom Datentyp POINTER TO T, so kann das Objekt, auf das x zeigt, mit x↑ bezeichnet werden.

Achtung: Die Verwendung von x↑ verursacht bei x=NIL einen Fehler, weil x in diesem Fall auf überhaupt kein Objekt zeigt (vgl. "POINTER-Typen" in 3.4.1.3).

Beispiele

```
TYPE
  PA = POINTER TO A;
  PR = POINTER TO R;
  A = ARRAY [1..10], BOOLEAN OF PR;
  R = RECORD
        x: CARDINAL;
        y: PR;
      END;


VAR
  a: PA;
  b: PR;
  c: A;
  d: R;
```

Gültige Designatoren sind: Datentyp:

```
a                         PA
a↑                        A
a↑[2,TRUE]                PR
c                         A
c[5]                      ARRAY BOOLEAN OF PR
d.x                       CARDINAL
d.y↑.x                    CARDINAL
a↑[d.y↑.x,b=NIL]↑.y       PR
```

Ungültige Designatoren sind:

```
a[2]            (a  ist kein ARRAY)
b.x             (b  ist kein RECORD)
d.z             (z  ist keine Komponente des RECORDs  d)
c[1,2]          (2 ist nicht mit BOOLEAN zuweisungskompatibel)
a↑[20]          (20 liegt nicht im Bereich [1..10])
d.x↑.y          (d.x  ist kein POINTER)
```

3.5.3 Operatoren

Nach den in 3.5.1 angegebenen Klassen von Ausdrücken können wir drei Klassen von Operatoren unterscheiden:

- *Arithmetische Operatoren* verknüpfen arithmetische Operanden zu einem arithmetischen Ergebnis.

- *Logische Operatoren* verknüpfen logische Operanden zu einem logischen Ergebnis.

- *Mengen-Operatoren* verknüpfen zwei Mengen zu einem Mengen-Ergebnis.

Eine grundlegende Eigenschaft dieser Operatoren ist also, daß ihr Ergebnis zur selben Klasse wie ihre Operanden gehört. Darüber hinaus gibt es jedoch noch

- *Vergleichsoperatoren.* Sie vergleichen zwei Operanden und liefern ein logisches Ergebnis.

Die in Modula-2 erlaubten Operatoren und ihre Bedeutung wurden bereits in 3.4.1.1 "Vordeklarierte Datentypen" ausführlich erklärt, so daß nur noch ihre Ausführungsreihenfolge in Ausdrücken erläutert werden muß:

- Die Multiplikationsoperatoren *, /, DIV und MOD werden vor den Additionsoperatoren + und - und diese wiederum vor den Vergleichsoperatoren (einschließlich IN) ausgeführt.

- Die Und-Verknüpfung (AND, &) wird wie ein Multiplikationsoperator behandelt, die Oder-Verknüpfung (OR) wie ein Additionsoperator. Daraus folgt, daß AND vor OR ausgeführt wird. Die Ausführung boole'scher Operationen endet, sobald das Ergebnis eindeutig ist (siehe "Datentyp BOOLEAN" in 3.4.1.1).

- Die Negation (NOT) hat die höchste Priorität. Sie wird noch vor AND ausgeführt.

- Operatoren der gleichen Art (z.B. Additionsoperatoren) werden von links nach rechts ausgeführt.

- Operatoren in geklammerten (Teil-)Ausdrücken werden vor den Operatoren außerhalb der Klammer ausgeführt; d.h. Klammern können verwendet werden, um eine bestimmte Ausführungsreihenfolge zu erzwingen.

Aus diesen Regeln folgt unter anderem:

- 10-5 DIV 2*2 ergibt 6 (Ausführungsreihenfolge: DIV, *, -).

- Der Ausdruck x>=10 AND x<=20 ist ungültig, weil zuerst die AND-Verknüpfung ausgeführt würde (10 AND x), die jedoch nur für boole'sche Werte definiert ist. Um das gewünschte Ergebnis zu erzielen, müssen Klammern gesetzt werden: (x>=10) AND (x<=20).

- Der Ausdruck NOT x<10 ist aus demselben Grund ungültig (NOT wird vor < ausgeführt). Statt dessen muß NOT (x<10) oder (noch besser) x>=10 geschrieben werden.

- Der Ausdruck (p#NIL) AND (p↑>0) liefert (mit p als POINTER TO CARDINAL) immer ein gültiges Ergebnis ("p zeigt auf eine Zahl größer als 0"), während der Ausdruck (p↑>0) AND (p#NIL) für p=NIL einen Fehler liefert (vgl. "Datentyp BOOLEAN" in 3.4.1.1 und 3.5.2 "Operanden").

- Im Ausdruck a AND NOT b wird - wenn a=FALSE ist - der Term NOT b nicht mehr berechnet.

3.5.4 Regeln zum Schreiben von Ausdrücken

Die nachfolgenden Regeln sollen darüber Auskunft geben, wie Ausdrücke in Modula-2 geschrieben werden müssen (vgl. auch 3.4.2 "Konstantendeklarationen").

Expression$_{39}$

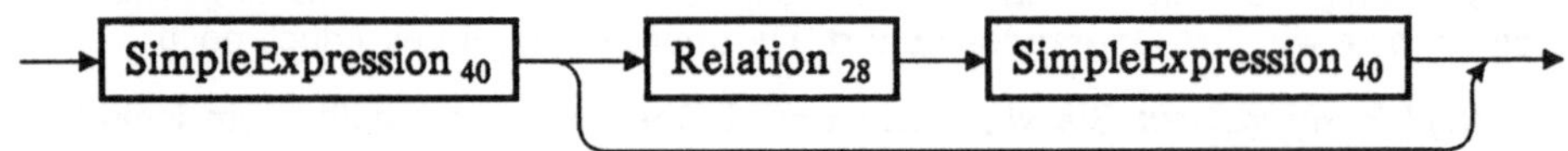

- Ein Ausdruck (*expression*) besteht entweder aus einem einfachen Ausdruck (*simple expression*) oder aus zwei durch einen Relationsoperator verknüpften einfachen Ausdrücken.

- Wenn ein Relationsoperator angegeben wird, müssen die durch ihn verbundenen einfachen Ausdrücke *ausdruckskompatibel* (siehe 3.5.5) sein, das heißt, ihre Datentypen müssen zusammenpassen. Das Ergebnis der Relation ist auf jeden Fall vom Datentyp BOOLEAN.

- Es dürfen nur einfache Ausdrücke bestimmter Datentypen miteinander verglichen werden:

    - INTEGER, CARDINAL, CHAR, BOOLEAN, Enumerationstypen und Subrange-Typen mit einem dieser vordeklarierten Datentypen als Basistyp

    - REAL

    - BITSET und SET-Typen (für Mengen sind die Relationsoperatoren < und > nicht zugelassen; <= und >= haben eine andere Bedeutung)

- POINTER-Typen (dürfen nur auf Gleichheit oder Ungleichheit geprüft werden)

- RECORDs und ARRAYs dürfen nicht als Ganzes, sondern nur elementweise miteinander verglichen werden.

- Der Relationsoperator IN nimmt eine Sonderstellung ein. Sein zweiter (d.h. rechter) Operand muß eine Menge (SET-Typ einschließlich BITSET) sein, sein erster muß mit dem Basistyp des SET-Typs ausdruckskompatibel (siehe 3.5.5) sein.

SimpleExpression$_{40}$

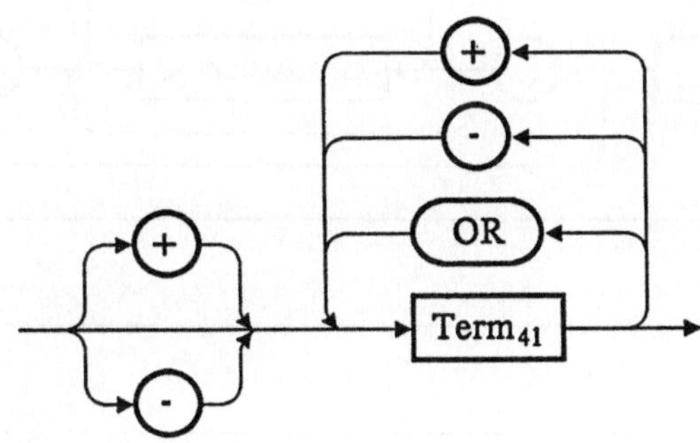

- Ein einfacher Ausdruck besteht aus einem *Term* oder aus mehreren durch Additionsoperatoren verknüpften Termen.

- Der "Additionsoperator" OR darf nur Terme des Datentyps BOOLEAN miteinander verbinden.

- Die Operatoren + und - dürfen auf Zahlenwerte (INTEGER, CARDINAL, REAL) und auf Mengen angewandt werden. Die Terme müssen *ausdruckskompatibel* (siehe 3.5.5) sein.

- Ein führendes Vorzeichen (+ oder -) bezieht sich immer auf den ersten Term, der dabei einen Zahlenwert darstellen muß.

Term$_{41}$

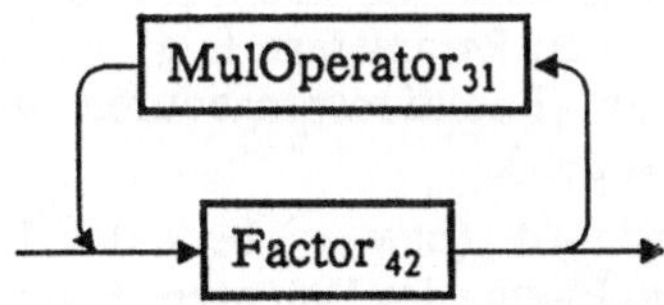

- Ein Term besteht aus einem *Faktor* oder aus mehreren durch Multiplikationsoperatoren verknüpften Faktoren.

- Der "Multiplikationsoperator" AND (bzw. &) darf nur Faktoren des Datentyps BOOLEAN miteinander verbinden.

- Wenn ein Multiplikationsoperator angegeben wird, müssen die durch ihn verknüpften Faktoren *ausdruckskompatibel* (siehe 3.5.5) sein.

- Der Operator ∗ darf auf Zahlenwerte (INTEGER, CARDINAL, REAL) und auf Mengen angewandt werden.

- Der Operator / darf nur auf REAL-Zahlen und auf Mengen angewandt werden.

- Die Operatoren DIV und MOD sind nur für INTEGER- und CARDINAL-Zahlen zugelassen.

Factor$_{42}$

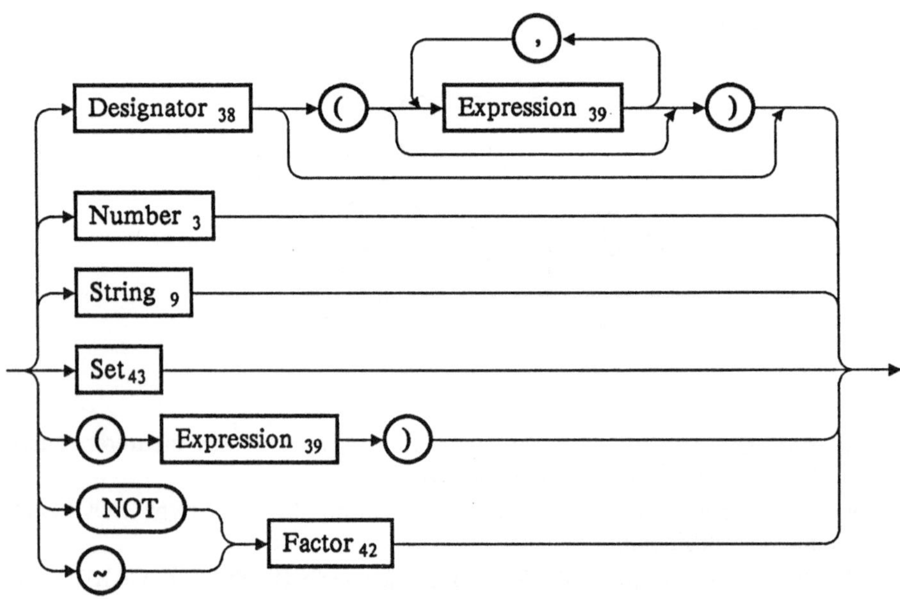

- Ein Faktor kann ein Designator (evtl. gefolgt von einer Parameterliste; siehe Abschnitt 3.7 "Prozeduren"), eine Zahl, eine Zeichenkette, eine Menge, ein geklammerter Ausdruck oder ein negierter Faktor sein.

- Ein Designator bezeichnet eine (bereits zuvor deklarierte) Variable oder eine (in einer Konstantendeklaration mit einem Namen belegte) Konstante. Wenn ihm eine Liste von aktuellen Parametern folgt, handelt es sich um den Aufruf einer Funktionsprozedur (Funktionsprozeduren und ihre Aufrufe werden ausführlich in 3.7.4 behandelt).

- Der einstellige Operator NOT (bzw. ~) bedeutet die boole'sche Negation. Er darf daher nur vor einem Faktor des Datentyps BOOLEAN stehen.

Set$_{43}$

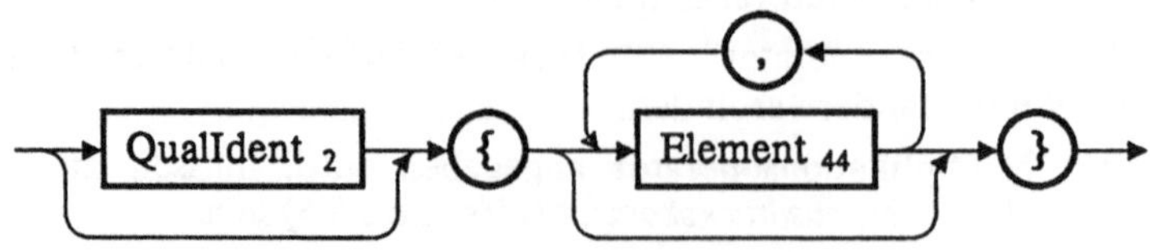

- Eine Menge besteht aus geschwungenen Klammern, zwischen denen die Elemente der Menge angeführt werden.

- Einer Menge kann ein bereits bekannter qualifizierter Bezeichner (der Name eines SET-Typs) vorangestellt werden. Dies ist dann erforderlich, wenn eine Menge mit einem anderen Datentyp als BITSET das Ergebnis sein soll.

Element$_{44}$

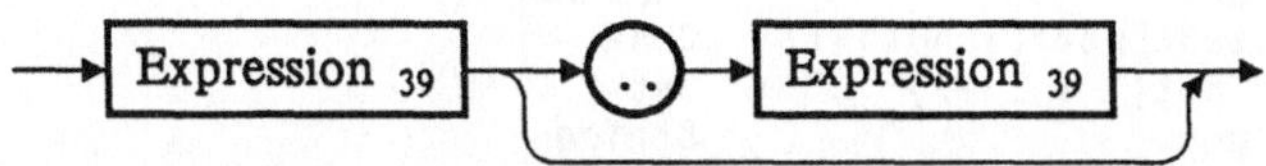

- Die Elemente einer Menge können durch (einfache oder zusammengesetzte) Ausdrücke beschrieben werden, deren Werte innerhalb des Wertebereichs liegen müssen, der durch den Basistyp des entsprechenden SET-Typs definiert ist.

- Die Datentypen der Elemente müssen mit dem Basistyp des entsprechenden SET-Typs ([0..wordsize-1] bei BITSET) *ausdruckskompatibel* sein (siehe 3.5.5).

- Ein geschlossener Bereich von Mengenelementen kann durch Angabe des kleinsten und des größten Elements und ein zwischen ihnen stehendes Bereichssymbol dargestellt werden. In diesem Fall darf der zweite Ausdruck bei seiner Berechnung keinen kleineren Wert als der erste ergeben.

Beispiele

Für diese und noch folgende Beispiele benutzen wir folgende Deklarationen:

```
CONST
   stringlength = 20;
   wordsize     = 16;  (* assuming a 16-bit computer *)

TYPE
   String  = ARRAY [0..stringlength-1] OF CHAR;
   Set     = SET OF [0..wordsize-1];
   Textptr = POINTER TO Text;
   Text    = RECORD
                text: String;
                length: [0..stringlength];
                next: Textptr
             END;

VAR
   i,j:       INTEGER;
   n:         CARDINAL;
   x,y:       REAL;
   ok,error:  BOOLEAN;
   bitset:    BITSET;
   set:       Set;
   string:    String;
   text:      Text;
   ptr:       Textptr;
```

Gültige Ausdrücke sind: Datentyp

```
x                           REAL
-x*y                        REAL
(x+y)/2.0                   REAL
i+j*2                       INTEGER
i DIV wordsize*wordsize     INTEGER
{0..wordsize-1}/bitset      BITSET
ok AND NOT error            BOOLEAN
i IN set                    BOOLEAN
ptr↑.text[ptr↑.length-1]    CHAR
set + Set{i-1..i+1}         Set
string                      String
ptr = NIL                   BOOLEAN
```

Ungültige Ausdrücke sind:

```
i/j                         (/ ist nur für REAL erlaubt)
n+i                         (n und i sind nicht ausdruckskompatibel)
string[stringlength]        (stringlength liegt außerhalb von
                             [0..stringlength-1])
{5..7} < bitset             (< ist für Set-Typen nicht erlaubt)
```

3.5.5 Ausdruckskompatibilität von Operanden

In 3.5.4 haben wir wiederholt die Forderung gestellt, daß die Operanden einer Operation *ausdruckskompatibel* sein müssen. Da wir diesem Begriff in den folgenden Kapiteln noch öfter begegnen werden, wollen wir an dieser Stelle definieren, was darunter zu verstehen ist:

Zwei Operanden x1 und x2 (mit den Datentypen t1 und t2) sind *ausdruckskompatibel*, wenn eine der folgenden Bedingungen erfüllt ist:

- t1 und t2 sind *dieselben Datentypen* (siehe Definition in 3.4.5).

- t1 ist ein Subrange-Typ mit dem Basistyp t2 (oder umgekehrt).

- t1 und t2 sind Subrange-Typen mit *demselben Basistyp*.

- t1 ist INTEGER oder CARDINAL und t2 ist ein Subrange-Typ (oder x2 ist eine Konstante) im Bereich [0..maxint] (oder umgekehrt). Der Wert von maxint hängt von der verwendeten Rechenanlage ab. Es handelt sich dabei um die größte INTEGER-Zahl (die gleichzeitig vom Datentyp CARDINAL ist).

- x1 ist die vordefinierte Konstante NIL (siehe "POINTER-Typen" in 3.4.1) und t2 ist ein beliebiger POINTER-Typ (oder umgekehrt).

- t1 und t2 sind *prozedurkompatibel* (siehe Definition in 3.7.9).

Beispiele (unter Benutzung der obigen Deklarationen)

Ausdruckskompatibel sind:

```
i, j
text.text[i], "A"
text.length, n
text.length, i
n, 3
i, 3
x, 3.14159
ptr, ptr↑.next
ptr, NIL
Set{}, set
{}, bitset
ok, (i IN bitset) OR error
```

Nicht ausdruckskompatibel sind:

```
set, bitset            (Verschiedene SET-Typen)
set, {0..wordsize-1}   (Set und BITSET; wie oben)
i, n                   (INTEGER und CARDINAL (!))
i, 1.0                 (INTEGER und REAL)
```

Übungsaufgaben

(1) Geben Sie Variablendeklarationen für alle strukturierten Datentypen aus den Übungsaufgaben am Ende von Abschnitt 3.4 an. Durch welche Designatoren können die einzelnen Komponenten dieser Variablen bezeichnet werden?

(2) Geben Sie arithmetische Ausdrücke zur Berechnung der folgenden Größen an:

35% eines Geldbetrags x
Der auf- oder abgerundete Wert von x/y (x und y vom Datentyp CARDINAL)
Fläche eines Kreises mit dem Durchmesser d (vom Datentyp REAL)
Wahrheitswert für "Das Jahr x ist ein Schaltjahr"
Wahrheitswert für "x ist ein Teiler von y"

(3) Beim Rechnen mit CARDINAL- und INTEGER-Werten muß immer darauf geachtet werden, daß sowohl das Endergebnis als auch alle Zwischenergebnisse im zulässigen Wertebereich liegen. Außerdem sollen Rundungsfehler bei Divisionen möglichst vermieden werden.

Geben Sie einen arithmetischen Ausdruck an, der den Wert von $x*y/z$ (mit x, y und z vom Typ CARDINAL) möglichst genau berechnet und keinen Zahlenüberlauf verursachen kann. Nehmen Sie dabei an, daß der Ausdruck auf einem 16-Bit-Computer (die höchste CARDINAL-Zahl ist 65535) berechnet werden soll.

Überprüfen Sie, ob Ihr Ausdruck für

```
x = 1000   y = 100   z = 131
x =  500   y = 600   z = 777
```

zufriedenstellende Ergebnisse liefert.

(4)   Gegeben sind die Deklarationen

```
TYPE
  P = POINTER TO R;
  R = RECORD
        x: CARDINAL;
        y: INTEGER;
        z: P
      END;
  A = ARRAY [1..10] OF P;
  E = (x,y,z);
  S = [x..y];

VAR
  a: A;
  b: S;
  c: ARRAY S OF R;
  d: ARRAY BOOLEAN OF A;
  e: [5..20];
```

und die Ausdrücke

```
b=z
c[x].x+e
c[y].y+c[x].x
d[FALSE]
d[TRUE,5]↑.y+e
d[FALSE] = d[e=0]
a[e]↑
a[e-4]↑.z↑.x
```

Prüfen Sie, welche Ausdrücke korrekt sind, und geben Sie die Datentypen ihrer Ergebnisse an.

3.6 Anweisungen

In den vorangegangenen Abschnitten haben wir die verschiedenen Objekte und Datentypen kennengelernt, die in Modula-2-Programmen verarbeitet werden können. Dieser Abschnitt ist nun der Programmierung im engeren Sinne gewidmet. Wir wollen darin erklären, welche Aktionen mit Objekten vorgenommen werden können, d.h. welche *Anweisungen* (engl. *statements*) Modula-2 zur Verarbeitung von Objekten zur Verfügung stellt.

Während der Deklarationsteil eines Modula-2-Programms (siehe Abschnitt 3.3 "Elementare Programmstruktur") "nur" der Vereinbarung der benötigten Konstanten, Datentypen und Variablen dient, gibt der Anweisungsteil (die "StatementSequence" nach dem Schlüsselwort BEGIN) an, was bei der Ausführung des Programms geschehen soll (in diesem Zusammenhang wird manchmal auch der Begriff der "ausführbaren Anweisung" gebraucht).

Modula-2 kennt nur *elf* verschiedene Anweisungsarten, die - verglichen mit der Vielfalt in anderen Programmiersprachen - leicht im Kopf behalten werden können. Insbesondere gibt es in Modula-2 keine speziellen Anweisungen zur Ein- und

Ausgabe von Daten. Zu diesem Zweck werden Aufrufe von sogenannten Bibliotheksprozeduren benutzt (siehe Abschnitt 4.2 "Ein/Ausgabe").

$Statement_{45}$

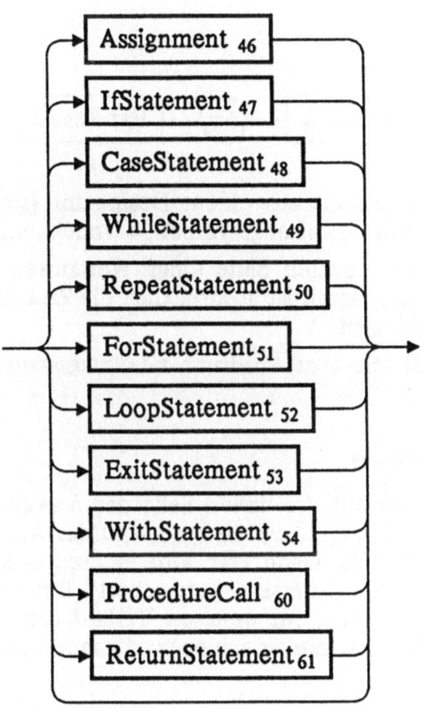

Eine Anweisung kann sein (vgl. dazu die in 1.3 festgelegten Aktionen):

- eine Wertzuweisung (Assignment; 3.6.1)
- eine Verzweigung (IfStatement, CaseStatement; 3.6.2)
- eine Wiederholungsanweisung oder Schleife (WhileStatement, RepeatStatement, ForStatement, LoopStatement; 3.6.3)
- eine Anweisung zur vereinfachten Verarbeitung von RECORD-Komponenten (WithStatement; 3.6.4)
- ein Prozeduraufruf (ProcedureCall; 3.7.2)
- eine Anweisung zur Beendigung von Schleifen oder Prozeduren (ExitStatement und ReturnStatement; 3.6.3.4 und 3.7.3)

Eine Anweisung kann aber auch leer sein; d.h. innerhalb einer StatementSequence dürfen zwei Strichpunkte unmittelbar hintereinander stehen. Die Leeranweisung kann unter anderem dazu benutzt werden, nach der letzten Anweisung einer StatementSequence einen Strichpunkt zu setzen, wie das in manchen älteren Programmiersprachen (z.B. PL/I) vorgeschrieben ist.

3.6.1 Wertzuweisung

Die einfachste Anweisung ist die Wertzuweisung (engl. *assignment*). Sie dient dazu, einer Variablen einen (neuen) Wert zu geben:

Assignment$_{46}$

- Eine Wertzuweisung besteht aus einem Designator (siehe 3.5.2) und einem Ausdruck, die durch das Zuweisungssymbol := voneinander getrennt sind.

- Der Ausdruck auf der rechten Seite einer Wertzuweisung kann von einem *beliebigen Datentyp* sein. Damit ist ausdrücklich die Zuweisung ganzer ARRAYs oder RECORDs zugelassen.

- Der Designator muß mit dem Ausdruck *zuweisungskompatibel* sein (Definition siehe unten).

Ausführung einer Wertzuweisung

Zuerst wird der Designator auf der linken Seite der Anweisung ausgewertet (d.h. seine Speicheradresse bestimmt). Anschließend wird der Ausdruck auf der rechten Seite der Anweisung ermittelt. Dann erst wird er dem Designator "zugewiesen" (unter der zuvor berechneten Adresse abgespeichert). Der ursprüngliche Wert des Designators geht dabei verloren. Im weiteren Verlauf des Programms behält der Designator seinen Wert bei, bis ihm ein neuer Wert zugewiesen wird.

Die Anweisung

```
i := 5*2
```

weist der Variablen i den Wert 10 zu. Die darauffolgende Anweisung

```
i := i+1
```

erhöht den Wert von i um 1 (erst wird i+1=10+1=11 berechnet, anschließend wird der berechnete Wert wieder i zugewiesen).

Wenn die Werte zweier Variablen i und j vertauscht werden sollen, führt die Anweisungsfolge

```
i := j; j := i
```

nicht zum gewünschten Ergebnis, weil durch die Ausführung von i:=j der ursprüngliche Wert von i verloren geht. Um dies zu vermeiden, muß eine Hilfsvariable h zur Zwischenspeicherung des Wertes von i benutzt werden:

```
h := i; i := j; j := h.
```

Zuweisungskompatibilität

Wie bei der Verknüpfung von Operanden durch Operatoren (Ausdruckskompatibilität) gibt es auch bei der Wertzuweisung Vorschriften über die Zulässigkeit von Datentypen. Wir bezeichnen in der Wertzuweisung d:=e den Designator d mit dem Datentyp td und den Ausdruck e mit dem Datentyp te als *zuweisungskompatibel*, wenn eine der folgenden Aussagen zutrifft:

* Der Designator d und der Ausdruck e sind *ausdruckskompatibel* (vgl. 3.5.5).

* td ist INTEGER (oder ein Subrange davon) und te ist CARDINAL (oder ein
Subrange davon) oder umgekehrt. Bei der Ausführung der Wertzuweisung muß
in diesem Fall gewährleistet sein, daß der Wert des Ausdrucks e im durch td
definierten Wertebereich liegt. Sonst ist das Ergebnis der Wertzuweisung
undefiniert.

* td ist ARRAY [0..n-1] OF CHAR (d.h. d beschreibt ein Zeichenfeld der Länge
n) und e ist eine Zeichenkettenkonstante der Länge 1 mit 1<=n. (Bei der
Wertzuweisung wird bei 1<n die Zeichenkette e in d[0] bis d[1-1]
abgelegt; dem Element d[1] wird das Nullzeichen 0C zugewiesen.)

3.6.2 Verzweigungen

In jeder Programmiersprache gibt es Anweisungen, die es ermöglichen, den Ablauf
eines Programms von bestimmten Bedingungen abhängig zu machen. Beispiele
dafür sind:

(a) Absolutwertberechnung:

> Wenn x<0 ist, ersetze x durch -x.

(b) Minimum- und Maximum-Ermittlung:

> Wenn x<y ist,
> dann setze min:=x und max:=y,
> sonst setze min:=y und max:=x.

(c) Vergleich zweier Werte:

> Wenn x=y ist, dann drucke "x=y",
> wenn x<y ist, dann drucke "x<y",
> sonst (x>y) drucke "x>y".

(d) Bildung der Zweierpotenz von x (mit 0<=x<=4)

> Wenn x=0 ist, dann setze pot:=1,
> wenn x=1 ist, dann setze pot:=2,
> wenn x=2 ist, dann setze pot:=4,
> wenn x=3 ist, dann setze pot:=8,
> wenn x=4 ist, dann setze pot:=16.

In Modula-2 gibt es zwei Anweisungen für solche Verzweigungen: die IF-Anweisung
und die CASE-Anweisung.

3.6.2.1 IF-Anweisung

Die IF-Anweisung dient zur Verzweigung in Abhängigkeit von Bedingungen
(boole'schen Werten). Sie hat folgende Gestalt:

IfStatement$_{47}$

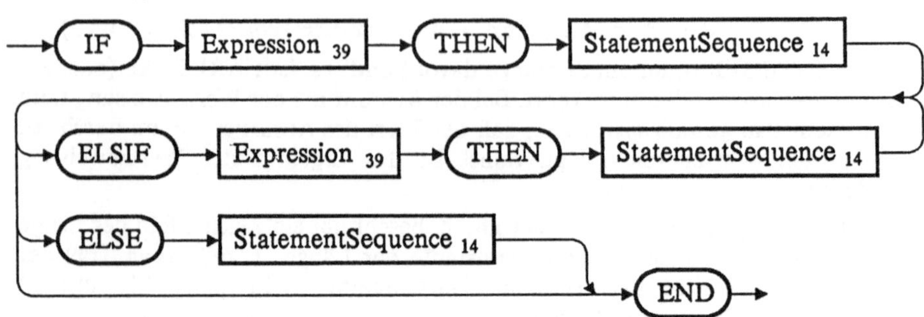

- Eine IF-Anweisung beginnt immer mit dem Schlüsselwort IF, dem ein Ausdruck und das Schlüsselwort THEN folgen.
- Auf die Anweisungsfolge hinter THEN (den sogenannten THEN-Zweig der IF-Anweisung) darf beliebig oft das Schlüsselwort ELSIF (wiederum mit einem Ausdruck, THEN und je einer Anweisungsfolge) angegeben werden.
- Nach dem THEN-Zweig bzw. nach der letzten ELSIF-Konstruktion kann das Schlüsselwort ELSE, gefolgt von einer Anweisungsfolge, angegeben werden.
- Jeder Ausdruck (Expression) nach IF oder ELSIF muß vom Datentyp BOOLEAN sein.
- Die Anweisungsfolgen hinter THEN oder ELSE dürfen beliebig viele Anweisungen enthalten.
- Eine IF-Anweisung wird immer mit dem Schlüsselwort END abgeschlossen.

Ausführung einer IF-Anweisung

Die Ausdrücke nach IF und ELSIF werden in der Reihenfolge ihres Auftretens berechnet.
Sobald eine Ausdrucksberechnung den Wert TRUE ergibt (wenn also eine Bedingung erfüllt ist), wird die hinter dem darauffolgenden Schlüsselwort THEN stehende Anweisungsfolge (die auch leer sein kann) ausgeführt. Danach wird die Verarbeitung hinter dem Schlüsselwort END fortgesetzt.
Wenn alle Ausdrucksberechnungen den Wert FALSE ergeben (wenn also keine Bedingung erfüllt ist), wird die hinter ELSE stehende Anweisungsfolge ausgeführt und die Verarbeitung hinter END fortgesetzt. Wenn das Schlüsselwort ELSE fehlt, werden in diesem Fall nur die Bedingungen geprüft, und die Verarbeitung wird sofort hinter END fortgesetzt.

Hinweis: Die Wirkungen der folgenden beiden Anweisungsfolgen sind gleich:

```
IF x1                          IF x1
   THEN ss1                       THEN ss1
   ELSIF x2 THEN ss2              ELSE
   ELSE ss3                          IF x2
END                                     THEN ss2
                                        ELSE ss3
                                     END (*IF x2*)
                               END (*IF x1*)
```

Wir empfehlen aber in allen Fällen, in denen zwischen mehr als zwei Alternativen gewählt werden soll, die Anwendung der kürzeren und klareren Form mit `ELSIF` (Sonderfälle dieser Problemstellung können mit der CASE-Anweisung jedoch noch klarer formuliert werden).

Die *Beispiele* am Beginn von 3.6.2 können mit Hilfe von IF-Anweisungen folgendermaßen formuliert werden:

```
(* a: Absolutwertberechnung *)
IF x<0 THEN x := -x END

(* b: Minimum- und Maximum-Ermittlung *)
IF x<y
   THEN min := x; max := y
   ELSE min := y; max := x
END

(* c: Vergleich zweier Werte *)
IF x=y
   THEN WriteString("x=y")
   ELSIF x<y THEN WriteString("x<y")
   ELSE (*x>y*) WriteString("x>y")
END

(* d: Bildung der Zweierpotenz von x (mit 0<=x<=4) *)
IF x=0
   THEN pot := 1
   ELSIF x=1 THEN pot := 2
   ELSIF x=2 THEN pot := 4
   ELSIF x=3 THEN pot := 8
   ELSIF x=4 THEN pot := 16
END
(*bei x<0 oder x>4 bleibt der Wert von pot unveraendert*)
```

3.6.2.2 CASE-Anweisung

Mit Hilfe der CASE-Anweisung können Verzweigungen mit vielen Fällen, die nur von verschiedenen Werten *eines* Ausdrucks abhängen, kürzer und klarer formuliert und schneller ausgeführt werden.

CaseStatement$_{48}$

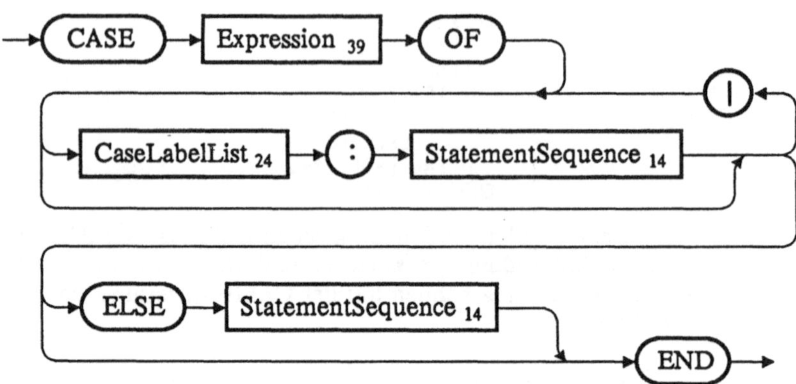

- Eine CASE-Anweisung beginnt mit dem Schlüsselwort CASE, dem ein Ausdruck und das Schlüsselwort OF folgen.

- Der Ausdruck (im folgenden als *CASE-Ausdruck* bezeichnet) darf von einem der Datentypen INTEGER, CARDINAL, BOOLEAN, CHAR, ein Enumerationstyp oder ein Subrange-Typ sein. Der Datentyp REAL ist nicht zugelassen.

- Dem Schlüsselwort OF folgt eine Aufzählung aller Fälle (Anweisungsfolgen), die in Abhängigkeit vom Wert des Ausdrucks ausgeführt werden sollen. Die Fälle werden durch senkrechte Striche voneinander getrennt.

- Einzelne Fälle können leer sein. Auf diese Weise können senkrechte Striche auch vor dem ersten und nach dem letzten Fall eingefügt werden.

- Jeder Fall beginnt mit einer Liste von Konstantenausdrücken oder Wertebereichen (CaseLabelList). Jeder darin vorkommende Konstantenausdruck muß mit dem CASE-Ausdruck *ausdruckskompatibel* sein. Jeder Wert darf höchstens einmal innerhalb derselben CASE-Anweisung vorkommen. (Der genaue Aufbau einer CaseLabelList wurde bereits in 3.4.1.3 "Strukturierte Datentypen" im Punkt "RECORD-Typen" erläutert.)

- Jeder CaseLabelList und dem Schlüsselwort ELSE (das auch weggelassen werden kann) dürfen beliebig viele Anweisungen folgen.

- Eine CASE-Anweisung wird mit dem Schlüsselwort END abgeschlossen.

Ausführung einer CASE-Anweisung

Zu Beginn wird der CASE-Ausdruck ausgewertet. Daraufhin wird jene Anweisungsfolge "gesucht" und ausgeführt, deren vorangestellte CaseLabelList den ermittelten Wert enthält. Nach der Ausführung der Anweisungsfolge wird die Verarbeitung hinter dem Schlüsselwort END fortgesetzt.

Wenn keine zum Wert des CASE-Ausdrucks passende CaseLabelList gefunden wird, gelangt die hinter ELSE stehende Anweisungsfolge zur Ausführung.

Achtung: Wenn der ELSE-Zweig fehlt, ist in diesem Fall die Wirkung der CASE-Anweisung undefiniert, d.h. ihre Ausführung kann dann den Abbruch des Programms zur Folge haben.

Beispiele

Das letzte Beispiel (d) am Beginn von 3.6.2, das in 3.6.2.1 als IF-Anweisung dargestellt wurde, kann als CASE-Anweisung kürzer und klarer formuliert werden:

```
CASE x OF
  0: pot := 1
| 1: pot := 2
| 2: pot := 4
| 3: pot := 8
| 4: pot := 16
ELSE
END
```

Diese Form hat noch dazu den Vorteil, daß sie in kürzerer Zeit ausgeführt werden kann. Das "Suchen" der passenden CaseLabelList geht meist sehr schnell; die für den Suchvorgang benötigte Zeit ist unabhängig vom Wert des CASE-Ausdrucks, während bei der IF-Anweisung für x=4 fünf Vergleiche erforderlich sind.

Der leere ELSE-Zweig ist erforderlich, um zu gewährleisten, daß sich die CASE-Anweisung bei x<0 oder x>4 so wie die entsprechende IF-Anweisung verhält. Er besagt nur, daß keine Anweisung ausgeführt werden soll, falls x nicht zwischen 0 und 4 liegen sollte.

Zwischen der CASE-Anweisung und einer RECORD-Deklaration mit Varianten besteht äußerlich eine große Ähnlichkeit. Das ist kein Zufall; es zeigt sich vielmehr, daß sich die CASE-Anweisung vorzüglich zur Bearbeitung von RECORDs mit Varianten eignet, weil sie das beste Mittel ist, die passende Variante auszuwählen.

```
(*Die Deklarationen sind aus 3.4.1 "Datentypen" entnommen*)


TYPE
  Material = (eisen,stahl,kupfer,glas,plexiglas,pvc,gummi);
  Baustoff = RECORD
              matnr: CARDINAL;
              spezgew: REAL;
              CASE art: Material OF
                stahl:
                   rostfrei: BOOLEAN
              | glas:
                   matt: BOOLEAN
              | pvc, gummi:
                   farbe: (weiss,rot,blau,gelb,gruen)
              END (*CASE*)
            END (*RECORD*)


VAR bauteil: Baustoff;
  ...
BEGIN

  ...
  WriteString("Materialnummer: "); WriteCard(bauteil.matnr,5);
  WriteString(", spez. Gew.: "); WriteReal(bauteil.spezgew,5,1);
  WriteString(", Art: ");
  CASE bauteil.art OF
    eisen: WriteString("Eisen")
  | stahl: WriteString("Stahl");
          IF bauteil.rostfrei THEN WriteString(" (rostfrei)") END
  | kupfer: WriteString("Kupfer")
```

```
      | glas: IF bauteil.matt
              THEN WriteString("mattes")
              ELSE WriteString("klares")
            END;
            WriteString(" Glas")
      | plexiglas: WriteString("Plexiglas")
      | pvc, gummi: IF bauteil.art=pvc
                      THEN WriteString("PVC/")
                      ELSE WriteString("Gummi/")
                    END;
                    CASE bauteil.farbe OF
                      weiss: WriteString("weiss")
                    | rot:   WriteString("rot")
                    | blau:  WriteString("blau")
                    | gelb:  WriteString("gelb")
                    | gruen: WriteString("gruen")
                    END (*CASE bauteil.farbe*)
      END (*CASE bauteil.art*)
    ...
```

Anmerkung: Das hier angegebene Programmstück gibt den Inhalt einer Variablen `bauteil` des Datentyps `Baustoff` aus. Darin werden Aufrufe der Prozeduren `WriteString`, `WriteCard` und `WriteReal` benutzt, um Zeichenketten, CARDINAL- und REAL-Zahlen auszugeben. Für eine detaillierte Beschreibung dieser Prozeduren sei auf Abschnitt 4.2 "Ein/Ausgabe" verwiesen.

CASE-Anweisungen der Form

```
CASE x OF
      1: ...
|   100: ...
|  1000: ...
END
```

sollten auf jeden Fall vermieden werden. Wir empfehlen, für solche Fallunterscheidungen IF-Anweisungen mit ELSIF zu verwenden und CASE-Anweisungen nur dort einzusetzen, wo die CASE-Marken nicht zu weit auseinanderliegen.

Übungsaufgaben

(1) Geben Sie ein - nur aus Vergleichen und Wertzuweisungen bestehendes - Programmstück an, das die Werte dreier Variablen a, b und c so drei anderen Variablen x, y und z zuweist, daß x<=y<=z ist.

(2) Geben Sie ein Programmstück an, das für eine Leitung der Länge x die Mietkosten nach folgendem Verfahren berechnet: Die ersten 10 km kosten 20,- die nächsten 10 km je 15,- und jeder weitere km kostet 10,-. Verwenden Sie für das Programmstück nur Vergleiche und Wertzuweisungen.

(3) Geben Sie eine CASE-Anweisung für die Berechnung der Tage eines Monats an. Suchen Sie auch nach anderen Lösungen der Aufgabe und vergleichen Sie die einzelnen Lösungsvarianten.

3.6.3 Schleifen

Bisher haben wir ausschließlich Anweisungen kennengelernt, die hintereinander ausgeführt werden, oder solche, bei denen abhängig von einer Bedingung eine von mehreren Anweisungsfolgen ausgeführt wird. Wir brauchen aber auch Sprachelemente zur Bildung von *Schleifen.* Beispiele dafür sind:

(a) Suche die kleinste ganze Zahl p mit $2^p \geq y$ (2-er-Logarithmus):

> Setze p:=0 und s:=1. ($s = 2^p$)
> Wiederhole, solange s noch kleiner als y ist:
> > Erhöhe p um 1.
> > Multipliziere s mit 2.

(b) Drucke alle Elemente des Feldes x bis zum ersten Element mit dem Wert 0 (einschließlich):

> Setze i:=0.
> Wiederhole:
> > Erhöhe i um 1.
> > Drucke x[i].
> so lange, bis x[i]=0 ist.

(c) Summe aller Elemente eines Feldes x: ARRAY [1..100] OF CARDINAL;

> Setze s:=0.
> Wiederhole für alle i von 1 bis 100:
> > Erhöhe s um x[i].

(d) Lesen und Drucken von Zeichen ch bis zum ersten Leerzeichen (ausschließlich):

> Wiederhole:
> > Lies ch.
> > Wenn ch ein Leerzeichen ist,
> > > dann beende die Schleife.
> > Drucke ch.

In Modula-2 gibt es - entsprechend den in den obigen Beispielen angegebenen Schleifengrundformen - vier verschiedene Anweisungen zur Bildung von Schleifen: die WHILE-, die REPEAT-, die FOR- und die LOOP-Anweisung.

3.6.3.1 WHILE-Anweisung

Die WHILE-Anweisung dient zur Wiederholung einer Anweisungsfolge, *solange* eine bestimmte Bedingung erfüllt ist. Sie hat folgende Gestalt:

WhileStatement$_{49}$

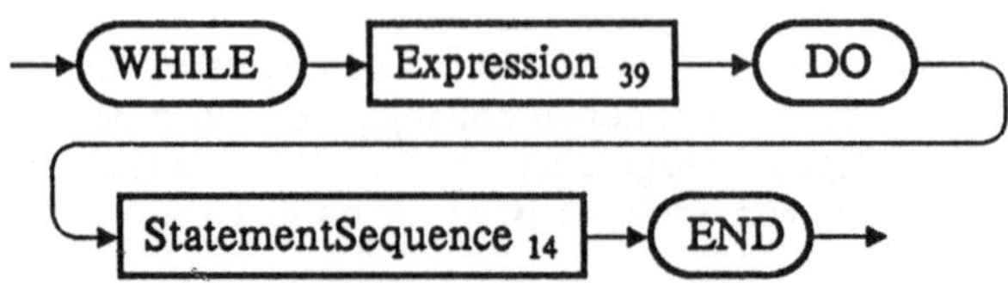

- Eine WHILE-Anweisung beginnt mit dem Schlüsselwort WHILE, dem ein Ausdruck und das Schlüsselwort DO folgen.
- Der *WHILE-Ausdruck* (die sogenannte *Schleifenbedingung*) muß vom Datentyp BOOLEAN sein.
- Dem Schlüsselwort DO können beliebig viele Anweisungen folgen.
- Eine WHILE-Anweisung wird immer mit dem Schlüsselwort END abgeschlossen.

Ausführung einer WHILE-Anweisung

Zu Beginn wird die Schleifenbedingung ausgewertet. Wenn sie den Wert TRUE ergibt, wird die zwischen DO und END stehende Anweisungsfolge (der *Rumpf* der Schleife) ausgeführt und die WHILE-Anweisung erneut ausgeführt (d.h. wieder mit der Auswertung der Schleifenbedingung beginnend). Wenn sie den Wert FALSE ergibt, wird der Schleifenrumpf nicht (bzw. nicht mehr) ausgeführt und die Verarbeitung sofort hinter dem Schlüsselwort END fortgesetzt.

Da die Schleifenbedingung immer *vor* der Ausführung des Rumpfes geprüft wird, kann der Fall eintreten, daß die WHILE-Schleife *überhaupt nicht* ausgeführt wird. Man bezeichnet sie daher auch als *Abweisschleife*.

Die *Beispiele* zu Beginn von 3.6.3 können mit Hilfe von WHILE-Anweisungen folgendermaßen formuliert werden:

```
(* a: 2-er-Logarithmus *)
p := 0; s := 1;
WHILE s<y DO
  p := p+1; s := s*2
END

(* b: Drucken eines Feldes *)
i:=1;
WHILE x[i]#0 DO
  WriteCard(x[i],6);
  i := i+1
END;
WriteCard(x[i],6)  (*letztes Element mit x[i]=0 drucken*)

(* c: Summe aller Elemente eines Feldes *)
s := 0; i := 1;
WHILE i<=100 DO
  s := s+x[i];
  i := i+1
END
(*i hat den Wert 101*)
```

```
(* d: Lesen und Drucken von Zeichen *)
Read(ch);  (*erstes Zeichen lesen*)
WHILE ch#" " DO
  Write(ch);
  Read(ch)  (*naechstes Zeichen lesen*)
END
```

3.6.3.2 REPEAT-Anweisung

Die REPEAT-Anweisung ermöglicht die Wiederholung einer Anweisungsfolge, *bis* eine bestimmte Bedingung erfüllt ist. Sie hat folgende Gestalt:

RepeatStatement$_{50}$

- Eine REPEAT-Anweisung beginnt mit dem Schlüsselwort REPEAT, dem beliebig viele Anweisungen folgen können.

- Eine REPEAT-Anweisung endet mit dem Schlüsselwort UNTIL, dem ein Ausdruck folgt.
  Anmerkung: Die REPEAT-Anweisung ist die einzige zusammengesetzte Anweisung in Modula-2, die nicht mit dem Schlüsselwort END abgeschlossen wird, da in ihr das Schlüsselwort UNTIL bereits ausreicht, um das Ende der Anweisungsfolge anzuzeigen.

- Der Ausdruck nach UNTIL (die *Schleifenbedingung*) muß vom Datentyp BOOLEAN sein.

Ausführung einer REPEAT-Anweisung

Zuerst wird die Anweisungsfolge zwischen REPEAT und UNTIL ausgeführt. Anschließend wird der boole'sche Ausdruck hinter dem Schlüsselwort UNTIL ausgewertet. Wenn er den Wert TRUE ergibt, wird die Ausführung mit der auf die REPEAT-Schleife folgenden Anweisung fortgesetzt, sonst wird die REPEAT-Anweisung erneut ausgeführt (d.h. wieder mit der Ausführung der Anweisungsfolge beginnend).
Die Schleifenbedingung wird immer erst *nach* der Ausführung der Anweisungsfolge geprüft. Das hat zur Folge, daß der Schleifenrumpf einer REPEAT-Anweisung *mindestens einmal* ausgeführt wird. Man spricht daher auch von einer *Durchlaufschleife*.

Ähnlichkeit zwischen WHILE- und REPEAT-Anweisung

Sowohl die WHILE- als auch die REPEAT-Anweisung dienen zur Bildung von sogenannten *iterativen* Schleifen, die so lange ausgeführt werden, bis ein bestimmtes Abbruchkriterium erreicht wird. Es gibt zwischen ihnen nur zwei Unterschiede, die beim Programmieren beachtet werden müssen:

- Die WHILE-Schleife bricht ab, wenn die Schleifenbedingung den Wert FALSE ergibt; die REPEAT-Schleife endet, sobald die Schleifenbedingung den Wert

```
TRUE liefert.
```

- Der Rumpf der REPEAT-Schleife wird mindestens einmal ausgeführt; die WHILE-Schleife kann auch überhaupt nicht ausgeführt werden.

Im folgenden geben wir Beispiele für Transformationen von einer WHILE-Schleife in eine REPEAT-Schleife und umgekehrt an.

Die WHILE-Schleife

```
WHILE b DO s END
```

kann in eine REPEAT-Schleife umgewandelt werden, indem zu Beginn der Wert der Schleifenbedingung in einer IF-Anweisung abgefragt wird:

```
IF b THEN
  REPEAT s UNTIL NOT b
END
```

Die REPEAT-Schleife

```
REPEAT s UNTIL b
```

kann auf zwei Arten in eine WHILE-Schleife umgewandelt werden:

- *Codeverdopplung*: Der Schleifenrumpf wird vor der WHILE-Anweisung einmal unbedingt ausgeführt:

```
s;
WHILE NOT b DO s END
```

  Diese Transformation kann jedoch nur empfohlen werden, wenn die Anweisungsfolge s sehr kurz ist.

- *Schaltervariable*: Es wird eine boole'sche Hilfsvariable (die wir sinnigerweise looping nennen wollen) eingeführt, die angibt, ob noch ein Schleifendurchlauf erforderlich ist. Um mindestens einen Durchlauf zu erzwingen, erhält die Variable looping zu Beginn den Wert TRUE:

```
looping := TRUE;
WHILE looping DO
  s;
  looping := NOT b
END
```

Die *Beispiele* zu Beginn von 3.6.3 können mit Hilfe von REPEAT-Anweisungen folgendermaßen formuliert werden (vgl. auch die Beispiele zur WHILE-Anweisung in 3.6.3.1):

```
(* a: 2-er-Logarithmus *)
p := 0;
IF y>1 THEN
  s := 1
  REPEAT
    p := p+1; s := s*2
  UNTIL s>=y
END
```

```
(* b: Drucken eines Feldes *)
i := 0;
REPEAT
  i := i+1;
  WriteCard(x[i],6)
UNTIL x[i]=0

(* c: Summe aller Elemente eines Feldes *)
s := 0; i := 1;
REPEAT
  s := s+x[i];
  i := i+1
UNTIL i>100
(*i hat den Wert 101*)

(* d: Lesen und Drucken von Zeichen *)
REPEAT
  Read(ch);
  IF ch#" " THEN Write(ch) END
UNTIL ch=" "
```

3.6.3.3 FOR-Anweisung

Die FOR-Anweisung dient zur Ausführung von Schleifen mit fester Anzahl von Durchläufen. Diese Schleifenart haben wir bisher noch nicht benutzt. FOR-Schleifen haben folgende Gestalt:

ForStatement$_{51}$

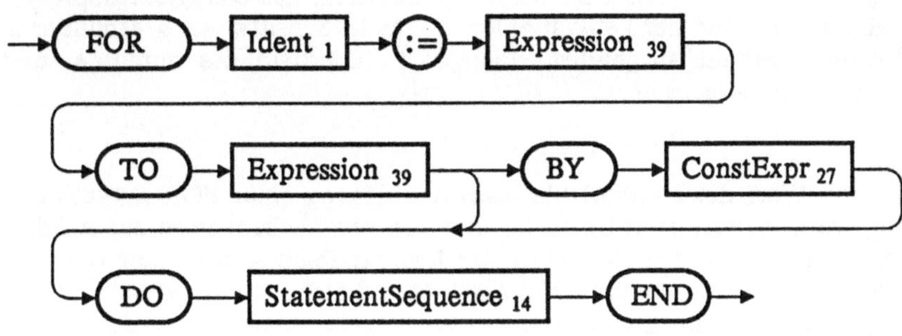

- Eine FOR-Anweisung beginnt mit dem Schlüsselwort FOR, dem eine Angabe über die Schleifensteuerung folgt.

- Ident ist der Name einer Variablen (der sogenannten *Laufvariablen*) von einem der Datentypen INTEGER, CARDINAL, BOOLEAN, CHAR, Enumerations- oder Subrange-Typ. Ident muß eine einfache Variable sein (d.h. kein Element eines ARRAYs oder RECORDs) und darf weder importiert sein (siehe 3.8.2 "Gültigkeitsbereich und Lebensdauer von Namen in Moduln") noch einen formalen Parameter bezeichnen (siehe Abschnitt 3.7 "Prozeduren").

- Die Ausdrücke hinter := und TO müssen mit Ident *ausdruckskompatibel* sein.

- Die Angabe BY (gefolgt von einem Konstantenausdruck) kann weggelassen werden. Der Konstantenausdruck muß von einem der Datentypen INTEGER oder CARDINAL sein und darf nicht den Wert 0 ergeben.

* Dem Schlüsselwort DO dürfen beliebig viele Anweisungen folgen.

* Eine FOR-Anweisung wird immer mit dem Schlüsselwort END abgeschlossen.

Ausführung einer FOR-Anweisung

Der Rumpf einer FOR-Anweisung wird mehrmals ausgeführt, wobei die durch Ident bezeichnete Laufvariable jedesmal einen anderen Wert annimmt. Der Ausdruck hinter := bestimmt den Anfangswert, der Ausdruck hinter TO bestimmt das Ende des bestrichenen Wertebereichs. Der Konstantenausdruck hinter BY legt die *Schrittweite* (die positiv oder negativ sein kann) fest, um die der Wert der Laufvariablen nach jedem Schleifendurchlauf erhöht (bzw. vermindert) wird. Wenn die Angabe BY fehlt, wird als Schrittweite 1 angenommen.

```
z.B. FOR i:=a TO e BY s DO
     ...                (*i=a, a+s, a+2*s, ... a+n*s*)
                        (*wobei a+n*s<=e und a+(n+1)*s>e bei s>0*)
                        (*bzw.  a+n*s>=e und a+(n+1)*s<e bei s<0*)
     END
```

Zu Beginn (nur ein einziges Mal) werden der Anfangswert a und der Endwert e des "Laufbereichs" berechnet. Wenn a>e und die Schrittweite positiv ist (oder a<e und s<0), wird der Rumpf der FOR-Anweisung kein einziges Mal ausgeführt und die Verarbeitung sofort hinter dem Schlüsselwort END fortgesetzt (die FOR-Anweisung bildet demnach wie die WHILE-Anweisung eine *Abweisschleife*). Sonst erhält die Variable i den Wert a und der Schleifenrumpf wird ausgeführt. Nach jedem Durchlauf (d.h. nach jeder Verarbeitung des Schleifenrumpfes) wird "automatisch" der Wert der Laufvariablen i um die Schrittweite s erhöht und der Schleifenrumpf erneut ausgeführt, solange i innerhalb des durch a und e begrenzten Wertebereichs liegt.

Achtung:

* Welchen Wert die Laufvariable nach Ausführung einer FOR-Anweisung hat, hängt vom verwendeten Compiler und von der Rechenanlage ab, auf der das Programm laufen soll! Der Wert der Laufvariablen sollte daher hinter einer FOR-Anweisung als undefiniert betrachtet und nicht benutzt werden.

* Es ist zwar möglich, den Wert der Laufvariablen innerhalb des Rumpfes einer FOR-Anweisung zu verändern; vor einer derartigen Vorgangsweise muß jedoch ausdrücklich gewarnt werden. Sie führt auf jeden Fall zu schwer verständlichen Programmen und kann darüber hinaus - abhängig vom benutzten Compiler - völlig unvorhersehbare Ergebnisse liefern.

Beispiele

Beispiel (c) zu Beginn von 3.6.3 kann mit Hilfe einer FOR-Anweisung folgendermaßen formuliert werden (die Beispiele (a), (b) und (d) sind für eine Verarbeitung mit FOR-Schleifen nicht geeignet, weil die Anzahl der erforderlichen Schleifendurchläufe nicht von vornherein feststeht):

```
(* c: Summe aller Elemente eines Feldes *)
s := 0;
FOR i:=1 TO 100 DO
  s := s+x[i]
END
(*Der Wert von i ist undefiniert!*)
```

Eine Folge von n Sternen kann durch folgende FOR-Anweisung ausgegeben werden (die Laufvariable wird hier nur zum Zählen der Durchläufe benutzt, innerhalb des Schleifenrumpfes hat sie keine Bedeutung):

```
FOR i:=1 TO n DO
  Write("*")
END
```

Das Einfügen des Wertes y an der Stelle n im Feld x kann durch folgende FOR-Anweisung bewerkstelligt werden:

```
FOR i:=100 TO n+1 BY -1 DO
  x[i] := x[i-1]
END;
x[n] := y
```

Anmerkung: Beim Verschieben der Elemente $x[n]$ bis $x[99]$ auf die Elemente $x[n+1]$ bis $x[100]$ muß mit den hohen Indizes begonnen werden (mit der Schrittweite -1).

3.6.3.4 LOOP und EXIT-Anweisung

Die LOOP- und die EXIT-Anweisung können zur Konstruktion allgemeiner Schleifen benutzt werden, die sich nur schwer durch WHILE- oder REPEAT-Anweisungen darstellen lassen. Sie haben folgende Gestalt:

LoopStatement$_{52}$

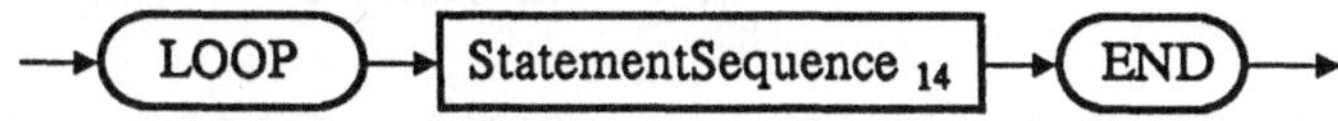

ExitStatement$_{53}$

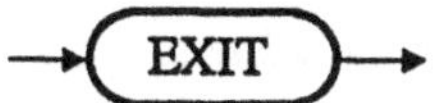

- Eine LOOP-Anweisung beginnt mit dem Schlüsselwort LOOP und wird mit dem Schlüsselwort END abgeschlossen.
- Zwischen LOOP und END dürfen beliebig viele Anweisungen stehen.
- Eine EXIT-Anweisung besteht nur aus dem Schlüsselwort EXIT.
- EXIT-Anweisungen dürfen nur innerhalb von LOOP-Anweisungen verwendet werden.

Ausführung einer LOOP-Anweisung

Eine LOOP-Anweisung bildet eine "Endlos"-Schleife. Die in ihr enthaltene Anweisungsfolge wird "ewig" wiederholt.
Eine EXIT-Anweisung bewirkt das Verlassen einer LOOP-Anweisung, also die Fortsetzung der Verarbeitung hinter dem Schlüsselwort END.
LOOP-Anweisungen können geschachtelt werden, d.h. ihr Rumpf kann ihrerseits wieder weitere LOOP-Anweisungen enthalten. Die Ausführung einer EXIT-Anweisung innerhalb von geschachtelten LOOP-Anweisungen bewirkt nur das Verlassen der innersten (engsten) Schleife.

LOOP-Anweisungen und andere Schleifenformen

Die LOOP-Anweisung ist die allgemeinste Anweisung zur Bildung von Schleifen. Sie hat vor allem zwei Vorteile gegenüber den relativ starren WHILE- und REPEAT-Schleifen:

- Eine LOOP-Anweisung kann überall innerhalb der Schleife verlassen werden, nicht nur an ihrem Anfang oder Ende.

- Eine LOOP-Anweisung kann mehrere EXIT-Anweisungen enthalten. Auf diese Weise können mehrere Abbruchkriterien an verschiedenen Stellen innerhalb der Schleife vorgesehen werden.

Durch die größere Allgemeinheit können WHILE- und REPEAT-Anweisungen auch als LOOP-Anweisungen formuliert werden:

```
WHILE b DO        entspricht        LOOP
   s                                   IF NOT b THEN EXIT END;
END                                    s
                                    END

REPEAT            entspricht        LOOP
   s                                   s;
UNTIL b                                IF b THEN EXIT END
                                    END
```

Anmerkung: Wir empfehlen dem Leser jedoch, aus Gründen der besseren Lesbarkeit überall dort WHILE- und REPEAT-Schleifen zu verwenden, wo nur eine Abfrage am Anfang oder Ende der Schleife erforderlich ist. LOOP-Anweisungen sollten nur dort eingesetzt werden, wo die anderen Schleifenformen versagen.

Die *Beispiele* zu Beginn von 3.6.3 können mit Hilfe von LOOP-Anweisungen folgendermaßen formuliert werden:

```
(* a: 2-er-Logarithmus *)
p := 0; s := 1;
LOOP
  IF s>=y THEN EXIT END;
  p := p+1; s := s*2
END
```

```
(* b: Drucken eines Feldes *)
i := 1;
LOOP
  WriteCard(x[i],6);
  IF x[i]=0 THEN EXIT END;
  i := i+1
END

(* c: Summe aller Elemente eines Feldes *)
s := 0; i := 1;
LOOP
  s := s+x[i];
  IF i=100 THEN EXIT END;
  i := i+1
END
(*i hat den Wert 100*)

(* d: Lesen und Drucken von Zeichen *)
LOOP
  Read(ch);
  IF ch=" " THEN EXIT END;
  Write(ch)
END
```

Übungsaufgaben

(1) In den Übungsaufgaben am Ende von Abschnitt 3.4 haben Sie Datentypen für ein Datum des zwanzigsten Jahrhunderts deklariert. Schreiben Sie nun ein Programmstück, das ermittelt, wie viele Tage zwischen zwei gegebenen Daten liegen.

(2) Schreiben Sie ein Programmstück, das ein Zeichenfeld der Länge n (maximal 80) invertiert, also das erste mit dem n-ten Zeichen, das zweite mit dem (n-1)-ten Zeichen usw. vertauscht. Benutzen Sie dazu folgende Deklarationen:

```
VAR
  feld: ARRAY [1..80] OF CHAR;
  n:    [1..80];
```

(3) Gegeben ist folgende LOOP-Schleife:

```
s := 0; i := 1;
LOOP
  s := s+x[i];
  IF x[i] := 0 THEN EXIT END;
  i := i+1
END
```

Transformieren Sie diese LOOP-Schleife in

(a) eine WHILE-Schleife

(b) eine REPEAT-Schleife

3.6.4 WITH-Anweisung

In 3.5.2 "Operanden" wurde gezeigt, daß die Komponente y eines RECORDs x in
Ausdrücken durch x.y bezeichnet werden muß. Diese Schreibweise ist erforderlich,
um eindeutig zu kennzeichnen, daß die Komponente y zum RECORD x gehört (da
es durchaus mehrere RECORD-Variablen geben kann, die eine Komponente y
enthalten). Wenn jedoch in einem Programmstück viele Komponenten desselben
RECORDs benutzt werden, ist die damit verbundene Schreibarbeit unangenehm
(siehe das Beispiel zur CASE-Anweisung in 3.6.2.2). Um die Verarbeitung von
RECORDs zu vereinfachen, gibt es in Modula-2 die WITH-Anweisung:

WithStatement$_{54}$

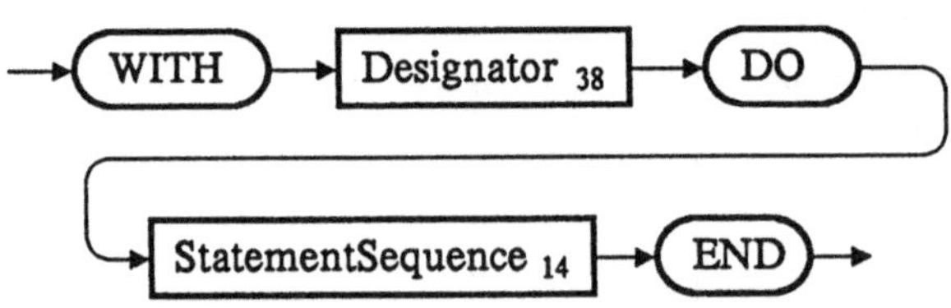

- Eine WITH-Anweisung beginnt mit dem Schlüsselwort WITH, dem ein
  Designator (siehe 3.5.2) und das Schlüsselwort DO folgen.
- Designator muß eine Variable eines RECORD-Typs bezeichnen.
- Dem Schlüsselwort DO dürfen beliebig viele Anweisungen folgen.
- Eine WITH-Anweisung wird immer mit dem Schlüsselwort END abgeschlossen.

Ausführung einer WITH-Anweisung

In allen Anweisungen zwischen DO und END können die Komponenten des durch
Designator bezeichneten RECORDs ohne den vorangestellten RECORD-Namen
benutzt werden. Die WITH-Anweisung leistet keine algorithmische Arbeit; sie
verkürzt nur die Formulierung und kann dem Compiler helfen, den erzeugten Code
zu optimieren.

Beispiel

```
TYPE
  Name = ARRAY [0..19] OF CHAR;
  Personalnummer: [1..1000];
  Person = RECORD
             vorname,zuname: Name;
             weiblich: BOOLEAN;
             vorgesetzter: Personalnummer;
             status: (chef,arbeiter,angestellter,lehrling);
             stand: (ledig,verheiratet,geschieden,verwitwet)
           END;
```

```
VAR
  personalkartei: ARRAY Personalnummer OF Person;
  stand: CARDINAL;  (*Personalstand*)
  i: CARDINAL;
```

Die Anweisungsfolge

```
personalkartei[i].weiblich := FALSE;
personalkartei[i].status := lehrling;
personalkartei[i].stand := ledig
```

kann mit Hilfe einer WITH-Anweisung als

```
WITH personalkartei[i] DO
  weiblich := FALSE;
  status := lehrling;
  stand := ledig
END
```

geschrieben werden.

Zu beachten ist dabei, daß stand innerhalb der WITH-Anweisung personalkartei[i].stand bedeutet; die Variable stand, die den Personalstand bezeichnet, kann innerhalb der WITH-Anweisung nicht benutzt werden.

Zur Verdeutlichung der Wirkungsweise von WITH-Anweisungen geben wir noch ein Beispiel an, das die Namen aller unverheirateten weiblichen Angestellten und ihrer Vorgesetzten ausgibt. Zur Ausgabe einer Zeichenkette benutzen wir wieder die Prozedur WriteString; die Prozedur WriteLn verwenden wir, um eine neue Zeile auf dem Ausgabemedium zu beginnen.

```
FOR i:=1 TO stand DO                   (*fuer alle Beschaeftigten*)
  WITH personalkartei[i] DO
    IF weiblich AND (status=angestellter) AND (stand#verheiratet) THEN
      WriteString(vorname); WriteString(zuname);
                                (*Name der Angestellten*)
      WITH personalkartei[vorgesetzter] DO
        WriteString(vorname); WriteString(zuname)
                                (*Name ihres Vorgesetzten*)
      END; (*WITH*)
      WriteLn
    END (*IF*)
  END (*WITH*)
END (*FOR*)
```


Übungsaufgaben

(1) Gegeben sind folgende Deklarationen:

```
        TYPE
          Datum = RECORD
                    tag:   [1..31];
                    monat: [1..12];
                    jahr: CARDINAL
                  END;


          Name = ARRAY [0..29] OF CHAR;
```

```
Arbeitnehmer = RECORD
                  name: Name;
                  kinder: CARDINAL;
                  alleinverdiener: BOOLEAN;
                  eintritt: Datum
               END;
VAR
  mitarbeiter: Arbeitnehmer
  name: Name;
  suchname: Name;
```

(a) Formulieren Sie eine WITH-Konstruktion, die es ermöglicht, direkt (also ohne Referenzierung) auf die Komponenten von `eintritt` der Variablen `mitarbeiter` zuzugreifen.

(b) Erklären Sie, auf welche Objekte sich die Operationen im folgenden Programmstück beziehen:

```
IF mitarbeiter.name=name THEN
  WITH mitarbeiter DO
    name := suchname;
    ...
  END; (*WITH*)
  suchname := name
END
```

3.7 Prozeduren

In Abschnitt 2.1 "Das Prinzip der schrittweisen Verfeinerung" wurde gezeigt, wie ein Problem durch Zerlegung in Teilprobleme gelöst werden kann. Das Ergebnis dieses Entwurfsprozesses ist eine Sammlung von Teilalgorithmen, von denen manche wieder andere Teilalgorithmen zu ihrer Ausführung benötigen. Wir wollen uns nun damit beschäftigen, wie diese Teilalgorithmen zu einem Modula-2-Programm vereinigt werden können. In unserem Beispiel vom Randausgleich hatte die Grobstruktur des Algorithmus folgende Gestalt:

```
Algorithmus Randausgleich(↓b):
...
  LoescheZeile(↑z)
  REPEAT
    LiesWort(↑w ↑ende)
    VerarbeiteWort(↓b ↓w ↕z)
  UNTIL ende
  DruckeZeile(↓z)
END Randausgleich
```

Wenn die Verfeinerung der Teilalgorithmen `LoescheZeile`, `LiesWort`, `VerarbeiteWort` und `DruckeZeile` abgeschlossen ist, können sie an den entsprechenden Stellen in `Randausgleich` eingefügt werden. Es entsteht dadurch ein Gesamtalgorithmus, der das gestellte Problem löst. Durch diese Vorgangsweise geht aber die Übersichtlichkeit, die beim Entwurf erreicht wurde, wieder verloren. Außerdem kommt es in der Praxis oft vor, daß einzelne Teilalgorithmen an mehreren Stellen benötigt werden und daher auch mehrmals eingefügt werden müssen. Die meisten Programmiersprachen bieten deshalb einen Mechanismus an, der es gestattet, getrennt entworfene Teilalgorithmen auch als getrennte Programmteile (sogenannte *Prozeduren*) zu schreiben, die an (beliebig vielen) anderen Stellen benutzt (d.h. aktiviert) werden können.

3.7.1 Deklaration von Prozeduren

Wie wir bereits bei der schrittweisen Verfeinerung in Abschnitt 2.1 gesehen haben, besteht jeder Algorithmus aus vier Teilen:

- dem *Namen* des Algorithmus,
- der Beschreibung seiner *Parameter* (d.h. seiner Eingangs- und Ausgangsobjekte),
- der Beschreibung seiner *lokalen Objekte* (das sind solche, die nur innerhalb des Algorithmus benötigt werden) und
- den *Aktionen*, die bei einer Aktivierung des Algorithmus ausgeführt werden.

Wenn ein Algorithmus als Prozedur formuliert wird, müssen daher ebenfalls alle vier Teile festgelegt werden. Dies geschieht bei der *Deklaration* der Prozedur, die wie Konstanten-, Typ- und Variablendeklarationen zu Beginn des Programms, in dem sie benutzt wird, vorgenommen werden muß (siehe Abschnitt 3.3 "Elementare Programmstruktur").

ProcedureDeclaration$_{55}$

ProcedureHeading$_{56}$

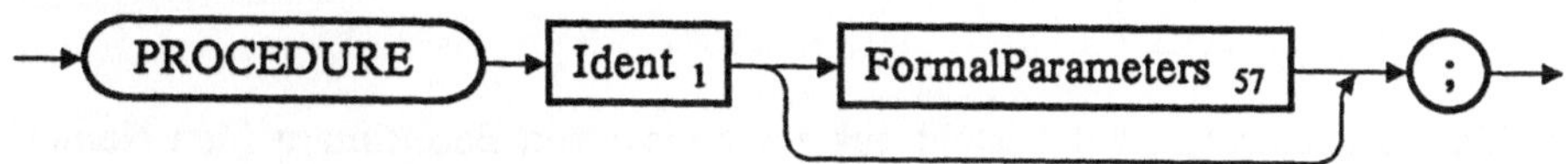

- Eine Prozedurdeklaration beginnt mit einem *Prozedurkopf* (ProcedureHeading), der den Namen der Prozedur und die Namen und Datentypen ihrer Parameter festlegt.
- Ein Prozedurkopf beginnt mit dem Schlüsselwort PROCEDURE, dem der *Prozedurname* folgt.
- Nach dem Prozedurnamen kann eine *Parameterbeschreibung* (FormalParameters) zur Spezifikation von Ein- und Ausgangsgrößen der Prozedur angegeben werden.
- Ein Prozedurkopf wird mit einem Strichpunkt abgeschlossen.
- Auf den Prozedurkopf folgt ein Block (siehe Abschnitt 3.3), der die Deklarationen der *lokalen Größen* der Prozedur sowie die bei ihrer Aktivierung auszuführende *Anweisungsfolge* enthält.
- Eine Prozedurdeklaration wird mit dem Schlüsselwort END, dem der Prozedurname und ein Strichpunkt folgen, abgeschlossen.

FormalParameters$_{57}$

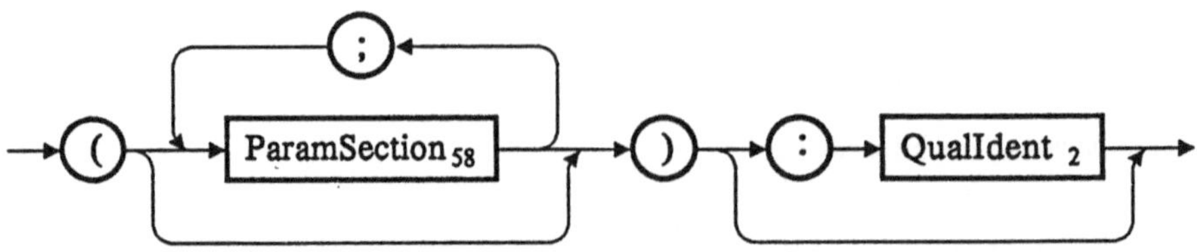

- Die Parameterbeschreibung einer Prozedur besteht aus zwei Teilen:
    - einer Liste der *formalen Parameter*,
    - einer Angabe, ob die Prozedur eine *Funktionsprozedur* ist und von welchem Datentyp ihr Funktionswert ist. (Funktionsprozeduren werden ausführlich in 3.7.4 behandelt.)
- Die Parameterliste einer Prozedur wird in runde Klammern eingeschlossen. Zwischen ihnen können beliebig viele "Parameterabschnitte" (ParamSection) angegeben werden, die durch Strichpunkte voneinander getrennt werden.
- Nach der Parameterliste kann ein Doppelpunkt, gefolgt vom Namen eines bereits definierten Datentyps (QualIdent), angegeben werden. Dadurch wird die Prozedur als Funktionsprozedur definiert, die einen Funktionswert des durch QualIdent beschriebenen Datentyps liefert.

ParamSection$_{58}$

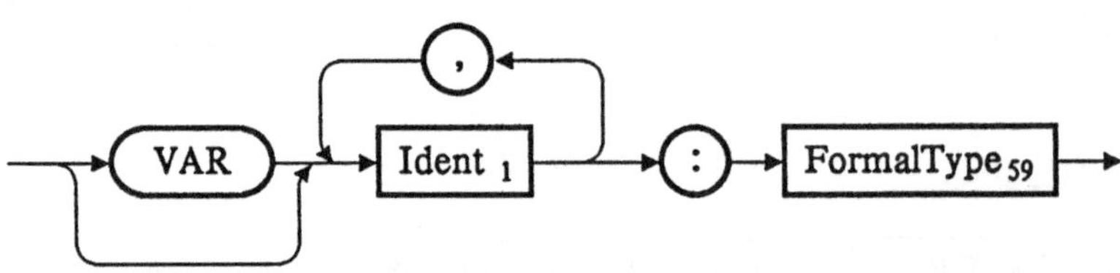

- Ein Parameterabschnitt besteht aus einer Liste von Bezeichnern (den Namen der formalen Parameter der Prozedur), der - wie in einer Variablendeklaration - ein Doppelpunkt und eine Beschreibung eines Datentyps (FormalType) folgen.
- Vor den Namen der formalen Parameter kann das Schlüsselwort VAR angegeben werden, das bestimmt, ob es sich um Eingangs- oder Ausgangsparameter handelt:
    - Eine Parameterangabe ohne VAR bedeutet, daß die Parameter reine Eingangsparameter sind (Eingangsparameter haben wir in den Kapiteln 1 und 2 immer durch einen nach unten weisenden Pfeil ↓ gekennzeichnet).
    - Ausgangs- und Übergangsparameter (↑ und ↕) werden durch das Schlüsselwort VAR definiert. Die Wirkung dieser Angabe wird in 3.7.2 "Aufruf von Prozeduren" genau erläutert.

FormalType$_{59}$

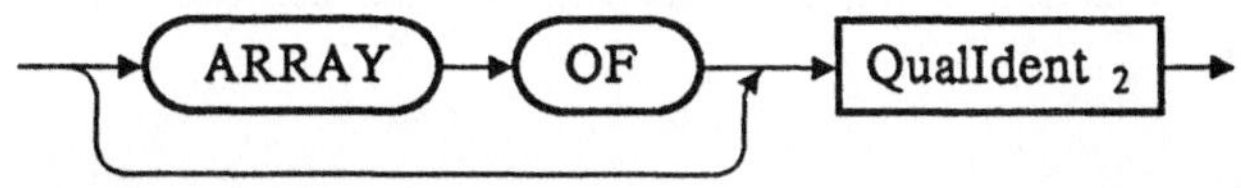

- Für jeden Parameterabschnitt muß ein Datentyp angegeben werden. Dies geschieht im einfachsten Fall durch einen (qualifizierten) Bezeichner (QualIdent).
- Die Angabe ARRAY OF kann zur Verarbeitung von Feldern mit beliebiger Elementanzahl benutzt werden (siehe 3.7.7 "ARRAY-Parameter").

Beispiele

(a) Berechnung des Quadrates einer reellen Zahl:

```
PROCEDURE BerechneQuadrat(x:REAL; VAR y:REAL);
BEGIN
  y := x*x
END BerechneQuadrat;
```

Diese Prozedur multipliziert den Eingangsparameter x mit sich selbst und weist das Ergebnis dem Ausgangsparameter y (Kennzeichnung durch Schlüsselwort VAR!) zu.

(b) Berechnung der Zweierpotenz einer ganzen Zahl:

```
PROCEDURE BuildPowerOf2(n:CARDINAL; VAR power:CARDINAL);
VAR
  i: CARDINAL;
BEGIN
  power := 1;
  FOR i:=1 TO n DO
    power := power*2
  END
END BuildPowerOf2;
```

Die Prozedur BuildPowerOf2 benutzt eine lokale Variable i zur Zählung der für das Potenzieren erforderlichen Schleifendurchläufe.

(c) Suchen der Position pos eines Zeichens ch in einem Zeichenfeld s der Länge 1:

```
TYPE
  String = ARRAY [1..1000] OF CHAR;

PROCEDURE Suche(s:String; l:CARDINAL; ch:CHAR; VAR pos:CARDINAL);
BEGIN
  pos := l;  (*Durchsuchen der Liste von hinten nach vorne*)
  WHILE (pos>0) AND (s[pos]#ch) DO
    pos := pos-1
  END
  (*Wenn ch in s enthalten ist, bezeichnet pos das letzte
    Vorkommen; wenn ch nicht in s enthalten ist, hat pos
    den Wert 0*)
END Suche;
```

Am Ende von Abschnitt 1.4 "Darstellungarten von Algorithmen" ist bereits ein Beispiel für eine Prozedur angegeben, die den größten gemeinsamen Teiler zweier Zahlen ermittelt.

3.7.2 Aufruf von Prozeduren

Eine innerhalb eines Programms deklarierte Prozedur kann an beliebig vielen Stellen in diesem Programm aktiviert werden. Wir bedienen uns dazu einer besonderen Anweisungsart, die wir als *Prozeduraufruf* (engl. *procedure call*) bezeichnen. Prozeduraufrufe können - wie alle anderen Anweisungen auch - überall innerhalb einer Anweisungsfolge auftreten (siehe Abschnitt 3.6 "Anweisungen").

ProcedureCall$_{60}$

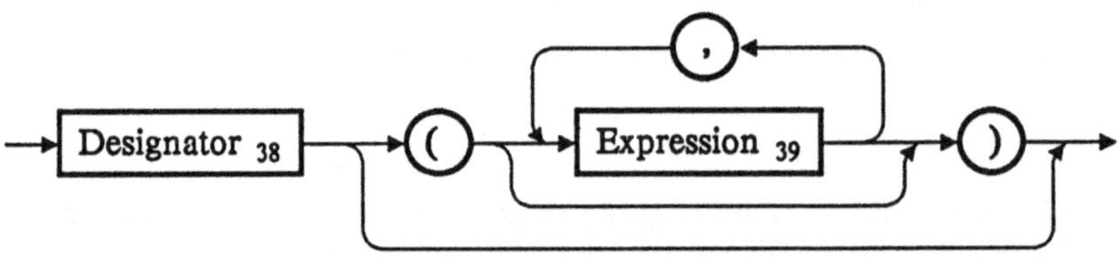

- Eine Prozedur wird einfach durch Angabe ihres Prozedurnamens aufgerufen.
- Dem Prozedurnamen kann eine Liste von *aktuellen Parametern* folgen.
- Die aktuellen Parameter einer Prozedur müssen in runde Klammern eingeschlossen und durch Kommas voneinander getrennt werden.
- Die formalen Parameter (aus der Deklaration der Prozedur) und die aktuellen Parameter (des Prozeduraufrufs) müssen hinsichtlich ihrer Datentypen übereinstimmen, d.h.:
    - Bei VAR-Parametern (also bei Ausgangs- und Übergangsparametern) müssen die Datentypen des formalen und des aktuellen Parameters *gleich* sein (siehe 3.4.5 "Typgleichheit von Objekten").
    - Bei Eingangsparametern (ohne VAR) müssen der formale Parameter (x) und der aktuelle Parameter (y) *zuweisungskompatibel* sein (siehe 3.6.1 "Wertzuweisung"), d.h. die Wertzuweisung x:=y muß möglich sein.
- Bei formalen VAR-Parametern muß der entsprechende aktuelle Parameter eine Variable (Designator) sein.

Ausführung eines Prozeduraufrufs

Ein Prozeduraufruf bewirkt die Aktivierung der Anweisungsfolge, die in der Deklaration der gerufenen Prozedur enthalten ist.

Je nach Art eines Parameters (VAR-Parameter oder nicht) hat seine Verwendung innerhalb der gerufenen Prozedur verschiedene Auswirkungen:

- **Eingangsparameter (ohne VAR)**

  Beim Aufruf der Prozedur wird der *Wert* des aktuellen Parameters berechnet und dem entsprechenden formalen Parameter zugewiesen, d.h. es wird eine Kopie des aktuellen Parameters angelegt. Jedesmal wenn innerhalb der gerufenen Prozedur der formale Parameter benutzt wird, bedeutet das einen Zugriff auf diese Kopie. Das gilt auch dann, wenn der formale Parameter innerhalb der Prozedur auf der linken Seite einer Wertzuweisung steht: In diesem Fall wird nur die Kopie verändert; der Wert des aktuellen Parameters wird davon nicht berührt. Das muß auch so sein, da auch Konstanten und zusammengesetzte Ausdrücke als aktuelle Parameter vorkommen können.

- **Ausgangs- und Übergangsparameter (mit VAR)**

  Beim Aufruf der Prozedur wird nicht (wie bei Eingangsparametern) eine Kopie des aktuellen Parameters angelegt, sondern seine Adresse der gerufenen Prozedur übergeben. Wenn der formale Parameter innerhalb der Prozedur verändert wird, bedeutet das daher auch eine Änderung des aktuellen Parameters. Aus diesem Grund sind nur Variablen, aber nicht Konstanten und zusammengesetzte Ausdrücke als aktuelle VAR-Parameter zugelassen.

Die Ausführung der gerufenen Prozedur (d.h. ihrer Anweisungsfolge) endet mit der letzten Anweisung der Prozedur oder mit Ausführung einer RETURN-Anweisung (siehe 3.7.3).

Nach der Ausführung der Prozedur wird, wie Abb. 3.1 zeigt, die Verarbeitung unmittelbar hinter dem Prozeduraufruf fortgesetzt:

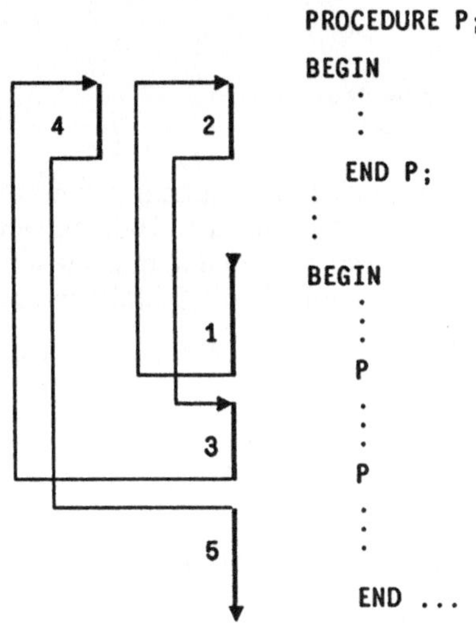

Abb. 3.1   Ausführung eines Programms mit zwei Prozeduraufrufen

3.7.3 RETURN-Anweisung

Bei der Ausführung von Prozeduren treten oft Bedingungen auf, die eine weitere Verarbeitung unnötig oder gar sinnlos machen. In solchen Fällen soll dann die Prozedur sofort abgebrochen und die Ausführung nach dem Prozeduraufruf fortgesetzt werden.

Betrachten wir z.B. einen Algorithmus FindDouble, der in einem Zeichenfeld s vom Datentyp String=ARRAY[1..100] OF CHAR nachsieht, ob darin irgendein Zeichen zweimal unmittelbar hintereinander vorkommt. Wenn das der Fall ist, soll der Index pos des ersten Zeichens geliefert werden, sonst soll pos=0 zurückgegeben werden. Wir benutzen einen Eingangsparameter len (Länge des Zeichenfeldes), um dem Algorithmus bekanntzugeben, wie weit das Zeichenfeld durchsucht werden soll.

Diese Aufgabe kann etwa in folgender Form gelöst werden:

```
FindDouble(↓s ↓len ↑pos):
IF len>100 THEN
  (*Es liegen ungueltige Angaben vor (weitere Verarbeitung sinnlos)*)
  pos := 0; Ende des Algorithmus
END
i := 1
WHILE i<len
  IF s[i]=s[i+1] THEN
    (*Doppelzeichen gefunden (weitere Verarbeitung ueberfluessig)*)
    pos := i; Ende des Algorithmus
  END
  i := i+1
END
(*Kein Doppelzeichen gefunden*)
pos := 0; Ende des Algorithmus
```

Die Ausführung dieses Algorithmus kann - abhängig von seinen Eingabedaten - an drei verschiedenen Stellen enden. Um ihn als Modula-2-Prozedur mit den bisher bekannten Anweisungen formulieren zu können, müssen wir daher IF-Anweisungen und eine zusammengesetzte Bedingung für die Schleifensteuerung zu Hilfe nehmen:

```
PROCEDURE FindDouble(s:String; len:CARDINAL; VAR pos:CARDINAL);
  VAR i: CARDINAL;
BEGIN
  IF len>100
    THEN pos := 0
    ELSE
      i := 1;
      WHILE (i<len) AND (s[i]#s[i+1]) DO
        i := i+1
      END;
      IF i<len
        THEN pos := i
        ELSE pos := 0
      END
  END
END FindDouble;
```

Um Prozeduren in solchen Fällen (vorzeitig) abbrechen zu können, gibt es in

Modula-2 die sogenannte RETURN-Anweisung:

ReturnStatement$_{61}$

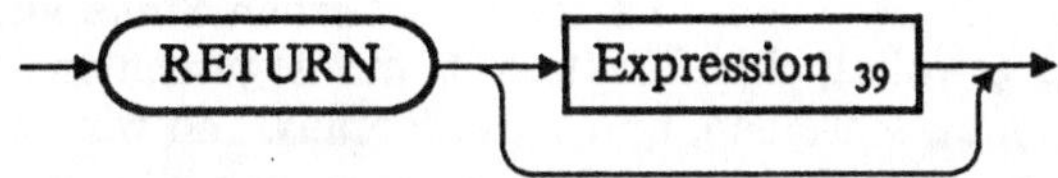

- Eine RETURN-Anweisung besteht aus dem Schlüsselwort RETURN, dem ein Ausdruck folgen kann.

- Wenn die Prozedur, in der die RETURN-Anweisung enthalten ist, eine Funktionsprozedur ist, *muß* ein Ausdruck angegeben werden, der in diesem Fall mit dem Datentyp ihres Funktionswertes *zuweisungskompatibel* sein muß (siehe 3.6.1 "Wertzuweisung").

- Wenn eine Prozedur keine Funktionsprozedur ist, dürfen die in ihr enthaltenen RETURN-Anweisungen nur aus dem Schlüsselwort RETURN bestehen.

Ausführung einer RETURN-Anweisung

Eine RETURN-Anweisung kann an jeder beliebigen Stelle innerhalb einer Prozedur (oder eines Moduls) vorkommen. Sie bewirkt die sofortige Beendigung der Prozedurausführung und eine "Rückkehr" hinter den Aufruf der Prozedur (d.h. die Verarbeitung wird mit der dem Prozeduraufruf folgenden Anweisung fortgesetzt). Wenn ein Modul (z.B. ein Hauptprogramm) eine RETURN-Anweisung enthält, bewirkt diese ein sofortiges Ende seiner Ausführung.

In Funktionsprozeduren bewirkt die RETURN-Anweisung neben der Rückkehr zur Aufrufstelle, daß der Funktionswert (d.h. das Ergebnis) der Prozedur festgelegt wird. Funktionsprozeduren werden ausführlich in 3.7.4 behandelt.

Unser Suchalgorithmus kann mit zwei RETURN-Anweisungen folgendermaßen neu formuliert werden:

```
PROCEDURE FindDouble(s:String; len:CARDINAL; VAR pos:CARDINAL);
  VAR i:CARDINAL;
BEGIN
  IF (len=0) OR (len>100) THEN
    pos := 0;
    RETURN
  END;
  FOR i:=1 TO len-1 DO
    IF s[i]=s[i+1] THEN
      pos := i;
      RETURN
    END
  END;
  pos := 0
END FindDouble;
```

Anmerkung: Die Abfrage len=0 in der ersten IF-Anweisung ist erforderlich, um ein Fehlverhalten der Prozedur in diesem Fall zu vermeiden; sonst würde die Berechnung des Ausdrucks len-1 zu einer negativen CARDINAL-Zahl führen.

3.7.4 Funktionsprozeduren

Viele Prozeduren liefern als Ergebnis genau einen Ausgangsparameter. Prozeduren dieser Art kann man als *Funktionen* im mathematischen Sinne auffassen. Aus der Mathematik sind wir gewohnt, eine Funktion f mit Argumenten (d.h. Parametern) x und y als f(x,y) zu schreiben, und setzen voraus, daß wir f(x,y) als Größe innerhalb eines zusammengesetzten Ausdrucks verwenden können (z.B. f(x,y)+1). Um diese bequeme Schreibweise auch in Programmen anwenden zu können, enthält Modula-2 das Konzept der *Funktionsprozedur*. Wir haben in den vorangegangenen Abschnitten wiederholt auf diese Möglichkeit hingewiesen; an dieser Stelle wollen wir kurz zusammenfassen, was wir bereits über Funktionsprozeduren wissen:

- Im *Prozedurkopf* einer Funktionsprozedur muß der *Datentyp des Funktionswertes* (also der Wertebereich im mathematischen Sinn) angegeben werden.

- Jede *RETURN-Anweisung* innerhalb einer Funktionsprozedur muß einen *Ausdruck* enthalten, der den Funktionswert repräsentiert und mit dem Datentyp aus der Prozedurdeklaration *zuweisungskompatibel* ist (siehe 3.6.1 "Wertzuweisung").

Darüber hinaus müssen beim Schreiben und bei der Benutzung von Funktionsprozeduren noch folgende Punkte beachtet werden:

- Jede Funktionsprozedur *muß mindestens eine RETURN-Anweisung enthalten.* Die Ausführung einer Funktionsprozedur kann nicht einfach nach der Ausführung der letzten in ihr enthaltenen Anweisung enden, da sonst nicht bekannt ist, welchen Funktionswert sie liefert.

- Der *Datentyp des Funktionswertes* darf weder ein ARRAY- noch ein RECORD- oder ein SET-Typ sein.

- Eine Funktionsprozedur wird nicht mit einem speziellen Prozeduraufruf (ProcedureCall), sondern durch das Auftreten ihres Namens in einem *Ausdruck* aktiviert (siehe Factor in 3.5.4 "Regeln zum Schreiben von Ausdrücken"). Wenn die Funktionsprozedur keine Parameter hat, muß durch eine leere Parameterliste ( ) angedeutet werden, daß es sich um einen Prozeduraufruf (und nicht um einen Variablennamen) handelt.

Beispiele

(a) Die Prozedur BerechneQuadrat aus 3.7.1 besteht als Funktionsprozedur Quadrat nur aus einer einzigen RETURN-Anweisung:

```
PROCEDURE Quadrat(x:REAL):REAL;
BEGIN
   RETURN x*x
END Quadrat;
```

Aufrufbeispiele

```
VAR x,y,z: REAL;
...
x := Quadrat(3.0)
y := 2.0*Quadrat(x+1.0)
z := Quadrat(Quadrat(x)+Quadrat(y))
```

$$x := 3.0^2$$
$$y := 2.0*(x+1.0)^2$$
$$z := (x^2+y^2)^2$$

(b) Die Prozedur `BuildPowerOf2` aus 3.7.1 hat als Funktionsprozedur `PowerOf2` folgende Gestalt:

```
PROCEDURE PowerOf2(n:CARDINAL):CARDINAL;
  VAR
     i,power: CARDINAL;
BEGIN
  power := 1;
  FOR i:=1 TO n DO
    power := power*2
  END;
  RETURN power
END PowerOf2;
```

Anmerkung: `power` muß in der Funktionsprozedur als lokale Variable deklariert werden, während in der ursprünglichen Fassung direkt mit dem Ausgangsparameter gerechnet werden konnte.

Aufrufbeispiele

```
VAR i,j: CARDINAL;
...
i := PowerOf2(3)                          i := 2^3
j := PowerOf2(j*3)-1                       j := 2^{j*3} - 1
```

(c) Die Prozedur `FindDouble` aus 3.7.3 kann als Funktionsprozedur `DoublePos` folgendermaßen formuliert werden:

```
PROCEDURE DoublePos(s:String; len:CARDINAL):CARDINAL;
  VAR i: CARDINAL;
BEGIN
  IF (len=0) OR (len>100) THEN RETURN 0 END;
  FOR i:=1 TO len-1 DO
    IF s[i]=s[i+1] THEN RETURN i END
  END;
  RETURN 0
END DoublePos;
```

Aufrufbeispiele

```
VAR
  string: String;
  ch:     CHAR;
  i,len:  CARDINAL;
...
i := DoublePos(string,len-10)
IF DoublePos(string,50)>0 THEN
  string[DoublePos(string,50)+1] := " "
END
```

Anmerkung: Man beachte die von uns durchgeführten Namensänderungen bei der Umwandlung in Funktionsprozeduren! Die ursprünglichen Namen bringen die von den Prozeduren ausgeführten Tätigkeiten zum Ausdruck, während die neuen Namen die von den Funktionsprozeduren gelieferten Werte charakterisieren (vgl. 5.1.2 "Namenwahl").

3.7.5 Gültigkeitsbereiche und Lebensdauer von Objekten in Prozeduren

In den meisten bisher angeführten Beispielen haben wir von der Möglichkeit der Deklaration lokaler Daten in Prozeduren Gebrauch gemacht. Wir haben jedoch noch nicht genau erklärt, welche Auswirkungen diese lokalen Deklarationen haben. Es ergeben sich dabei mehrere Fragen:

- Kann man in Prozeduren nur mit lokalen Daten und Parametern arbeiten?
- Gelten lokale Deklarationen nur innerhalb der Prozedur, in der sie vorkommen?
- Welche Werte haben lokale Variablen zu Beginn der Ausführung einer Prozedur?
- Was geschieht mit lokalen Variablen nach Beendigung der Prozedur?

Wir haben es also grundsätzlich mit zwei Fragestellungen zu tun:

- *Gültigkeitsbereich* von deklarierten Objekten
  In welchen Programmteilen sind welche Objekte bekannt?
- *Lebensdauer* von Variablen
  In welchen Zeiträumen während der Programmausführung "existieren" welche Variablen?

Gültigkeitsbereiche

Jedem deklarierten Objekt kann ein Gültigkeitsbereich (engl. *scope*) zugeordnet werden, der sich nach der Stellung der Deklaration im Programm richtet.

- Der Gültigkeitsbereich eines Objekts ist immer jener Block einer Prozedur oder eines Moduls, in dem die Deklaration des Objektes vorkommt. Das heißt, daß jedes Objekt, das innerhalb einer Prozedur deklariert wird (einschließlich ihrer Parameter), in allen Anweisungen der Prozedur bekannt ist, aber nicht außerhalb der Prozedur.
- Innerhalb einer Prozedurdeklaration können beliebige weitere Deklarationen (also nicht nur Variablen-, sondern auch Konstanten-, Typ- und Prozedurdeklarationen) vorkommen. Wenn innerhalb einer Prozedur P eine weitere Prozedur Q deklariert wird, bezeichnen wir Q als *innere Prozedur* von P. Der Gültigkeitsbereich des Namens Q erstreckt sich über die ganze Prozedur P, aber nicht darüber hinaus (d.h. außerhalb der Prozedur P ist Q nicht bekannt und kann daher nicht aufgerufen werden).
- Alle innerhalb einer Prozedur bekannten Objekte sind auch in ihren inneren Prozeduren bekannt.
- Ein und derselbe Name kann für verschiedene Objekte in verschiedenen Gültigkeitsbereichen vergeben werden. Wenn ein Objekt x sowohl in der Prozedur P als auch in der inneren Prozedur Q deklariert ist, dann ist in Q nur das in Q selbst deklarierte Objekt x bekannt; das in P deklarierte x kann wegen der Namensgleichheit nur innerhalb von P, nicht aber in Q verwendet werden (d.h. die Deklaration von x in Q "verdeckt" die Deklaration von x in P).

- Jedes in einer Prozedur P deklarierte Objekt x ist in allen der Deklaration von x *folgenden Deklarationen* und in *allen Anweisungen* innerhalb von P (auch in inneren Prozeduren, die bereits *vor* x deklariert sind) bekannt. Ausgenommen sind die Deklarationen und Anweisungen innerer Prozeduren, in denen x neu deklariert wird.

- Vordeklarierte Bezeichner (z.B. die Namen der vordeklarierten Datentypen) werden so behandelt, als ob sie in jedem Modul "unsichtbar" deklariert worden wären. Sie können aber in jeder Prozedur mit unterschiedlicher Bedeutung neu deklariert werden.

Abbildung 3.2 zeigt, in welchen Programmteilen eines Moduls welche Objekte bekannt sind. Um Verwechslungen bei gleichnamigen Objekten auszuschließen, geben wir ihren Gültigkeitsbereich durch Tiefstellung an. Der Übersichtlichkeit halber wird die Stelle der Deklaration jedes Objektes durch einen Kreis gekennzeichnet.

Lebensdauer

Der Gültigkeitsbereich ist eine rein *statische* Eigenschaft von Objekten. Für jede Stelle im Quelltext eines Modula-2-Programms kann man genau angeben, welche Namen bekannt sind und daher verwendet werden dürfen. Anders verhält es sich mit der Lebensdauer. Sie hat *dynamischen* Charakter und ist von vornherein nur für Variablen definiert:

- Mit dem Beginn der Ausführung einer Prozedur werden die in ihr deklarierten lokalen Variablen (und formalen Parameter mit Ausnahme von VAR-Parametern) "angelegt", d.h. es wird Speicherplatz für sie reserviert.

- Der Wert der lokalen Variablen ist zu Beginn der Ausführung der Prozedur undefiniert, d.h. ihnen müssen vor ihrer erstmaligen Verwendung gültige Werte zugewiesen werden.

- Die formalen Parameter haben zu Beginn der Prozedurausführung dieselben Werte wie die entsprechenden aktuellen Parameter. Die Werte von formalen Parametern können - z.B. bei Ausgangsparametern - auch undefiniert sein, je nachdem, ob den aktuellen Parametern vor dem Prozeduraufruf bereits Werte zugewiesen wurden oder nicht.

- Der für die lokalen Variablen und die Parameter der Prozedur reservierte Speicherplatz bleibt erhalten, solange die Prozedur noch "aktiv" ist. Insbesondere gilt eine Prozedur auch dann als aktiv, wenn während ihrer Ausführung eine andere - von ihr gerufene - Prozedur abgearbeitet wird (d.h. es können mehrere Prozeduren gleichzeitig aktiv sein).

- Sobald die Ausführung einer Prozedur beendet ist (gleichgültig, ob nach Ausführung ihrer letzten Anweisung oder durch eine RETURN-Anweisung), werden alle für ihre lokalen Variablen und Parameter angelegten Speicherbereiche "freigegeben". Das bedeutet, daß

  (a) die Werte der lokalen Variablen unwiderruflich "verlorengehen",

  (b) der freigegebene Speicherplatz für andere Zwecke (z.B. für Aufrufe anderer Prozeduren) zur Verfügung steht.

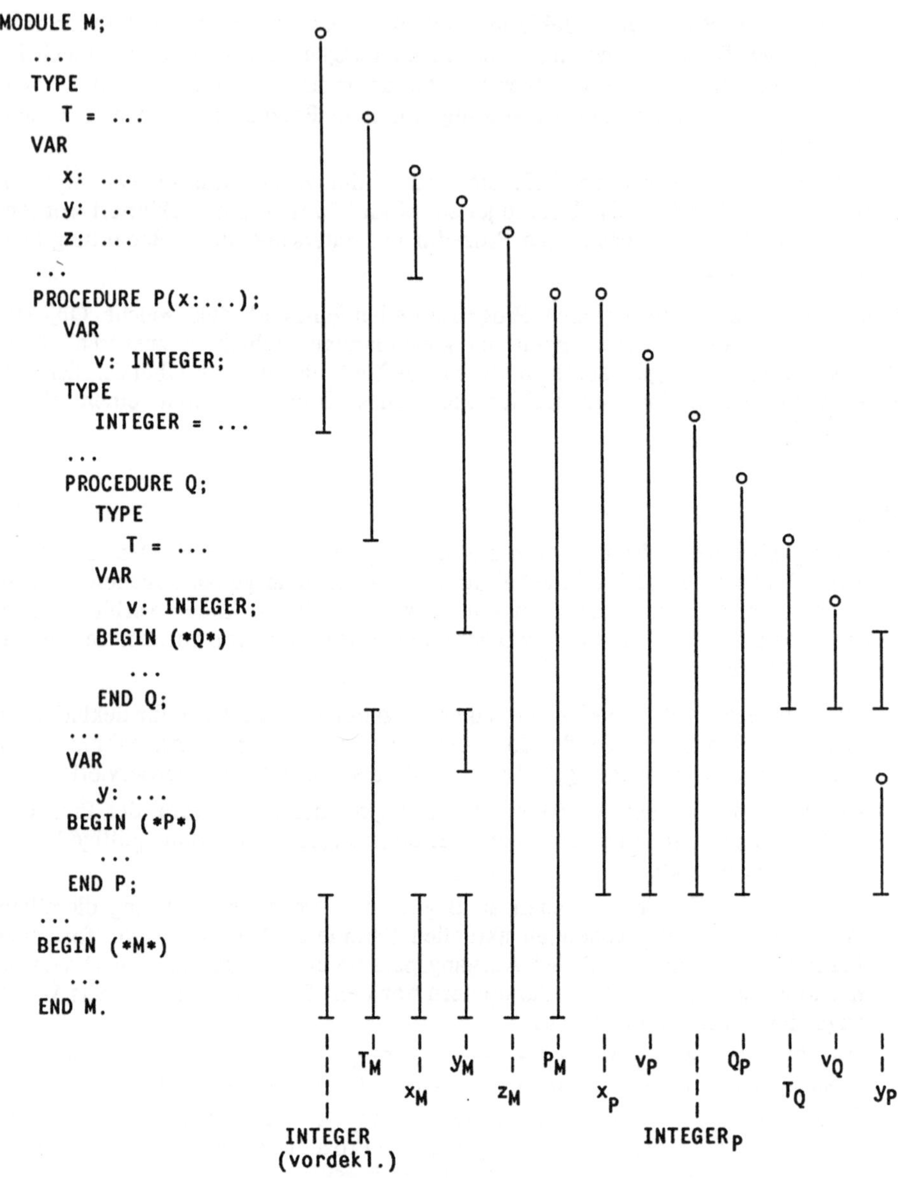

Bild 3.2 Gültigkeitsbereiche von Namen in Prozeduren

3.7.6 Datenaustausch zwischen Prozeduren und rufenden Programmeinheiten

Jede Prozedur beschreibt einen Algorithmus zur Lösung eines bestimmten Problems. Da in der Regel Algorithmen aus gegebenen (Eingangs-) Größen gesuchte (Ausgangs-) Größen ermitteln, wollen wir an dieser Stelle alle Mechanismen beschreiben, wie eine Prozedur mit Eingangsgrößen versorgt werden kann und wie man von ihr die berechneten Ausgangsgrößen erhält. Es handelt sich dabei im einzelnen um

- Parameter,
- Funktionswerte und
- nichtlokale Variablen.

Zur anschaulichen Darstellung dieser Mechanismen benutzen wir ein Beispiel zur *fortlaufenden Mittelwertberechnung*:

In einer Reihe von Meßwerten soll für jeden Wert `val` der bisherige Mittelwert `mw` aller Meßgrößen berechnet werden. Wir benötigen dazu als Hilfgrößen die Summe `sum` und die Anzahl `anz` aller bisher aufgetretenen Meßwerte:

```
Eingangsgröße:   val: REAL
Ausgangsgröße:   mw: REAL
Übergangsgrößen: sum,anz: REAL

sum  := sum+val;
anz  := anz+1.0;
mw   := sum/anz
```

Parameter

Der Datenaustausch über Parameter ist die allgemeinste und flexibelste Lösung:

- Alle am Datenaustausch beteiligten Größen sind sowohl in der Prozedurdeklaration als auch beim Prozeduraufruf in der Parameterliste enthalten.
- Ausgangs- und Übergangsgrößen sind in der Prozedurdeklaration auf einen Blick als solche erkennbar (Schlüsselwort VAR).
- Die Datentypen der Parameter unterliegen keinen Einschränkungen.
- Bei jedem Prozeduraufruf können andere aktuelle Parameter übergeben werden.

Wenn eine Prozedur jedoch viele Parameter hat, wird ihre Verwendung durch die lange Parameterliste unhandlich. Hinzu kommt, daß man immer die korrekte Reihenfolge der Parameter im Kopf behalten muß.

Beispiel

Prozedurdeklaration

```
PROCEDURE BerechneMittelwert(x:REAL; VAR sum,anz,mw: REAL);
BEGIN
  sum := sum+x;
  anz := anz+1.0;
  mw := sum/anz
END BerechneMittelwert;
```

Prozeduraufrufe

```
sum := 0.0; anz := 0.0;
BerechneMittelwert(val,sum,anz,mw);
BerechneMittelwert(val*val,sum,anz,mw);
```

Funktionswerte

Wenn eine Prozedur *eine* Ausgangsgröße liefert, kann sie als Funktionsprozedur mit der Ausgangsgröße als Funktionswert formuliert werden. Dadurch ergeben sich vor allem bei der Verwendung der Prozedur Vorteile:

- Wenn das Ergebnis der Prozedur in einem Ausdruck benötigt wird, kann der Prozeduraufruf direkt an die passende Stelle innerhalb des Ausdrucks geschrieben werden.

- Der Prozedurname kann so gewählt werden, daß er die Bedeutung des Funktionswertes suggeriert.

Allerdings muß als Nachteil in Kauf genommen werden, daß der Funktionswert weder von einem ARRAY- noch von einem RECORD- oder SET-Typ sein darf.

Beispiel

Prozedurdeklaration

```
PROCEDURE Mittelwert(x:REAL; VAR sum,anz:REAL): REAL;
BEGIN
  sum := sum+x; anz := anz+1.0;
  RETURN sum/anz
END Mittelwert;
```

Prozeduraufrufe

```
sum := 0.0; anz := 0.0;
mw := Mittelwert(val,sum,anz);
IF Mittelwert(val*val,sum,anz) > 1000.0 THEN ...
```

Nichtlokale Variablen

Wenn eine Prozedur viele - von Aufruf zu Aufruf immer gleichbleibende - Größen mit ihrer Umwelt gemeinsam hat, kann es von Vorteil sein, diese Größen nicht als Parameter zu übergeben, sondern sie außerhalb der Prozedur (also nichtlokal) zu deklarieren. Diese Vorgangsweise hat den Vorteil, daß die Parameterliste verkürzt wird. Als Nachteil muß jedoch angeführt werden, daß die Schnittstelle der Prozedur (also ihre Eingangs- und Ausgangsgrößen) weder in der Prozedurdeklaration noch beim Prozeduraufruf eindeutig erkennbar ist. Dadurch kann ihr Verständnis erheblich beeinträchtigt werden.

Beispiel

    Prozedurdeklaration

```
VAR
  sum,anz: REAL;    (*nichtlokale Groessen*)
...
PROCEDURE Mittelwert(x:REAL):REAL;
BEGIN
  sum := sum+x; anz := anz+1.0;
  RETURN sum/anz
END Mittelwert;
```

    Prozeduraufrufe

```
sum := 0.0; anz := 0.0;
mw := Mittelwert(val);
IF Mittelwert(val*val) > 1000.0 THEN ...
```

Unsere Beispielprozedur arbeitet in der zuletzt angegebenen Form mit allen drei Möglichkeiten zum Datenaustausch:

- Der zu verarbeitende Meßwert wird der Prozedur als Eingangsparameter übergeben.

- Der resultierende Mittelwert wird von der Prozedur als Funktionswert geliefert.

- Die "Gedächtnisgrößen" sum und anz sind nichtlokale Variablen und bleiben damit von Aufruf zu Aufruf erhalten.

Bei solchen Mischformen ist jedoch Vorsicht geboten. Vor allem die versteckten nichtlokalen Größen führen oft zu unerwünschten Nebenwirkungen (sogenannten *Seiteneffekten*, engl. *side effects*). Betrachten wir z.B. die beiden folgenden Anweisungsfolgen:

```
sum := 0.0; anz := 0.0;
mw  := Mittelwert(1.0)+Mittelwert(anz);

sum := 0.0; anz := 0.0;
mw  := Mittelwert(anz)+Mittelwert(1.0);
```

Auf den ersten Blick würden wir annehmen, daß die Variable mw in beiden Fällen den gleichen Wert erhält (weil normalerweise die Addition x+y dasselbe Ergebnis wie y+x liefert). Da aber die Funktionsprozedur Mittelwert bei jedem Aufruf den Wert der Variablen anz verändert, liefert die obere Anweisungsfolge mw=2.0, die untere jedoch mw=0.5 - unter der Annahme, daß immer zuerst der linke Aufruf der Funktionsprozedur ausgeführt wird (compilerabhängig).

Wir empfehlen daher, Funktionsprozeduren nur dann einzusetzen, wenn sie nichts anderes tun, als einen Funktionswert zu berechnen.

3.7.7 ARRAY-Parameter

Eine der wichtigsten Eigenschaften von Modula-2 ist, daß Objekte, die miteinander verknüpft oder einander zugewiesen werden sollen, hinsichtlich ihrer Datentypen "zusammenpassen" müssen. Dadurch können viele beim Entwurf gemachte Flüchtigkeitsfehler vom Compiler erkannt werden. Andererseits führen diese Einschränkungen aber auch zu manchen Unbequemlichkeiten beim Programmieren. Wenn z.B. ein Modula-2-Programm die drei Datentypen

```
Name    = ARRAY [0..19] OF CHAR;
Address = ARRAY [0..99] OF CHAR;
Text    = ARRAY [1..1000] OF CHAR;
```

enthält, so müssen wir, um festzustellen, ob ein Zeichen in drei Variablen mit den drei Datentypen `Name`, `Address` und `Text` vorkommt, drei Prozeduren schreiben, zum Beispiel:

```
PROCEDURE IsInName(x:Name; ch:CHAR):BOOLEAN;
PROCEDURE IsInAddress(x:Address; ch:CHAR):BOOLEAN;
PROCEDURE IsInText(x:Text; ch:CHAR):BOOLEAN;
```

Die Inhalte dieser drei Prozeduren sind im wesentlichen gleich. Sie unterscheiden sich nur darin, daß einmal das Zeichen `ch` z.B. zwischen den Elementen `x[0]` und `x[19]` gesucht wird (`IsInName`) und ein andermal zwischen `x[1]` und `x[1000]` (`IsInText`).

In 3.7.1 "Deklaration von Prozeduren" wurde bei der Erklärung der formalen Parameterliste einer Prozedur bereits darauf hingewiesen, daß dem Datentyp eines Parameters (FormalType) die beiden Schlüsselwörter `ARRAY OF` vorangestellt werden können. Mit diesem Mechanismus ist es möglich, eine Prozedur zu formulieren, der von Aufruf zu Aufruf verschiedene Felder mit gleichem Element-Datentyp aber verschiedenen Indexgrenzen als Parameter übergeben werden können. Für einen mit der Angabe

```
ARRAY OF T
```

definierten Formalparameter können als aktuelle Parameter beim Prozeduraufruf Objekte eingesetzt werden, die vom Datentyp

```
ARRAY I OF T
```

sind, wobei der Indextyp `I` keine Rolle spielt.

Das obige Problem kann mit Hilfe eines solchen *ARRAY-Parameters* gelöst werden, indem man eine Prozedur schreibt, die für alle beliebigen Zeichenfelder geeignet ist:

```
PROCEDURE IsInString(x:ARRAY OF CHAR; ch:CHAR):BOOLEAN;
```

Der formale Parameter `x` wird dabei innerhalb der Prozedur so behandelt, als ob er vom Datentyp

```
ARRAY [0..maxindex] OF CHAR
```

wäre, wobei der Wert des höchsten zugelassenen Index (`maxindex`) von der Elementanzahl des entsprechenden aktuellen Parameters abhängt. Innerhalb der Prozedur kann die Standardprozedur `HIGH` (siehe 3.7.8) benutzt werden, um den oberen Grenzindex des formalen Parameters x für den jeweiligen aktuellen Parameter zu bestimmen. HIGH(x) liefert immer die um eins verminderte Anzahl der Elemente des aktuellen Parameters:

```
Typ des aktuellen Parameters        HIGH(x)
     Name                              19
     Address                           99
     Text                             999
```

Der formale ARRAY-Parameter x darf innerhalb von IsInString nur elementweise (d.h. indiziert) oder wiederum als aktueller Parameter in einem weiteren Prozeduraufruf verwendet werden, wobei der entsprechende Formalparameter der gerufenen Prozedur ebenfalls ein ARRAY-Parameter mit dem gleichen Elementtyp sein muß.

Damit können wir die Prozedur IsInString folgendermaßen formulieren:

```
PROCEDURE IsInString(x:ARRAY OF CHAR; ch:CHAR):BOOLEAN;
VAR i: CARDINAL;
BEGIN
  FOR i:=0 TO HIGH(x) DO
    IF x[i]=ch THEN RETURN TRUE END
  END;
  RETURN FALSE
END IsInString;
```

Man beachte, daß bei ARRAY-Parametern die Indizes immer mit 0 beginnen!

3.7.8 Standardprozeduren

So wie es für die elementaren Datentypen in Modula-2 vordeklarierte Bezeichner gibt, die in jedem Programm benutzt werden können, so gibt es auch für manche immer wiederkehrende Aufgaben vordeklarierte Prozeduren (sogenannte *Standardprozeduren*). Manche dieser Prozeduren könnten mit mehr oder weniger Aufwand in Modula-2 selbst programmiert werden; andere wiederum gestatten Parameter von verschiedenen Datentypen oder gar eine variable Anzahl von Parametern und durchbrechen damit die für normale Prozeduren geltenden Sprachregeln.

In der folgenden Aufzählung gliedern wir die in Modula-2 verfügbaren Standardprozeduren nach ihren Anwendungsgebieten:

Konvertierungsfunktionen

    r := FLOAT(c)

wandelt den Ausdruck c (vom Datentyp CARDINAL) in eine REAL-Zahl mit demselben Zahlenwert um (FLOAT(2+3) ergibt den Wert 5.0).

    c := TRUNC(r)

wandelt den Ausdruck r (vom Datentyp REAL) in eine CARDINAL-Zahl um. Eventuelle Nachkommastellen werden dabei abgeschnitten (TRUNC(7.0/3.0) ergibt den Wert 2). Der Wert von r muß innerhalb des CARDINAL-Bereichs liegen (z.B. positiv sein), sonst ist das Ergebnis von TRUNC nicht definiert.

```
c := ORD(x)
```

liefert die Ordinalzahl (vom Typ CARDINAL) des Ausdrucks x. Der Datentyp von x darf INTEGER, CARDINAL, CHAR, BOOLEAN sowie ein Subrange- oder Enumerationstyp sein. ORD(gelb) liefert - wenn gelb eine Enumerations-konstante des Datentyps (rot,blau,gelb,gruen) ist - den Wert 2; ORD(rot) liefert 0.

```
v := VAL(T,c)
```

wandelt den Ausdruck c (vom Datentyp CARDINAL) in denjenigen Wert des Datentyps T um, der die Ordinalzahl c hat. Man beachte, daß der erste Parameter T der *Name eines Datentyps* sein muß! T darf INTEGER, CARDINAL, CHAR, BOOLEAN sowie ein Subrange- oder Enumerationstyp sein. VAL(E,2) liefert - mit E=(e1,e2,e3,e4) - den Wert e3; VAL(E,0) liefert e1. VAL(T,ORD(x)) liefert - wenn x vom Datentyp T ist - x selbst.

```
ch := CHR(c)
```

wandelt den Ausdruck c (vom Datentyp CARDINAL) in das Zeichen ch mit der Ordinalzahl c um.

Wenn man den ASCII-Zeichensatz (siehe Anhang D) zugrundelegt, dann ist

```
CHR(65) = "A"       (ORD("A") = 65)
CHR(12) = 14C       (ORD(14C) = 12)
```

CHR(c) liefert dasselbe Ergebnis wie VAL(CHAR,c).

```
ch1 := CAP(ch2)
```

wandelt das Buchstabenzeichen ch2 in den entsprechenden Großbuchstaben um. Wenn ch2 kein Buchstabenzeichen enthält, ist der Wert von CAP(ch2) undefiniert.

```
CAP("g") = "G"
CAP("E") = "E"
```

Arithmetische Operationen

```
INC(x)        (increment)
```

erhöht den Wert der Variablen x um 1. Der Datentyp von x darf INTEGER, CARDINAL, CHAR, BOOLEAN sowie ein Subrange- oder Enumerationstyp sein.

Wenn INC auf eine Variable vom Typ CHAR angewandt wird, ist x nach der Ausführung von INC(x) das Zeichen mit der um 1 höheren Ordinalzahl des ursprünglichen Zeichens; d.h. INC(x) liefert dasselbe Ergebnis wie x:=CHR(ORD(x)+1); die Anweisungsfolge x:="F"; INC(x) liefert x="G".

Wenn INC auf eine Variable eines Enumerationstyps angewandt wird, ist x nach der Ausführung von INC(x) der Enumerationswert, der in der Deklaration des Enumerationstyps unmittelbar auf den ursprünglichen Wert von x folgt; d.h. INC(x) liefert - wenn x vom Enumerationstyp E ist - dasselbe Ergebnis wie x:=VAL(E,ORD(x)+1).

```
INC(x,n)
```

erhöht den Wert der Variablen x um den Wert des Ausdrucks n. Der Datentyp
von n muß CARDINAL sein.

`INC(x,n)` liefert dasselbe Ergebnis wie `FOR i:=1 TO n DO INC(x) END`

```
DEC(x)        (decrement)
```

erniedrigt den Wert der Variablen x um 1. `DEC(x)` hat damit die umgekehrte
Wirkung von `INC(x)`, d.h. die Anweisungsfolge `INC(x)`; `DEC(x)` läßt den
Wert von x unverändert.

```
DEC(x,n)
```

erniedrigt den Wert der Variablen x um n. `DEC(x,n)` hat damit die
umgekehrte Wirkung von `INC(x,n)`, d.h. die Anweisungsfolge `INC(x,n)`;
`DEC(x,n)` läßt den Wert von x unverändert.

Die Standardprozeduren `INC` und `DEC` können vorteilhaft zum Ändern der Werte
zusammengesetzter Variablen eingesetzt werden. Die Anweisung

```
x[i*2,j+1] := x[i*2,j+1]+1
```

kann z.B. einfach als

```
INC(x[i*2,j+1])
```

geschrieben werden.

```
y := ABS(x)
```

liefert den Absolutbetrag des Ausdrucks x. Der Datentyp von x darf
INTEGER, CARDINAL, REAL oder ein Subrange von INTEGER oder
CARDINAL sein. `y:=ABS(x)` liefert dasselbe Ergebnis wie die IF-Anweisung
`IF x>=0 THEN y:=x ELSE y:=-x END`

```
b := ODD(x)
```

liefert einen boole'schen Wert, der angibt, ob der Ausdruck x (vom Datentyp
INTEGER, CARDINAL oder eines Subranges davon) eine ungerade Zahl
ergibt. `ODD(x)` liefert dasselbe Ergebnis wie `x MOD 2 # 0`.

Wertebereiche von Datentypen

```
x := MIN(T)
```

liefert den kleinsten durch den Datentyp T darstellbaren Wert. T darf jeder
"skalare" Typ (d.h. INTEGER, CARDINAL, REAL, CHAR, BOOLEAN sowie
ein Subrange- oder Enumerationstyp) sein.

```
MIN(INTEGER)  = -32768      (bei einem 16-Bit-Rechner)
MIN(CARDINAL) = 0
MIN(CHAR)     = 0C
MIN(BOOLEAN)  = FALSE
```

```
x := MAX(T)
```

liefert - unter denselben Bedingungen wie bei `MIN` - den höchsten durch den
Datentyp T darstellbaren Wert.

```
MAX(INTEGER)  = 32767      (bei einem 16-Bit-Rechner)
MAX(CARDINAL) = 65535
MAX(CHAR)     = 377C       (=CHR(255))
MAX(BOOLEAN)  = TRUE
```

Mengenoperationen

`INCL(s,e)`   (include)

nimmt den Wert des Ausdrucks e als Element in die durch s bezeichnete Menge auf. Die Variable s muß von einem SET-Typ (einschließlich BITSET) sein. Der Datentyp von e muß mit dem Elementtyp von s übereinstimmen. `INCL(s,e)` liefert - wenn s vom Datentyp S=SET OF E und e vom Datentyp E ist - dasselbe Ergebnis wie die Anweisung s:=s+S{e}.

`EXCL(s,e)`   (exclude)

entfernt das durch den Wert des Ausdrucks e bestimmte Element aus der durch s bezeichneten Menge. `EXCL(s,e)` liefert - unter denselben Bedingungen wie bei INCL - dasselbe Ergebnis wie die Anweisung s:=s-S{e}.

Bestimmung von Feldgrenzen

`c := HIGH(a)`

liefert die Ordinalzahl (vom Typ CARDINAL) des oberen Grenzindex des ARRAYs a. Wenn a als ARRAY [min..max] OF T deklariert ist, liefert HIGH(a) dasselbe Ergebnis wie ORD(max).

Programmabbruch

`HALT`

beendet die Programmausführung. Wenn HALT innerhalb einer Prozedur aufgerufen wird, dann wird nicht nur diese Prozedur abgebrochen, sondern alle aktiven Prozeduren und das Hauptprogramm.

Dynamische Speicherplatzverwaltung

`NEW(p)`

legt einen neuen Speicherbereich für ein Objekt des Datentyps T an und weist seine Anfangsadresse der Variablen p zu. Die Variable p muß vom Typ POINTER TO T sein, der Datentyp T kann beliebig sein. Die Ausführung von NEW bewirkt, daß von nun an mit Hilfe des Designators p↑ auf den neu angelegten Speicherbereich zugegriffen werden kann.

`NEW(p,t1,t2,...)`

legt einen neuen Speicherbereich für ein RECORD mit Varianten an. p muß als POINTER TO RECORD ... deklariert sein, und t1,t2,... müssen Konstanten sein, die in diesem RECORD zur Unterscheidung von Varianten benutzt werden. Wenn p als

```
POINTER TO RECORD
  a: CARDINAL;
  CASE b: BOOLEAN OF
    TRUE: c: CHAR
  | FALSE:
      d: INTEGER
      CASE e: (x,y) OF
        x: f: BOOLEAN
      | y: g,h: CARDINAL
      END (*CASE e*)
  END (*CASE b*)
END (*RECORD*)
```

deklariert ist, kann mit NEW(p,TRUE) verlangt werden, daß nur so viel Speicherplatz angelegt werden soll, daß ein RECORD mit b=TRUE (also mit den drei Komponenten a, b und c) darin Platz hat. Der zweite Parameter von NEW dient also zur Unterscheidung, welche Variante der "äußersten" CASE-Konstruktion angelegt werden soll. Der Aufruf NEW(p) hätte zur Folge, daß so viel Speicherplatz angelegt wird, daß auch die größte Variante noch darin untergebracht werden kann. NEW(p) hat also dieselbe Wirkung wie NEW(p,FALSE). Wenn innerhalb einer Variante weiter differenziert werden soll, kann das durch zusätzliche Parameter geschehen. Der Aufruf NEW(p,FALSE,x) bewirkt z.B. das Anlegen eines Speicherplatzes, der gerade so groß ist, daß die RECORD-Komponenten a, b, d, e und f hineinpassen. Der Aufruf NEW(p,FALSE,y) legt - wie NEW(p) oder NEW(p,FALSE) - den maximal erforderlichen Speicherplatz an (Komponenten a, b, d, e, g und h).

Vorsicht! Ein Aufruf von NEW mit Angabe einer bestimmten Variante bewirkt *keine Einstellung der entsprechenden Schalterkomponenten!*

DISPOSE(p)

gibt den mit Hilfe von NEW(p) angelegten Speicherplatz wieder frei. Das heißt, daß p↑ nicht mehr verwendet werden darf.

DISPOSE(p,t1,t2,...)

hebt die durch NEW(p,t1,t2,...) vorgenommene Speicherplatzreservierung wieder auf. Die Parameterlisten bei den Aufrufen von NEW und DISPOSE müssen übereinstimmen, da sonst ein Speicherbereich mit einer anderen als der angelegten Größe freigegeben würde, was ein unkontrolliertes Fehlverhalten bei der weiteren Programmausführung zur Folge haben kann.

Aufrufe der Prozeduren NEW und DISPOSE werden bei der Übersetzung eines Programms, in dem sie vorkommen, folgendermaßen in Aufrufe zweier Prozeduren namens ALLOCATE und DEALLOCATE umgewandelt:

```
NEW(p)               →   ALLOCATE(p,TSIZE(T))
NEW(p,t1,t2,...)     →   ALLOCATE(p,TSIZE(T,t1,t2,...))
DISPOSE(p)           →   DEALLOCATE(p,TSIZE(T))
DISPOSE(p,t1,t2,...) →   DEALLOCATE(p,TSIZE(T,t1,t2,...))
```

Das bedeutet, daß die Prozeduren ALLOCATE und DEALLOCATE innerhalb des Programms zur Verfügung stehen müssen. Am einfachsten geschieht das durch Importieren von einem für die Freispeicherverwaltung zuständigen Modul, z.B.:

```
FROM Storage IMPORT ALLOCATE, DEALLOCATE;
```

Hinweis: Die Prozedur TSIZE liefert die für einen bestimmten Datentyp erforderliche Speichergröße. Sie wird in Abschnitt 3.9.1 "Der Modul SYSTEM" näher beschrieben.

Ausführliche Beispiele für das Arbeiten mit dynamisch angelegten Speicherbereichen finden sich in Abschnitt 4.3 "Dynamische Datenstrukturen".

3.7.9 PROCEDURE-Typen und Prozedurvariablen

In manchen Fällen müssen bestimmte Datenstrukturen auf mehrere ähnliche Arten verarbeitet werden, die sich nur geringfügig voneinander unterscheiden. Ein Beispiel dafür ist die Aufgabe, die Personalkartei eines Betriebes einmal alfabetisch nach Namen und ein andermal aufsteigend nach Personalnummern oder absteigend nach Lohn zu sortieren. Zur Abspeicherung der Personalkartei benutzen wir folgende Deklarationen:

```
TYPE
  Dienstnehmer = RECORD
                   personalnr: CARDINAL;
                   name:       ARRAY [1..30] OF CHAR;
                   lohn:       REAL;
                   ...
                 END;
  Personalkartei = ARRAY [1..1000] OF Dienstnehmer;

VAR
  kartei: Personalkartei;
  stand:  CARDINAL;  (*Beschaeftigungsstand*)
```

Zum Sortieren der Kartei benutzen wir das sogenannte *Auswahlverfahren.* Dabei trennen wir das Feld kartei in einen sortierten und einen unsortierten Teil. Das sortierte Teilfeld wird immer jeweils um ein Element verlängert, indem wir das "kleinste" Element aus dem unsortierten Teilfeld "auswählen" und mit dem ersten Element des unsortierten Teilfeldes vertauschen:

```
PROCEDURE Sortiere(VAR kartei:Personalkartei; stand:CARDINAL);
  VAR
    n:   CARDINAL;       (*Laenge des sortierten Teilfeldes*)
    min: CARDINAL;       (*Index des "kleinsten" Elementes*)
    h:   Dienstnehmer;   (*Hilfsobjekt zum Vertauschen*)
    i:   CARDINAL;
  BEGIN
    FOR n:=1 TO stand-1 DO
      (*suche das kleinste Element aus kartei[n..stand]*)
      min := n;
      FOR i:=n+1 TO stand DO
        IF Kleiner(kartei[i],kartei[min]) THEN min := i END
      END;
      (*vertausche das gefundene Element mit kartei[n]*)
      h := kartei[n]; kartei[n] := kartei[min]; kartei[min] := h
      (*kartei[1..n] ist sortiert*)
    END
  END Sortiere;
```

Zum Bestimmen des kleinsten Elementes aus der unsortierten Teilliste benutzen wir eine Funktionsprozedur Kleiner, deren boole'scher Funktionswert angibt, ob der durch den ersten Parameter angegebene Dienstnehmer vor dem zweiten einsortiert werden soll. Damit haben wir erreicht, daß die Sortierreihenfolge nicht vom Sortieralgorithmus selbst vorgegeben ist, sondern von der Vergleichsprozedur Kleiner bestimmt wird.

Um jedoch die gestellte Aufgabe - nämlich nach drei verschiedenen Kriterien zu sortieren - erfüllen zu können, müssen wir drei verschiedene Funktionsprozeduren zur Verfügung stellen, die von der Sortierprozedur aufgerufen werden können.

Solche Probleme können in Modula-2 auf elegante Weise mit Hilfe von *Prozedurvariablen* gelöst werden. Eine Prozedurvariable beschreibt kein Objekt im üblichen Sinn, sondern eine Prozedur. Wenn einer Prozedurvariablen pv eine Prozedur P zugewiesen wurde, kann pv wie eine Prozedur aufgerufen werden. Dieser Aufruf hat dann dieselbe Wirkung wie ein Aufruf der Prozedur P.

Prozedurvariablen müssen - wie alle anderen Variablen auch - deklariert werden. Sie müssen von einem *PROCEDURE-Typ* sein (siehe 3.4.3 "Typdeklarationen").

ProcedureType$_{62}$

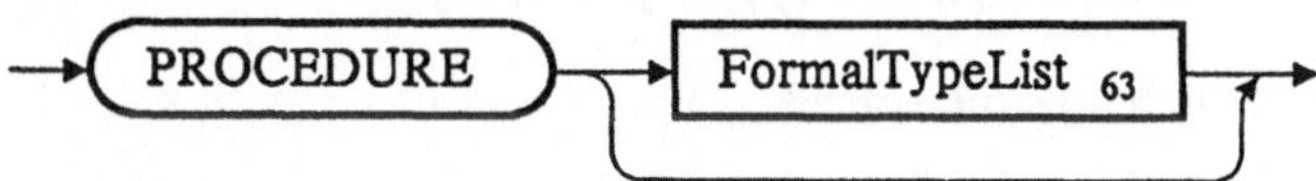

FormalTypeList$_{63}$

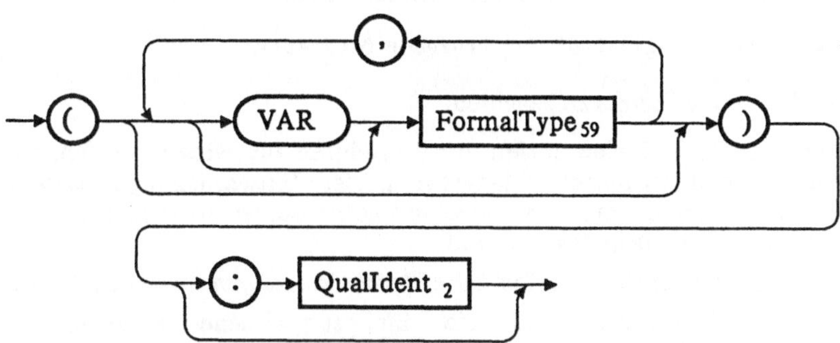

- Die Beschreibung eines PROCEDURE-Typs beginnt mit dem Schlüsselwort PROCEDURE, dem eine Beschreibung der Datentypen von formalen Prozedurparametern (FormalTypeList) folgen kann. Wenn die Angabe FormalTypeList fehlt, beschreibt ProcedureType eine Prozedur ohne Parameter.

- FormalTypeList gibt an,

  - wieviele Parameter zu einem PROCEDURE-Typ gehören, welche Datentypen sie haben (FormalType; siehe 3.7.1 "Deklaration von Prozeduren") und ob sie Eingangs- oder VAR-Parameter sind;

- ob der PROCEDURE-Typ eine Funktionsprozedur beschreibt und von welchem Datentyp ihr Funktionswert ist.

Beispiele

```
TYPE
  RealProc = PROCEDURE(REAL,VAR REAL);
  RealFunc = PROCEDURE(REAL):REAL;
  MeanProc = PROCEDURE(REAL,VAR REAL,VAR REAL,VAR REAL);
  FindFunc = PROCEDURE(ARRAY OF CHAR,CHAR):BOOLEAN;
```

`RealProc` beschreibt eine Prozedur mit zwei REAL-Parametern, von denen der erste ein Eingangs- und der zweite ein VAR-Parameter ist (vgl. `BerechneQuadrat` in 3.7.1).

`RealFunc` beschreibt eine Funktionsprozedur mit einem REAL-Parameter und einem Funktionswert vom Datentyp REAL (vgl. `Quadrat` in 3.7.4).

`MeanProc` beschreibt eine Prozedur mit einem REAL-Eingangsparameter und drei VAR-Parametern vom Datentyp REAL (vgl. `BerechneMittelwert` in 3.7.6).

`FindFunc` beschreibt eine Funktionsprozedur mit einem ARRAY-Parameter des Elementtyps CHAR und einem CHAR-Parameter, die einen boole'schen Funktionswert liefert (vgl. `IsInString` in 3.7.7).

Eine Prozedurvariable pv, die z.B. als

```
VAR pv: RealFunc;
```

deklariert ist, kann damit auf folgende Weise verwendet werden:

```
pv := Quadrat;  (*Zuweisung der Prozedur Quadrat zu pv*)
...
q := pv(x);     (*Aufruf der Prozedur Quadrat*)
```

Dabei sind folgende Punkte zu beachten:

- Einer Prozedurvariablen dürfen nur Prozeduren zugewiesen werden, die *nicht lokal in anderen Prozeduren* deklariert sind. Diese Einschränkung ist erforderlich, um Aufrufe von inneren Prozeduren an solchen Stellen zu vermeiden, an denen diese Prozeduren nicht bekannt sind.

- Einer Prozedurvariablen dürfen *keine Standardprozeduren* zugewiesen werden.

- Die Prozedurvariable und die ihr zugewiesene Prozedur müssen *prozedurkompatibel* sein (Definition siehe unten).

- Die zugewiesene Prozedur darf in der Wertzuweisung nur durch ihren Namen bezeichnet werden, d.h. ihr darf *keine Parameterliste* folgen (`Quadrat(x)` stellt einen *Aufruf* der Prozedur dar, während `Quadrat` die Prozedur selbst bedeutet).

  Hinweis: Wenn eine parameterlose Funktionsprozedur aufgerufen wird, muß aus diesem Grund hinter ihrem Namen eine leere Parameterliste angegeben werden, um anzudeuten, daß es sich um einen Aufruf der Prozedur handelt.

Prozedurkompatibilität zwischen einer Prozedurvariablen pv und einer Prozedur P
bedeutet:

* pv und P haben die gleiche Anzahl von Formalparametern.
* Die formalen Parameter von pv und P stimmen paarweise überein, d.h. der
  i-te Parameter von pv und der i-te Parameter von P müssen
    - vom selben Datentyp (FormalType) sein,
    - entweder beide VAR-Parameter oder beide Eingangsparameter sein.
* pv und P dürfen entweder beide keine Funktionsprozeduren sein, oder die
  Datentypen ihrer Funktionswerte müssen gleich sein.

Prozeduren können nicht nur Prozedurvariablen zugewiesen, sondern auch als
aktuelle Parameter in Prozeduraufrufen verwendet werden, wenn der entsprechende
Formalparameter von einem PROCEDURE-Typ ist. Auf diese Weise kann unsere
Sortieraufgabe gelöst werden. Wir geben dazu die erforderlichen Schritte an:

(1) Festlegung eines PROCEDURE-Typs für Vergleichsprozeduren:

```
TYPE Vergleich = PROCEDURE(Dienstnehmer,Dienstnehmer):BOOLEAN;
```

(2) Aufnahme der Vergleichsprozedur Kleiner in die Parameterliste von
Sortiere:

```
PROCEDURE Sortiere(VAR kartei:Personalkartei; stand:CARDINAL;
                   Kleiner:Vergleich);
```

(3) Schreiben von Vergleichsprozeduren:

```
PROCEDURE NachNamen(d1,d2:Dienstnehmer):BOOLEAN;
  VAR i: [0..30];
BEGIN
  i := 0;
  REPEAT
    INC(i)
  UNTIL (d1.name[i]#d2.name[i]) OR (i=30);
  RETURN d1.name[i]<d2.name[i]
END NachNamen;

PROCEDURE NachPersonalnummern(d1,d2:Dienstnehmer):BOOLEAN;
BEGIN
  RETURN d1.personalnr<d2.personalnr
END NachPersonalnummern;

PROCEDURE NachLohn(d1,d2:Dienstnehmer):BOOLEAN;
BEGIN
  RETURN d1.lohn>d2.lohn
END NachLohn;
```

Jede dieser drei Prozeduren liefert den Wert TRUE, wenn d1 vor d2 einsortiert
werden muß, sonst (wenn d2 vor d1 einzuordnen ist oder wenn die
Reihenfolge gleichgültig ist, z.B. bei gleichem Lohn) den Wert FALSE.

Beim Vergleich, ob ein Name im Alphabet vor dem anderen liegt, werden
gleiche Zeichen am Anfang beider Namen übergangen. Das Ergebnis des
Vergleichs hängt dann vom ersten ungleichen Zeichen (oder vom dreißigsten

bei völliger Namensgleichheit) ab.

(4) Aufrufe der Prozedur Sortiere mit verschiedenen Vergleichsprozeduren als
aktueller Prozedurparameter:

```
Sortiere(kartei,stand,NachNamen);
Sortiere(kartei,stand,NachPersonalnummern);
Sortiere(kartei,stand,NachLohn);
```

Da häufig Prozeduren ohne Parameter als Prozedurvariablen benutzt werden, gibt es
in Modula-2 den vordeklarierten Datentyp PROC, der als

```
TYPE PROC = PROCEDURE;
```

definiert ist. Diesem Datentyp werden wir in Abschnitt 3.10 "Prozesse und
Co-Routinen" wieder begegnen, da parameterlose Prozeduren bei der
Programmierung paralleler Prozesse eine wichtige Rolle spielen.

Übungsaufgaben

(1) Schreiben Sie eine Prozedur, die eine (in Metern gegebene) Länge in Fuß und Zoll
umrechnet (1 Fuß = 12 Zoll, 1 Zoll = 2,54 cm).

Prozedurkopf:

```
ConvertMetersToFoot(meter:REAL; VAR foot:CARDINAL; VAR inch:REAL);
```

(2) Ein Schriftsetzer soll die Seiten eines x Seiten umfassenden Buches numerieren. Dazu muß
er vorher ausrechnen, wieviele Lettern er von jeder der Ziffern 0 bis 9 benötigt. Schreiben
Sie eine Prozedur, die diese Aufgabe löst. Die Anzahl der benötigten Lettern soll als Feld an
den Rufer der Prozedur übergeben werden.

Prozedurkopf:

```
Lettern(x:CARDINAL; VAR anzahl:ARRAY OF CARDINAL);
```

(3) Schreiben Sie eine Prozedur, die die Zeichenkette kette2 (mit der Länge laenge2) an der
Stelle pos in die Zeichenkette kette1 (mit der Länge laenge1) einfügt. Beide
Zeichenketten haben eine maximale Länge von 80 Zeichen. Wenn kette1 durch die
Einfügung von kette2 länger als 80 Zeichen würde, soll sie ab dem 81. Zeichen
abgeschnitten werden.

Prozedurkopf:

```
PROCEDURE Einfuegen
          (VAR kette1:ARRAY OF CHAR; VAR laenge1:CARDINAL;
           pos:CARDINAL; kette2:ARRAY OF CHAR; laenge2:CARDINAL);
```

(4) Gegeben ist eine Zeichenkette W der Länge 2, die einen Wochentag in einer der Formen
MO, DI, MI, DO, FR, SA, SO enthält. Die Information soll in eine Zahl konvertiert
werden, und zwar:

```
W | MO  DI  MI  DO  FR  SA  SO  sonst
--+------------------------------------
n |  1   2   3   4   5   6   7    0
```

Schreiben Sie eine Funktionsprozedur, die diese Aufgabe löst.

Prozedurkopf:

```
TAG(w:ARRAY OF CHAR):CARDINAL;
```

(5) Schreiben Sie eine Funktionsprozedur, die bei einer gegebenen Zeichenkette k der Länge 1 zählt, wie oft das Zeichen z in ihr vorkommt.

Prozedurkopf:

```
Anzahl(k:ARRAY OF CHAR; 1:CARDINAL; z:CHAR):CARDINAL;
```

(6) Formulieren Sie die beiden Standardprozeduren CAP und FLOAT in Modula-2.

(7) Es soll geprüft werden, ob der Inhalt eines Zeichenfeldes feld der Länge 1 ein Palindrom ist, d.h. ob die Zeichenkette von vorne und von hinten gelesen gleich lautet. Ist die Zeichenkette ein Palindrom, so soll der Ausgangsparameter korrekt den Wert TRUE erhalten, sonst FALSE. Von folgender Prozedur wird behauptet, daß sie diese Aufgabe löst:

```
PROCEDURE Palindrom(feld:ARRAY OF CHAR; 1:CARDINAL;
                    korrekt:BOOLEAN);
  VAR i: INTEGER;
BEGIN
  i := 1; DEC(1);
  WHILE i<1 AND korrekt DO
    korrekt := feld[i]=feld[1];
    INC(i)
  END
  RETURN korrekt
END Palindrom;
```

Prüfen Sie diese Prozedur und korrigieren Sie die darin enthaltenen Fehler.

3.8 Das Modulkonzept

In Abschnitt 2.3 haben wir den Begriff des Moduls eingeführt. Das Modulkonzept ist einer der wichtigsten Bestandteile der Programmiersprache Modula-2 (daher auch ihr Name). Wir wollen uns in diesem Abschnitt ausführlich damit beschäftigen, wie Moduln in Modula-2 realisiert werden können.

In Abschnitt 3.3 haben wir bereits festgestellt, daß jedes Modula-2-Programm als Modul aufgefaßt werden kann. Damit haben wir den Begriff des "Programm-Moduls" eingeführt. Zur Realisierung von Moduln im Sinne von Abschnitt 2.3 gibt es in Modula-2 noch sogenannte "innere" und "äußere" Moduln.

3.8.1 Innere Moduln

In jedem Block (d.h. in jedem Programm-Modul und in jeder Prozedur) können innere Moduln definiert werden (siehe Abschnitt 3.3 "Elementare Programmstruktur"), die nach folgenden Regeln aufgebaut sein müssen:

ModuleDeclaration$_{64}$

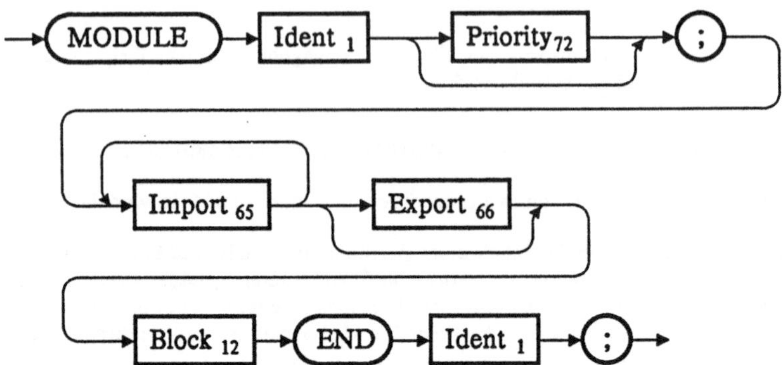

- Ein Modul beginnt mit dem Schlüsselwort MODULE, dem der Name des Moduls und ein Strichpunkt folgen.

- Hinter dem Modulnamen kann eine Priorität angegeben werden. Die Bedeutung dieser Angabe wird in 3.10.2 "Unterbrechungen und Prioritäten" erklärt.

- Dem Modulkopf können beliebig viele IMPORT-Anweisungen und eine EXPORT-Anweisung folgen. Man beachte, daß die Reihenfolge (zuerst IMPORT, dann EXPORT) eingehalten werden muß.

- Der Inhalt des Moduls wird - wie bei Programm-Moduln und Prozeduren - durch einen Block beschrieben, der die Deklarationen der lokalen Objekte des Moduls und seiner Prozeduren sowie einen Anweisungsteil enthält.

- Jeder Modul muß mit dem Schlüsselwort END, dem Modulnamen und einem Strichpunkt abgeschlossen werden.

IMPORT und EXPORT-Anweisungen

Import$_{65}$

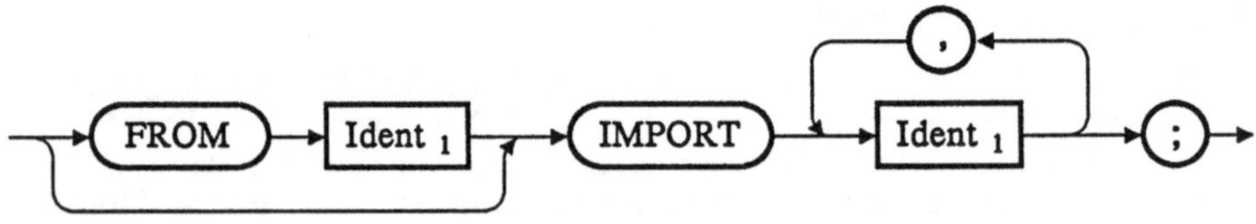

Es gibt zwei Formen von IMPORT-Anweisungen, je nachdem, ob sie mit FROM beginnen oder nicht. Da für beide Formen verschiedene Bedingungen gelten, führen wir sie getrennt an:

IMPORT ohne FROM

- Die IMPORT-Anweisung besteht aus dem Schlüsselwort IMPORT, dem eine Liste aller Namen folgt, die außerhalb des Moduls definiert sind und im Modul benutzt werden. Wir werden im folgenden dafür die Bezeichnung *Importliste* verwenden.

- Alle in der Importliste angeführten Namen müssen in dem Block, in dem der importierende Modul deklariert ist, bekannt sein.

- Hinsichtlich der Art importierter Namen gibt es keine Einschränkungen, d.h. es können Konstanten, Datentypen, Variablen, Prozeduren und Moduln importiert werden.

- Wenn ein Modulname M importiert wird, können innerhalb des importierenden Moduls alle Namen benutzt werden, die vom Modul M exportiert werden. Sie müssen allerdings mit dem Modulnamen qualifiziert werden (d.h. eine von M exportierte Prozedur P kann nur mit M.P aufgerufen werden).

IMPORT mit FROM

- Die IMPORT-Anweisung beginnt mit dem Schlüsselwort FROM, dem ein Modulname M folgt.

- Der Modul M muß in dem Block, in dem der importierende Modul deklariert ist, bekannt sein.

- Hinter dem darauffolgenden Schlüsselwort IMPORT können alle Namen aufgezählt werden, die vom Modul M exportiert und im importierenden Modul benutzt werden.

- Das Schlüsselwort FROM hat eine "entqualifizierende" Wirkung, d.h. wenn vom Modul M eine Prozedur P exportiert wird, kann mit Hilfe der IMPORT-Anweisung FROM M IMPORT P; die Prozedur P im importierenden Modul ohne vorangestellten Modulnamen benutzt werden.

Export$_{66}$

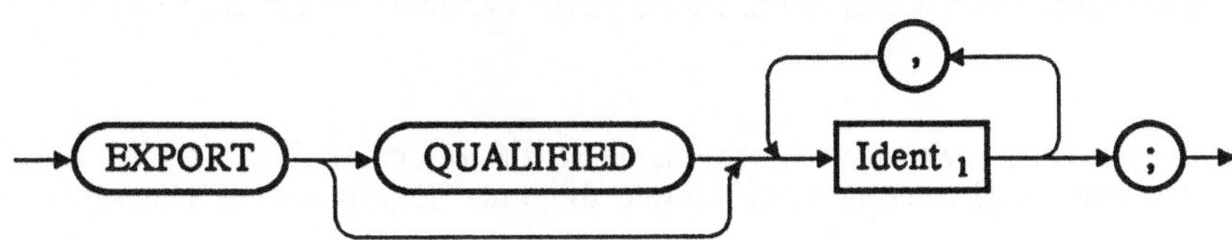

- Eine EXPORT-Anweisung beginnt mit dem Schlüsselwort EXPORT, dem eine Liste aller zu exportierenden Namen (die sogenannte *Exportliste*) folgt.

- Mit einer EXPORT-Anweisung werden alle in ihr enthaltenen Namen der Umgebung des exportierenden Moduls (also dem Block, in dem er deklariert ist) bekannt gemacht und können daher dort verwendet werden.

- Wenn eine EXPORT-Anweisung das Schlüsselwort QUALIFIED enthält, müssen die exportierten Namen außerhalb des Moduls mit dem Namen des exportierenden Moduls qualifiziert werden. Wir sprechen daher auch von *qualifiziertem Export* (im Gegensatz zum unqualifizierten Export, wenn QUALIFIED nicht angegeben wird). Qualifizierter Export kann zur Vermeidung von Namenskonflikten benutzt werden (wenn z.B. ein exportierter Name bereits in der Umgebung des Moduls deklariert ist oder wenn verschiedene Moduln gleiche Namen exportieren).

- Alle in der Exportliste angeführten Namen müssen im Block des exportierenden

Moduls deklariert oder von einem darin enthaltenen inneren Modul unqualifiziert exportiert werden.

- Hinsichtlich der Art exportierter Namen gibt es keine Einschränkungen, d.h. es können Konstanten, Datentypen, Variablen, Prozeduren und Moduln exportiert werden.

Ausführung eines Moduls

Da ein Modul eine Sammlung von Objekten und Prozeduren darstellt, kann er nicht wie eine Prozedur aufgerufen werden. Es können nur von ihm exportierte Konstanten, Datentypen und Variablen benutzt und von ihm exportierte Prozeduren aufgerufen werden. Da ein Modul einen Block enthält und jeder Block aus Deklarationen *und Anweisungen* besteht, kann auch ein Modul wie eine Prozedur eine Anweisungsfolge (den *Modulrumpf*) enthalten. Die darin enthaltenen Anweisungen werden vor Beginn der Ausführung jenes Blocks ausgeführt, in dem der Modul deklariert ist. Der Rumpf eines inneren Moduls innerhalb eines Programm-Moduls (oder eines Implementierungsmoduls; siehe 3.8.3.2) wird daher nur ein einziges Mal ausgeführt, der Rumpf eines Moduls innerhalb einer Prozedur hingegen bei jedem Prozeduraufruf. Wenn ein Programm-Modul oder eine Prozedur mehrere innere Moduln enthält, werden diese in der Reihenfolge ihrer Deklaration initialisiert.

Der Modulrumpf kann benutzt werden, um lokalen und exportierten Variablen des Moduls Anfangswerte zuzuweisen, bevor erstmalig auf die vom Modul exportierten Prozeduren und Variablen zugegriffen wird. (Wir bezeichnen diesen Vorgang als *Initialisierung* des Moduls.) Wenn für die Verwendung eines Moduls keine Initialisierung erforderlich ist, kann der Rumpf des Moduls (und das Schlüsselwort BEGIN) weggelassen werden. In diesem Fall besteht der Inhalt des Moduls nur aus den Deklarationen von Konstanten, Datentypen, Variablen und Prozeduren.

Beispiel

Im folgenden geben wir einen Modul zur Realisierung eines *Kellerspeichers* an. Ein Kellerspeicher (engl. *Stack*) kann durch folgende Eigenschaften charakterisiert werden:

- Ein Kellerspeicher (kurz: *Keller*) ist eine Liste aus Elementen des gleichen Datentyps, die auch leer sein kann.

- An einem Ende des Kellers kann mit Hilfe der Operation Push(↓x) ein Element x angefügt werden.

- Durch eine Operation Pop(↑x) kann vom selben Ende des Kellers, an dem durch Push Anfügungen vorgenommen werden, ein Element x entnommen werden. Der Keller wird dabei um dieses Element kürzer.

```
MODULE Stack;
  IMPORT WriteString;
  EXPORT Push, Pop, empty, full;

  VAR
    stack: ARRAY [1..100] OF CARDINAL;
    length: [0..100];
    empty,full: BOOLEAN;
```

```
      PROCEDURE Push(x:CARDINAL);
      BEGIN
        IF full THEN
          WriteString("stack full"); HALT
        END;
        INC(length); stack[length] := x;
        empty := FALSE; full := length=100
      END Push;


      PROCEDURE Pop(VAR x:CARDINAL);
      BEGIN
        IF empty THEN
          WriteString("stack empty"); HALT
        END;
        x := stack[length]; DEC(length);
        empty := length=0; full := FALSE
      END Pop;

      BEGIN  (*initialization of MODULE Stack*)
        length := 0; empty := TRUE; full := FALSE
      END Stack;
```

Im Fehlerfall (wenn z.B. versucht wird, einem leeren Keller ein Element zu
entnehmen) wird in den Prozeduren Push und Pop eine Prozedur WriteString
zur Ausgabe eines Fehlertextes benutzt. Diese Prozedur ist außerhalb des Moduls
bekannt und wird von ihm importiert.

Der Modul Stack exportiert außer den beiden Prozeduren Push und Pop zwei
boole'sche Variablen empty und full, die den Füllstand des Kellers anzeigen.
Bevor der Modul benutzt werden kann, müssen im Modulrumpf die exportierten
Variablen und die lokale Variable length eingestellt werden.

Beim Export von Variablen ist äußerste Vorsicht geboten. In den meisten
Anwendungen stellen die Variablen der Umgebung des Moduls lediglich
Informationen über seinen Zustand zur Verfügung; sie dürfen deshalb *von außen*
nicht verändert werden, da dies ein Fehlverhalten des Moduls zur Folge haben
könnte. Wenn wir zum Beispiel in der Umgebung des Moduls Stack die Werte der
exportierten Variablen empty oder full verändern (indem wir z.B. bei leerem
Keller der Variablen empty den Wert FALSE zuweisen), führt dies zu einem
Fehler in der Verwaltung des Kellers.

3.8.2 Gültigkeitsbereiche und Lebensdauer von Objekten in Moduln

Wir haben bereits wiederholt auf die zentrale Bedeutung der IMPORT- und
EXPORT-Anweisungen hingewiesen. Hier wollen wir uns nun genauer damit
befassen, welche Auswirkungen Moduln auf die Gültigkeitsbereiche von Namen
haben und wie lange die in einem Modul deklarierten Variablen "leben".

Gültigkeitsbereiche

Während bei Prozeduren alle außerhalb bekannten Namen "automatisch" auch in
der Prozedur bekannt sind (sofern sie in ihr nicht neu deklariert werden), bilden
Moduln eine undurchdringliche Mauer, die das Innere eines Moduls von seiner

Umwelt isoliert. Für die Kommunikation von Moduln mit ihrer Umgebung müssen folgende Regeln beachtet werden:

Import

- Innerhalb eines Moduls sind nur die in ihm deklarierten Namen, alle explizit oder implizit importierten Namen und die von inneren Moduln exportierten Namen bekannt.

- Explizit importierte Namen sind all jene, die ausdrücklich in der Importliste angeführt sind.

- Wenn der Name eines RECORD-Typs importiert wird, werden die Namen seiner RECORD-Komponenten implizit importiert.

- Wenn der Name eines Enumerationstyps importiert wird, werden die Namen seiner Enumerationskonstanten implizit importiert.

- In jedem Modul werden alle vordeklarierten Bezeichner implizit importiert. Das bedeutet, daß die vordeklarierten Bezeichner nur in Prozeduren, aber nicht in Moduln neu deklariert werden dürfen.

- Wenn der Name eines Moduls M importiert wird, werden alle von M unqualifiziert exportierten Namen implizit importiert. Wenn M einen qualifizierten Export enthält, müssen die von ihm exportierten Namen bei ihrer Verwendung mit dem Modulnamen M qualifiziert werden. Mit der Schreibweise FROM M IMPORT ... können die von M qualifiziert exportierten Namen ohne Qualifikation benutzt werden, da sie in diesem Fall explizit importiert werden.

- Importierte Namen dürfen innerhalb eines Moduls nicht neu deklariert werden.

Export

- Alle von einem inneren Modul exportierten Namen werden durch die EXPORT-Anweisung der Umgebung des Moduls (d.h. jenem Block, in dem der Modul deklariert ist) bekannt gemacht. Sie dürfen daher dort noch nicht bekannt sein.

- Alle von einem Modul exportierten Namen müssen entweder im Modul selbst lokal deklariert sein oder von einem in ihm enthaltenen Modul unqualifiziert exportiert werden ("durchreichender" Export).

- Im Falle eines qualifizierten Exports müssen alle exportierten Namen außerhalb des Moduls mit dem Namen des Moduls qualifiziert werden. Dadurch können außerhalb des Moduls durchaus bereits Namen bekannt sein, die mit exportierten Namen übereinstimmen.

- Wenn ein Modul nur unqualifiziert exportiert, dürfen die exportierten Namen außerhalb des Moduls nicht bekannt sein; d.h. sie dürfen weder deklariert noch von einem anderen Modul innerhalb desselben Gültigkeitsbereichs exportiert werden.

- Wenn der Name eines RECORD-Typs exportiert wird, werden die Namen seiner RECORD-Komponenten ebenfalls exportiert; wenn der Name eines Enumerationstyps exportiert wird, schließt dies den Export aller Namen seiner Enumerationskonstanten mit ein.

- Wenn der Name eines Moduls M exportiert wird, werden alle von M exportierten Namen ebenfalls exportiert.

Lebensdauer

Im Gegensatz zu Prozeduren, deren lokale Variablen nur "existieren", solange die Prozedur aktiv ist, haben lokale Variablen von Moduln eine längere Lebensdauer: Sie "existieren" genauso lange wie die lokalen Variablen jener Programmteile, in denen der Modul bekannt ist.

- Die lokalen Variablen eines Moduls (einschließlich der exportierten) werden "angelegt", bevor die Ausführung des Blocks beginnt, in dem der Modul deklariert ist.

- Unmittelbar nach dem Anlegen der Variablen des Moduls wird sein Rumpf ausgeführt.

- Die Lebensdauer der Variablen eines Moduls endet, sobald die letzte Anweisung des Blocks, in dem der Modul deklariert ist, ausgeführt ist.

Lokale Variablen eines Moduls innerhalb einer Prozedur leben daher genauso lange wie die lokalen Variablen der Prozedur selbst; die lokalen Variablen eines Moduls unmittelbar innerhalb eines Programm-Moduls (oder eines Implementierungsmoduls; siehe 3.8.3.2) leben während der gesamten Programmausführung.

3.8.3 Äußere Moduln und getrennte Übersetzung

Wir haben bisher nur Programm-Moduln kennengelernt, die aus Deklarationen von Konstanten, Datentypen, Prozeduren und Moduln sowie aus ausführbaren Anweisungen bestehen. Damit sind wir bereits in der Lage, viele kleine Probleme in Modula-2 zu lösen. Sobald wir es jedoch mit umfangreichen Aufgaben zu tun haben, deren Lösung mehrere tausend Anweisungen erfordert, entsteht dabei ein riesiges Modula-2-Programm, wodurch sich Nachteile bei der Programmierung ergeben:

- Je größer ein Programm ist, desto schwieriger ist es zu verstehen und zu erweitern. Die Wahrscheinlichkeit, daß ein Programm Fehler enthält, wächst überproportional mit seiner Länge; der Aufwand, der getrieben werden muß, um einen aufgetretenen Fehler zu beseitigen, ist in großen Programmen unverhältnismäßig hoch.

- Die Zeit, die der Compiler zur Übersetzung eines Programms benötigt, wächst mit der Länge des Programms. Dadurch entstehen bereits bei minimalen Programmänderungen unangenehme Wartezeiten.

- An großen Projekten wird üblicherweise in Teams gearbeitet, deren Mitglieder abgeschlossene Teilaufgaben behandeln. Wenn alle Beteiligten an einem einzigen Programm arbeiten, kommt zu den bisherigen Schwierigkeiten das Problem der Koordination.

Modula-2 bietet daher die Möglichkeit, große Programme derart in (sogenannte *äußere*) Moduln zu zerlegen, daß jeder Teil für sich (also getrennt von allen anderen Teilen) programmiert und vom Compiler verarbeitet werden kann. Wir sprechen in diesem Zusammenhang von *getrennter Übersetzung*.

Die Kommunikation der einzelnen Moduln untereinander erfolgt dabei über klar definierte Schnittstellen; d.h. ein Modul kann Objekte und Prozeduren benutzen (importieren), die von einem anderen Modul zur Verfügung gestellt (exportiert) werden.

Bei der Übersetzung eines Moduls M1, der Funktionen eines Moduls M2 benötigt, muß daher bekannt sein, welche Namen der Modul M2 exportiert und was sie bedeuten. Bei der Übersetzung des Moduls M1 wird also nicht der gesamte Modul M2 benötigt, sondern lediglich eine Beschreibung der von ihm exportierten Namen. Aus diesem Grund sieht Modula-2 die Zerlegung eines äußeren Moduls in einen *Definitionsmodul* (seine Exportschnittstelle) und einen *Implementierungsmodul* (seinen eigentlichen Inhalt) vor. Beide Teile können (und müssen) getrennt übersetzt werden, wobei das Ergebnis der Übersetzung des Definitionsmoduls eine Schnittstellenbeschreibung ist, die dann bei der Übersetzung des Implementierungsmoduls und anderer Moduln, die diesen Modul importieren, vom Compiler benutzt werden kann.

Welche Auswirkungen die getrennte Übersetzung bei der Implementierung größerer Programmsysteme hat, wird ausführlich in Abschnitt 6.4 behandelt.

3.8.3.1 Definitionsmoduln

Die Aufgabe eines Definitionsmoduls besteht darin, zu beschreiben, wie ein Modul "von außen" benutzt werden kann. Er muß daher alle exportierten Namen definieren. Darüber hinaus muß er aber auch festlegen, welche Bedeutung hinter diesen Namen steckt. Ein Definitionsmodul enthält daher die Deklarationen aller exportierten Namen.

DefinitionModule$_{67}$

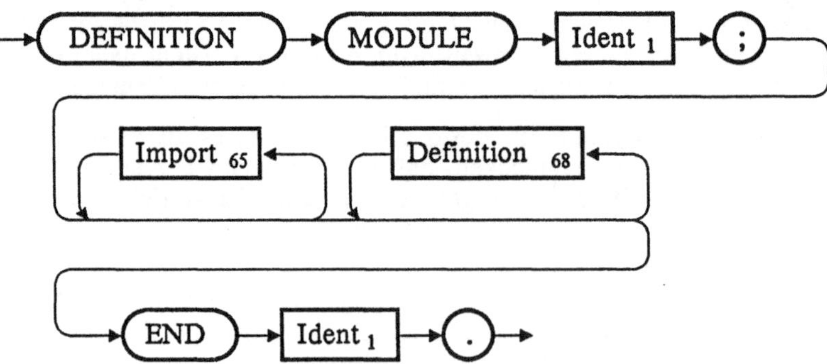

- Ein Definitionsmodul beginnt mit den Schlüsselwörtern DEFINITION und MODULE, denen der Name des Moduls und ein Strichpunkt folgen.

- Der Inhalt eines Definitionsmoduls besteht aus beliebig vielen IMPORT-Anweisungen und einer Reihe von Definitionen aller exportierten Namen.

- Jeder Definitionsmodul endet mit dem Schlüsselwort END, dem der Modulname und ein Punkt folgen.

Die Definition von Namen ist ähnlich ihrer Deklaration aufgebaut:

Definition$_{68}$

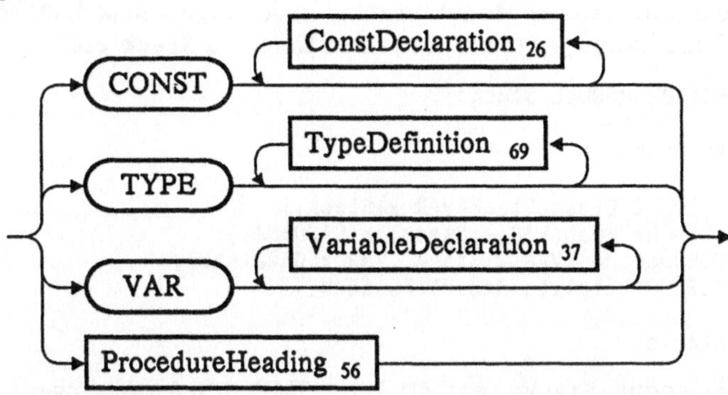

- Ein Definitionsmodul kann Konstanten-, Datentyp-, Variablen- und Prozedurdefinitionen enthalten.
- Konstanten- und Variablen*definitionen* sind genauso aufgebaut wie Konstanten- und Variablen*deklarationen*.
- Eine Prozedurdefinition besteht nur aus dem Prozedurkopf. Damit ist bereits festgelegt, wie die Prozedur aufgerufen werden kann (Name der Prozedur, Parameter, Funktionstyp). Die lokalen Deklarationen und die Anweisungen der Prozedur werden für den Export nicht benötigt.

TypeDefinition$_{69}$

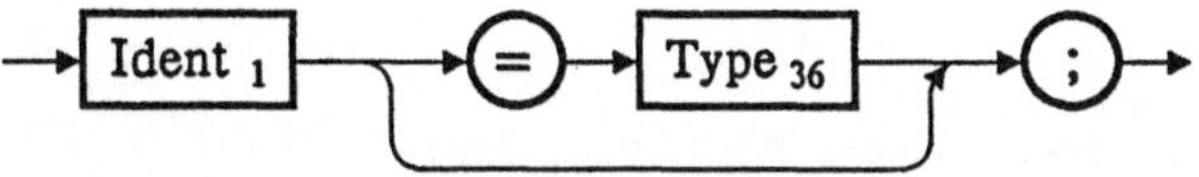

- Eine Typdefinition ist ähnlich wie eine Typdeklaration (siehe 3.4.3) aufgebaut. Sie besteht üblicherweise aus einem Namen, dem ein Gleichheitszeichen und die Beschreibung des Datentyps folgen.
- Im Gegensatz zur Typ*deklaration* kann die Beschreibung des Datentyps bei einer Typ*definition* jedoch fehlen. In diesem Fall wird der Name Ident nur als Typname definiert; welcher Datentyp dahintersteckt, bleibt aber verborgen. Wir bezeichnen den Export dann als *undurchsichtig* (engl. *opaque*). Ein undurchsichtig exportierter Datentyp kann - wenn er in einem anderen Modul importiert wird - zur Deklaration von Variablen verwendet werden. Undurchsichtige Datentypen können damit zur Realisierung *abstrakter Datentypen* benutzt werden, deren konkreter Aufbau nur dem exportierenden Modul bekannt ist. Mit Variablen von abstrakten Datentypen können dann nur Wertzuweisungen, Prüfungen auf Gleichheit/Ungleichheit und solche Operationen vorgenommen werden, die vom exportierenden Modul als Prozeduren zur Verfügung gestellt werden.

Beispiel

Um zu zeigen, wie ein Definitionsmodul und der dazugehörende Implementierungsmodul aufgebaut sind, wählen wir wieder einen Kellerspeicher. Wir fordern aber nun, daß der Modul Stacks in der Lage sein soll, mehrere Keller zu verwalten. Dazu führen wir einen abstrakten Datentyp Stack ein:

```
DEFINITION MODULE Stacks;

    TYPE Stack;

    PROCEDURE CreateStack(VAR s:Stack);
    PROCEDURE Push(VAR s:Stack; x:CARDINAL);
    PROCEDURE Pop(VAR s:Stack; VAR x:CARDINAL);
    PROCEDURE Empty(s:Stack):BOOLEAN;

END Stacks.
```

Der Definitionsmodul Stacks enthält keine IMPORT-Anweisungen; diese sind nur erforderlich, wenn zur Definition der exportierten Namen Konstanten oder Datentypen benötigt werden, die von einem anderen Modul exportiert werden.

Wenn wir mehrere Kellerspeicher benutzen wollen, muß es eine Funktion geben, mit deren Hilfe ein neuer Keller "angelegt" werden kann. Wir verwenden dazu eine Prozedur CreateStack, die einen leeren Keller liefert.

Die Prozeduren Push und Pop benötigen außer dem ein- oder auszukellernden Element x einen zusätzlichen Parameter s, der angibt, mit welchem Keller die Prozeduren arbeiten sollen.

Der Modul Stacks kann damit von einem anderen Modul z.B. in folgender Weise benutzt werden.

```
...
FROM Stacks IMPORT
   Stack, CreateStack, Push, Pop, Empty;
...
VAR
   s,t: Stack;
   x:   CARDINAL;
...
BEGIN
   ...
   CreateStack(s);
   CreateStack(t);
   Push(s,125); Push(s,x);
   Push(t,x*2);
   ...
   IF NOT Empty(s) THEN
     Pop(s,x); Push(t,x)
   END;
```

3.8.3.2 Implementierungsmoduln

Ein Definitionsmodul legt fest, welche Namen exportiert werden und was sie bedeuten. Die Aufgabe des zugehörigen Implementierungsmoduls besteht darin, alle unvollständigen Deklarationen des Definitionsmoduls zu vervollständigen, das heißt:

- Der Implementierungsmodul muß die vollständigen Deklarationen aller im Definitionsmodul enthaltenen undurchsichtigen Datentypen enthalten.

- Die konkrete Deklaration eines undurchsichtigen Datentyps ist (laut Sprachdefinition) auf POINTER-Typen beschränkt. Manche Implementierungen von Modula-2 lassen darüber hinaus aber auch andere Datentypen zu.

  Anmerkung: Die Einschränkung auf POINTER-Typen mag auf den ersten Blick als sehr schwerwiegend erscheinen. Sie ist es aber nicht, weil POINTER-Variablen auf Objekte jedes beliebigen Datentyps zeigen können.

- Der Implementierungsmodul muß die vollständigen Prozedurdeklarationen zu den im Definitionsmodul enthaltenen Prozedurköpfen enthalten.

- Alle anderen im Definitionsmodul enthaltenen Namen dürfen im Implementierungsmodul nicht mehr deklariert werden; sie sind in ihm automatisch bekannt, weil Definitions- und Implementierungsmodul eine logische Einheit bilden.

- Ein Implementierungsmodul kann beliebig viele lokale (d.h. nicht exportierte) Hilfsvariablen und -prozeduren enthalten (vgl. Abschnitt 2.3 "Der Begriff des Moduls").

Ein Implementierungsmodul ist nach denselben Regeln aufgebaut wie ein Programm-Modul (siehe 3.3 "Elementare Programmstruktur"). Der einzige Unterschied besteht darin, daß er nicht mit dem Schlüsselwort "MODULE", sondern mit "IMPLEMENTATION MODULE" beginnt:

ImplementationModule$_{70}$

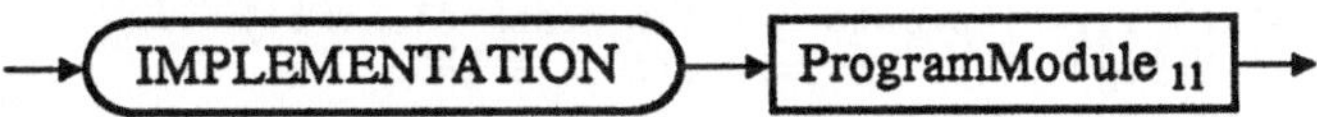

Ein Implementierungsmodul M kann - wie ein innerer Modul oder ein Programm-Modul - einen Anweisungsteil ("Modulrumpf") zur Initialisierung lokaler Variablen haben. Wenn ein Modul M1 den Modul M importiert, wird vor der Ausführung des Rumpfes von M1 der Modulrumpf von M ausgeführt. Wenn es mehrere Moduln gibt, die M importieren, wird der Rumpf von M jedoch nur ein einziges Mal (und zwar vor allen importierenden Moduln) ausgeführt.

Hinweis: Man beachte, daß Moduln einander gegenseitig importieren können (z.B. A importiert B und B importiert A). In diesem Fall ist die Ausführungsreihenfolge der Modulrümpfe undefiniert. Das kann unerwartete Ergebnisse zur Folge haben, wenn z.B. im Rumpf von A eine Prozedur aus B aufgerufen wird, deren Ausführung eine bereits erfolgte Initialisierung des Moduls B erfordert.

Beispiel

Wir wollen nun den vollständigen Implementierungsmodul Stacks angeben. Dazu muß definiert werden, wie der Datentyp Stack konkret aussieht. Um eine willkürliche Festlegung einer maximalen Kellerlänge (wie im Beispiel in 3.8.1 "Innere Moduln") zu vermeiden, wählen wir dazu eine verkettete Liste (siehe "POINTER-Typen" in 3.4.1.3 und Abschnitt 4.3 "Dynamische Datenstrukturen"):

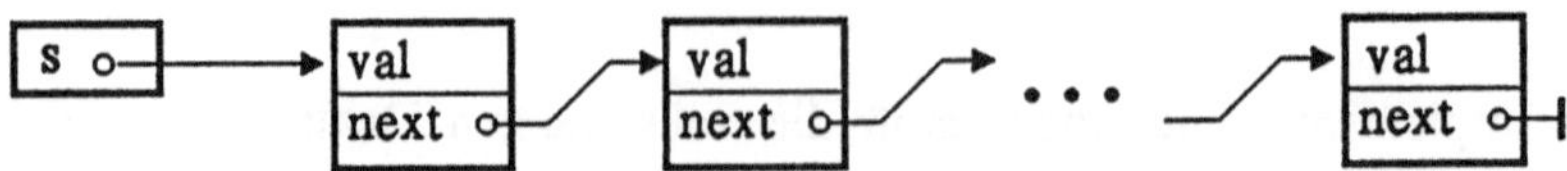

Jedes Kellerelement besteht aus einem Wert (val) und einem Zeiger zu seinem
Vorgänger. Ein Keller kann damit vollständig durch einen Zeiger auf das "oberste"
Kellerelement beschrieben werden. Das letzte ("tiefste") Kellerelement ist dadurch
gekennzeichnet, daß es keinen Vorgänger hat (next=NIL). Ein leerer Keller liegt
dann vor, wenn s den Wert NIL hat.

```
IMPLEMENTATION MODULE Stacks;
  FROM Storage IMPORT
    ALLOCATE, DEALLOCATE;
  FROM Terminal IMPORT WriteString;

  TYPE
    Stack = POINTER TO Stackelem;
    Stackelem = RECORD
                  val: CARDINAL;
                  next: Stack
                END;

  PROCEDURE CreateStack(VAR s:Stack);
  BEGIN
    s := NIL
  END CreateStack;

  PROCEDURE Push(VAR s:Stack; x:CARDINAL);
    VAR top: Stack;
  BEGIN
    NEW(top);   (*create new top stack element*)
    WITH top↑ DO val := x; next := s END;
    s := top
  END Push;

  PROCEDURE Pop(VAR s:Stack; VAR x:CARDINAL);
    VAR top: Stack;
  BEGIN
    IF Empty(s) THEN
      WriteString("stack empty"); HALT
    END;
    top := s;
    WITH top↑ DO x := val; s := next END;
    DISPOSE(top)   (*remove topmost stack element*)
  END Pop;

  PROCEDURE Empty(s:Stack):BOOLEAN;
  BEGIN
    RETURN s=NIL
  END Empty;

END Stacks.
```

Übungsaufgaben

(1) Schreiben Sie einen Modul, der den Bordcomputer eines Autos simuliert. Er soll Prozeduren zum Initialisieren, zur Berechnung der bisherigen Durchschnittsgeschwindigkeit und zur Berechnung der zurückgelegten Entfernung enthalten.

Prozedurköpfe:
```
Start(km:CARDINAL; zeit:Uhrzeit);
Entfernung(km:CARDINAL; VAR weg:CARDINAL);
Geschw(km:CARDINAL; zeit:Uhrzeit; VAR durchschn:CARDINAL);
```

Der Datentyp Uhrzeit soll ein RECORD sein. Die Prozedur Start initialisiert die Datenkapsel mit einem Kilometerstand und einer Uhrzeit (Fahrtbeginn). Entfernung berechnet die zurückgelegte Fahrtstrecke seit Fahrtantritt und Geschw berechnet die Durchschnittsgeschwindigkeit für die seit Fahrtbeginn zurückgelegte Strecke.

3.9 Systemabhängige Spracheigenschaften

Wir haben bisher nur solche Sprachelemente von Modula-2 behandelt, die bei der Anwendungsprogrammierung (also zum Lösen einer bestimmten Aufgabe) benötigt werden. Diese Sprachelemente sind problemorientiert, d.h. an die Denkweise des Programmierers angepaßt. Zum praktischen Arbeiten benötigen wir aber auch Operationen, mit denen wir die Hardware eines Computers ansprechen können. Es ist Aufgabe der *Systemprogrammierung*, solche Operationen bereitzustellen, die über den Umfang einer bestimmten Programmiersprache hinausgehen.

Wer Systemprogramme in Modula-2 schreiben will, muß auf alle Teile eines bestimmten Computers zugreifen können. Er muß z.B. den Wert einer bestimmten Speicherzelle abfragen und den Speicherplatzbedarf von Variablen ermitteln können. Da jedoch verschiedene Computer unterschiedliche Eigenschaften haben, können diese Operationen nicht auf jedem Computer in derselben Weise arbeiten. Sie sind daher ausdrücklich *nicht in der Sprachdefinition enthalten.*

Im folgenden beschreiben wir einige Sprachelemente von Modula-2, die vom verwendeten Computer abhängen. Diese Aufzählung ist nicht vollzählig, und einige Implementierungen von Modula-2 können davon abweichen (vgl. Wirth 1985).

3.9.1 Der Modul SYSTEM

In jeder Implementierung von Modula-2 gibt es einen fiktiven Modul SYSTEM, der einige systemabhängige Datentypen und Prozeduren exportiert. Der Modul SYSTEM kann in Modula-2-Programmen wie ein äußerer Modul importiert werden. Er besteht jedoch nicht aus einem Definitions- und einem Implementierungsmodul, sondern ist ein fiktiver, zum Compiler gehörender Modul. Das heißt, wenn bei der Übersetzung eines Modula-2-Programms vom Modul SYSTEM importierte Datentypen und Prozeduren angetroffen werden, "weiß" der Compiler bereits, was sie bedeuten und wie sie übersetzt werden müssen. Das ist deshalb erforderlich, weil die von SYSTEM exportierten Datentypen und Prozeduren nicht in Modula-2 selbst ausgedrückt werden können, sondern gewissermaßen *Spracherweiterungen* darstellen.

Der folgende "Definitionsmodul" zeigt, welche Sprachelemente beispielsweise von einem Modul SYSTEM zur Verfügung gestellt werden können. Jene Teile, die nicht in Modula-2 ausgedrückt werden können, sind kursiv dargestellt:

```
DEFINITION MODULE SYSTEM;
  TYPE
    WORD;
    ADDRESS;
    PROCESS;


  PROCEDURE ADR(x:anytype): ADDRESS;
  PROCEDURE SIZE(x:anytype): CARDINAL;
  PROCEDURE TSIZE(anytype,tagconst,tagconst,...): CARDINAL;
  PROCEDURE NEWPROCESS(P:PROC; a:ADDRESS; n:CARDINAL; VAR p:PROCESS);
  PROCEDURE TRANSFER(VAR from,to: PROCESS);


  END SYSTEM.
```

Der Datentyp WORD bezeichnet ein Speicherwort des Computers, das - abhängig vom zugrundeliegenden Prozessor - verschiedene Längen haben kann. Mit Objekten vom Typ WORD sind keine Operationen möglich. Sie können nur in Wertzuweisungen (und Parameterlisten) verwendet werden. Eine Variable, der ein Objekt vom Typ WORD zugewiesen wird, muß genau ein Wort im Speicher belegen (der Datentyp WORD ist mit allen Typen von Wortlänge *zuweisungskompatibel*).

Wenn wir z.B. einen 16-Bit-Prozessor voraussetzen und annehmen, daß Objekte der Datentypen CARDINAL, INTEGER und BITSET ein Speicherwort (zu 2 Bytes) belegen, dann sind folgende Wertzuweisungen zulässig:

```
VAR
  c: CARDINAL;
  i: INTEGER;
  b: BITSET;
  w: WORD;


BEGIN
  c := w; w := c;
  i := w; w := i;
  b := w; w := b;
```

Man beachte, daß die Anweisung b:=c nicht erlaubt ist (BITSET und CARDINAL sind nicht zuweisungskompatibel); die Anweisungsfolge w:=c; b:=w ist hingegen erlaubt. Sie bewirkt, daß das Bitmuster, durch das die CARDINAL-Zahl c dargestellt wird, ohne Prüfungen und ohne Konvertierung der Variablen b zugewiesen wird. Wer solche Anweisungen in einem Programm verwendet, muß daher ganz genau über die interne Darstellung der verschiedenen Datentypen im Hauptspeicher Bescheid wissen.

Besondere Bedeutung hat der Datentyp WORD als formaler Parameter in Prozeduren. So kann z.B. ein Kellerspeicher für Objekte beliebiger Datentypen (solange sie genau ein Speicherwort belegen) konstruiert werden:

```
PROCEDURE Push(x:WORD);
PROCEDURE Pop(VAR x:WORD);
```

Mit den Deklarationen aus dem vorhergehenden Beispiel sind damit folgende
Aufrufe möglich:

```
Push(c); Push(i); Push(b);
Push(i+3); Push({1..7});
Pop(b); Pop(i); Pop(c);
```

Eine Besonderheit sind ARRAY-Parameter mit dem Elementtyp WORD. Einem
formalen Parameter vom Typ ARRAY OF WORD können aktuelle Parameter *jedes
beliebigen Datentyps* übergeben werden. Wenn wir die Prozeduren Push und Pop
als

```
PROCEDURE Push(x:ARRAY OF WORD);
PROCEDURE Pop(VAR s:ARRAY OF WORD);
```

deklarieren, erhalten wir einen Kellerspeicher allgemeinster Art, der zur Aufnahme
sowohl einfacher Objekte (z.B. vom Typ CARDINAL) als auch strukturierter
Objekte (wie ARRAYs und RECORDs) geeignet ist.

Der Datentyp **ADDRESS** bezeichnet eine Speicheradresse des Computers. Er kann
benutzt werden, als ob er mit

```
TYPE ADDRESS = POINTER TO WORD;
```

deklariert worden wäre. Wenn a eine Variable vom Typ ADDRESS ist, bedeutet
a↑ daher das Speicherwort an der durch a bezeichneten Adresse.

Eine Besonderheit des Datentyps ADDRESS ist, daß er mit jedem beliebigen
POINTER-Typ *ausdruckskompatibel* ist. Darüber hinaus kann mit Variablen vom Typ
ADDRESS gerechnet werden, als ob sie vom Datentyp CARDINAL wären. Mit
diesen Eigenschaften kann der Datentyp ADDRESS in Speicherverwaltungsmoduln
(z.B. Modul Storage; siehe Abschnitt 4.5 "Moduln zur Spracherweiterung") zur
Adreßberechnung benutzt werden.

Das folgende Beispiel zeigt eine Prozedur, die n Speicherworte aus einem
Speicherbereich mit der Anfangsadresse from in einen Speicherbereich mit der
Anfangsadresse to kopiert:

```
PROCEDURE Copy(from,to:ADDRESS; n:CARDINAL);
  VAR i:CARDINAL;
BEGIN
  FOR i:=1 TO n DO
    to↑ := from↑;
    INC(from); INC(to)
  END
END Copy;
```

Die Prozedur **ADR** liefert die Adresse einer Variablen beliebigen Datentyps. Sie
kann z.B. benutzt werden, um den Inhalt einer strukturierten Variablen einer
anderen strukturierten Variablen zuzuweisen:

```
TYPE Rec = RECORD
               a,b: CARDINAL;
               c,d: INTEGER
           END;

VAR
  x: ARRAY [1..10] OF Rec;
  y: ARRAY [1..40] OF BITSET;


BEGIN
  Copy(ADR(x),ADR(y),40)
```

Anmerkung: Wir nehmen in diesem Beispiel an, daß die Datentypen CARDINAL, INTEGER und BITSET je ein Speicherwort belegen. Die Variablen x und y haben damit die gleiche Länge. Wenn diese Bedingungen nicht erfüllt sind, können durch diesen Kopiervorgang Speicherbereiche überschrieben werden, was unabsehbare Folgen haben kann.

Die Prozedur SIZE liefert die Anzahl der Speicherworte, die von einer Variablen beliebigen Datentyps belegt sind. Mit Hilfe von SIZE kann der Aufruf der Prozedur Copy aus dem vorhergehenden Beispiel so umformuliert werden:

```
Copy(ADR(x),ADR(y),SIZE(y))
```

Die Prozedur TSIZE kann benutzt werden, um für einen *beliebigen Datentyp* festzustellen, wieviele Speicherworte eine Variable dieses Typs im Speicher belegt. Der erste Parameter von TSIZE muß ein Bezeichner sein, der einen Datentyp repräsentiert. Der Aufruf TSIZE(Rec) liefert z.B. den Wert 4.

Wenn der erste Parameter von TSIZE der Name eines RECORD-Typs mit Varianten ist, können weitere Parameter angegeben werden. Diese Parameter müssen Konstanten und gültige Werte von CASE-Marken sein (siehe "RECORD-Typen" in 3.4.1.3). Sie dienen zur Auswahl einer bestimmten Variante des RECORD-Typs.

Betrachten wir z.B. den folgenden RECORD-Typ R:

```
TYPE R = RECORD
             a: CARDINAL
             CASE b: BOOLEAN OF
               FALSE: c: INTEGER
             | TRUE:  d,e: CARDINAL
             END (*CASE b*);
             f: CARDINAL;
             CASE g: BOOLEAN OF
               FALSE: h,i: CARDINAL
             | TRUE:  j: BITSET
                      CASE k: CARDINAL OF
                        1: l: ARRAY[1..3] OF INTEGER
                      | 2: m,n: CARDINAL
                        ELSE (*nichts*)
                      END (*CASE k*)
             END (*CASE g*)
         END (*RECORD*);
```

Eine Variable dieses Datentyps könnte bei einer bestimmten Implementierung im Hauptspeicher eines Computers folgendermaßen untergebracht sein:

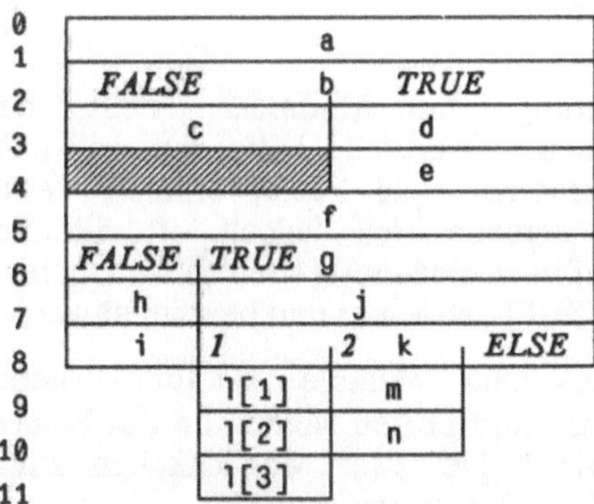

Abb. 3.3   Abspeicherung eines RECORDs mit Varianten

Die Komponenten c und d überlappen einander, ebenso die Komponenten h
und j, i und k, l[1] und m, l[2] und n. Unabhängig davon, ob die
Schalterkomponente b den Wert TRUE oder FALSE hat, muß die Komponente f
immer auf einer festen Position innerhalb des RECORDs untergebracht sein. Bei
b=FALSE bleibt also hinter c eine Lücke. Erst der Wert von g hat einen Einfluß
darauf, wie viele Speicherworte von einem RECORD des Datentyps R belegt
werden (bei g=FALSE 8 Speicherworte, bei g=TRUE maximal 11).

Der zweite Parameter in einem Aufruf von TSIZE bezieht sich immer *auf die erste
CASE-Konstruktion innerhalb des RECORDs, der keine weiteren Komponenten mehr
folgen!* Der Aufruf TSIZE(R,FALSE) liefert also den Wert 8, TSIZE(R,TRUE)
liefert den Wert 11. Wenn eine Variante wiederum eine CASE-Konstruktion enthält,
der keine weiteren Komponenten mehr folgen, kann durch einen zusätzlichen
Parameter eine weitere Unterscheidung angegeben werden. So liefert in unserem
Beispiel TSIZE(R,TRUE,1) den Wert 11 (ebenso TSIZE(R,TRUE) und
TSIZE(R)), TSIZE(R,TRUE,2) liefert 10, und TSIZE(R,TRUE,25) liefert 8.

Man beachte, daß der Aufruf TSIZE(R,FALSE,1) nicht gültig ist, weil die Variante
mit g=FALSE keine weiteren CASE-Konstruktionen mehr enthält. Ebenso ist
TSIZE(R,1) ungültig, weil die erste CASE-Konstruktion, der keine weiteren
Komponenten folgen, einen boole'schen Wert zur Auswahl einer Variante verlangt.

Bei Aufrufen der Standardprozeduren NEW und DISPOSE werden vom Compiler
Aufrufe von TSIZE erzeugt (siehe 3.7.8 "Standardprozeduren"). Dadurch ist es
möglich, beim Anlegen von RECORDs mit Varianten Speicherplatz zu sparen. Das
gilt besonders dann, wenn sich die Varianten hinsichtlich ihres Speicherplatzbedarfs
sehr stark unterscheiden.

Der Datentyp **PROCESS** sowie die Prozeduren **NEWPROCESS** und **TRANSFER**
dienen zur Programmierung paralleler Prozesse. Sie werden in den Abschnitten 3.10
"Prozesse und Co-Routinen" und 4.6 "Parallele Prozesse" näher erläutert.

3.9.2 Typtransferfunktionen

Die strenge Typprüfung in Modula-2 stellt beim Entwurf von Anwendungsprogrammen eine wertvolle Hilfe dar, weil dadurch bereits bei der Übersetzung eines Programms viele Fehler erkannt werden können. Bei der Systemprogrammierung ergeben sich jedoch oft Situationen, in denen ein bestimmtes Bitmuster auf verschiedene Weisen (etwa einmal als CARDINAL-Zahl und ein andermal als BITSET) betrachtet und bearbeitet werden soll.

Wenn wir beispielsweise eine Variable x vom Datentyp CARDINAL als BITSET-Variable auffassen und prüfen wollen, ob das Element 4 in dieser Menge enthalten ist, haben wir bisher zwei Möglichkeiten zur Verfügung, um die Typprüfung durch den Compiler zu umgehen:

(a) mit Hilfe eines RECORDs mit Varianten:

```
VAR
  x: CARDINAL;
  convert: RECORD
             CASE: BOOLEAN OF
                FALSE: c: CARDINAL
              | TRUE:  b: BITSET
             END
           END;
BEGIN
  ...
  convert.c := x;
  IF 4 IN convert.b THEN ...
```

Die Variable x wird in der Komponente c des Konvertierungs-RECORDs convert abgespeichert. Da die Komponenten c und b einander überlagern (d.h. denselben Speicherplatz belegen), kann das Bitmuster der CARDINAL-Zahl convert.c anschließend als BITSET convert.b benutzt werden. Dabei muß jedoch vorausgesetzt werden, daß TSIZE(CARDINAL)=TSIZE(BITSET) ist.

(b) mit Hilfe des Datentyps WORD:

```
VAR
  x: CARDINAL;
  b: BITSET;
  w: WORD;
BEGIN
  ...
  w := x; b := w;
  IF 4 in b THEN ...
```

Unter der Voraussetzung, daß wie in (a) die Bedingung TSIZE(CARDINAL)=TSIZE(WORD)=TSIZE(BITSET) erfüllt ist, kann die CARDINAL-Zahl x dem Wort w und dieses wiederum der BITSET-Variablen b zugewiesen werden. Bei beiden Wertzuweisungen findet keine Typprüfung statt, so daß b schließlich dasselbe Bitmuster wie x enthält.

In beiden Fällen sind jedoch zusätzliche Variablen und zusätzliche Wertzuweisungen zur Typumwandlung erforderlich. Dadurch wird die Lesbarkeit der Anweisungen stark beeinträchtigt. Da es in der Systemprogrammierung außerdem meist auf besonders kurze Ausführungszeiten ankommt, wünschen wir uns Typanpassungsfunktionen, die keine zusätzlichen Anweisungen zur Konvertierung erfordern.

In Modula-2 können solche Typumwandlungen auf einfachste Weise vorgenommen werden, indem man den Namen des Zieldatentyps wie einen Funktionsaufruf benutzt:

TypeTransfer$_{71}$

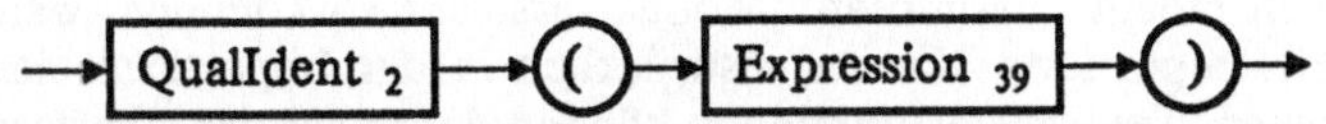

- QualIdent ist der Name eines beliebigen Datentyps t1.

- Expression ist ein Ausdruck vom Datentyp t2, wobei `TSIZE(t1)=TSIZE(t2)` gelten muß.

- Eine Typtransferfunktion wandelt das durch Expression gegebene Bitmuster in den durch QualIdent bezeichneten Datentyp t1 um. Die Typumwandlung geschieht bereits zur Übersetzungszeit, sie kostet daher keine Laufzeit.

Beispiele

```
VAR
  x: CARDINAL;
  i,j: INTEGER;
BEGIN
  ...
  IF 4 IN BITSET(x) THEN ...
  i := j*INTEGER(x+1);
  x := CARDINAL(i);
  x := CARDINAL({0..15});
```

Typtransferfunktionen können - wie das zweite Beispiel zeigt - auch benutzt werden, um CARDINAL- und INTEGER-Werte innerhalb eines Ausdrucks zu verwenden. (Zur Erinnerung: Die Datentypen INTEGER und CARDINAL sind *nicht ausdruckskompatibel!*).

Im dritten Beispiel wird eine Typtransferfunktion benutzt, um einen INTEGER-Wert einer CARDINAL-Variablen zuzuweisen. Da die Datentypen INTEGER und CARDINAL zuweisungskompatibel sind, könnte diese Wertzuweisung auch ohne Zuhilfenahme einer Typtransferfunktion in der Form `x:=i` geschehen. Wir wollen daher noch einmal ausdrücklich auf die Unterschiede zwischen diesen beiden Möglichkeiten hinweisen:

- `x:=i` prüft zuerst, ob der Wert der Variablen i positiv ist. Nur wenn diese Bedingung erfüllt ist, wird ihr Wert der Variablen x zugewiesen; sonst liegt ein Fehler vor und die Verarbeitung wird abgebrochen. Jede gemischte INTEGER/CARDINAL-Zuweisung kostet daher Zeit zur Überprüfung des Vorzeichens.

- `x:=CARDINAL(i)` faßt das in der Variablen i gespeicherte Bitmuster als CARDINAL-Zahl auf und weist diese der Variablen x zu. Es wird also keine

Überprüfung des Vorzeichens vorgenommen. Auch wenn der Wert der Variablen i negativ ist, stellt ihr Bitmuster eine gültige (positive!) CARDINAL-Zahl dar.

Abschließend sei noch einmal darauf hingewiesen, daß Typtransferfunktionen von der rechnerinternen Darstellung der verschiedenen Datentypen abhängen. Sie sollten daher mit äußerster Vorsicht und nur unter genauer Kenntnis des verwendeten Computers benutzt werden.

Typtransferfunktionen müssen nicht deklariert oder importiert werden. Sie können also irgendwo in einem "harmlosen" Modul versteckt vorkommen, während vom Modul SYSTEM importierte Namen ausdrücklich in der Importliste eines Moduls erscheinen müssen. Typtransferfunktionen können daher bei der Übertragung eines Programms auf einen anderen Computer leicht übersehen werden und - wenn der Zielrechner mit einer anderen Darstellungsart für Datentypen arbeitet - zu unvorhersehbaren Folgen führen.

3.9.3 Absolute Adressierung von Variablen

Wenn wir ein Modula-2-Programm schreiben, haben wir im allgemeinen keinen Einfluß darauf, in welchen Speicherzellen (d.h. an welchen Adressen) die darin deklarierten Variablen zur Ausführungszeit untergebracht werden. Die Speicherplatzreservierung für Variablen wird während der Übersetzung des Programms vorgenommen; aber die endgültigen Adressen werden erst festgelegt, wenn das Programm zu seiner Ausführung in den Speicher geladen wird. Das gilt natürlich nur für "globale" Variablen, die im Block eines äußeren Moduls deklariert sind. Die Adressen lokaler Variablen innerhalb von Prozeduren werden erst beim Prozeduraufruf festgelegt.

Solange wir lediglich Anwendungsprogramme schreiben, spielt die Adressierung von Variablen für uns keine Rolle, da wir ja nur die Werte der Variablen benutzen wollen, aber nicht daran interessiert sind, wo die Variablen im Speicher untergebracht sind.

Anders verhält es sich bei der Systemprogrammierung. Wer direkt auf bestimmte Betriebssystemkomponenten zugreifen oder gar Teile eines Betriebssystems schreiben will, braucht oft den direkten Zugriff auf bestimmte Speicherzellen:

- In vielen Betriebssystemen werden bestimmte Zustandsgrößen auf genau definierten Adressen abgelegt (z.B. Interruptvektoren, Uhrzeit).

- Manche Computer bedienen sich zur Ansteuerung peripherer Geräte der sogenannten *speicherbezogenen Ein/Ausgabe* (engl. *memory-mapped I/O*). Einige Speicheradressen sind dabei mit bestimmten Geräten verbunden, so daß das Abrufen einer solchen "Speicherzelle" einer Leseoperation entspricht, während das "Abspeichern" eines Wertes unter einer solchen Adresse eine Ausgabe des Wertes an das angeschlossene Gerät bewirkt.

Wir haben bereits eine Möglichkeit kennengelernt, auf bestimmte Speicheradressen zuzugreifen. Wir können uns z.B. zum Abspeichern des Wertes 255 unter der Adresse 36 den Datentyp ADDRESS zunutze machen:

```
VAR a: ADDRESS;
BEGIN
   ...
   a := 36; a↑ := 255
```

In Modula-2 gibt es jedoch eine eigene Konstruktion, die es gestattet, bereits bei der Deklaration einer Variablen anzugeben, unter welcher absoluten Adresse sie später abgelegt werden soll. Dazu schreibt man einfach hinter den Namen der Variablen die gewünschte Adresse und schließt sie in eckige Klammern ein, zum Beispiel:

```
VAR x[36]: CARDINAL;
BEGIN
   x := 255
```

Anmerkung: Da die absolute Adressierung von Variablen systemabhängig und damit kein Bestandteil der Sprachdefinition ist, scheint sie nicht im Syntaxdiagramm für VariableDeclaration auf.

Das folgende Beispiel zeigt, wie mit Hilfe der absoluten Adressierung von Variablen eine Prozedur zum Lesen eines Zeichens von einer Tastatur formuliert werden kann. Wir nehmen dabei an, daß die Tastatur über eine serielle Schnittstelle mit dem Computer verbunden ist. Die Adresse 42 ist mit dem Datenregister der Schnittstelle assoziiert (dort finden wir nach dem Drücken der Taste das ihr entsprechende Zeichen); unter Adresse 40 finden wir das Statusregister (das Bit mit der Nummer 1 gibt an, ob eine Taste gedrückt wurde; es wird gelöscht, sobald das entsprechende Zeichen aus dem Datenregister abgeholt wird).

```
...
VAR
   status[40]: BITSET;
   key[42]: CHAR;
..
PROCEDURE ReadKey(VAR ch:CHAR);
BEGIN
   REPEAT UNTIL 1 IN status;   (*wait for a key*)
   ch := key                   (*return the key*)
END ReadKey;
```

3.10 Prozesse und Co-Routinen

Wir haben bisher alle Sprachelemente kennengelernt, die zur Formulierung vollständiger Modula-2-Programme (die aus mehreren Moduln zusammengesetzt sein können) erforderlich sind. Wenn ein bereits übersetztes Programm von einem bestimmten Computer (= *Prozessor*) ausgeführt wird, bezeichnen wir diesen Vorgang als einen *Prozeß*, der - wenn er einmal begonnen hat - unbeirrt bis zu seinem Ende abläuft. Auch im täglichen Leben führen wir ständig Prozesse aus. Ob wir Auto fahren, Briefe schreiben oder telefonieren - wir können alle unsere Handlungen als eigenständige Prozesse auffassen und uns selbst als Prozessoren. Im Alltag geschieht es jedoch immer wieder, daß verschiedene Prozesse gleichzeitig (d.h. *parallel*) ablaufen. Wir bezeichnen zwei Prozesse dann als parallel, wenn zu einem bestimmten Zeitpunkt beide bereits begonnen haben, aber noch nicht beendet sind. Dabei müssen wir zwei verschiedene Arten von Parallelität unterscheiden:

- Zwei oder mehr Prozessoren arbeiten gleichzeitig an verschiedenen Prozessen (z.B. Arbeitsteilung in einem Team).

  In diesem Fall liegen *parallele Prozesse im eigentlichen Sinn* vor. Die Probleme, die sich dabei ergeben, haben ihre Ursache darin, daß die Prozessoren meist nicht an völlig voneinander isolierten Aufgaben, sondern an Teilen einer größeren Aufgabe arbeiten. Sie hängen also in gewisser Weise voneinander ab, so daß ein Prozessor seine Arbeit erst fortsetzen kann, sobald ein anderer Prozessor einen Teil seiner Aufgabe abgeschlossen hat. Ein Prozessor (und damit der von ihm ausgeführte Prozeß) muß also manchmal warten, bis ihm ein anderer Prozessor (bzw. Prozeß) ein Zwischenergebnis zur Verfügung stellt. Die Prozesse müssen daher zu bestimmten Zeitpunkten miteinander in Einklang gebracht (d.h. *synchronisiert*) werden. Bei Teamarbeit kann beispielsweise der Fall eintreten, daß ein Teammitglied ein Modula-2-Programm schreibt, das eine (von einem anderen Mitglied gerade bearbeitete) Prozedur benötigt. Beide Programmierer können ihre Arbeit erst beginnen, wenn die Schnittstellen definiert sind, und das Programm kann erst ausgeführt werden, wenn beide Teile fertiggestellt sind.

- Ein einziger Prozessor arbeitet "gleichzeitig" an verschiedenen Prozessen (z.B. beim Simultanschachspiel oder bei der Telefonvermittlung).

  Wenn nur ein einziger Prozessor an mehreren Prozessen arbeitet, kann das nur so geschehen, daß er sich *abwechselnd* den verschiedenen Aufgaben widmet. Es liegt also keine echte Parallelität vor, weshalb wir in diesem Fall von *quasi-parallelen* Prozessen sprechen. Hier tritt das Problem der *Prozeßumschaltung* auf; d.h. es stellt sich die Frage, wann der Prozessor seine Arbeit am gerade behandelten Prozeß niederlegen und sich einem anderen Prozeß widmen soll und welcher Prozeß als nächster an der Reihe ist.

  Die meisten Großrechenanlagen arbeiten heute mit quasi-parallelen Prozessen. Ein leistungsfähiger Prozessor ist über Eingabegeräte mit mehreren Benutzern verbunden, deren Aufgaben für den Computer die Prozesse darstellen. Wenn der Rechner schon "lange genug" an einem Prozeß gearbeitet hat, unterbricht er seine Arbeit und setzt mit einem anderen Prozeß fort, so daß die Bedienung aller Benutzer möglichst gerecht erfolgt.

  Eine Möglichkeit der Prozeßumschaltung besteht darin, daß ein Prozeß freiwillig den Prozessor freigibt und ihm erlaubt, mit einem anderen Prozeß fortzufahren (diesen Sonderfall von quasi-parallelen Prozessen bezeichnen wir als *Co-Routinen*, da die Prozesse hier zusammenarbeiten und einander an genau definierten Stellen den Prozessor überlassen). Ein Beispiel dafür ist ein Simultanschachspieler, der von einem seiner Gegner "freigegeben" und an den nächsten Gegner in der Runde "weitergereicht" wird, sobald er einen Zug gemacht hat.

In der Literatur finden wir eine Vielfalt verschiedener Mechanismen zur Prozeßumschaltung. Die meisten dieser Konzepte bewegen sich auf einem relativ hohen Niveau, d.h. sie erfordern komplexe Aktionen zur Synchronisation von Prozessen. Leider ist keiner dieser Mechanismen so allgemein, daß er zur Lösung aller im Zusammenhang mit parallelen Prozessen auftretenden Probleme geeignet ist.

Modula-2 stellt dem Programmierer daher nur das einfache Konzept der Co-Routinen zur Verfügung. Erstaunlicherweise stellt das aber keine Einschränkung bei der Programmierung paralleler Prozesse dar. Es zeigt sich vielmehr, daß mit Hilfe von Co-Routinen alle gängigen Mechanismen zur Synchronisation von Prozessen nachgebildet werden können (in Abschnitt 4.6 "Parallele Prozesse" geben wir ein Beispiel dafür an). Im folgenden wird ausschließlich von (parallelen) *Prozessen* die Rede sein. Wir geben diesem Begriff seiner Prägnanz wegen den Vorzug; der Leser möge sich jedoch immer vor Augen halten, daß damit Co-Routinen gemeint sind.

3.10.1 Erzeugung und Synchronisation von Prozessen

Die Implementierung paralleler Prozesse ist in höchstem Maße vom verwendeten Computer abhängig. Alle mit Co-Routinen zusammenhängenden Sprachelemente von Modula-2 sind daher im Modul SYSTEM definiert (siehe 3.9.1).

Ein Prozeß wird in Modula-2 durch den Datentyp PROCESS beschrieben, der als undurchsichtiger Datentyp (siehe 3.8.3.1 "Definitionsmoduln") aufgefaßt werden kann:

```
TYPE PROCESS;
```

Die einzigen Aktionen, die mit Prozessen durchgeführt werden können, werden durch die Prozeduren NEWPROCESS und TRANSFER zur Verfügung gestellt.

```
PROCEDURE NEWPROCESS(P:PROC; a:ADDRESS; n:CARDINAL; VAR p:PROCESS);
PROCEDURE TRANSFER(VAR from,to:PROCESS);
```

Die Prozedur **NEWPROCESS** gestattet das "Anlegen" eines neuen Prozesses p. Sie verlangt drei Parameter zur Beschreibung des Prozesses:

- eine parameterlose Prozedur P, die die vom Prozeß p auszuführenden Aktionen enthält;

- die Anfangsadresse a eines Speicherbereichs ("Arbeitsspeicher"), der vom Prozeß p benutzt werden kann;

- die Ausdehnung (Anzahl der Speicherworte n) des Arbeitsspeichers mit der Adresse a.

Durch einen Aufruf von NEWPROCESS wird der Prozeß p nur angelegt, aber noch nicht gestartet. Er befindet sich also in einer Art "Wartezustand".

Jeder Prozeß benötigt einen Arbeitsspeicher, in dem alle lokalen Variablen des Prozesses (und der von ihm gerufenen Prozeduren) untergebracht werden können. Wenn in einem System nur ein einziger Prozeß p1 (ein "Hauptprogramm") abläuft, steht ihm der gesamte Speicher des Computers zur Verfügung. Sobald ein zweiter Prozeß p2 hinzukommt, muß von diesem Speicherbereich ein Teil abgezwackt werden, der ausschließlich von p2 benutzt werden kann (d.h. p1 darf keinesfalls darauf zugreifen). Die Wahl der Größe dieses Speicherbereichs (d.h. des Parameters

n) erfordert einiges Fingerspitzengefühl. n muß so groß sein, daß die Speicherplatzanforderungen aller Prozeduraufrufe während der Ausführung von p2 erfüllt werden können (Vorsicht bei rekursiven Prozeduren!). Andererseits darf aber auch der Speicherplatz für den Prozeß p1 nicht zu sehr beschnitten werden. Als untere Grenze für n kann etwa 100 angesehen werden.

Die Prozedur **TRANSFER** dient zur expliziten Prozeßumschaltung. Innerhalb eines Prozesses p1 bewirkt der Aufruf TRANSFER(p1,p2), daß p1 unterbrochen und die Verarbeitung dort fortgesetzt werden soll, wo der Prozeß p2 zuletzt unterbrochen wurde (oder an seinem Anfang, wenn p2 nur mit NEWPROCESS angelegt, aber noch nicht aktiviert wurde).

Jeder Prozeß kann entweder *aktiv* oder *unterbrochen* sein. (Ein mit NEWPROCESS angelegter Prozeß, auf den TRANSFER noch nicht angewandt wurde, gilt als unterbrochen.) Wenn wir nur einen Prozessor zur Verfügung haben, ist daher immer nur ein Prozeß aktiv. Der Zustand jedes unterbrochenen Prozesses wird in einer Variablen vom Typ PROCESS festgehalten. Er ist durch eine Reihe systemabhängiger Größen (als nächstes auszuführender Befehl, Registerinhalte, Unterbrechungsmaske etc.) gekennzeichnet. Die Prozeßvariable des gerade aktiven Prozesses hat keine Bedeutung, da sich seine Kenngrößen ja laufend ändern.

Der Aufruf TRANSFER(p1,p2) bewirkt, daß

(a) der gerade aktive Prozeß unterbrochen wird und alle seine Kenngrößen (d.h. sein Zustand) in der Variablen p1 gerettet werden,

(b) der durch p2 beschriebene Prozeß "aktiviert" (d.h. seine Verarbeitung in dem durch p2 beschriebenen Zustand fortgesetzt) wird.

Während der Prozeß p2 abläuft, kann daher durch TRANSFER(p2,p1) wieder auf den ursprünglichen Prozeß p1 "zurückgeschaltet" oder durch TRANSFER(p2,p3) auf einen dritten Prozeß p3 "weitergeschaltet" werden.

Wenn ein aktiver Prozeß endet (z.B. durch Erreichen der letzten Anweisung, Ausführung von RETURN oder durch einen Laufzeitfehler), gibt es keine Möglichkeit, die zur Zeit unterbrochenen Prozesse wiederaufzunehmen, da sie nur durch einen Aufruf von TRANSFER wieder erreicht werden können. Das Ende eines Prozesses bedeutet daher gleichzeitig das Ende des gesamten Programms.

Da die Aktionen jedes Prozesses im Anweisungsteil einer *parameterlosen* Prozedur festgelegt sind, stellt sich das Problem, wie mehrere Prozesse miteinander kommunizieren können. Wie bereits in 3.7.6 "Datenaustausch zwischen Prozeduren und rufenden Programmteilen" gezeigt, können parameterlose Prozeduren nur über *nichtlokale Variablen* untereinander Daten austauschen. Da die einen Prozeß beschreibende Prozedur beim Aufruf von NEWPROCESS als Parameter (d.h. als "Prozedurvariable"; siehe 3.7.9) benutzt wird, darf sie nicht in einer anderen Prozedur lokal deklariert sein. Als nichtlokale Variablen zur Kommunikation zwischen Prozessen kommen daher nur solche Variablen in Frage, die *auf der äußersten Ebene* eines Programm- oder Implementierungsmoduls deklariert sind. Das gilt insbesondere auch für die Prozeßvariablen, die ja in allen beteiligten Prozessen bekannt sein müssen.

Im folgenden zeigen wir an einem einfachen Beispiel, wie die Kommunikation zweier paralleler Prozesse bei einem einfachen *Producer/Consumer-Problem* vor sich gehen kann. Wir arbeiten darin mit zwei Prozessen p und c. p erzeugt ("produziert") Daten (in unserem Fall Zeichen), die von c benutzt ("konsumiert") werden. Immer wenn der Prozeß c ein neues Zeichen zur Verarbeitung benötigt, läßt er dem Prozeß p den Vortritt. Sobald p ein Zeichen "produziert" hat, hinterlegt er es in einer Variablen char und tritt wieder zugunsten von c zurück, der nun das in char abgelegte Zeichen bearbeiten ("konsumieren") kann. Sobald c damit fertig ist, beginnt das Spiel von neuem. Der Einfachheit halber lassen wir p ein Zeichen dadurch produzieren, daß es einfach mit Hilfe einer Prozedur Read eingelesen wird. Der Prozeß c konsumiert das Zeichen, indem er es mit Hilfe einer Prozedur Write wieder ausgibt:

```
MODULE ProcessDemo;
   FROM Terminal IMPORT
      Read, Write;
   FROM SYSTEM IMPORT
      PROCESS, NEWPROCESS, TRANSFER, ADR, SIZE;

   VAR
     p,c: PROCESS;
     workspace: ARRAY [1..100] OF CARDINAL;
     char: CHAR;

   PROCEDURE Consumer;
   BEGIN
     LOOP
       IF char="$" THEN EXIT END;
       Write(char);
       TRANSFER(c,p)
     END
   END Consumer;

BEGIN
  NEWPROCESS(Consumer,ADR(workspace),SIZE(workspace),c);
  LOOP
    Read(char)
    TRANSFER(p,c);
  END
END ProcessDemo.
```

Der Modulrumpf bildet den Prozeß p (den "Produzenten"), die Prozedur Consumer bildet den Prozeß c (den "Konsumenten"). Die erste Anweisung in p besteht im "Anlegen" des Prozesses c mit Hilfe der Prozedur NEWPROCESS. Dadurch wird die Prozeßvariable c so initialisiert, als ob der Prozeß c vor der Ausführung seiner ersten Anweisung unterbrochen worden wäre. Der erste Aufruf von TRANSFER(p,c) bewirkt daher, daß die Prozedur Consumer gestartet und der Zustand des Modulrumpfes in der Prozeßvariablen p gerettet wird. Man beachte, daß der "Hauptprozeß" p eine Endlosschleife enthält (eine LOOP-Anweisung ohne EXIT). Solche Konstruktionen sind bei der Programmierung paralleler Prozesse durchaus üblich. Es muß jedoch mindestens einen Prozeß geben, der das Ende der Programmausführung herbeiführen kann. In unserem Fall ist das der Prozeß c. Die ihm zugeordnete Prozedur Consumer wird beendet, sobald der Prozeß p ein "$"-Zeichen produziert hat.

Natürlich hat unser Beispiel so gut wie keinen praktischen Wert. Wir hätten dieselbe Aufgabe wesentlich kürzer und klarer ohne parallele Prozesse mit einer einfachen Schleife lösen können:

```
...
LOOP
  Read(char);
  IF char="$" THEN EXIT END;
  Write(char)
END
...
```

Die Bedeutung des Prozeß-Konzepts zeigt sich erst, wenn es in verschiedenen Prozessen mehrere Stellen gibt, an denen die Kontrolle an einen anderen Prozeß abgegeben wird. Als Beispiel dafür geben wir ein Fragment eines Programms an, das in zwei Schichten abläuft:

- Ein *Dialogprozeß* liest Tastatureingaben eines Benutzers und verarbeitet sie.

- Ein *Rechenprozeß* führt währenddessen zeitaufwendige Berechnungen durch, die ohne Eingriff des Benutzers ablaufen.

Aus der Sicht des Benutzers können wir den Dialogprozeß als *Vordergrund* (engl. *foreground*) bezeichnen, während der Rechenprozeß den *Hintergrund* (engl. *background*) bildet. Solche Konstellationen findet man häufig auf Personal-Computern, die es dem Benutzer gestatten, ein Programm einzutippen, während "gleichzeitig" (in Wirklichkeit verzahnt) ein zuvor gestartetes Programm (z.B. Druckprogramm oder Compiler) abläuft.

Damit zwei solche Prozesse zur Zufriedenheit des Benutzers ablaufen, muß ihm das Gefühl vermittelt werden, daß der Computer (d.h. der Vordergrundprozeß) unmittelbar auf seine Tastatureingaben reagiert. Es dürfen also keine allzu langen Wartezeiten zwischen dem Drücken einer Taste und der Antwort des Computers verstreichen. Andererseits soll aber auch der Hintergrundprozeß Fortschritte machen (vorzugsweise dann, wenn eine Tastatureingabe bereits vollständig verarbeitet ist, der Benutzer aber noch keine neue Taste gedrückt hat).

Dieses Problem kann so gelöst werden, daß zuerst die beiden Prozesse voneinander unabhängig formuliert werden (z.B. der Vordergrundprozeß als Modulrumpf und der Hintergrundprozeß als parameterlose Prozedur). Anschließend müssen geeignete Stellen gesucht werden, an denen ein "Umsteigen" zwischen den beiden Prozessen möglich ist. Im Dialogprozeß bietet sich dazu jene Stelle an, an der auf eine Tastatureingabe des Benutzers gewartet wird. Solange noch keine Taste gedrückt wurde, darf der Hintergrundprozeß ein kleines Stück weiterarbeiten. Damit die Kontrolle auch wieder zum Dialogprozeß zurückkehren kann, muß der Hintergrundprozeß in kleine Abschnitte zerlegt werden, deren Ausführung so schnell vor sich geht, daß der Benutzer nichts davon merkt. Nach jedem Abschnitt muß nachgesehen werden, ob der Benutzer bereits eine Taste gedrückt hat oder nicht.

Wir verstecken die zur Prozeßumschaltung erforderlichen Aktionen in zwei Prozeduren:

ReadKey wartet, bis der Benutzer eine Taste gedrückt hat, und liefert das ihr
entsprechende Zeichen. Solange keine Tastatureingabe stattgefunden hat,
kommt der Hintergrundprozeß an die Reihe.

CheckKeyboard gibt die Kontrolle vom Hintergrund- an den Vordergrundprozeß
(d.h. an die Prozedur ReadKey) ab. Wenn in der Zwischenzeit eine Taste
gedrückt wurde, wird der Vordergrundprozeß bis zum nächsten Aufruf
von ReadKey fortgesetzt; sonst kommt sofort wieder der
Hintergrundprozeß an die Reihe.

Zum Prüfen, ob eine Taste gedrückt wurde, benutzen wir die Prozedur BusyRead
vom Modul Terminal (siehe 4.2.1). BusyRead wartet - im Gegensatz zu Read - nicht
auf einen Tastendruck, sondern liefert das "Null-Zeichen" 0C, wenn seit dem letzten
Aufruf von Read oder BusyRead keine Taste gedrückt wurde.

```
MODULE BackgroundDemo;

    FROM Terminal IMPORT BusyRead, ...;
    FROM SYSTEM IMPORT
      PROCESS, NEWPROCESS, TRANSFER, ADR, SIZE;

    VAR
      foreground,background: PROCESS;
      workspace: ARRAY [1..1000] OF CARDINAL;
      key: CHAR;
      ...

    PROCEDURE ReadKey(VAR key:CHAR);
    BEGIN
      LOOP
        BusyRead(key);
        IF key#0C THEN EXIT END;
        TRANSFER(foreground,background)
      END
    END ReadKey;

    PROCEDURE CheckKeyboard;
    BEGIN
      TRANSFER(background,foreground);
    END CheckKeyboard;

    PROCEDURE Background;
      VAR ready: BOOLEAN;
    BEGIN
      REPEAT
        ...                 (*1. Abschnitt*)
        CheckKeyboard
        ...                 (*2. Abschnitt*)
        CheckKeyboard
        ...                 (*3. Abschnitt*)
        CheckKeyboard
      UNTIL ready;
      LOOP
        CheckKeyboard
      END
    END Background;
```

```
BEGIN
  NEWPROCESS(Background,ADR(workspace),SIZE(workspace),background);
  LOOP
    ReadKey(key);
      ..                  (*Verarbeitung des Tastendrucks*)
  END
END BackGroundDemo.
```

Wenn der Hintergrundprozeß mit seiner Arbeit fertig ist, wird er nicht einfach beendet (dies hätte auch einen Abbruch des Dialogprozesses zur Folge). Er sorgt vielmehr durch die Endlosschleife LOOP Checkkeyboard END dafür, daß auch weiterhin Benutzereingaben akzeptiert und verarbeitet werden. Da der Dialogprozeß auch eine Endlosschleife enthält, bricht das Programm nie ab, sondern liest immer wieder neue Tastatureingaben und verarbeitet sie.

Man beachte, daß die beiden Prozesse voneinander völlig unabhängig sind. Ihre einzige Gemeinsamkeit besteht darin, daß sie "gleichzeitig" ablaufen; sie arbeiten jedoch nicht mit gemeinsamen Daten.

3.10.2 Unterbrechungen und Prioritäten

Die bisher besprochenen Konzepte zur Prozeßumschaltung und -synchronisation reichen völlig aus, um Prozesse als softwaretechnisches Hilfsmittel dort einzusetzen, wo parallele Abläufe nachgebildet werden sollen. In der Praxis werden aber noch höhere Anforderungen an ein Prozeßkonzept gestellt.

In den meisten Computersystemen gibt es Mechanismen, die es gestatten, einen Prozeß "von außen" zu unterbrechen. Das heißt, ein Prozeß kann nicht nur freiwillig die Kontrolle abgeben, sondern auch dazu gezwungen werden. Als Auslöser dient meist ein Hardware-Signal (z.B. von einem Drucker, der über eine spezielle Unterbrechungsleitung anzeigt, daß er mit dem Drucken einer Zeile fertig ist oder das Papier zu Ende geht), das in geeigneter Weise (und möglichst ohne Verzögerung) verarbeitet werden muß.

In herkömmlichen Programmiersprachen werden solche Unterbrechungen (engl. *interrupts*) meist durch Prozeduren bearbeitet. Dabei sorgt ein geeigneter Mechanismus dafür, daß ein Unterbrechungssignal einen Prozeduraufruf auslöst. Sobald die Prozedur abgearbeitet ist, wird die Verarbeitung an der Stelle fortgesetzt, an der sie zuvor unterbrochen wurde.

Das Co-Routinen-Konzept bietet die Möglichkeit, eine Unterbrechung als eine von außen kommende Prozeßumschaltung aufzufassen. Damit kann die Bearbeitung von Unterbrechungssignalen nahtlos in das Prozeßkonzept von Modula-2 eingefügt werden. Der Programmierer muß dafür Prozesse zur Bedienung von Unterbrechungen bereitstellen. (In der englischsprachigen Literatur werden Prozeduren oder Prozesse zur Behandlung von Unterbrechungen meist als *interrupt handler* bezeichnet.) Diese Prozesse werden zu Beginn der Programmausführung gestartet und versetzen sich selbst in einen "schlafenden" Zustand; d.h. sie übertragen die Kontrolle wieder dem Hauptprozeß. Sobald ein Unterbrechungssignal eintrifft, wird der gerade laufende Prozeß unterbrochen und die Kontrolle dem zuständigen Prozeß übergeben. Man kann sich diesen Vorgang so vorstellen, als ob die Unterbrechung - statt des im vorigen Absatz angeführten

Aufrufs einer Interrupt-Prozedur - einen Aufruf von

```
TRANSFER(interrupted,handler)
```

bewirken würde. Der Zustand des unterbrochenen Prozesses wird dadurch in der Prozeßvariablen `interrupted` gerettet, und die Kontrolle wird dem durch `handler` bezeichneten Prozeß übergeben. Dieser hat damit die Möglichkeit, durch einen Aufruf von

```
TRANSFER(handler,interrupted)
```

die Verarbeitung des unterbrochenen Prozesses wieder aufzunehmen.

Zusätzlich zum Schreiben eines Prozesses zur Unterbrechungsbehandlung muß dem Computer jedoch noch mitgeteilt werden, für welche Unterbrechung dieser Prozeß zuständig ist. Auf welche Weise dies geschieht, ist in hohem Maße vom verwendeten Computer abhängig, so daß wir hier kein einheitliches Verfahren dazu angeben können. Statt dessen führen wir eine Prozedur an, die in Modula-2 auf PDP-11-Rechnern zur Verfügung steht (vgl. Wirth 1985):

```
PROCEDURE IOTRANSFER(VAR from,to:PROCESS; intnr:CARDINAL);
```

Die Prozedur IOTRANSFER bewirkt - wie TRANSFER - eine Übergabe der Kontrolle vom Prozeß `from` an den Prozeß `to`. Gleichzeitig gibt sie jedoch bekannt, daß beim Eintreffen einer Unterbrechung mit der Nummer `intnr` ein Aufruf von TRANSFER(`to`,`from`) in den gerade laufenden Prozeß eingeschoben werden soll. Mit Hilfe von IOTRANSFER kann also ein Prozeß vorläufig die Kontrolle abgeben und gleichzeitig ankündigen, daß er sie bei der nächsten Unterbrechung wieder zurückhaben möchte.

Das folgende Beispiel zeigt, wie damit ein (innerer) Modul zur Verwaltung der Uhrzeit formuliert werden kann:

```
MODULE Clock[7];
  IMPORT
    PROCESS, NEWPROCESS, TRANSFER, IOTRANSFER, ADR, SIZE;
  EXPORT
    GetTime, SetTime;

  VAR
    hour: [0..23];
    min,sec: [0..59];
    timer,interrupted: PROCESS;
    workspace: ARRAY [1..100] OF CARDINAL;

  PROCEDURE GetTime(VAR h,m,s:CARDINAL);
  BEGIN
    h := hour; m := min; s := sec
  END GetTime;

  PROCEDURE SetTime(h,m,s:CARDINAL);
  BEGIN
    hour := h; min := m; sec := s
  END SetTime;
```

```
    PROCEDURE EverySecond;
    BEGIN
      LOOP
        IOTRANSFER(timer,interrupted,24);
        IF sec<59
          THEN INC(sec)
          ELSE
            sec := 0
            IF min<59
              THEN INC(min)
              ELSE min := 0; hour := (hour+1) MOD 24
            END
        END
      END  (*LOOP*)
    END EverySecond;

  BEGIN  (*Clock*)
    hour := 0; min := 0; sec := 0;
    NEWPROCESS(EverySecond,ADR(workspace),SIZE(workspace),timer);
    TRANSFER(interrupted,timer)
  END Clock;
```

Der Modulrumpf hat nur die Aufgabe, den Prozeß timer anzulegen und zu
initialisieren. Die Initialisierung erfolgt, indem der Prozeß einmal (sozusagen "pro
forma") mit Hilfe von TRANSFER aktiviert wird. Der Prozeß timer macht damit
nichts anderes, als sofort die Kontrolle mit IOTRANSFER wieder an den Modulrumpf
zu übergeben (dessen Ausführung daraufhin beendet ist). Der Aufruf von
IOTRANSFER bewirkt jedoch zusätzlich, daß der Prozeß timer sofort wieder
aufgerufen wird, sobald eine Unterbrechung mit der Nummer 24 eintrifft. Wir
nehmen an, daß ein Hardware-Zeitgeber in Abständen von genau einer Sekunde
eine Unterbrechung mit der Nummer 24 auslöst. Damit wird alle Sekunden der
gerade aktive Prozeß (was das auch immer sein mag) unterbrochen und die
Ausführung in der Prozedur EverySecond unmittelbar hinter dem Aufruf von
IOTRANSFER fortgesetzt. Die nächsten Anweisungen sorgen dafür, daß die durch die
im Modul Clock gekapselten Variablen hour, min und sec repräsentierte Uhrzeit
um eine Sekunde vorgerückt wird. Danach wird die LOOP-Schleife wieder von
vorne begonnen, und die Prozedur IOTRANSFER sorgt dafür, daß bis zur nächsten
Unterbrechung die Ausführung des zuvor unterbrochenen Prozesses interrupted
wieder aufgenommen wird.

Immer wenn einem Prozeß die Kontrolle gewaltsam durch eine Unterbrechung
entzogen werden kann, besteht die Möglichkeit, daß ihm die für die
Unterbrechungsbehandlung zuständige Prozedur ins Handwerk pfuscht. Betrachten
wir z.B. einen Prozeß, in dessen Verlauf mit Hilfe von GetTime die Uhrzeit abgefragt
wird. Wenn dies nun beispielsweise um 9 Uhr 59 und 59 Sekunden erfolgt, so kann
der unangenehme Effekt eintreten, daß gerade zwischen den Wertzuweisungen
h:=hour und m:=min innerhalb der Prozedur GetTime wieder eine Sekunde um ist
und der Prozeß timer die Uhrzeit auf den neuen Stand bringt (in unserem Fall also
auf 10 Uhr 0 Minuten und 0 Sekunden). Wenn nach der Behandlung der
Unterbrechung die Prozedur GetTime fortgesetzt wird, hat der Parameter h den
Wert 9 erhalten, m und s hingegen erhalten beide den Wert 0. Die gelieferte Uhrzeit
stimmt damit um eine ganze Stunde nicht mit der tatsächlichen Zeit überein.

Um solche Fälle von vornherein auszuschließen, gibt es in Modula-2 die Möglichkeit, während der Ausführung bestimmter Programmteile Unterbrechungen "auszusperren". Das kann grundsätzlich nur während der Ausführung eines Moduls (d.h. seines Rumpfes) oder einer Prozedur innerhalb dieses Moduls geschehen, indem man dem Modul eine *Priorität* (engl. *priority*) verleiht. In Modula-2 kann eine Priorität für jeden internen, jeden Programm- und jeden Implementierungsmodul vergeben werden (siehe 3.3 "Elementare Programmstruktur", 3.8.1 "Innere Moduln" und 3.8.3.2 "Implementierungsmoduln").

Priority$_{72}$

- Eine Prioritätsangabe folgt unmittelbar dem Modulnamen eines Modulkopfs. Sie besteht aus einem in eckigen Klammern eingeschlossenen Konstantenausdruck.
- Der Wert von ConstExpression muß vom Datentyp CARDINAL sein und innerhalb bestimmter implementierungsbedingter Grenzen (beispielsweise zwischen 0 und 15) liegen.

Die Angabe einer Priorität hat nur dann einen Sinn, wenn der verwendete Computer über ein *hierarchisches Unterbrechungskonzept* verfügt. Das bedeutet, daß jede Unterbrechung mit einer Priorität behaftet ist, die ihre Dringlichkeit ausdrückt. Beispielsweise wird in einer Prozeßsteuerungsanlage eine Unterbrechung, die Überdruck in einem Dampfkessel signalisiert, eine höhere Priorität haben als die eines Druckers, der meldet, daß das Papier zu Ende geht.

In Modula-2 bedeutet eine Prioritätsangabe p für einen Modul, daß alle in ihm enthaltenen Anweisungen nur dann unterbrochen werden können, wenn eine Unterbrechung mit höherer Priorität eintrifft. Wenn innerhalb dieses Moduls eine Prozedur aus einem Modul ohne Priorität aufgerufen wird, bleibt dieser Unterbrechungsschutz erhalten. Wenn eine Prozedur aus einem Modul mit höherer Priorität aufgerufen wird, erhöht sich der Unterbrechungsschutz während der Ausführung dieser Prozedur. Prozeduren aus Moduln mit niedrigerer Priorität dürfen hingegen überhaupt nicht aufgerufen werden.

Wenn eine Unterbrechung kurzfristig ausgesperrt wird, darf sie allerdings nicht verlorengehen, sondern muß erhalten bleiben, bis wieder Programmteile mit niedrigerer oder ohne Priorität ausgeführt werden. Erst dann bewirkt die ausgesperrte Unterbrechungsanforderung (engl. *pending interrupt*) einen Transfer zum zuständigen Prozeß.

In unserem Beispiel haben wir angenommen, daß die sekündlich eintreffende Unterbrechung eine Priorität von 7 hat, und haben dem Modul Clock dieselbe Priorität verliehen. Das hat zur Folge, daß während der Ausführung von GetTime oder SetTime Zeitgeberunterbrechungen ausgesperrt sind und daher keine Verfälschung der Ergebnisse bewirken können.

4 Das Schreiben von Modula-2-Programmen

In den Kapiteln 1 bis 3 haben wir bereits alle Regeln angegeben, die beim Entwurf von Algorithmen und beim Formulieren von Modula-2-Programmen beachtet werden müssen. Ziel dieses Kapitels ist es, das Bild abzurunden und auf einige Teilprobleme einzugehen, die Programmieranfängern erfahrungsgemäß Schwierigkeiten bereiten.

4.1 Einige einfache Modula-2-Programme

In Kapitel 3 haben wir die Programmiersprache Modula-2 so beschrieben, daß das Kapitel als Handbuch für den Anwender von Modula-2 geeignet ist. Wir haben zwar jeweils für die einzelnen Sprachelemente Beispiele angegeben, aber Beispiele für vollständige Modula-2-Programme fehlen weitgehend. Wir wollen in diesem Abschnitt zeigen, wie Algorithmen in Modula-2 formuliert werden, und wählen dazu als Beispiele einen Teil der in Abschnitt 1.5 angegebenen Algorithmen und unser Beispiel vom Randausgleich aus Kapitel 2.

(1) Primzahlenprüfung (Beispiel (3) aus Abschnitt 1.5)

Der in Abschnitt 1.5 angegebene Algorithmus für diese Aufgabe benutzt ein Eingabeobjekt n (die Zahl, für die geprüft wird, ob sie eine Primzahl ist) und ein Ergebnisobjekt $prim$. Wenn wir den Algorithmus als vollständiges Modula-2-Programm formulieren wollen, dann müssen wir auch Anweisungen zum Einlesen des Eingangsobjekts und zur Ausgabe des Ergebnisobjekts angeben. Wir haben bisher die Ein/Ausgabe in Modula-2 nicht behandelt; wir verweisen den Leser dazu auf Abschnitt 4.2. Die Anwendung der Ein/Ausgabeanweisungen ist aber trivial und für den Leser, der bisher aufmerksam gefolgt ist, leicht verständlich.

```
MODULE Primtest;
   (*Liest eine positive ganze Zahl n und prueft, ob sie prim ist*)

   FROM InOut IMPORT
      ReadCard, WriteString, WriteCard, WriteLn;

   VAR
      n,q:  CARDINAL;
      prim: BOOLEAN;

BEGIN
   WriteString("Gib die gewuenschte Zahl ein:");
   ReadCard(n);                     (*Liest n vom Eingabemedium*)
   WriteLn;
   IF (n MOD 2 = 0) AND (n<>2)
      THEN prim := FALSE            (*n gerade und groesser 2*)
      ELSE
         prim := TRUE;              (*wir nehmen an, n sei eine Primzahl*)
         q := 3;
         WHILE (q*q<=n) AND prim DO
```

```
        IF n MOD q = 0
          THEN prim := FALSE    (*n durch q teilbar*)
          ELSE q := q+2
        END (*IF*)
      END (*WHILE*)
    END; (*IF (n MOD 2=0) AND (n<>2)*)
  WriteCard(n,1);                 (*Ausgabe des Ergebnisses*)
  IF prim
    THEN WriteString(" ist eine Primzahl")
    ELSE WriteString(" ist keine Primzahl")
  END
END Primtest.
```

Die Prozeduren zur Ein- und Ausgabe der gegebenen und gesuchten Größen
(ReadCard zum Lesen einer Zahl vom Datentyp CARDINAL; WriteString zur
Ausgabe einer Zeichenkette, WriteCard zur Ausgabe einer CARDINAL-Zahl und
WriteLn zur Ausführung eines Zeilenvorschubs) haben wir vom Modul InOut
importiert. Dieser Modul muß also auf dem Computer, auf dem wir unser
Primzahlenprogramm laufen lassen wollen, vorhanden sein. Der übrige
Programmtext entspricht unserer unter Punkt (3) in Abschnitt 1.5 angegebenen
Lösung.

**(2) Beseitigung überflüssiger Leerzeichen in einem Text (Beispiel (4) aus Abschnitt
1.5)**

Wir legen fest, daß der Algorithmus BlankEntfernen eine Prozedur sein soll, die
von einem Modul TextVerarbeitung exportiert und anderen Moduln zur
Verfügung gestellt werden soll. Das entsprechende Modula-2-Programm sieht dann
folgendermaßen aus:

```
DEFINITION MODULE TextVerarbeitung;

   PROCEDURE BlankEntfernen (n:CARDINAL; VAR text:ARRAY OF CHAR;
                            VAR 1:CARDINAL);
   (*Gegeben ist ein Feld text von Zeichen (Feldlaenge ist n, n>=1).
    Der Algorithmus veraendert das Feld text so, dass jede Folge von
    Leerzeichen durch ein einzelnes Leerzeichen ersetzt wird und 1
    die neue Feldlaenge bezeichnet*)
   ...
```

Deklarationen weiterer Prozeduren des Moduls TextVerarbeitung

```
   ...
END TextVerarbeitung.


IMPLEMENTATION MODULE TextVerarbeitung;
   ....
   PROCEDURE BlankEntfernen(n:CARDINAL; VAR text:ARRAY OF CHAR;
                           VAR 1:CARDINAL);
     CONST leerzeichen = " ";
     VAR i,j: CARDINAL;

   BEGIN
     1 := 0;
     i := 1;
     WHILE i<n DO
       (*text[0..1] enthaelt keine Folge aus mehreren Leerzeichen*)
```

```
        IF (text[i]=leerzeichen) AND (text[l]=leerzeichen)
          THEN (*text[i] ist ueberfluessiges Leerzeichen*)
          ELSE (*text[i] ist kein ueberfluessiges Leerzeichen,
                  uebertrage*)
            l := l+1;
            text[l] := text[i]
        END; (*IF*)
        i := i+1
      END; (*WHILE*)
      l := l+1
    END BlankEntfernen;
    ...
  BEGIN
    ...
  END TextVerarbeitung.
```

Die Modula-2-Fassung unterscheidet sich geringfügig vom Algorithmus in Abschnitt
1.5, weil wir dem Übergangsobjekt text den Datentyp eines *ARRAYs mit variablen
Indexgrenzen* zugeordnet haben (siehe dazu 3.7.7 "ARRAY-Parameter"). Der
formale Parameter text wird dadurch innerhalb der Prozedur so behandelt, als ob
er vom Datentyp ARRAY[0..maxindex] OF CHAR wäre. Wir müssen daher l mit 0
initialisieren (im Unterschied zum Algorithmusentwurf, wo wir l mit 1 initialisiert
haben) und am Programmende l noch um den Wert 1 erhöhen, damit l die
Feldlänge repräsentiert.

(3) Randausgleich

Das folgende Modula-2-Programmsystem zeigt die nach dem Datenkapselprinzip
strukturierte Lösung des Beispiels vom Randausgleich aus Abschnitt 2.2. Zur
Strukturierung im Großen haben wir Moduln und Prozeduren verwendet. Das
Programmsystem gliedert sich in drei getrennt übersetzbare Moduln: den
Programm-Modul Randausgleich, den Definitions- und Implementierungsmodul
TextWort und den Definitions- und Implementierungsmodul ZeilenVerwaltung.
Zur Strukturierung der Moduln verwenden wir Prozeduren. Die Prozeduren
entsprechen den nach dem Prinzip der schrittweisen Verfeinerung erhaltenen
Teilalgorithmen.

```
  MODULE Randausgleich;
    FROM InOut IMPORT
      ReadCard, WriteString, WriteLn, WriteCard;
    FROM TextWort IMPORT
      Wort, LiesWort, VerarbeiteWort;
    FROM ZeilenVerwaltung IMPORT
      LoescheZeile, DruckeZeile, zlmax;

    VAR
      wort: Wort;
      ende: BOOLEAN;
      b:    CARDINAL;  (*gewuenschte Zeilenlaenge*)

  BEGIN
    WriteString("gewuenschte Zeilenlaenge = ?"); WriteLn;
    ReadCard(b);
    IF b>zlmax THEN
```

```
    WriteString("Zeilenlaenge "); WriteCard(b,1);
    WriteString(" ist zu gross (wurde auf ");
    WriteCard(zlmax,1); WriteString(" gekuerzt)");
    WriteLn;
    b := zlmax
  END;
  LoescheZeile;
  REPEAT
    LiesWort(wort,ende);
    VerarbeiteWort(b,wort)
  UNTIL ende;
  DruckeZeile
END Randausgleich.
```

```
DEFINITION MODULE TextWort;
  TYPE Wort = RECORD
                laenge: CARDINAL;
                text:   ARRAY[1..132] OF CHAR
              END

  PROCEDURE LiesWort(VAR wort:Wort; VAR ende:BOOLEAN);
  (* Liest das naechste Textwort (wort). Wenn "$" gelesen wird,
     wird ende:=TRUE gesetzt. *)

  PROCEDURE VerarbeiteWort(b:CARDINAL; wort:Wort);
  (* Fuegt wort an die aktuelle Druckzeile an, wenn dadurch die
     Zeilenlaenge nicht groesser als b wird; sonst wird die aktuelle
     Zeile ausgerichtet, ausgegeben und wort als erstes Wort in die
     naechste Druckzeile eingefuegt. *)

END TextWort.
```

```
IMPLEMENTATION MODULE TextWort;
  FROM InOut IMPORT
    Read, WriteLn;
  FROM ZeilenVerwaltung IMPORT
    StreckeZeile, FuegeWortAn, DruckeZeile, LoescheZeile;

  PROCEDURE LiesWort(VAR wort:Wort; VAR ende:BOOLEAN);
    VAR ch: CHAR;
  BEGIN
    REPEAT  (*ueberlies Leerzeichen*)
      Read(ch);
    UNTIL ch#" ";
    WITH wort DO
      laenge := 0;
      WHILE (ch#" ") AND (ch#"$") DO  (*bilde Wort*)
        INC(laenge);
        text[laenge] := ch;
        Read(ch)
      END
    END;
    ende := ch="$"  (*Textende ?*)
  END LiesWort;

  PROCEDURE VerarbeiteWort(b:CARDINAL; wort:Wort);
    VAR passt: BOOLEAN;
  BEGIN
```

```modula2
      FuegeWortAn(b,wort,passt);
      IF NOT passt THEN
        StreckeZeile;
        DruckeZeile;
        WriteLn;  (*Zeilenvorschub, beginne neue Druckzeile*)
        LoescheZeile;
        FuegeWortAn(b,wort,passt)
      END
   END VerarbeiteWort;

END TextWort.
```

```modula2
DEFINITION MODULE ZeilenVerwaltung;
  FROM TextWort IMPORT Wort;

  CONST zlmax=132;

  PROCEDURE LoescheZeile;
  (* Initialisiert die Laenge der Druckzeile mit Null. *)

  PROCEDURE StreckeZeile(b:CARDINAL);
  (* Streckt die aktuelle Zeile (durch zeichenweise Vergroesserung
     der Wortzwischenraeume) so, dass das erste Wort in Position 1
     beginnt und das letzte Wort in Position b endet. *)

  PROCEDURE FuegeWortAn(b:CARDINAL; w:Wort; VAR passt:BOOLEAN);
  (* Fuegt das Wort w an die aktuelle Zeile der Laenge l an,
     wenn l+1+w.laenge<=b ist (passt:=TRUE), sonst wird passt:=FALSE
     gesetzt und nichts angefuegt. *)

  PROCEDURE DruckeZeile;
  (* Druckt die aktuelle Zeile aus. *)

END ZeilenVerwaltung.
```

```modula2
IMPLEMENTATION MODULE ZeilenVerwaltung;
  FROM TextWort IMPORT Wort;
  FROM InOut IMPORT Write;

  VAR z: RECORD  (*Druckzeile*)
            laenge: CARDINAL;
            text: ARRAY[1..zlmax] OF CHAR
         END;

  PROCEDURE LoescheZeile;
  BEGIN
     z.laenge := 0
  END LoescheZeile;

  PROCEDURE StreckeZeile(b:CARDINAL);
     VAR pos:CARDINAL;  (*Position eines Wortzwischenraumes innerhalb*)
                        (*der Zeile z*)
  BEGIN
     pos := 1;
     WHILE w.laenge<b DO
       SucheZwischenraum(pos);
       (*in Spalte pos der Zeile z steht ein Leerzeichen
         (Wortzwischenraum)*)
```

```
        FuegeLeerzeichenEin(pos)
      END
END StreckeZeile;

PROCEDURE FuegeWortAn(b:CARDINAL; w:Wort; VAR passt:BOOLEAN);
  VAR i: CARDINAL;
BEGIN
  IF w.laenge=0  (*leeres Wort wird angefuegt*)
    THEN passt := TRUE
    ELSE
      passt := z.laenge+1+w.laenge<=b
      IF passt THEN
        IF z.laenge>0 THEN
          INC(z.laenge);
          z.text[z.laenge] := " "  (*Fuege Leerzeichen an*)
        END;
        FOR i:=1 TO w.laenge DO  (*Fuege Wort w an Zeile z an*)
          INC(z.laenge);
          z.text[z.laenge] := w.text[i];
        END (*FOR*)
      END (*IF passt*)
  END (*IF w.laenge=0*)
END FuegeWortAn;

PROCEDURE DruckeZeile;
  VAR i: CARDINAL;
BEGIN
  FOR i:=1 TO z.laenge DO
    Write(z.text[i])
  END (*FOR*)
END DruckeZeile;

PROCEDURE SucheZwischenraum(VAR pos:CARDINAL);
BEGIN
  WHILE z.text[pos]=" " DO
    INC(pos)
  END; (*WHILE*)
  WHILE z.text[pos]#" " DO
    IF pos=z.laenge
      THEN pos := 1
      ELSE INC(pos)
    END (*IF*)
  END (*WHILE*)
END SucheZwischenraum;

PROCEDURE FuegeLeerzeichenEin(pos:CARDINAL);
  VAR i: CARDINAL;
BEGIN
  (*hier gilt: z[pos] = " "*)
  FOR i:=z.laenge TO pos BY -1 DO
    z.text[i+1] := z.text[i]
  END; (*FOR*)
  INC(z.laenge)
END FuegeLeerzeichenEin;

END ZeilenVerwaltung.
```

Im Gegensatz zur Datenkapsel in Abschnitt 2.2 wurde in der hier angegebenen Modula-2-Fassung die Prozedur `FuegeZeichenAn` (die nur an zwei Stellen in `FuegeWortAn` benutzt wird) weggelassen. Die Prozeduraufrufe wurden einfach durch die in `FuegeZeichenAn` enthaltenen Aktionen ersetzt. Weiter haben wir überall, wo es sinnvoll war, WHILE-Schleifen durch entsprechende FOR-Schleifen ersetzt.

4.2 Ein/Ausgabe

In Kapitel 3 haben wir alle Sprachelemente von Modula-2 beschrieben. Leser, die bereits Erfahrungen mit anderen Programmiersprachen haben, werden darin Anweisungen zum Lesen und Schreiben von Daten vermissen. Wir müssen also noch erklären, wie Modula-2-Programme mit ihrer Umwelt kommunizieren können.

Der Verkehr zwischen einem Menschen und einem Computer geht immer mit Hilfe sogenannter *Peripheriegeräte* vor sich, die an den Computer angeschlossen sind. Wir verstehen daher unter Ein/Ausgabe alle Datenübertragungen zwischen dem Arbeitsspeicher, den ein Algorithmus (Programm) benutzt, und den peripheren Geräten. In den meisten älteren Programmiersprachen hat man versucht, alle möglichen Geräte nach einem fest in der Sprachdefinition verankerten Schema zu bedienen. Der Vorteil dieser Vorgangsweise liegt in der Einheitlichkeit aller Ein/Ausgabeanweisungen und in einer erhöhten Maschinenunabhängigkeit. Dem steht jedoch als Nachteil gegenüber, daß manche Funktionen eines bestimmten Computers oder seines Betriebssystems nicht ausgenutzt werden können, weil die vorgegebenen Mechanismen nicht flexibel genug sind.

In Modula-2 wurde daher (wie bereits in Algol) ein anderer Weg beschritten. Die gesamte Ein/Ausgabe wird ausschließlich über *Prozeduraufrufe* abgewickelt. Die Steuerung eines bestimmten Gerätes wird in einem *Modul* verpackt, der die Anweisungen zur Bedienung des Gerätes in Form von Prozeduren exportiert. Dadurch kann auch auf einfache Weise verschiedenen Anforderungen an ein einziges Gerät Rechnung getragen werden. Wer z.B. einen Grafikbildschirm nur zur Ausgabe von Text benutzen will, kann einen einfachen Modul dazu verwenden, während ein komplizierterer Modul nötig ist, wenn man alle Grafikmöglichkeiten des Bildschirms ausnutzen will.

Beispielsweise kann ein Personal-Computer aus einer Bedienungskonsole (Bildschirm und Tastatur), einem Magnetplattenlaufwerk und einem Drucker bestehen. Der direkte Verkehr mit dem Benutzer erfolgt dann mit Hilfe eines Moduls `Terminal`, der Funktionen zum Lesen von Benutzereingaben von der Tastatur und zur Ausgabe von Text auf dem Bildschirm zur Verfügung stellt. Auf einer Magnetplatte können verschiedene Datenbestände (sogenannte *Dateien*; engl. *files*) abgespeichert werden. Wir wollen daher nicht eine Magnetplatte als Ganzes, sondern nur einzelne Dateien bearbeiten und können dazu einen Modul `FileSystem` benutzen. Für die Ausgabe von Text auf den Drucker gibt es wieder einen eigenen Modul `Printer`.

Die hohe Flexibilität dieses Konzepts hat jedoch auch Nachteile. So kann es z.B. vorkommen, daß auf verschiedenen Computern verschiedene Moduln zur

Bedienung des gleichen Gerätes zur Verfügung stehen. Dadurch kann ein
Programm, das für einen bestimmten Computer geschrieben wurde, nicht mehr
ohne weiteres auf einen anderen Computer übertragen werden. Um solche
Schwierigkeiten aus dem Weg zu räumen und den Weg für eine kommerzielle
Verbreitung von Modula-2-Programmen zu ebnen, sind zur Zeit Normungs-
bestrebungen für Basis-Ein/Ausgabe-Moduln im Gange.

Ehe wir auf die Schnittstellen einiger Ein/Ausgabe-Moduln eingehen, wollen wir
den Begriff *Datei* näher erläutern:

> Eine Datei ist eine geordnete Menge von Daten auf einem externen
> Speichermedium, die in irgendeinem Sinne eine logische Einheit bilden (z.B.
> Personaldaten, Meßreihen, Texte). Wir unterscheiden zwei Arten von Dateien:
>
> - *Temporäre Dateien* können benutzt werden, um "vorläufig" innerhalb eines
>   Programms große Datenmengen auf einem Massenspeicher zur späteren
>   Verwendung innerhalb desselben Programms abzulegen. Ihre Lebensdauer
>   endet mit der Ausführung des Programms.
>
> - *Permanente Dateien* dienen zum "dauerhaften" Ablegen von Daten auf
>   einem Massenspeicher zur späteren Benutzung durch ein anderes
>   Programm. Im Gegensatz zu temporären Dateien haben permanente
>   Dateien einen Namen, unter dem sie abgespeichert und wiedergefunden
>   werden können.

Bevor in einem Programm auf eine Datei geschrieben oder von ihr gelesen werden
kann, muß sie *eröffnet* werden. Bei einer temporären Datei bedeutet das, daß eine
leere Datei angelegt werden muß, die keinen Namen trägt. Beim Eröffnen einer
permanenten Datei müssen zwei Fälle unterschieden werden:

(a) Wenn die Datei erstmalig beschrieben werden soll, muß sie angelegt (d.h.
    Platz für sie bereitgestellt) und mit einem Namen versehen werden. Dieser
    Name wird dabei in ein *Inhaltsverzeichnis* des Massenspeichers eingetragen.

(b) Wenn eine bereits existierende Datei bearbeitet (z.B. gelesen) werden soll,
    muß ihr Name im Inhaltsverzeichnis gesucht werden.

Erst nach dem erfolgreichen Eröffnen einer Datei kann diese bearbeitet werden. In
den meisten Fällen geschieht das *sequentiell*; d.h. bei jedem Schreibvorgang werden
neue Daten an die Datei angefügt, und aufeinanderfolgende Lesevorgänge liefern
die Daten in derselben Reihenfolge, in der sie geschrieben wurden. Die Schreib-
oder Leseposition rückt also innerhalb der Datei immer in einer Richtung (nämlich
vom Anfang der Datei in Richtung Dateiende) weiter. Dieser Vorgang entspricht
etwa dem Schreiben und Lesen eines Briefes.

Manchmal muß jedoch auf Dateien *direkt* zugegriffen werden. Ähnlich wie beim
Nachschlagen in einem Telefonbuch muß dabei die Schreib- oder Leseposition auf
eine bestimmte Stelle innerhalb der Datei eingestellt werden. Die nachfolgende
Lese- oder Schreiboperation wird dann ab dieser Position durchgeführt.
Schreiboperationen bewirken dabei ein Überschreiben der dort gespeicherten
Daten.

Jede eröffnete Datei muß nach ihrer Bearbeitung wieder *geschlossen* werden. Bei
einer temporären Datei bewirkt dieses Schließen, daß die Datei gelöscht wird, d.h.

daß der von ihr belegte Platz wieder für andere Dateien zur Verfügung steht. Das Schließen einer permanenten Datei bewirkt, daß deren aktueller Stand auf dem Massenspeicher festgehalten wird.

Im folgenden wollen wir wichtige Basismoduln für die Ein/Ausgabe beschreiben und wählen dazu einige in Wirth 1985 angegebene Moduln, nämlich `Terminal`, `InOut`, `RealInOut` und `FileSystem` aus. Wir verzichten auf eine detaillierte Beschreibung dieser Moduln und beschränken uns auf deren wesentliche Funktionen.

4.2.1 Der Modul Terminal

Dieser Modul stellt Prozeduren zur Verfügung, die Daten von der Tastatur lesen und Daten auf dem Bildschirm ausgeben. Die Prozeduren dieses Moduls haben folgende Aufgaben:

- Lesen von der Tastatur

Read	Lesen eines Zeichens
BusyRead	Abfragen der Tastatur
ReadAgain	Wiederholen eines Lesevorgangs

- Schreiben auf den Bildschirm

Write	Ausgabe eines Einzelzeichens
WriteString	Ausgabe einer Zeichenkette
WriteLn	Beenden einer Bildschirmzeile

Der Definitionsmodul von Terminal hat folgendes Aussehen:

```
DEFINITION MODULE Terminal;

   PROCEDURE Read(VAR ch:CHAR);
   (* Die Prozedur Read wartet, bis eine Taste gedrueckt wird, und weist
      das ihr entsprechende Zeichen dem Ausgangsparameter ch zu. Das
      gelesene Zeichen wird nicht am Bildschirm angezeigt. *)

   PROCEDURE BusyRead(VAR:CHAR);
   (* Es wird versucht, ein Zeichen von der Tastatur zu lesen. Falls
      seit dem letzten Aufruf von Read oder BusyRead ein Tastendruck
      erfolgt ist, enthaelt der Ausgangsparameter ch das gelesene
      Zeichen; wenn nicht, das "Nullzeichen" 0C. Das gelesene Zeichen
      wird nicht am Bildschirm angezeigt. *)

   PROCEDURE ReadAgain;
   (* Diese Prozedur liest kein Zeichen; sie bewirkt lediglich, dass
      beim naechsten Aufruf der Prozedur Read oder BusyRead das
      unmittelbar zuvor (mit Read oder BusyRead) gelesene Zeichen
      nochmals "gelesen" wird. *)

   PROCEDURE Write(ch:CHAR);
   (* Ausgabe des Zeichens ch am Bildschirm. *)

   PROCEDURE WriteLn;
   (* Diese Prozedur beendet eine Zeile. Der naechste Schreibvorgang
      beginnt in der ersten Spalte der naechsten Bildschirmzeile. *)
```

```
PROCEDURE WriteString(s:ARRAY OF CHAR);
(* Die gesamte Zeichenkette s wird am Bildschirm ausgegeben, falls
   sie kein "Nullzeichen" 0C enthaelt; sonst beendet das erste
   Auftreten von 0C die Ausgabe. *)

END Terminal.
```

Dieser Modul stellt uns also Prozeduren für die Ein/Ausgabe von Zeichenketten zur Verfügung. Für uns ist nur der Definitionsmodul von Interesse; der Implementierungsmodul ist, wie auch bei den anderen hier vorgestellten Ein/Ausgabe-Moduln, hardwareabhängig. Er muß also an die jeweiligen Eigenschaften des Computers, auf dem Modula-2 verfügbar ist, angepaßt sein und wird vom Compilerhersteller mitgeliefert.

4.2.2 Die Moduln InOut und RealInOut

Als Erweiterung des Moduls Terminal enthält der Modul InOut Prozeduren zur Ein/Ausgabe von Zeichen und Zahlen. Die Ein/Ausgabe kann sich auf Tastatur und Bildschirm beziehen; sie kann aber auch auf externe (z.B. Platten-) Dateien umgeschaltet werden.

Der Modul InOut exportiert Prozeduren zum Eröffnen und Schließen von Dateien sowie zum Lesen und Schreiben. Das Eröffnen und Schließen ist nur bei Ein/Ausgabe auf Dateien nötig. Wenn keine Dateien eröffnet sind, beziehen sich die Prozeduren zum Lesen und Schreiben auf Tastatur und Bildschirm. Die Prozeduren des Moduls InOut haben folgende Aufgaben:

- Eröffnen und Schließen

OpenInput	Eröffnen einer Datei zum Lesen (Eingabedatei)
OpenOutput	Eröffnen einer Datei zum Schreiben (Ausgabedatei)
CloseInput	Schließen der Eingabedatei
CloseOutput	Schließen der Ausgabedatei

- Lesen

Read	Lesen eines Einzelzeichens
ReadString	Lesen einer Zeichenkette
ReadInt	Lesen einer INTEGER-Zahl
ReadCard	Lesen einer CARDINAL-Zahl

- Schreiben

Write	Schreiben eines Einzelzeichens
WriteString	Schreiben einer Zeichenkette
WriteInt	Schreiben einer INTEGER-Zahl (dezimal)
WriteCard	Schreiben einer CARDINAL-Zahl (dezimal)
WriteOct	Schreiben einer CARDINAL-Zahl (oktal)
WriteHex	Schreiben einer CARDINAL-Zahl (hexadezimal)
WriteLn	Beenden einer Zeile

InOut enthält keine Prozeduren zur Ein/Ausgabe von Gleitkommazahlen. Dazu gibt es den Modul RealInOut, der die folgenden Prozeduren exportiert:

```
ReadReal      Lesen einer Gleitkommazahl
WriteReal     Schreiben einer Gleitkommazahl
```

Die Definitionsmoduln InOut und RealInOut haben folgendes Aussehen:

```
DEFINITION MODULE InOut;

    CONST EOL = 36C;  (* ASCII-Zeichen fuer "Zeilenende" *)

    VAR
      Done:    BOOLEAN;(* Variable, die nach manchen Operationen ueber
                          deren Erfolg oder Misserfolg Auskunft gibt *)
      termCH: CHAR;    (* Zeichen, mit dem eine Eingabe abgeschlossen
                          wurde *)


    (* Achtung: Die Werte der exportierten Variablen Done und termCH
                duerfen von aussen nicht veraendert werden. *)

    PROCEDURE OpenInput(defext:ARRAY OF CHAR);
    (* Diese Prozedur eroeffnet eine Eingabedatei. Sie fordert den
       Benutzer auf, einen Dateinamen einzugeben. Endet der Dateiname
       mit einem Punkt, wird er um die Zeichenkette defext erweitert.
       Die exportierte Variable Done erhaelt den Wert TRUE, wenn die
       Datei korrekt eroeffnet wurde, sonst den Wert FALSE. Wenn eine
       Datei mit OpenInput eroeffnet wurde, beziehen sich alle
       zukuenftigen Aufrufe von Leseprozeduren auf diese Datei. *)

    PROCEDURE OpenOutput(defext:ARRAY OF CHAR);
    (* Diese Prozedur eroeffnet eine Ausgabedatei. Sie fordert den
       Benutzer auf, einen Dateinamen einzugeben. Endet der Dateiname
       mit einem Punkt, wird er um die Zeichenkette defext erweitert.
       Die exportierte Variable Done erhaelt den Wert TRUE, wenn die
       Datei korrekt eroeffnet wurde, sonst den Wert FALSE. Wenn eine
       Datei mit OpenOutput eroeffnet wurde, wirken alle zukuenftigen
       Aufrufe von Schreibprozeduren auf diese Datei. *)

    PROCEDURE CloseInput;
    (* Die durch die Prozedur OpenInput eroeffnete Eingabedatei
       wird geschlossen. Alle zukuenftigen Aufrufe von Leseprozeduren
       beziehen sich wiederum auf die Tastatur. *)

    PROCEDURE CloseOutput;
    (* Die durch die Prozedur OpenOutput eroeffnete Ausgabedatei wird
       geschlossen. Alle zukuenftigen Aufrufe von Schreibprozeduren
       beziehen sich wiederum auf den Bildschirm. *)

    PROCEDURE Read(VAR ch:CHAR);
    (* Es wird ein Einzelzeichen von Tastatur oder Eingabedatei gelesen
       und dem Ausgangsparameter ch zugewiesen. Das gelesene Zeichen
       wird nicht auf dem Bildschirm angezeigt. Falls das Ende der
       Eingabedatei erreicht wurde (d.h. falls kein weiteres Zeichen
       mehr von dieser Datei gelesen werden konnte) wird die Variable
       Done auf FALSE gesetzt, in allen anderen Faellen auf TRUE (bei
       Eingabe ueber Tastatur kann natuerlich kein "Dateiende" erreicht
       werden). *)

    PROCEDURE ReadString(VAR s:ARRAY OF CHAR);
    (* ReadString liest eine Folge von Zeichen von der Tastatur oder
       Eingabedatei. Der Lesevorgang endet, sobald ein Leer- oder
```

Steuerzeichen (z.B. "Zeilenende") gelesen wird. Fuehrende
Leerzeichen werden ueberlesen. Das Zeichen, welches das Ende
des Lesevorgangs bewirkt hat, wird der exportierten Variablen
termCH zugewiesen. Bei Eingabe von der Tastatur wird die gelesene Zeichenfolge am Bildschirm angezeigt. *)

PROCEDURE ReadInt(VAR x:INTEGER);
(* Diese Prozedur liest (wie ReadString) eine Folge von Zeichen.
   Die Variable Done erhaelt den Wert TRUE, wenn es sich dabei um
   eine INTEGER-Zahl (mit oder ohne Vorzeichen) handelt, sonst
   den Wert FALSE. Der Ausgangsparameter x enthaelt die gelesene
   INTEGER-Zahl. Wurde keine INTEGER-Zahl gelesen, ist der Wert
   von x undefiniert. *)

PROCEDURE ReadCard(VAR x:CARDINAL);
(* Diese Prozedur liest (wie ReadString) eine Folge von Zeichen.
   Die Variable Done erhaelt den Wert TRUE, wenn es sich um eine
   CARDINAL-Zahl (ohne Vorzeichen) handelt, sonst den Wert FALSE.
   Der Ausgangsparameter x enthaelt die gelesene CARDINAL-Zahl.
   Wurde keine CARDINAL-Zahl gelesen, ist der Wert von x
   undefiniert. *)

PROCEDURE Write(ch:CHAR);
(* Das als Eingangsparameter uebergebene Einzelzeichen ch wird
   auf die Ausgabedatei geschrieben oder am Bildschirm angezeigt. *)

PROCEDURE WriteLn;
(* Diese Prozedur gibt das Zeilenendezeichen EOL auf Bildschirm
   oder Ausgabedatei aus. Bei Ausgabe auf Bildschirm wird dadurch
   eine neue Zeile begonnen. *)

PROCEDURE WriteString(s:ARRAY OF CHAR);
(* Die gesamte Zeichenkette s wird auf Bildschirm oder Ausgabedatei
   ausgegeben, falls sie kein "Nullzeichen" 0C enthaelt. Sonst
   beendet das erste Auftreten von 0C die Ausgabe. *)

PROCEDURE WriteInt(x:INTEGER; n:CARDINAL);
(* Die INTEGER-Zahl x wird auf Bildschirm oder Ausgabedatei
   (dezimal) mit mindestens n Stellen ausgegeben. Ist n groesser
   als die Stellenanzahl von x, so wird die Zahl x mit fuehrenden
   Leerzeichen ausgegeben. Wenn n kleiner als die Stellenanzahl
   von x ist, wird das Ausgabeformat von x entsprechend erweitert. *)

PROCEDURE WriteCard(x,n:CARDINAL);
(* Die CARDINAL-Zahl x wird auf Bildschirm oder Ausgabedatei
   (dezimal) mit mindestens n Stellen ausgegeben. Ist n groesser
   als die Stellenanzahl von x, so wird die Zahl x mit fuehrenden
   Leerzeichen ausgegeben. Wenn n kleiner als die Stellenanzahl
   von x ist, wird das Ausgabeformat von x entsprechend erweitert. *)

PROCEDURE WriteOct(x,n:CARDINAL);
(* Die CARDINAL-Zahl x wird auf Bildschirm oder Ausgabedatei
   (oktal) mit mindestens n Stellen ausgegeben. Ist n groesser
   als die Stellenanzahl von x, so wird die Zahl x mit fuehrenden
   Leerzeichen ausgegeben. Wenn n kleiner als die Stellenanzahl
   von x ist, wird das Ausgabeformat von x entsprechend erweitert. *)

PROCEDURE WriteHex(x,n:CARDINAL);
(* Die CARDINAL-Zahl x wird auf Bildschirm oder Ausgabedatei
   (hexadezimal) mit mindestens n Stellen ausgegeben. Ist n groesser

```
        als die Stellenanzahl von x, so wird die Zahl x mit fuehrenden
        Leerzeichen ausgegeben. Wenn n kleiner als die Stellenanzahl
        von x ist, wird das Ausgabeformat von x entsprechend erweitert. *)

END InOut.


DEFINITION MODULE RealInOut;

    VAR Done: BOOLEAN;        (* Variable, die nach Ausfuehrung der Prozedur
                                 ReadReal ueber ihren Erfolg oder Misserfolg
                                 Auskunft gibt. *)

    PROCEDURE ReadReal(VAR x:REAL);
    (* Diese Prozedur liest (wie ReadString im Modul InOut) eine Folge
        von Zeichen. Die Variable Done erhaelt den Wert TRUE, wenn es
        sich bei der gelesenen Zeichenfolge um eine REAL-Zahl in
        Modula-2-Schreibweise handelt, sonst den Wert FALSE. Der
        Ausgangsparameter x enthaelt die gelesene REAL-Zahl. Wurde
        keine REAL-Zahl gelesen, ist der Wert von x undefiniert. *)

    PROCEDURE WriteReal(x:REAL; n:CARDINAL);
    (* Diese Prozedur gibt die REAL-Zahl x mit mindestens n Stellen
        auf Bildschirm oder Ausgabedatei (in Modula-2-Schreibweise
        mit Exponent und Mantisse) dezimal aus. Ist n groesser als
        die Stellenanzahl von x, so werden fuehrende Leerzeichen
        eingefuegt; wenn n kleiner ist, wird das Ausgabeformat ent-
        sprechend erweitert. *)

    END RealInOut.
```

Falls durch Aufruf der von InOut exportierten Prozeduren OpenInput oder OpenOutput von Tastatur oder Bildschirm auf eine Ein- oder Ausgabedatei umgeschaltet wurde, beziehen sich auch die Prozeduren von RealInOut auf diese Dateien.

Damit hat der Programmierer einfache Ein/Ausgabe-Prozeduren zur Verfügung, mit denen er die sequentielle (stromweise) Ein/Ausgabe realisieren kann. Bei der sequentiellen Ein/Ausgabe wird die gesamte externe Datenmenge als ein kontinuierlicher Strom von einzelnen Zeichen aufgefaßt. Die sequentielle Ein/Ausgabe ist für viele Zwecke ausreichend, insbesondere dann, wenn wir nur Tastatur und Bildschirm (oder Drucker) als Ein/Ausgabe-Medium benutzen. Das folgende Beispiel zeigt uns die Eingabe eines Namens mit Hilfe von Prozeduren, die von InOut importiert werden.

```
MODULE ReadName;
  FROM InOut IMPORT
    EOL, Read, Write, WriteString;

CONST namelength = 30;

VAR
  ch:   CHAR;
  name: ARRAY[0..namelength-1] OF CHAR;
```

```
BEGIN
  ...
  WriteString("Name eintippen: ");
  i := 0;
  Read(ch);                   (*Einzelzeichen lesen*)
  WHILE (i<namelength) AND (ch#EOL) DO
    Write(ch);                (*Anzeige am Bildschirm*)
    name[i] := ch;
    INC(i);
    Read(ch)                  (*Einzelzeichen lesen*)
  END;
  IF i<namelength THEN
    name[i] := 0C             (*abschliessendes Nullzeichen anfuegen*)
  END
  ...
  END ReadName.
```

In diesem Beispiel wird ein Name zeichenweise eingelesen. Die Prozedur
ReadString können wir nicht verwenden, da die von ihr gelesene Zeichenkette
keine Leerzeichen enthalten darf (siehe Definitionsmodul InOut), ein Name aber
sehr wohl mit Leerzeichen eingegeben werden kann (z.B. "K. Huber"). Die
Konstante EOL, die der Modul InOut zur Verfügung stellt, repräsentiert das
ASCII-Zeichen für "Zeilenende". Wir verwenden es in diesem Beispiel als
Fangzeichen für Namen, die kürzer als namelength (=30) Zeichen sind.

Mit den Moduln InOut und RealInOut kommt man bei einfachen Programmen
im allgemeinen aus. Für ausgefeilte Dateioperationen (z.B. wenn mehrere Dateien
gleichzeitig verarbeitet werden sollen) sind sie aber zu wenig leistungsfähig. Wir
benötigen daher noch weitere, speziell für die Dateiverarbeitung konzipierte
Prozeduren.

4.2.3 Der Modul FileSystem

Dieser Modul exportiert Prozeduren, die nicht nur zur sequentiellen Ein/Ausgabe
geeignet sind. Die durch diesen Modul zur Verfügung gestellten Prozeduren haben
folgende Aufgaben:

- Eröffnen, Schließen und Umbenennen von Dateien

Create	Eröffnen einer temporären Datei
Lookup	Eröffnen einer permanenten Datei
Close	Schließen einer (temporären oder permanenten) Datei
Rename	Umbenennen einer Datei. Mit Hilfe dieser Prozedur kann auch eine permanente (d.h. benannte) Datei in eine temporäre (d.h. namenlose) Datei umgewandelt werden und umgekehrt.

- Lesen und Schreiben

ReadChar	Lesen eines Zeichens
ReadWord	Lesen eines Speicherwortes
WriteChar	Schreiben eines Zeichens
WriteWord	Schreiben eines Speicherwortes
Again	Wiederholen eines Lesevorgangs

- Positionieren

GetPos	Feststellen der aktuellen Position innerhalb der Datei
SetPos	Verändern der aktuellen Position innerhalb der Datei
Reset	Rücksetzen der aktuellen Position auf den Dateianfang
Length	Feststellen der aktuellen Dateilänge

Dieser Modul exportiert aber nicht nur Prozeduren zur Dateiverarbeitung, sondern auch den Datentyp File, der eine Datei beschreibt. Dieser Datentyp File ist als RECORD mit Varianten realisiert. Er enthält unter anderem eine Komponente eof, die angibt, ob das Dateiende bereits erreicht wurde, und eine Komponente res, die über Erfolg oder Mißerfolg der durchgeführten Dateioperationen Auskunft gibt. Für jede verwendete Datei muß eine Dateivariable vom Typ File existieren, welche über den aktuellen Zustand der Datei Auskunft gibt. Deshalb muß diese Dateivariable auch beim Aufruf aller Prozeduren des Moduls FileSystem als Übergangsparameter mitgegeben werden.

Der Definitionsmodul für FileSystem des Modula-2-Computers *Lilith* (Wirth 1981) hat folgende Gestalt (wobei wir nur die wesentlichen und für unsere Zwecke ausreichenden Teile beschreiben):

```
DEFINITION MODULE FileSystem;
  FROM SYSTEM IMPORT WORD;

  TYPE
     ...
     Response = (done, notdone,...,
                 unknownfile, filenameerror,...);
                 (* Aufzaehlung aller moeglichen Fehlerarten, die bei
                    Dateioperationen auftreten koennen *)


     File = RECORD
               eof: BOOLEAN;    (*Dateiende erreicht?*)
               res: Response;   (*Ergebnis der zuletzt durchgefuehrten
                                   Dateioperation*)
               ...
            END;

  PROCEDURE Create(VAR f:File; mediumname:ARRAY OF CHAR);
  (* Diese Prozedur eroeffnet eine neue temporaere Datei f auf der
     durch mediumname bezeichneten peripheren Einheit (z.B. "DK"
     fuer Magnetplatte). *)

  PROCEDURE Lookup(VAR f:File; filename:ARRAY OF CHAR; new:BOOLEAN);
  (* Diese Prozedur sucht eine Datei mit dem Namen filename im
     Inhaltsverzeichnis eines Massenspeichers. Falls eine Datei dieses
     Namens existiert, wird sie eroeffnet. Ist diese Datei nicht
     vorhanden, gibt der Eingangsparameter new darueber Auskunft,
     was geschehen soll. Hat new den Wert TRUE, so wird eine neue
     Datei mit dem Namen filename angelegt; sonst gibt f.res an,
     warum die Datei nicht gefunden werden konnte. *)

  PROCEDURE Close(VAR f:File);
  (* Die Prozedur Close schliesst die durch f bezeichnete Datei.
     Handelt es sich um eine temporaere Datei, so wird sie geloescht.
     Nach dem Aufruf der Prozedur Close sind auf diese Datei bis zum
     naechsten Aufruf der Prozeduren Create oder Lookup keine
```

```
Operationen mehr moeglich. *)

PROCEDURE Rename(VAR f:File; filename:ARRAY OF CHAR);
(* Rename aendert den Namen der Datei f auf die im Eingangsparameter
   filename enthaltene Zeichenkette. Ist die Zeichenkette filename
   leer, wird die Datei f in eine temporaere Datei umgewandet. *)

PROCEDURE GetPos(VAR f:File; VAR highpos,lowpos:CARDINAL);
(* GetPos bestimmt die aktuelle Position innerhalb der Datei f, d.h.
   die Ausgangsparameter highpos und lowpos enthalten die Adresse
   jenes Bytes innerhalb der Datei, auf die sich die naechste
   Lese/Schreiboperation bezieht. *)

PROCEDURE SetPos(VAR f:File; highpos,lowpos:CARDINAL);
(* SetPos veraendert die aktuelle Position innerhalb der Datei f.
   Dabei wird die aktuelle Position, d.h. jene Position, auf die sich
   der naechste Lese/Schreibvorgang bezieht, auf die durch highpos
   und lowpos definierte Adresse innerhalb der Datei gesetzt. *)

PROCEDURE Length(VAR f:File; VAR highpos,lowpos:CARDINAL);
(* Diese Prozedur bestimmt die aktuelle Laenge der Datei f (in Bytes)
   und weist sie den Ausgangsparametern highpos und lowpos zu. *)

PROCEDURE Reset(VAR f:File);
(* Reset setzt die aktuelle Position auf den Anfang der Datei. *)

PROCEDURE Again(VAR f:File);
(* Der Aufruf dieser Prozedur bewirkt, dass beim naechsten Aufruf
   von ReadChar oder ReadWord das zuletzt gelesene Zeichen oder
   Speicherwort nochmals "gelesen" wird. *)

PROCEDURE ReadChar(VAR f:File; VAR ch:CHAR);
(* Diese Prozedur liest das naechste Zeichen von der Datei f und
   weist es dem Ausgangsparameter ch zu. Wurde bereits das Dateiende
   erreicht (d.h. es konnte kein Zeichen mehr gelesen werden), so ist
   der Wert von ch undefiniert und f.eof erhaelt den Wert TRUE. *)

PROCEDURE ReadWord(VAR f:File; VAR w:WORD);
(* Diese Prozedur liest das naechste Wort von der Datei f und weist
   es dem Ausgangsparameter w zu. Wurde bereits das Dateiende
   erreicht (d.h. es konnte kein Wort mehr gelesen werden), so ist
   der Wert von w undefiniert und f.eof erhaelt den Wert TRUE. *)

PROCEDURE WriteChar(VAR f:File; ch:CHAR);
(* WriteChar schreibt das Zeichen ch auf die Datei f. *)

PROCEDURE WriteWord(VAR f:File; w:WORD);
(* WriteWord schreibt das Wort w auf die Datei f. *)


  ...


END FileSystem.
```

Allen diesen Prozeduren ist gemeinsam, daß ihr Erfolg oder Mißerfolg in der
Komponente res der Dateivariablen vermerkt wird. Bei den Aufrufen der
Prozeduren ReadChar und ReadWord kann das Dateiende erreicht werden. Wenn
dies der Fall ist, wird die Komponente eof auf TRUE gesetzt.

Das folgende Beispiel zeigt das Einlesen positiver ganzer Zahlen (z.B. Meßwerte) von der Tastatur und das Ausschreiben derselben Zahlen auf eine Datei mit dem Namen DK.NUM.OUT:

```
MODULE Numbers;
  FROM FileSystem IMPORT
    Close, Lookup, File, Response, WriteWord;
  FROM InOut IMPORT
    ReadCard, WriteString;

  VAR
    f: File;
    n: CARDINAL;

BEGIN
  Lookup(f,"DK.NUM.OUT",TRUE);(*open file DK.NUM.OUT*)
  IF f.res=done
    THEN
      ReadCard(n);              (*read a cardinal number*)
      WHILE n>0 DO
        WriteWord(f,n);         (*write number n to file DK.NUM.OUT*)
        ReadCard(n)             (*read cardinal number*)
      END;
      Close(f)                  (*close file DK.NUM.OUT*)
    ELSE
      WriteString("Invalid open of DK.NUM.OUT")
  END
END Numbers.
```

Durch die Prozedur Lookup wird die Datei DK.NUM.OUT eröffnet. Der Parameter TRUE besagt, daß die Datei neu angelegt werden soll, falls sie nicht existiert (vgl. Definitionsmodul FileSystem). Die Komponente res gibt Auskunft darüber, ob die Datei korrekt eröffnet wurde oder nicht. Beim Schreiben der CARDINAL-Zahlen mit der Prozedur WriteWord wird die implementierungsabhängige Tatsache genutzt, daß eine CARDINAL-Zahl genau ein Speicherwort belegt.

Sollen nun die gespeicherten Zahlen gelesen und ihr (auf eine ganze Zahl gerundeter) Mittelwert gebildet werden, so kann dies auf folgende Weise geschehen:

```
MODULE MeanValue;
  FROM FileSystem IMPORT
    Close, Lookup, File, Response, ReadWord;
  FROM InOut IMPORT
    WriteCard, WriteString;

  VAR
    f: File;
    count,n,sum: CARDINAL;

BEGIN
  Lookup(f,"DK.NUM.OUT",FALSE);        (*open file DK.NUM.OUT*)
  IF f.res=done
    THEN
      sum := 0; count := 0;
      ReadWord(f,n);                    (*read value from DK.NUM.OUT*)
```

```
      WHILE NOT f.eof DO
        sum := sum+n;
        INC(count);
        ReadWord(f,n)                (*read value from DK.NUM.OUT*)
      END;
      IF count>0
        THEN
          WriteString("MeanValue ");
          WriteCard(sum DIV count,5) (*write mean value*)
        ELSE
          WriteString("No numbers stored")
      END;
      Close(f)
    ELSE
      WriteString("Invalid open of DK.NUM.OUT")
  END
END MeanValue.
```

Die Prozedur Lookup eröffnet wiederum die Datei DK.NUM.OUT. Der Parameter
FALSE besagt, daß keine neue Datei angelegt werden soll, falls sie nicht vorhanden
ist. Die Komponente eof wird auf TRUE gesetzt, falls das Dateiende erreicht wird.

Wir müssen uns darüber im Klaren sein, daß die Moduln und Prozeduren für die
Ein/Ausgabe zum Teil systemabhängig sind, weil sie den maschinenabhängigen
Datentyp WORD benutzen und auf die Hardware-Schnittstellen abgestimmt sein
müssen.

Bei den hier vorgestellten Moduln scheint es, daß wir für jeden Datentyp in
Modula-2 eigene Lese- und Schreibprozeduren benötigen. Das ist aber nicht so. Es
können weitere Moduln implementiert sein, die Prozeduren für die blockweise
Ein/Ausgabe exportieren (das sind Prozeduren, die mit Hilfe eines Parameters vom
Typ ARRAY OF WORD eine bestimmte Anzahl von Speicherworten auf eine Datei
schreiben oder von einer Datei lesen). Wir wollen hier aber absichtlich nur die oben
angegebenen Basismoduln für die Ein/Ausgabe beschreiben. Vorschläge für
zusätzliche Ein/Ausgabe-Moduln finden wir z.B. in Wirth 1985.

4.3 Dynamische Datenstrukturen

In 3.4.1.3 ist bei der Behandlung der POINTER-Typen bereits auf dynamische
Datenstrukturen hingewiesen worden. Wir wollen nun dieses Konzept ausführlich
erläutern.

Wie wir wissen, haben alle in Abschnitt 3.4 behandelten Datentypen die Eigenschaft,
daß ihren Objekten bereits zur Übersetzungszeit Speicherplatz im Datenbereich
zugewiesen wird. Objekte dieser Datentypen existieren solange, wie auch die
Prozedur oder der Modul existiert, in dem sie deklariert wurden (siehe 3.7.5 und
3.8.2 "Gültigkeitsbereich und Lebensdauer..."). Solche Objekte heißen *statische
Objekte*; sie beschreiben *statische Datenstrukturen*. Ihre Verwendung hat folgende
Nachteile:

- Umfang und "Gestalt" der Objekte müssen bereits zur Übersetzungszeit
  bekannt sein.

- Der Speicherplatz wird schlecht ausgenutzt, da stets Platz für die maximal benötigte Anzahl der Objekte reserviert wird, auch wenn nur ein Teil davon benutzt wird.

Die ausschließliche Verwendung statischer Objekte ist für den Programmierer daher unbefriedigend. Er benötigt manchmal Objekte, die zur Laufzeit nicht nur ihre Werte ändern können, sondern auch ihre *Struktur*. Mit Struktur bezeichnen wir hier nicht den Datentyp der Objekte, der natürlich statisch festgelegt wird, sondern Umfang und Form der Datenstruktur (z.B. Anzahl der Elemente). Ein Beispiel für dynamische Datenstrukturen sind Listen, deren Größe sich laufend ändern kann.

In Modula-2 stehen uns für derartige Anwendungen der Datentyp POINTER (siehe 3.4.1.3) und die Standardprozeduren NEW und DISPOSE (siehe 3.7.8) zur Verfügung. Variablen eines POINTER-Typs (sogenannte *Zeigervariablen*) weisen auf den Speicherbereich (die Werte) anderer Objekte. Sie können auch als Komponenten strukturierter Objekte (z.B. RECORDs) auftreten. Dadurch ist es möglich, solche Objekte (zur Laufzeit) miteinander zu verbinden und diese Verbindungen auch wieder aufzulösen, also dynamisch beliebig komplexe Gebilde zu erzeugen. Wir sprechen in diesem Fall von *dynamischen Datenstrukturen* und *dynamischen Objekten.*

4.3.1 Das Arbeiten mit dynamischen Datenstrukturen

Wir wollen die Eigenschaften von dynamischen Datenstrukturen und das Arbeiten mit ihnen an einem Beispiel (Listenverarbeitung) demonstrieren:

> Im Rahmen einer Bibliotheksverwaltung soll ein Autorenverzeichnis erstellt werden. Das Verzeichnis soll eine Liste der Autoren und zu jedem Autor eine Liste seiner Werke (Publikationsliste) enthalten. Zu jedem Werk soll außerdem ein Verweis auf seinen Autor existieren.

Abbildung 4.1 zeigt, wie ein Autorenverzeichnis aufgebaut sein soll:

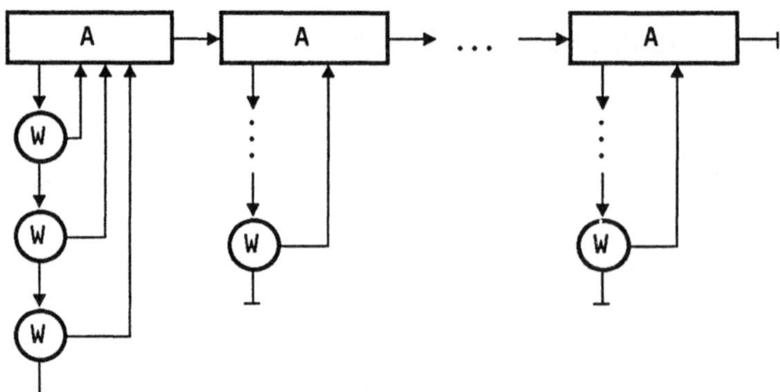

Abb. 4.1 Autorenliste und Publikationslisten

Sowohl die Anzahl der Autoren als auch die Anzahl der Werke je Autor sind unbekannt. Wir müssen also die Objekte der Autorenliste und der Publikationslisten dynamisch anlegen und verwalten.

Die Bildung dynamischer Objekte

Wir benötigen zwei Schritte zur Erzeugung eines dynamischen Objekts:

- die Deklaration der Datentypen zur Beschreibung von Autoren und Publikationen und von Zeigern, die auf sie weisen, sowie
- die dynamische Erzeugung der Objekte (zur Laufzeit!).

Die Deklarationen für unsere Aufgabe lauten:

```
TYPE
    Autorenzeiger = POINTER TO Autor;
    Werkezeiger   = POINTER TO Werk;

    Autor = RECORD
            name: ARRAY [0..29] OF CHAR;
            publikationsliste: Werkezeiger;
            naechsterautor: Autorenzeiger
          END;

    Werk = RECORD
            titel: ARRAY [0..29] OF CHAR;
            autor: Autorenzeiger;
            naechteswerk: Werkezeiger
          END;
```

Mit Hilfe dieser Typdeklarationen können wir nun die Zeigervariablen, die auf Objekte in der Autorenliste oder in den Publikationslisten zeigen, definieren. Wir benötigen drei Zeigervariablen: eine Variable, die auf ein Objekt in der Autorenliste zeigt, eine, die auf ein Objekt in einer Publikationsliste zeigt, und eine, die auf den Anfang der Autorenliste zeigt.

```
VAR
    autorenzgr:   Autorenzeiger;   (*Zeiger auf einen Autor*)
    autorenliste: Autorenzeiger;   (*Zeiger auf ersten gespeicherten
                                     Autor*)
    werkezgr:     Werkezeiger;     (*Zeiger auf ein Werk*)
```

Das Erzeugen eines Objekts, auf das eine Zeigervariable weist, geschieht mit der Standardprozedur NEW (siehe 3.7.8), zum Beispiel:

```
NEW(autorenzgr)
```

Dieser Aufruf von NEW bewirkt, daß im Arbeitsspeicher Platz für ein Objekt vom Datentyp Autor reserviert wird. Die als Parameter übergebene Variable autorenzgr zeigt (nach dem Aufruf) auf das neu angelegte Objekt. Die Komponenten des so erzeugten Objekts vom Typ Autor (name, publikationsliste, naechsterautor) sind zu diesem Zeitpunkt noch undefiniert (sie haben noch keine Werte).

Der Zugriff auf dynamisch erzeugte Objekte

Wollen wir auf das mit NEW angelegte Objekt als Ganzes zugreifen, so müssen wir den Namen der Zeigervariablen, gefolgt von ↑, schreiben (z.B. autorenzgr↑). Man beachte, daß autorenzgr einen POINTER bedeutet, während autorenzgr↑ einen RECORD bezeichnet. Wenn wir auf einzelne Komponenten dieses RECORDs zugreifen wollen, müssen wir die Namen der Komponenten referenzieren, zum Beispiel:

```
NEW(autorenzgr);          (*Erzeugung eines Objekts vom Typ Autor*)
NEW(werkezgr);            (*Erzeugung eines Objekts vom Typ Werk*)
autorenzgr↑.publikationsliste := werkezgr;
                         (*Verknuepfung eines Autors mit einer
                            Publikationsliste*)
```

Bei der Verwendung von Zeigervariablen müssen folgende Regeln beachtet werden:

- Eine Zeigervariable x kann stets nur auf (dynamische) Objekte eines einzigen Datentyps zeigen.

- Zeigervariablen erhalten einen Wert, wenn sie als Parameter der Standardprozedur NEW auftreten oder durch Wertzuweisung (Zeigervariable vom selben Datentyp sind zuweisungskompatibel).

- Zwei Zeigervariablen vom selben Typ können nur auf Gleichheit oder Ungleichheit geprüft werden (sonst sind mit ihnen keine Operationen möglich).

Auflösung dynamischer Objekte

Wird ein Objekt nicht mehr benötigt, können wir seinen Speicherplatz durch Aufruf der Standardprozedur DISPOSE wieder freigeben:

```
DISPOSE(autorenzgr)
```

Durch diesen Aufruf wird der Speicherplatz des Objekts, auf welches autorenzgr zeigt, wieder freigegeben. Der Wert der Zeigervariablen autorenzgr ist nach dem Aufruf von DISPOSE undefiniert! Wir weisen aber noch darauf hin, daß für die Verwendung von NEW und DISPOSE der Import der Prozeduren ALLOCATE und DEALLOCATE vom Modul Storage notwendig ist (siehe 3.7.8).

Mehrere Zeigervariablen (desselben Typs) können auf ein und dasselbe Objekt zeigen. Auch diese Tatsache müssen wir beim Auflösen von dynamisch erzeugten Objekten beachten. Betrachten wir dazu folgendes Programmstück:

```
TYPE
   Autorenzeiger = POINTER TO Autor;
   Autor = RECORD
              ...
           END;

VAR
   wirth, jensen: Autorenzgr;
```

```
...
NEW(wirth);
jensen := wirth;
...
DISPOSE(wirth);
...
```

Nach der Ausführung der Standardprozedur DISPOSE ist das durch wirth referenzierte Objekt verschwunden und der Wert der Zeigervariablen wirth undefiniert. Der Wert der Zeigervariablen jensen, die ursprünglich auf dasselbe dynamisch erzeugte Objekt wie wirth zeigte, wurde dadurch nicht geändert; d.h. jensen zeigt auf ein Objekt, das gar nicht mehr exisitert. Was passiert, wenn wir die Zeigervariable jensen nach dem Aufruf der Prozedur DISPOSE verwenden, hängt von der jeweiligen Implementierung von Modula-2 ab. Der Programmierer muß also stets dafür sorgen, daß zum Zugriff auf Objekte verwendete Zeigervariablen auch auf existierende Objekte zeigen (insbesondere dürfen sie auch nicht den Wert NIL haben).

In besonderem Maße müssen wir diese Tatsache bei der Entfernung von Elementen aus doppelt verketteten Listen beachten. Betrachten wir dazu die in Abb. 4.2 dargestellte Liste:

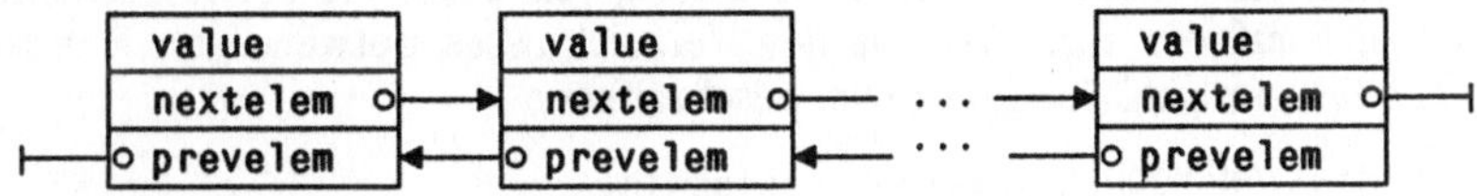

Abb. 4.2 Doppelt verkettete Liste

Wir können diese Liste durch folgende Datenstruktur beschreiben:

```
TYPE
  Listptr = POINTER TO Listelem;
  Listelem = RECORD
               value: ...;         (*informations*)
               nextelem: Listptr;  (*pointer to next element*)
               prevelem: Listptr   (*pointer to previous element*)
             END;
```

Wollen wir nun ein Element aus dieser Liste entfernen, so müssen wir im Vorgänger dieses Elements den Vorwärtszeiger nextelem und im Nachfolger dieses Elements den Rückwärtszeiger prevelem korrigieren:

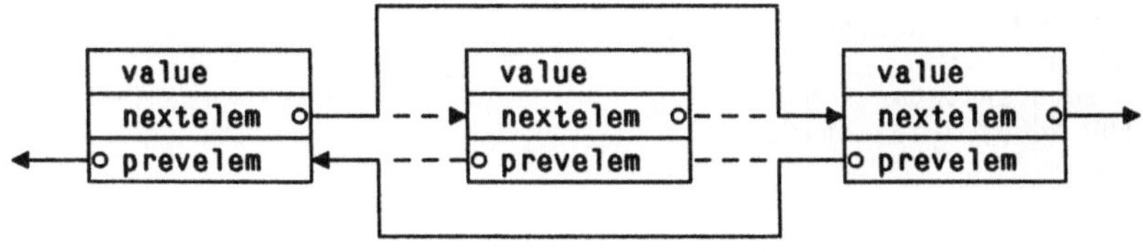

Abb. 4.3 Entfernen eines Elements

Erst wenn diese Korrektur der Zeiger durchgeführt wurde, können wir das
entsprechende Element mit DISPOSE entfernen. Eine mögliche Lösung kann in
Modula-2 so aussehen:

```
VAR elem: Listptr;  (*pointer to Listelem*)


...
(*assert: elem points to eraseable element*)
elem↑.prevelem↑.nextelem := elem↑.nextelem;
elem↑.nextelem↑.prevelem := elem↑.prevelem;
DISPOSE(elem);
...
```

Wir nutzen bei dieser Lösung die Tatsache, daß die Zeiger auf den Vorgänger
(elem↑.prevelem) und auf den Nachfoger (elem↑.nextelem) im zu löschenden
Element gespeichert sind und Modula-2 eine mehrfache Referenzierung erlaubt.

Beim Entfernen von Elementen aus einer doppelt verketteten Liste müssen wir auch
die Sonderfälle beachten, daß das zu entfernende Element am Beginn oder am Ende
der Liste stehen kann (daß es also keinen Vorgänger oder keinen Nachfolger hat).
Wir überlassen es dem Leser, eine vollständige Lösung für dieses Problem
anzugeben.

Wir geben nun eine mögliche Implementierung für unser Autorenverzeichnis an,
wobei wir uns auf die zum Aufbau des Verzeichnisses notwendigen Prozeduren
NeuesVerzeichnis und FuegeWerkAn beschränken:

```
IMPLEMENTATION MODULE AutorenVerzeichnis;
  FROM Storage IMPORT
    ALLOCATE, DEALLOCATE;

  TYPE
    Autorenzeiger = POINTER TO Autor;
    Werkezeiger   = POINTER TO Werk;
    Name          = ARRAY [0..29] OF CHAR;
    Autor = RECORD
              name: Name;
              publikationsliste: Werkezeiger;
              naechsterautor: Autorenzeiger
            END;
    Werk = RECORD
             titel: Name;
             autor: Autorenzeiger;
             naechsteswerk: Werkezeiger
           END;

  VAR autorenliste: Autorenzeiger;

  PROCEDURE NeuesVerzeichnis;
  BEGIN
    autorenliste := NIL
  END NeuesVerzeichnis;
```

```
PROCEDURE FuegeWerkAn(autnam,titelnam:Name);
  VAR
    gefunden:   BOOLEAN;
    aut,altaut: Autorenzeiger;
    werk,hwerk: Werkezeiger;
BEGIN
  NEW(werk);                 (*neues Objekt werk anlegen*)
  WITH werk↑ DO
    titel := titelnam;       (*Name des Werkes eintragen*)
    naechsteswerk := NIL     (*derzeit kein Nachfolger*)
  END;
  aut := autorenliste;       (*suchen des Autors in der Liste
  gefunden := FALSE;
  WHILE (aut#NIL) AND NOT gefunden DO
    gefunden := GleicheNamen(aut↑.name,autnam);
    altaut := aut;
    aut := aut↑.naechsterautor
  END;
  IF NOT gefunden
    THEN                     (*neuer Autor*)
      NEW(aut);              (*neues Objekt Autor anlegen*)
      IF autorenliste=NIL
        THEN autorenliste := aut
        ELSE altaut↑.naechsterautor := aut
      END;
      WITH aut↑ DO
        naechsterautor := NIL;
        name := autnam;
        publikationsliste := werk (*Werk zuordnen*)
      END
    ELSE                     (*Autor gefunden, letztes Werk suchen*)
      hwerk := aut↑.publikationsliste;
      WHILE hwerk↑.naechsteswerk#NIL DO
        hwerk := hwerk↑.naechsteswerk
      END;
      hwerk↑.naechsteswerk := werk  (*Werk an Liste anfuegen*)
  END;
  werk↑.autor := aut         (*Autorenverweis herstellen*)
END FuegeWerkAn;

PROCEDURE GleicheNamen(name1,name2:Name):BOOLEAN;
...
END GleicheNamen;


...

END AutorenVerzeichnis.
```

Die Prozedur FuegeWerkAn legt ein neues Objekt werk an. Dann wird geprüft, ob
der Autor des Werkes bereits gespeichert ist. Wenn das der Fall ist, wird das neue
Werk am Ende der Publikationsliste des Autors angefügt. Auf eine Prüfung, ob
dieses neue Werk bereits vorhanden ist, wurde der Einfachheit halber verzichtet. Ist
der Autor noch nicht vorhanden, so wird zuerst ein Objekt des Datentyps Autor
angelegt und diesem das neue Werk zugeordnet.

4.3.2 Dynamisch erzeugte RECORDs mit Varianten

Wie wir aus 3.7.8 wissen, können wir beim Aufruf der Prozedur `NEW` auch
Konstanten als Parameter übergeben, falls ein varianter RECORD erzeugt werden
soll. Diese Konstanten müssen im zu erzeugenden RECORD zur Unterscheidung
von Varianten dienen. Betrachten wir dazu folgende Erweiterung unseres
Bibliotheksbeispiels:

```
TYPE
   Autorenzeiger = POINTER TO Autor;
   Werkezeiger   = POINTER TO Werk;
   Autor = RECORD
              name: ARRAY [0..29] OF CHAR;
              naechsterautor: Autorenzeiger;
              publikationsliste: Werkezeiger;
              CASE mehrereautoren: BOOLEAN OF
                 TRUE: weitererautor: Autorenzeiger
                | FALSE: (*keine weiteren Komponenten*)
              END;
           END;
   Werk = RECORD
              ...
           END;


   VAR autorenzgr: Autorenzeiger;
```

Wir können nun durch Aufruf der Prozedur

```
NEW(autorenzgr,FALSE)
```

dynamisch ein Objekt vom Typ `Autor` erzeugen, das nur Platz für die
Komponenten `name`, `publikationsliste` und `naechsterautor` belegt. Mit dem
Aufruf `NEW(autorenzgr,TRUE)` (oder `NEW(autorenzgr)`) wird außerdem
Speicherplatz für die Komponente `weitererautor` reserviert. Der Programmierer
muß dabei zwei Punkte beachten:

- Es wird nur Speicherplatz für das dynamisch erzeugte Objekt reserviert; die
  Komponente zur Unterscheidung der Varianten wird nicht eingestellt.
- Die Freigabe des reservierten Speicherplatzes muß in analoger Form erfolgen.

Die zweite Forderung bedeutet, daß die Parameterlisten bei `NEW` und `DISPOSE` für
ein dynamisches Objekt gleich aussehen müssen. Mit

```
DISPOSE(autorenzgr,FALSE)
```

wird das mit `NEW(autorenzgr,FALSE)` angelegte Objekt wieder aufgelöst.
Stimmen die Parameterlisten nicht überein, so kann es geschehen, daß mehr
Speicherplatz freigegeben wird, als das Objekt tatsächlich belegt. Der Aufruf von

```
DISPOSE(autorenzgr)         oder         DISPOSE(autorenzgr,TRUE)
```

bewirkt, daß für die Berechnung des freizugebenden Speicherplatzes auch die
Komponente `weitererautor` herangezogen wird, obwohl für sie kein
Speicherplatz bei der Erzeugung des Objekts reserviert wurde. Dadurch kann es zu
Fehlern kommen, die für den Programmierer nur sehr schwer zu finden sind.

4.4 Rekursion

Das Prinzip der Rekursion ist für die Informatik von großer Bedeutung; es ist aber *nicht nur* auf die Informatik beschränkt. Von Rekursion sprechen wir dann, wenn eine Definition durch sich selbst oder durch Teile von sich selbst beschrieben wird.

Beispiele für Rekursion sind:

- In der Mathematik:

  Der Begriff "Fakultät von n" (n!) kann für n>=0 rekursiv definiert werden:

  ```
  0! = 1,
  n! = n*(n-1)!      für n>0.
  ```

- In der Optik:

  Die mehrfache Erscheinung eines Gegenstandes, der zwischen zwei zueinander gekehrten Spiegeln plaziert ist.

- In einer kleinen Erzählung:

  Es war einmal ein Mann, der hatte sieben Söhne.
  Die sieben Söhne sprachen: "Vater, erzähle uns eine Geschichte."
  Da fing der Vater an:
  > "Es war einmal ein Mann, der hatte sieben Söhne.
  > Die sieben Söhne sprachen: "Vater, erzähle uns eine Geschichte."
  > ..."

Es würde den Rahmen einer Einführung in das Programmieren mit Modula-2 sprengen, wollten wir auf alle Anwendungsmöglichkeiten des Rekursionsprinzips in der Programmierung ausführlich eingehen. Das Ziel dieses Abschnittes ist es, das Wesen der Rekursion grundsätzlich zu erläutern und seine Anwendung in der Programmierung an einigen Beispielen zu demonstrieren.

4.4.1 Rekursive Prozeduren

Die Implementierung von rekursiven Algorithmen geschieht mit Hilfe von Prozeduren. Eine Prozedur kann von jeder Stelle innerhalb eines Programms, an der ihr Name bekannt ist, aufgerufen werden. Insbesondere ist der Prozedurname im Anweisungsteil der Prozedur selbst bekannt, das heißt, jede Prozedur kann sich selbst aufrufen.

Betrachten wir den in Abschnitt 1.4 "Darstellungsarten von Algorithmen" angegebenen euklidischen Algorithmus zur Bestimmung des größten gemeinsamen Teilers zweier positiver ganzer Zahlen m und n, so läßt sich dieser folgendermaßen rekursiv definieren:

- `GGT(m,n) := GGT(n,m)`   für n > m
- `GGT(m,n) := n`   für m MOD n = 0
- `GGT(m,n) := GGT(n,m MOD n)`   für m MOD n ≠ 0

Die Definition von GGT benutzt also an zwei Stellen wiederum die Funktion GGT.

Wir können diese rekursive Definition unmittelbar in folgende Prozedur umsetzen:

```
PROCEDURE GGT(m,n:CARDINAL):CARDINAL;
BEGIN
  IF n>m THEN RETURN GGT(n,m) END;
  IF m MOD n = 0
    THEN RETURN n
    ELSE RETURN GGT(n,m MOD n)
  END
END GGT;
```

Wenn wir diese rekursive Lösung mit der ursprünglichen Prozedur am Ende von Abschnitt 1.4 vergleichen, können wir folgende Eigenschaften an ihr beobachten:

- Die rekursive Prozedur ist wesentlich kürzer als die nichtrekursive. Diese außerordentliche Kompaktheit ist eine typische Eigenschaft von rekursiven Prozeduren.

  Anmerkung: Die rekursive Lösung kann noch weiter verkürzt werden, indem man die erste IF-Anweisung einfach wegläßt. Den Nachweis der Korrektheit dieser Behauptung wollen wir jedoch dem Leser überlassen.

- Die rekursive Prozedur kommt überdies völlig ohne lokale Hilfsvariablen und ohne Wertzuweisungen aus. (Wertzuweisungen kommen jedoch versteckt in den rekursiven Aufrufen vor, wenn der Wert eines aktuellen Parameters an den entsprechenden formalen Parameter übergeben wird.)

- Die rekursive Prozedur ruft sich nicht bei allen möglichen Parameterkombinationen selbst auf (nämlich dann nicht, wenn n<=m und m durch n ohne Rest teilbar ist). Diese Eigenschaft ist allen rekursiven Prozeduren gemeinsam, da es irgendwann einmal eine Situation geben muß, die keine weiteren rekursiven Aufrufe erfordert; sonst würde der Aufruf einer solchen Prozedur kein Ergebnis liefern, da immer wieder ein weiterer Aufruf erfolgte und keiner der Aufrufe zu einem ordnungsgemäßen Ende führte.

Wir können weiter beobachten, daß jedem Schleifendurchlauf in der nichtrekursiven Prozedur ein rekursiver Aufruf in unserer neuen Lösung entspricht. Der nichtrekursive Zweig wird betreten, wenn in der ursprünglichen Prozedur die Schleife terminiert (wenn m durch n teilbar ist).

Von dieser Beobachtung ausgehend kann man zeigen, daß man für jeden iterativen (d.h. schleifenbehafteten) Algorithmus einen rekursiven Algorithmus angeben kann und umgekehrt. Diese Tatsache wird vor allem in der sogenannten *funktionalen Programmierung* genutzt. Wir wollen für die Transformation eines iterativen in einen rekursiven Algorithmus ein einfaches Beispiel angeben:

Gegeben ist ein Feld x vom Datentyp

```
CardinalArray = ARRAY [1..100] OF CARDINAL;
```

von dem die ersten n Elemente belegt sind.

Gesucht ist die Summe s aller Elemente von x[1] bis x[n].

Lösung mit Hilfe einer Schleife:

```
PROCEDURE Sum(x:CardinalArray; n:CARDINAL):CARDINAL;
   VAR i,s: CARDINAL;
BEGIN
   s := 0;
   FOR i:=1 TO n DO
     s := s+x[i]
   END;
   RETURN s
END Sum;
```

Lösung mittels Rekursion:

```
PROCEDURE Sum(x:CardinalArray; n:CARDINAL):CARDINAL;
BEGIN
   IF n=0
     THEN RETURN 0
     ELSE RETURN Sum(x,n-1)+x[n]
   END
END Sum;
```

Auch hier fällt wieder auf, daß die rekursive Lösung kürzer ist als die nichtrekursive und ohne Hilfsvariablen zur Schleifensteuerung und Summenbildung auskommt.

Die angegebenen Prozeduren sind Beispiele für die *direkte Rekursion*, d.h. die Prozeduren rufen sich selbst auf. Ruft eine Prozedur P1 eine andere Prozedur P2 auf und ruft diese wiederum P1 auf, so sprechen wir von *indirekter Rekursion*. Eine solche indirekte Rekursion kann auch über mehrere Stufen gehen. Das Vorhandensein einer direkten Rekursion ist aus dem Programmtext der Prozedur abzulesen, das einer indirekten nicht (um eine indirekte Rekursion in einem Programm aufzufinden, muß unter Umständen das gesamte Programm durchgesehen werden). Abbildung 4.4 verdeutlicht die indirekte Rekursion:

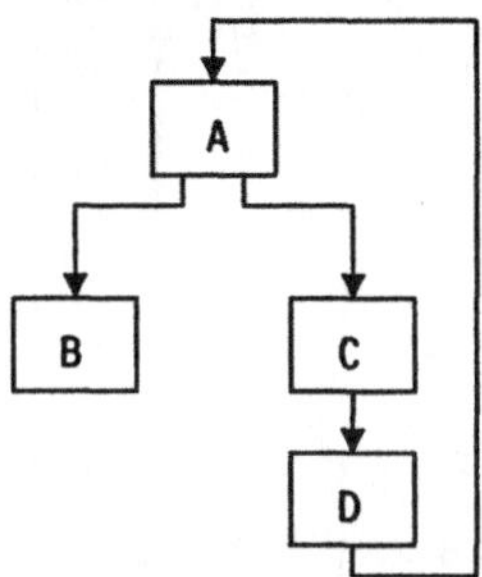

Abb. 4.4 Indirekte Rekursion

Eine Prozedur A ruft die Prozeduren B und C auf; die Prozedur C ruft D und diese wiederum A auf. Es liegt eine indirekte Rekursion A $\Rightarrow$ C $\Rightarrow$ D $\Rightarrow$ A $\Rightarrow$ ... vor.

4.4.2 Innerer Aufbau und Ablauf von rekursiven Prozeduren

In 4.4.1 haben wir erwähnt, daß es bei allen rekursiven Prozeduren mindestens eine Situation geben muß, die keine weiteren rekursiven Aufrufe erfordert, da sonst der rekursive Algorithmus nie enden würde. Abbildung 4.5 zeigt den allgemeinen Aufbau am Beispiel der Ablaufsteuerung einer direkt rekursiven Prozedur A. Dieser Aufbau gilt analog für indirekt rekursive Prozeduren.

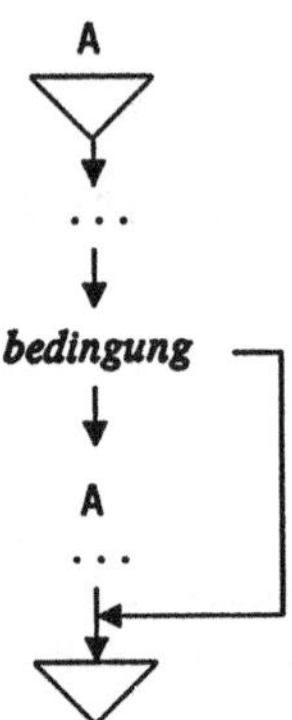

Abb. 4.5   Aufbau einer direkt rekursiven Prozedur

Wir betrachten nun den Ablauf einer rekursiven Prozedur und wählen dazu das Beispiel zur Fakultätsberechnung. Abbildung 4.6 zeigt das Ablaufdiagramm zur Fakultätsberechnung und den Ablauf mit einem konkreten Wert von n (3):

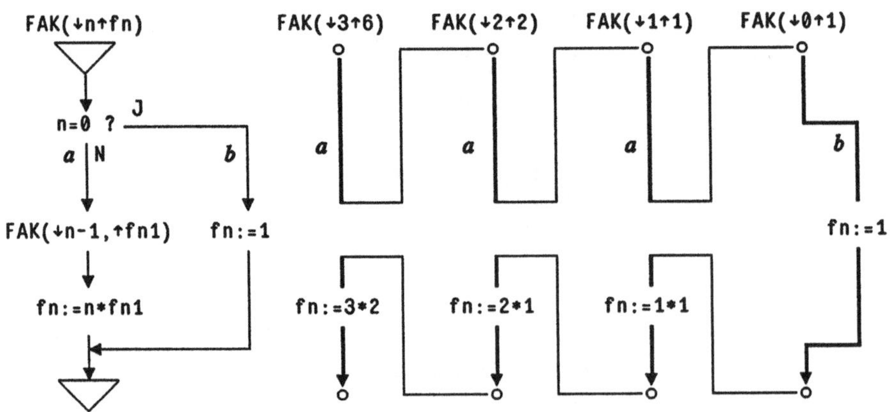

Abb. 4.6   Rekursive Berechnung von 3!

Wir sehen an diesem Beispiel, daß im Programmzweig *a* der rekursive Prozeduraufruf erfolgt. Im Programmzweig *b* erfolgt kein rekursiver Aufruf; die Prozedur gelangt beim Durchlauf dieses Zweiges zum ersten Mal an ihr reguläres

Ende. Dadurch wird die Rückkehr zur vorhergehenden Rekursionsstufe bewirkt. In unserem Beispiel wird dadurch auch im Programmzweig *a* des Rufers das normale Ende der Prozedur erreicht.

Für den Anfänger entsteht möglicherweise der Eindruck, daß der rekursive Unterprogrammaufruf lediglich eine Verzweigung zum Programmanfang darstellt (vergleichbar mit dem GOTO in älteren Programmiersprachen). Das ist aber falsch. In Wirklichkeit wird ein Speicherbereich für die lokalen Variablen und Parameter der Prozedur angelegt. Das hat zur Folge, daß sich während der Ausführung einer rekursiv aufgerufenen Prozedur an ihrem Speicherbereich vorgenommene Änderungen nicht auf die lokalen Variablen und Parameter der rufenden Prozedur auswirken. Nach der Rückkehr von einem rekursiven Aufruf wird daher bei diesen Objekten mit jenen Werten weitergearbeitet, die sie vor dem rekursiven Aufruf hatten.

4.4.3 Einige Beispiele für rekursive Algorithmen

In diesem Unterabschnitt wollen wir Beispiele für direkt und indirekt rekursive Prozeduren in Modula-2 angeben.

(1) Binäres Suchen

Gegeben ist eine Liste L der Länge n, die aufsteigend sortierte CARDINAL-Zahlen enthält sowie eine CARDINAL-Größe x.
Gesucht ist eine Prozedur, die feststellt, ob x in der Liste L enthalten ist. Wenn ja, soll eine Größe i zurückgegeben werden, für die gilt: L[i]=x. Wenn nein, soll i der Wert -1 zugewiesen werden.

Der von uns verwendete Algorithmus basiert darauf, daß die Liste L aufsteigend sortiert ist und wir daher nur in Teillisten suchen müssen. Nimmt man das mittlere Element der Liste L und vergleicht es mit x, so kann bereits festgestellt werden, ob das gesuchte Element in der ersten oder zweiten Hälfte der Liste enthalten ist, falls es überhaupt in L vorkommt. Durch wiederholte Anwendung dieses Verfahrens, also durch Halbierung der (Teil-)Listen, kommt man zum gesuchten Element, oder zu einer leeren Teilliste, falls das gesuchte Element nicht in der Liste enthalten ist. Eine mögliche Prozedur in Modula-2 kann sein:

```
PROCEDURE BinSearch(L:ARRAY OF CARDINAL; x,first,last:CARDINAL;
                    VAR i:INTEGER);
  VAR m: CARDINAL;
BEGIN
  IF first>last
    THEN i := -1
    ELSE
      m := (first+last) DIV 2;
      IF x=L[m] THEN i := m
        ELSIF x<L[m] THEN BinSearch(L,x,first,m-1,i)
        ELSE BinSearch(L,x,m+1,last,i)
      END
  END
END BinSearch;
```

Gegenüber der Aufgabenstellung enthält die Parameterliste anstelle der Listenlänge n den Anfangs- und Endindex der Liste als Eingangsparameter. Dadurch werden jeweils die Teillisten, in denen gerade gesucht wird, genau begrenzt. Für eine Liste L[0..n-1] würde der Aufruf BinSearch(L,x,0,n-1,i) lauten.

(2) Prüfung auf Zerlegbarkeit

Gegeben ist ein Rohr der Gesamtlänge lges.
Gesucht ist eine Funktionsprozedur, die prüft, ob dieses Rohr so in beliebig viele Teilstücke der Längen l1, l2 und l3 zerlegt werden kann, daß nichts übrigbleibt. Ist eine derartige Zerlegung möglich, soll als Funktionswert TRUE, sonst FALSE zurückgegeben werden.

Der von uns verwendete Algorithmus ist sehr einfach. Die Gesamtlänge des Rohres wird um l1, l2 oder l3 vermindert. Solange die verbleibende Gesamtlänge größer als Null ist, wird dieses Verfahren fortgesetzt. Reduziert sich die Gesamtlänge auf Null, so ist die Zerlegung möglich. Wird die Gesamtlänge negativ, so ist dieser Zerlegungsversuch gescheitert. Eine mögliche Lösung in Modula-2 lautet:

```
PROCEDURE Zerlegung(lges,l1,l2,l3:INTEGER):BOOLEAN;
BEGIN
  IF lges=0
    THEN RETURN TRUE
    ELSIF lges<0 THEN RETURN FALSE
    ELSE RETURN Zerlegung(lges-l1,l1,l2,l3)
            OR Zerlegung(lges-l2,l1,l2,l3)
            OR Zerlegung(lges-l3,l1,l2,l3)
  END
END Zerlegung;
```

Gerade dieses Beispiel zeigt sehr deutlich, wie einfach und kompakt rekursive Lösungen sein können. Obwohl eine Vielzahl von Kombinationen geprüft werden muß, kommen wir ohne geschachtelte Schleifen mit nur einer IF-Konstruktion aus. Wir müssen uns aber auch darüber im Klaren sein, daß jeder Aufruf der Prozedur Zerlegung drei rekursive Aufrufe bewirken kann. Die Menge der möglichen Kombinationen wird also durch eine Vielzahl von rekursiven Aufrufen bewältigt.

(3) Primzahlenprüfung

Gegeben ist eine positive ganze Zahl n größer oder gleich 2.
Gesucht ist eine Funktionsprozedur Primzahl, die den boole'schen Wert TRUE liefert, falls n eine Primzahl ist. Ist n keine Primzahl, wird FALSE als Funktionswert zurückgegeben.

Wir wollen bei der Lösung dieser Aufgabe nach folgendem Algorithmus (vgl. Rechenberg 1974) vorgehen:

Schritt 1 [Initialisierung]
Setze k:=2 (2 ist die kleinste Primzahl).

Schritt 2 [Ende ?]

Wenn $k^2>n$, dann ist n eine Primzahl und der Algorithmus ist beendet (n konnte durch keine Primzahl k geteilt werden); sonst setze mit Schritt 3 fort.

Schritt 3 [Teilbarkeit]
Bestimme den Rest der Division n/k. Ist er Null, so ist n keine Primzahl und der Algorithmus ist beendet; sonst setze mit Schritt 4 fort.

Schritt 4 [Nächste Primzahl]
Ersetze k durch die nächstgrößere Primzahl und gehe zurück nach Schritt 2.

Eine mögliche Lösung mit Modula-2-Prozeduren lautet:

```
PROCEDURE Primzahl(n:CARDINAL):BOOLEAN;
  VAR k: CARDINAL;
BEGIN
  k := 2;                  (*2 ist kleinste Primzahl*)
  LOOP
    IF k*k>n THEN
      RETURN TRUE END;     (*n durch keine Primzahl k teilbar*)
    IF n MOD k = 0 THEN
      RETURN FALSE END;    (*n ist teilbar*)
    k := NaechstePrimzahl(k)
  END
END Primzahl;

PROCEDURE NaechstePrimzahl(k:CARDINAL):CARDINAL;
BEGIN
  REPEAT
    INC(k)
  UNTIL Primzahl(k);
  RETURN k
END NaechstePrimzahl;
```

Die Prozedur Primzahl prüft, ob eine gegebene Zahl n eine Primzahl ist, indem sie mit der kleinsten Primzahl 2 die Teilbarkeit von n prüft. Ist n nicht teilbar, wird so lange versucht, durch die nächstgrößere Primzahl zu dividieren, bis entweder ein Teiler gefunden oder das Quadrat des angenommenen Teilers größer als die Zahl n wird (siehe auch Beispiel (3) in Abschnitt 1.5). Die Prozedur NaechstePrimzahl sucht die nächstgrößere Primzahl und verwendet dafür wieder die Prozedur Primzahl. Hier liegt also eine indirekte Rekursion vor.

4.4.4 Vor- und Nachteile der rekursiven Programmierung

Im Prinzip kann man jeden Algorithmus, der sich rekursiv formulieren läßt, als rekursive Prozedur implementieren. Es stellt sich daher die Frage, worin die Vorteile der Rekursion als Programmierungstechnik liegen. Wir wollen die wichtigsten kurz skizzieren:

- Bei vielen Problemstellungen ist eine rekursive Lösung natürlicher als eine nichtrekursive Lösung.

- Die Richtigkeit von rekursiven Lösungen ist meist leichter zu überprüfen als die von äquivalenten nichtrekursiven Lösungen.

- Rekursive Lösungen sind im Quelltext meist kürzer und kompakter als nichtrekursive Lösungen.

- Rekursive Lösungen sind änderungsfreundlich. Vielfach ist die Änderung nur an einer einzigen Stelle durchzuführen, während sich bei nichtrekursiver Programmierung eine Änderung oft an mehreren Stellen des Programms auswirkt.

Rekursive Programme sind jedoch meist ineffizienter als äquivalente iterative Lösungen. Ein Musterbeispiel dafür ist die Summierung der ersten n Zahlen aus 4.4.1. Jeder rekursive Aufruf kostet Speicherplatz. Bei jedem Prozeduraufruf muß Speicherplatz für die lokalen Variablen und Parameter reserviert werden (bei der Prozedur Sum sind das 101 Speicherzellen zur Aufnahme von x und n). Bei n=50 wird die Prozedur insgesamt 51-mal rekursiv aufgerufen, d.h. es werden 5151 Speicherzellen zur Berechnung der Summe der ersten 50 Feldelemente benötigt. Dem stehen 103 Speicherzellen bei der nichtrekursiven Prozedur gegenüber.

Als Faustregel kann man sagen, daß rekursive Algorithmen dann verwendet werden sollten, wenn das Problem rekursiv definiert ist. Wirth schreibt, daß man Rekursionen immer dann vermeiden sollte, wenn es eine *offensichtliche* nichtrekursive Lösung gibt (vgl. Wirth 1975).

4.5 Moduln zur Spracherweiterung

Die meisten höheren Programmiersprachen stellen eine Vielfalt von (fest in der Sprache verankerten) Standardprozeduren und -funktionen zur Verfügung, die dem Programmierer das Leben erleichtern sollen. In Modula-2 wurde bewußt auf derartige Prozeduren - und die damit verbundene Aufblähung des Sprachumfangs - verzichtet. Statt dessen wurde das Modulkonzept dazu benutzt, ganze Bibliotheken von nützlichen Funktionen für die verschiedensten Anwendungsgebiete zu schaffen. Jeder Programmierer kann sich für bestimmte Aufgaben neue Moduln schreiben, die seinen Anforderungen genügen. Leider führt das wie bei der Ein/Ausgabe zwangsläufig zu einer Vielzahl von Moduln, die auf verschiedenen Computern hinsichtlich Umfang und Leistungsfähigkeit stark variieren können. (In diesem Zusammenhang sei noch einmal auf die Notwendigkeit einer verbindlichen Norm für Basis-Moduln hingewiesen.) Wir können daher nur eine Reihe von einfachen Moduln anführen, die in dieser oder in geringfügig abgewandelter Form auf jedem Computer zur Verfügung stehen sollten.

4.5.1 Der Modul MathLib0

Der Modul MathLib0 exportiert acht Prozeduren zum *Rechnen mit gebrochenen Zahlen.* Sein Definitionsmodul hat folgende Gestalt:

```
DEFINITION MODULE MathLib0;
(* Standardfunktionen fuer REAL-Zahlen *)

  PROCEDURE sqrt(x:REAL):REAL;
  (* sqrt(x) liefert die Quadratwurzel der Zahl x *)

  PROCEDURE exp(x:REAL):REAL;
  (* exp(x) liefert den Wert der Exponentialfunktion "e hoch x" *)

  PROCEDURE ln(x:REAL):REAL;
  (* ln(x) liefert den natuerlichen Logarithmus von x *)

  PROCEDURE sin(x:REAL):REAL;
  (* sin(x) liefert den Sinus des im Bogenmass gegebenen Winkels x *)

  PROCEDURE cos(x:REAL):REAL;
  (* cos(x) liefert den Cosinus des im Bogenmass gegebenen Winkels x *)

  PROCEDURE arctan(x:REAL):REAL;
  (* arctan(x) liefert den Winkel (im Bogenmass) zum Tangenswert x *)

  PROCEDURE real(x:INTEGER):REAL;
  (* real(x) wandelt die INTEGER-Zahl x in eine REAL-Zahl um *)

  PROCEDURE entier(x:REAL):INTEGER;
  (* entier(x) liefert die groesste ganze Zahl <= x *)

END MathLib0.
```

Es fällt auf, daß der Modul `MathLib0` nicht alle denkbaren Funktionen zur
Verfügung stellt, sondern nur einen Grundstock liefert, mit dessen Hilfe dann alle
verwandten Funktionen nachgebildet werden können. So kann z.B. eine Prozedur
`arcsin` mit Hilfe von `arctan` und `sqrt` folgendermaßen realisiert werden:

```
PROCEDURE arcsin(x:REAL):REAL;
BEGIN
  RETURN arctan(x/sqrt(1.0-x*x))
END arcsin;
```

Bei der Benutzung des Moduls `MathLib0` muß selbstverständlich darauf geachtet
werden, daß die Argumente der Funktionen (d.h. die Parameter der Prozeduren)
zulässige Werte haben. So darf z.B. der Parameterwert der Funktion `sqrt` nicht
negativ sein und muß der Parameterwert von `entier` im Wertebereich des
Datentyps INTEGER liegen. Wenn eine Prozedur mit einem unzulässigen
Parameterwert aufgerufen wird, ist das Ergebnis ihrer Ausführung undefiniert
(üblicherweise hat dies die Ausgabe einer Fehlermeldung und den Abbruch des
Programms zur Folge).

4.5.2 Der Modul String

Der Modul `String` stellt sieben Prozeduren zur *Zeichenkettenverarbeitung* zur
Verfügung. Da es in Modula-2 keinen Datentyp zur Darstellung von Zeichenketten
gibt, arbeiten die einzelnen Prozeduren mit ARRAY-Parametern. Auf diese Weise
können Zeichenketten beliebiger Länge verarbeitet werden. Der Definitionsmodul
`String` hat folgende Gestalt:

```
DEFINITION MODULE String;
(* Prozeduren zur Zeichenkettenverarbeitung *)

    CONST
      first =     0;  (*Das erste Zeichen innerhalb einer Zeichenkette
                        hat die Position 0*)
      last  = 65535;  (*Position des letzten Zeichens in einer
                        Zeichenkette maximaler Laenge*)

    PROCEDURE Length(VAR s:ARRAY OF CHAR): CARDINAL;
    (* Length(s) bestimmt die Laenge der Zeichenkette s *)

    PROCEDURE Occurs(VAR s:ARRAY OF CHAR; start:CARDINAL;
                         w:ARRAY OF CHAR): CARDINAL;
    (* Occurs(s,start,w) durchsucht die Zeichenkette s ab der Position
       s[start] nach der Zeichenkette w. Wenn w gefunden wurde, liefert
       Occurs den Index des ersten Zeichens von w innerhalb von s; wenn
       w nicht gefunden wurde, liefert Occurs den Wert last (=65535)
       z.B.:  s = "ABCDEFGHIJ"
              Occurs(s,2,"EFG") = 4
              Occurs(s,5,"EFG") = last        *)

    PROCEDURE Insert(VAR s:ARRAY OF CHAR; at:CARDINAL;
                         w:ARRAY OF CHAR);
    (* Insert(s,at,w) fuegt die Zeichenkette w in die Zeichenkette s
       unmittelbar vor dem Zeichen s[at] ein. Wenn die Zeichenketten-
       variable s nicht genug Elemente enthaelt, um die resultierende
       laengere Zeichenkette aufzunehmen, wird sie abgeschnitten.
       Wenn at=last ist, wird w unmittelbar an s angefuegt; wenn
       Length(s)<at<last ist, werden so viele Leerzeichen an s angefuegt,
       dass das erste Zeichen von w an der Stelle s[at] zu stehen
       kommt. *)

    PROCEDURE InsertCh(VAR s:ARRAY OF CHAR; at:CARDINAL; ch:CHAR);
    (* InsertCh(s,at,ch) fuegt - wie Insert - das Zeichen ch an der
       Stelle s[at] ein. *)

    PROCEDURE Delete(VAR s:ARRAY OF CHAR; start,length:CARDINAL);
    (* Delete(s,start,length) loescht die Teilkette
       s[start..start+length-1] aus der Zeichenkette s. *)

    PROCEDURE Copy(VAR s:ARRAY OF CHAR; w:ARRAY OF CHAR;
                       start,length:CARDINAL);
    (* Copy(s,w,start,length) weist die Teilkette
       w[start..start+length-1] der Zeichenkette s zu. Wenn die
       Zeichenkettenvariable s weniger als length Elemente enthaelt,
       wird die zugewiesene Zeichenkette abgeschnitten *)

    PROCEDURE Same(VAR s:ARRAY OF CHAR; start,length: CARDINAL;
                       w:ARRAY OF CHAR): BOOLEAN;
    (* Same(s,start,length,w) prueft, ob die Teilkette
       s[start..start+length-1] zeichenweise mit w uebereinstimmt. *)

    END String.
```

Überall, wo ein VAR-Parameter verlangt ist, muß der aktuelle Parameter beim
Prozeduraufruf eine Zeichenketten*variable* sein. Bei der Übergabe als
ARRAY-Parameter wird der gerufenen Prozedur die maximale Länge der
Zeichenkette aus der Deklaration bekanntgegeben (die gerufene Prozedur kann den

Index des letzten Elements mit Hilfe der Standardprozedur HIGH ermitteln). Die aktuelle Länge der Zeichenkettenvariablen (d.h. die Anzahl der tatsächlich belegten Elemente) wird dadurch bestimmt, daß dem letzten Zeichen ein "Null-Zeichen" 0C folgt, wenn die Variable weniger Elemente enthält.

4.5.3 Der Modul Storage

Wir haben bereits in 3.7.8 "Standardprozeduren" und in 4.3 "Dynamische Datenstrukturen" darauf hingewiesen, daß jeder Aufruf der Standardprozeduren NEW und DISPOSE vom Compiler in Aufrufe zweier Prozeduren ALLOCATE und DEALLOCATE übersetzt wird, die in irgendeiner Weise vom Benutzer zur Verfügung gestellt werden müssen. Der einfachste Weg dazu besteht darin, diese Prozeduren vom Modul Storage zu importieren. Sein Definitionsmodul hat folgende Gestalt:

```
DEFINITION MODULE Storage;
(* Prozeduren zur Freispeicherverwaltung *)

    FROM SYSTEM IMPORT ADDRESS;

    PROCEDURE ALLOCATE(VAR a:ADDRESS; size:CARDINAL);
    (* ALLOCATE(a,size) reserviert einen bisher freien Speicherbereich
       mit size Speicherworten und liefert seine Adresse a.
       Wenn weniger als size zusammenhaengende Worte im Speicher frei
       sind, wird das Programm abgebrochen. *)

    PROCEDURE DEALLOCATE(VAR a:ADDRESS; size:CARDINAL);
    (* DEALLOCATE(a,size) macht die durch ALLOCATE vorgenommene Speicher-
       platzreservierung rueckgaengig, d.h. der Speicherbereich an der
       Adresse a wird wieder freigegeben. *)

    PROCEDURE Available(size:CARDINAL):BOOLEAN;
    (* Available(size) liefert den Wert TRUE, wenn noch size zusammen-
       haengende Worte im Speicher frei sind, sonst FALSE.
       Available kann benutzt werden, um einem Programmabbruch bei einem
       erfolglosen Aufruf von ALLOCATE vorzubeugen. *)

    END Storage.
```

Bei der Verwendung von ALLOCATE und DEALLOCATE (bzw. NEW und DISPOSE) ist es wichtig, Speicherbereiche mit derselben Länge freizugeben, mit der sie angelegt wurden (siehe auch Abschnitt 4.3).

4.6 Parallele Prozesse

In Abschnitt 3.10 "Prozesse und Co-Routinen" haben wir kennengelernt, welche elementaren Sprachelemente Modula-2 zur Programmierung paralleler Prozesse (genauer: Co-Routinen) zur Verfügung stellt. In diesem Abschnitt wollen wir zeigen, wie - aufbauend auf diesem einfachen Konzept - höhere (d.h. abstraktere) Mechanismen implementiert werden können.

Modula-2 schreibt vor, daß bei jeder Prozeßumschaltung mit Hilfe von TRANSFER angegeben wird, welcher Prozeß als nächster an die Reihe kommen soll. Wenn ein Programmsystem nur zwei Prozesse enthält, ist das überflüssig, weil ohnehin klar ist, daß der (einzige) andere Prozeß die Kontrolle erhalten soll. Bei mehr als zwei Prozessen muß hingegen beachtet werden, daß kein Prozeß "übersehen" wird. Wir geben daher im folgenden einen einfachen Modul an, der alle in einem Programm existierenden Prozesse selbständig verwaltet (in der Fachsprache bezeichnet man solche Moduln häufig als *process scheduler*):

```
DEFINITION MODULE SimpleScheduler;

  PROCEDURE CreateProcess(P:PROC; workspacesize:CARDINAL);
  PROCEDURE Pass;

END SimpleScheduler;
```

Der Modul SimpleScheduler exportiert nur zwei Prozeduren:

- CreateProcess legt einen neuen Prozeß an. Die von ihm auszuführenden Aktionen werden durch die Prozedur P festgelegt; workspacesize gibt an, wieviele Speicherworte zur Ausführung des Prozesses erforderlich sind.

- Pass kann innerhalb eines Prozesses aufgerufen werden, um die Kontrolle an irgendeinen anderen Prozeß abzugeben. Die Prozedur Pass muß dafür sorgen, daß die Prozeßumschaltung nach einem gerechten Schema vor sich geht, so daß jeder Prozeß an die Reihe kommt.

Man beachte, daß der Definitionsmodul SimpleScheduler keine systemabhängigen Sprachelemente enthält. Bei der Benutzung dieses Moduls spielt es daher keine Rolle, auf welchem Computer das Programm später laufen soll. (Zur Erinnerung: Die elementaren Sprachelemente zur Behandlung von Prozessen werden vom Modul SYSTEM exportiert und sind daher in höchstem Grade systemabhängig.)

Das folgende Beispiel soll zeigen, wie der Modul SimpleScheduler benutzt werden kann. Wir benutzen dazu wieder das Producer/Consumer-Problem aus 3.10.1.

```
MODULE ProcessDemo2;
  FROM Terminal IMPORT
    Read, Write;
  FROM SimpleScheduler IMPORT
    CreateProcess, Pass;

  VAR char: CHAR;

  PROCEDURE Consumer;
  BEGIN
    LOOP
      IF char="$" THEN EXIT END;
      Write(char);
      Pass
    END
  END Consumer;
```

```
BEGIN
  CreateProcess(Consumer,100);
  LOOP
    Read(char);
    Pass
  END
END ProcessDemo2.
```

Im Programm-Modul `ProcessDemo2` steckt nichts mehr, was in irgendeiner Weise mit der Verwaltung der beteiligten Prozesse zu tun hätte. Die Prozesse `p` und `c` sowie der Arbeitsbereich `workspace` für die Prozedur `Consumer` sind verschwunden; sie sind nun im Modul `SimpleScheduler` versteckt.

Als nächstes wollen wir den Implementierungsmodul `SimpleScheduler` entwickeln. Dazu sind einige Überlegungen zur Verwaltung von Prozessen erforderlich:

- Damit jeder Prozeß nach einer gerechten Verteilung (engl. *fair scheduling*) an die Reihe kommt, ordnen wir alle Prozesse im Kreis (d.h. in einer verketteten Ringliste) an. Jeder Aufruf von `Pass` soll bewirken, daß der jeweils nächste Prozeß in dieser Liste die Kontrolle erhält.
- Beim Erzeugen eines Prozesses mit Hilfe von `NEWPROCESS` muß für den Prozeß Speicherplatz bereitgestellt werden. Wir bedienen uns dazu der Prozedur `ALLOCATE` aus dem Modul `Storage` (siehe 4.5.3).

```
IMPLEMENTATION MODULE SimpleScheduler;
  FROM SYSTEM IMPORT
    PROCESS, NEWPROCESS, TRANSFER, ADDRESS;
  FROM Storage IMPORT ALLOCATE;

  TYPE
    Processptr = POINTER TO Process;
    Process    = RECORD
                   p: PROCESS;
                   next: Processptr
                 END;

  VAR
    first: Processptr;  (*first process in the ring*)
    last:  Processptr;  (*last created process*)
    cp:    Processptr;  (*current process*)

  PROCEDURE CreateProcess(P:PROC; workspacesize:CARDINAL);
    VAR workspaceaddr: ADDRESS;
  BEGIN
    ALLOCATE(workspaceaddr,workspacesize);
    NEW(last↑.next);
    last := last↑.next;  (*append a new node to the ring*)
    WITH last↑ DO
      NEWPROCESS(P,workspaceaddr,workspacesize,p);
      next := first
    END
  END CreateProcess;
```

```
        PROCEDURE Pass;
          VAR old: Processptr;
        BEGIN
          old := cp; cp := cp↑.next;
          TRANSFER(old↑.p,cp↑.p)
        END Pass;

    BEGIN
      NEW(first); first↑.next := first;
      last := first; cp := first
    END SimpleScheduler.
```

Für den Leser mag es nun schwierig sein, die Arbeitsweise der Prozedur `Pass` bei
der Prozeßumschaltung zu verstehen. Das folgende Beispiel soll veranschaulichen,
wie dieser Vorgang funktioniert:

```
MODULE M;
  ...
  PROCEDURE P;
  BEGIN
    B;
    Pass;
    D
    Pass
  END P;

BEGIN
  CreateProcess(P,100);
  A;
  Pass;
  C;
  Pass;
  E
END M.
```

Bei der Ausführung von `M` sollen also die Aktionen A, B, C, D und E (in dieser
Reihenfolge) ausgeführt werden. Abbildung 4.7 zeigt, wie die Prozedur `Pass` dafür
sorgt, daß dies auch wirklich geschieht. Wir stellen darin die beiden Prozesse
nebeneinander dar und kennzeichnen den Programmablauf durch eine
durchgehende Linie. Die strichlierten Umrahmungen begrenzen die
Ausführungsdauer der einzelnen Prozeduren.

Wie diese Abbildung zeigt, bewirkt jeder Aufruf von `TRANSFER` in der Prozedur
`Pass`, daß der aktuelle Zustand des gerade ausgeführten Prozesses (also der Zustand
unmittelbar vor dem Ende der Prozedur `Pass`) gerettet und beim jeweils nächsten
Aufruf von `TRANSFER` wiederhergestellt wird. Die Fortsetzung des Prozesses
geschieht daher zunächst innerhalb von `Pass`; nach dem Ende der Prozedur wird
die Ausführung hinter ihrem Aufruf fortgesetzt.

Weiter kann der Abbildung entnommen werden, daß die Prozedur `Pass` in beiden
Prozessen gleichzeitig aktiv sein kann. (*Vorsicht*: Dieser Sachverhalt darf nicht als
Rekursion gedeutet werden!) Man beachte ferner, daß die Ausführung der Prozedur
P sowie der letzte Aufruf von `Pass` in Prozeß (b) nie zu ihrem Ende kommen.

Der Modul `SimpleScheduler` zeigt lediglich, wie - aufbauend auf dem
elementaren Prozeßkonzept - die Erzeugung von Prozessen sowie die

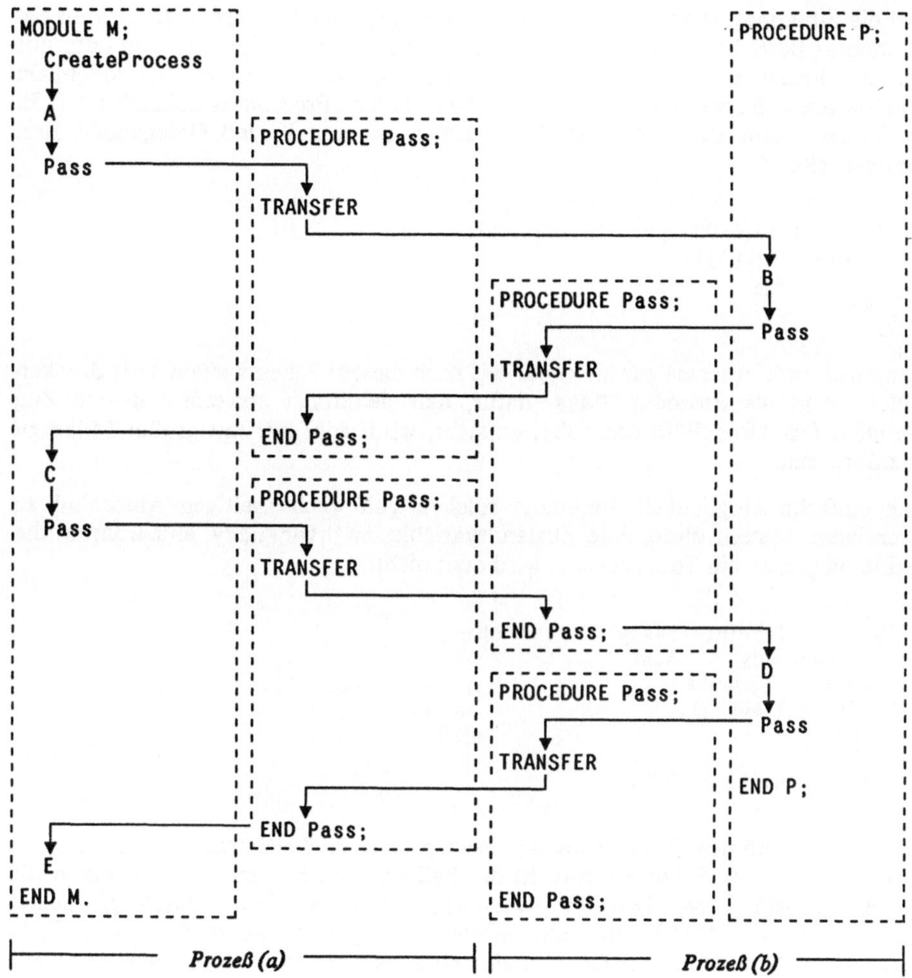

Abb. 4.7 Prozeßumschaltung mit Hilfe einer Prozedur

Prozeßumschaltung auf eine höhere Stufe gehoben werden kann. Er enthält keine Mechanismen zur Synchronisation von Prozessen. In der Fachliteratur finden sich jedoch zahlreiche Konzepte, die auch dafür Sprachelemente zur Verfügung stellen (vgl. Wirth 1984). Ein allgemeiner Überblick über diese Methoden würde aber bereits den Rahmen dieses Buches sprengen, so daß wir an dieser Stelle nur ein Beispiel vorstellen können.

Bei der Programmierung paralleler Prozesse stoßen wir oft auf die Forderung, daß bestimmte Betriebsmittel (z.B. periphere Geräte) immer nur von einem Prozeß zur gleichen Zeit benutzt werden dürfen (*wechselseitiger Ausschluß*; engl. *mutual exclusion*). Ein Beispiel dafür haben wir bereits in Abschnitt 3.10 (Modul Clock) kennengelernt. Wir haben dort durch Vergabe einer Priorität sichergestellt, daß immer nur ein Prozeß die Uhrzeit verstellen oder abfragen darf. Etwas schwieriger

wird die Situation, wenn Prozeßumschaltungen stattfinden, während ein Prozeß ein
bestimmtes Betriebsmittel belegt. Man stelle sich beispielsweise ein Programm mit
mehreren Prozessen vor, von denen zwei einen längeren Text ausdrucken wollen. Da
das Drucken sehr lange dauert, gibt jeder dieser beiden Prozesse zwischendurch (z.B.
jeweils nach dem Drucken einer Zeile) einem anderen Prozeß Gelegenheit zum
Weiterarbeiten:

```
...
FOR i:=1 TO n DO  (* n Zeilen drucken *)
  Print(line[i]);
  Pass
END;
...
```

Wenn nun zwei Prozesse zur gleichen Zeit nach diesem Schema einen Text drucken
wollen, sorgt die Prozedur Pass dafür, daß sie immer abwechselnd zum Zug
kommen. Das Druckbild, das dabei entsteht, wird wohl nur mit großer Mühe zu
entziffern sein.

Eine einfache Möglichkeit, in einem solchen Fall wechselseitigen Ausschluß zu
garantieren, besteht darin, eine Zustandsvariable printerready einzuführen, die
angibt, ob gerade ein Text gedruckt wird oder nicht:

```
...
WHILE NOT printerready DO Pass END;
printerready := FALSE;
FOR i:=1 TO n DO
  Print(line[i]);
  Pass
END;
printerready := TRUE;
...
```

Bevor ein Prozeß den Drucker für sich beansprucht, muß sichergestellt werden, daß
dieser auch frei ist. Solange das nicht der Fall ist, kommen andere Prozesse an die
Reihe. Sobald der Drucker frei ist, wird er mit Beschlag belegt
(printerready:=FALSE) und erst wieder freigegeben, wenn die letzte Zeile
gedruckt ist. Nun kann aber der Fall eintreten, daß sich in der Zwischenzeit bereits
mehrere Prozesse zum Drucken angemeldet haben. Der Modul SimpleScheduler
übergibt ihnen die Kontrolle in derselben Reihenfolge, in der sie (mit Hilfe von
CreateProcess) erzeugt wurden. Das entspricht aber nicht der Reihenfolge, die wir
uns bei einer gerechten Prozeßumschaltung wünschen; wir wollen vielmehr, daß die
Prozesse auch in derselben Reihenfolge drucken dürfen, in der sie sich angemeldet
haben.

Im folgenden geben wir einen Modul zur Verwaltung paralleler Prozesse an, der
auch einen Synchronisationsmechanismus enthält. Wir benutzen dazu *Semaphoren*,
die erstmals von Dijkstra vorgestellt wurden (vgl. Dijkstra 1968).

Semaphoren beschreiben *Ereignisse*. Mit ihnen sind folgende Operationen möglich:

Signal(s) gibt ein Eintreten des Ereignisses s bekannt.

Wait(s) wartet, bis das Ereignis s eintritt.

Aufrufe von Signal und Wait gehören immer paarweise zusammen. Der n-te

Aufruf von `Signal(s)` gibt bekannt, daß das Ereignis s gerade zum n-ten Mal eingetreten ist; der n-te Aufruf von `Wait(s)` wartet auf das n-te Eintreten des Ereignisses s. Welche Wirkungen Aufrufe von `Signal` und `Wait` haben, hängt davon ab, in welcher zeitlichen Reihenfolge sie auftreten. Wir haben also zwei Fälle zu unterscheiden:

(a) Der n-te Aufruf von `Signal(s)` findet vor dem n-ten Aufruf von `Wait(s)` statt; das Ereignis s ist also bereits n-mal eingetreten, wenn `Wait(s)` aufgerufen wird. Weder `Signal(s)` noch `Wait(s)` hat daher Auswirkungen auf die Programmausführung (insbesondere darf der Prozeß, der `Wait(s)` aufruft, ohne Unterbrechung weiterarbeiten).

(b) Der n-te Aufruf von `Signal(s)` findet erst nach dem n-ten Aufruf von `Wait(s)` statt; das Ereignis s ist also zum Zeitpunkt des Aufrufs von `Wait(s)` noch nicht n-mal eingetreten. In diesem Fall wird der Prozeß, innerhalb dessen `Wait(s)` zum n-ten Mal aufgerufen wird, in einen Wartezustand versetzt und erst wieder durch den n-ten Aufruf von `Signal(s)` aktiviert.

In Modula-2 können wir Semaphoren mit Hilfe eines abstrakten Datentyps realisieren. Wir brauchen dazu aber noch eine dritte Operation `InitSemaphore`, die eine Semaphore initialisiert. (Der Wert von s nach dem Aufruf von `InitSemaphore(s)` bedeutet: "Bisher wurde weder `Signal(s)` noch `Wait(s)` aufgerufen".) Unser Definitionsmodul (dem wir den Namen `Scheduler` geben) hat damit folgende Gestalt:

```
DEFINITION MODULE Scheduler;

    PROCEDURE CreateProcess(P:PROC; workspacesize:CARDINAL);
    PROCEDURE Pass;

    TYPE Semaphore;    (*abstract data type*)

    PROCEDURE InitSemaphore(VAR s:Semaphore);
    PROCEDURE Signal(s:Semaphore);
    PROCEDURE Wait(s:Semaphore);

END Scheduler.
```

Der Modul `Scheduler` exportiert also - wie `SimpleScheduler` - zwei Prozeduren `CreateProcess` und `Pass` zum Erzeugen von Prozessen und zur Weitergabe der Kontrolle an irgend einen anderen Prozeß. Darüber hinaus stellt er aber auch Funktionen zur Prozeßsynchronisation zur Verfügung.

Um in unserem Beispiel wechselseitigen Ausschluß während des Druckens sicherzustellen, können wir die boole'sche Variable `printerready` durch eine gleichnamige Semaphore ersetzen:

```
...
Wait(printerready);
FOR i:=1 TO n DO
  Print(line[i]);
  Pass
END;
Signal(printerready);
...
```

Bevor wir jedoch mit der Semaphore arbeiten können, muß sie initialisiert werden:

```
...
InitSemaphore(printerready);
Signal(printerready);
...
```

Der Aufruf von Signal ist in unserem Fall erforderlich, um anzuzeigen, daß der Drucker zu Beginn der Programmausführung bereit ist. Der erste Prozeß, der einen Text drucken will, kann dies daher ungehindert tun. Wenn jedoch währenddessen ein weiterer Prozeß die Prozedur Wait (zum zweiten Mal) aufruft, muß dieser warten, bis der gerade druckende Prozeß die Prozedur Signal (zum weiten Mal) aufruft und ihm so den Drucker freigibt. Wenn sich in der Zwischenzeit gleich mehrere Prozesse zum Drucken anmelden, sorgt der zweite Aufruf von Signal dafür, daß der erste Prozeß in der Warteschlange an die Reihe kommt (nämlich genau jener, der den zweiten Aufruf von Wait verursacht hat).

Bevor wir den Implementierungsmodul zu Scheduler angeben können, müssen wir festlegen, welche Datenstrukturen wir darin benutzen wollen. Da der Modul Scheduler eine Erweiterung von SimpleScheduler darstellt, werden wir wieder eine verkettete Ringliste verwenden, um alle Prozesse miteinander zu verbinden. Eine Semaphore können wir als RECORD mit zwei Komponenten realisieren:

events: CARDINAL
  beschreibt, wie oft das durch die Semaphore beschriebene Ereignis bereits eingetreten ist, ohne daß ein Prozeß darauf wartete. events>0 bedeutet somit, daß in der Folge die Prozedur Wait events-mal aufgerufen werden kann, ohne daß ein Prozeß warten muß.

firstwaiting: Processptr
  zeigt auf jenen Prozeß, der am längsten auf das durch die Semaphore beschriebene Ereignis wartet. Alle nachfolgenden Prozesse sind (in der Reihenfolge, in der sie Wait aufgerufen haben) miteinander verkettet und bilden so eine Warteschlange.

Eine Semaphore kann demnach folgende Werte annehmen:

events=0, firstwaiting=NIL
  Bisher wurden Signal und Wait genau gleich oft aufgerufen.

events>0, firstwaiting=NIL
  Signal wurde events-mal öfter aufgerufen als Wait.

events=0, firstwaiting≠NIL
  Wait wurde öfter aufgerufen als Signal; die auf Ereignisse wartenden Prozesse stehen in einer Warteschlange, und firstwaiting zeigt auf den ersten.

Man beachte, daß der Fall events>0, firstwaiting≠NIL nicht vorkommen darf.

Durch das Semaphorenkonzept stellen wir zusätzliche Anforderungen an die Ringliste, die alle Prozesse verwaltet. Jedes Element darin braucht ein Kennzeichen, ob der entsprechende Prozeß bereit ist oder ob er auf ein Ereignis wartet (wartende Prozesse müssen bei Aufrufen von Pass übergangen werden). Wenn ein Prozeß auf

ein Ereignis wartet, muß sein entsprechendes Element in der Ringliste auf seinen
Nachfolger in der Warteschlange zeigen können. Wir müssen also den Datentyp
Process des Moduls SimpleScheduler um zwei Komponenten erweitern:

```
TYPE
  Processptr = POINTER TO Process;
  Process = RECORD
              p: PROCESS;
              next: Processptr;      (*next process in ring*)
              ready: BOOLEAN;        (*ready or waiting?*)
              follower: Processptr (*next process in queue*)
            END;
```

Mit diesen Überlegungen können wird den Implementierungsmodul Scheduler
folgendermaßen formulieren:

```
IMPLEMENTATION MODULE Scheduler;
  FROM SYSTEM IMPORT
    PROCESS, NEWPROCESS, TRANSFER, ADDRESS;
  FROM Storage IMPORT ALLOCATE;
  FROM Terminal IMPORT WriteString;

  TYPE
    Processptr = POINTER TO Process;
    Process = RECORD
                p: PROCESS;
                next: Processptr;      (*next process in ring*)
                ready: BOOLEAN;        (*ready or waiting?*)
                follower: Processptr (*next process in queue*)
              END;
    Semaphore = POINTER TO RECORD
                  events: CARDINAL;
                  firstwaiting: Processptr
                END;

  VAR cp: Processptr;

  PROCEDURE CreateProcess(P:PROC; workspacesize:CARDINAL);
    VAR
      workspaceaddr: ADDRESS;
      newproc: Processptr;
  BEGIN
    ALLOCATE(workspaceaddr,workspacesize);
    NEW(newproc);
    WITH newproc↑ DO
      NEWPROCESS(P,workspaceaddr,workspacesize,p);
      next := cp↑.next;
      ready := TRUE;
      follower := NIL
    END;
    cp↑.next := newproc
  END CreateProcess;

  PROCEDURE Pass;
    VAR old: Processptr;
  BEGIN
    old := cp;
    REPEAT              (*find a ready process*)
      cp := cp↑.next
```

```
    UNTIL cp↑.ready OR (cp=old);
    IF cp↑.ready
      THEN TRANSFER(old↑.p,cp↑.p)
      ELSE WriteString("-- deadlock --"); HALT
    END
END Pass;

PROCEDURE InitSemaphore(VAR s:Semaphore);
BEGIN
  NEW(s);
  WITH s↑ DO
    events := 0;
    firstwaiting := NIL
  END
END InitSemaphore;

PROCEDURE Signal(s:Semaphore);
  VAR old: Processptr;
BEGIN
  WITH s↑ DO
    IF firstwaiting=NIL
      THEN INC(events)         (*no waiting processes*)
      ELSE                     (*release waiting process*)
        old := cp;
        cp := firstwaiting;
        firstwaiting := cp↑.follower;
        WITH cp↑ DO
          ready := TRUE;
          follower := NIL
        END;
        TRANSFER(old↑.p,cp↑.p)
    END (*IF*)
  END (*WITH*)
END Signal;

PROCEDURE Wait(s:Semaphore);
  VAR last: Processptr;
BEGIN
  WITH s↑ DO
    IF events>0
      THEN DEC(events)         (*event already occured*)
      ELSE                     (*deactivate current process*)
        IF firstwaiting=NIL (*append it to queue*)
          THEN firstwaiting := cp
          ELSE
            last := firstwaiting;
            WHILE last↑.follower#NIL DO
              last := last↑.follower
            END;
            last↑.follower := cp
        END;
        WITH cp↑ DO
          ready := FALSE;
          follower := NIL
        END;
        Pass                    (*transfer to next ready process*)
    END (*IF*)
  END (*WITH*)
END Wait;
```

```
BEGIN (*Scheduler*)
  NEW(cp);
  WITH cp↑ DO
    next := cp;
    ready := TRUE;
    follower := NIL
  END
END Scheduler.
```

Die Prozedur Wait überprüft zuerst, ob Signal bereits öfter aufgerufen wurde als Wait (events>0). Wenn das der Fall ist, wird die Differenz der Aufrufe um eins verringert, und der Prozeß kann seine Ausführung fortsetzen. Wenn das erwartete Ereignis noch nicht eingetreten ist, wird der gerade aktive Prozeß als letzter an die Warteschlange der Semaphore angehängt und sein "Bereitschaftskennzeichen" auf FALSE gesetzt. Anschließend wird die Kontrolle mit Hilfe von Pass irgend einem anderen Prozeß übergeben.

Die Prozedur Signal überprüft zuerst, ob es bereits einen Prozeß gibt, der auf das soeben eingetretene Ereignis wartet (firstwaiting≠NIL). Wenn das nicht der Fall ist, wird in der Komponente events der Semaphore lediglich ein Überschuß an Aufrufen von Signal vermerkt. Wenn bereits ein Prozeß wartet, wird er aus der Warteschlange entfernt, als "bereit" gekennzeichnet und aktiviert.

Die Prozedur Pass muß in einer Schleife alle Prozesse überspringen, die auf irgendein Ereignis warten. Dabei kann der Fall eintreten, daß sich *alle* Prozesse in einem Wartezustand befinden. Eine solche Situation bezeichnet man als *"Systemverklemmung"* (engl. *deadlock*). Da es aus ihr keinen Ausweg gibt, muß das Programm abgebrochen werden.

Übungsaufgaben

(1) Der Modul Terminal exportiert Prozeduren für die zeilenweise Ein/Ausgabe. Schreiben Sie einen Modul, der Prozeduren für die Ein/Ausgabe von CARDINAL-Zahlen exportiert. Dieser Modul soll nur Ein/Ausgabe-Prozeduren von Terminal importieren.

(2) Schreiben Sie einen auf FileSystem aufbauenden Modul, der Prozeduren zum Lesen und Schreiben von ganzen RECORDs exportiert. Verwenden Sie dazu Parameter vom Typ ARRAY OF WORD.

Prozedurköpfe:
```
ReadRecord(VAR f:File; VAR rec:ARRAY OF WORD);
WriteRecord(VAR f:File; rec:ARRAY OF WORD);
```

(3) Jemand möchte sich ein Telefonverzeichnis anlegen. Jede Eintragung soll aus einem Namen und einer Telefonnummer bestehen. Schreiben Sie eine Datenkapsel, die dieses Telefonverzeichnis (als dynamische Liste) verwaltet. Sie soll Prozeduren zum Eintragen in das Verzeichnis, zum Suchen nach einem Namen und zum Suchen nach einer Nummer exportieren.

(4) Eine Übungsaufgabe zu 3.6.3 (Schleifen) war die Umkehr eines Feldes. Transformieren Sie diesen schleifenbehafteten Algorithmus in einen rekursiven Algorithmus.

(5)   Gegeben sind eine reelle Zahl x und eine ganze Zahl n. Schreiben Sie eine rekursive Funktionsprozedur `Power(↓x ↓n):REAL` die x^n berechnet. Die Zahl n darf auch negativ sein.

(6)   Schreiben Sie eine rekursive Prozedur zur Beantwortung der Frage:

Auf wieviele verschiedene Arten lassen sich 20 DM wechseln?

Benutzen Sie dazu eine Tabelle der Münzen 1, 2, 5, 10, 50 Pfennig, 1, 2, und 5 DM.

(7)   Gegeben ist folgende rekursive Prozedur:

```
PROCEDURE F(n,x,y:CARDINAL):CARDINAL;
BEGIN
  IF n=0 THEN RETURN x+y END;
  IF y=1 THEN RETURN x END;
  RETURN F(n-1,F(n,x,y-1),x)
END F;
```

Überlegen Sie, welche Werte die Prozedur in Abhängigkeit von n liefert.

Hinweis: Berücksichtigen Sie nur Parameterkombinationen mit `n<=3`!

(8)   Bei Verwendung des Moduls `SimpleScheduler` stehen die Prozesse in derselben Reihenfolge in der Ringliste, in der sie mit `CreateProcess` angelegt wurden. Beim Modul `Scheduler` ist das im allgemeinen nicht der Fall.

- Überlegen Sie, wie die Prozeßreihenfolge im Modul `Scheduler` zustandekommt.
- Wie müssen die Prozesse mit `CreateProcess` angelegt werden, damit ihre Reihenfolge in den Moduln `SimpleScheduler` und `Scheduler` übereinstimmen?

(9)   Überlegen Sie, wie Systemverklemmungen entstehen. Geben Sie ein möglichst einfaches Beispiel dafür an.

Im weiteren Sinn kann man jede Situation als Systemverklemmung bezeichnen, in der ein Teil aller Prozesse nie wieder aktiviert werden kann. Geben Sie auch dafür ein Beispiel an und überlegen Sie, warum solche Fälle vom Modul `Scheduler` nicht erkannt werden können.

5 Programmierstil und Programmtest

In Kapitel 2 haben wir gezeigt, wie man eine Aufgabe schrittweise in Teilaufgaben zerlegt, bis alle Teilaufgaben so einfach geworden sind, daß man sie mit elementaren Aktionen formulieren kann. In Kapitel 3 haben wir die Programmiersprache Modula-2 eingeführt, und Kapitel 4 behandelte spezielle Probleme, die beim Programmieren in Modula-2 auftreten können. In diesem Kapitel wollen wir nun dem Leser einige (von Modula-2 unabhängige) Richtlinien zum Programmieren angeben, deren Einhaltung sich in der Praxis bewährt hat. Im ersten Abschnitt diskutieren wir, was wir unter gutem Programmierstil verstehen, im zweiten Teil behandeln wir die Problematik des Austestens von Programmen.

5.1 Programmierstil

Die wichtigsten Elemente guten Programmierstiles sind:

> *Strukturiertheit, Ausdruckskraft, äußere Form* und *Effizienz.*

Das bezieht sich sowohl auf den *Entwurf* als auch auf die *Formulierung* von Algorithmen in einer Programmiersprache. Wir haben die entsprechenden Prinzipien bei der Entwicklung der bisher angegebenen Algorithmen stets angewandt, ohne den Leser darauf hinzuweisen, weil wir die dafür nötigen Voraussetzungen noch nicht geschaffen hatten. Dies wollen wir im folgenden nachholen.

Obwohl die Effizienz eines Algorithmus ein wichtiges Qualitätsmerkmal ist, werden wir hier auf die Behandlung von Effizienzfragen verzichten. Erst wenn wir ein Problem und seine Lösung richtig verstanden haben, hat es Sinn, die Effizienz eines Programms zu untersuchen. Wir brauchen dazu Methoden zur Laufzeitmessung von Programmen und zum Auffinden der zeitkritischen Programmteile. Da dieses Buch eine Einführung in die Programmierung ist, bleiben solche Fragen unbehandelt.

5.1.1 Strukturierung

Die *Strukturierung* bezieht sich einerseits auf die schrittweise Zerlegung einer algorithmischen Lösung in Teillösungen mit dem Ziel, die Komplexität durch Abstraktion zu meistern und nach Einfachheit und Überschaubarkeit zu streben; wir nennen das die *Strukturierung im Großen.* Andererseits bezieht sie sich aber auch auf die Auswahl der angemessenen Programmbausteine bei der algorithmischen Formulierung von Teillösungen; wir nennen das die *Strukturierung im Kleinen.*

Strukturierung im Großen

Die Prinzipien zur Strukturierung im Großen haben wir bereits in Kapitel 2 ausführlich behandelt. Das Ergebnis dieses Prozesses sind Moduln sowie Funktionen, die diesen Moduln zugeordnet sind. Bei der Programmierung müssen die im Entwurf definierten Moduln und Funktionen so realisiert werden, daß sie auf einem Computer ausführbar sind. Das Mittel für diesen Umsetzungsprozeß ist die Programmiersprache. Bei der Implementierung eines Programmsystems kommt es darauf an, daß die beim Entwurf definierte modulare Zerlegung in der Programmiersprache ausdrückbar ist; daß die Objekte, mit denen die verschiedenen Aktionen arbeiten, in der gewählten Sprache darstellbar sind; und daß die Sprache Kontrollstrukturen bereitstellt, die es gestatten, die gewünschten oder geforderten Funktionen zu beschreiben (siehe auch Pomberger 1984).

Modula-2 erfüllt diese Anforderungen vollständig. Zur Strukturierung im Großen verwenden wir *Moduln* und *Prozeduren* (siehe Abschnitte 3.7 und 3.8). Das *Datentypkonzept* von Modula-2 gestattet uns auch, die beim Entwurf eines Algorithmus festgelegten Abstraktionen von Datenobjekten und die mit ihnen möglichen Operationen im Programm auszudrücken.

Als Beispiel für die Strukturierung im Großen in der Programmiersprache Modula-2 verweisen wir auf Abschnitt 4.1 "Einige einfache Modula-2-Programme".

Strukturierung im Kleinen

Für das Verstehen und Ausprüfen von Algorithmen ist es notwendig, daß die Algorithmen einfach zu lesen sind. Alle Probleme der Komplexität kommen von der Freiheit bei der Verwendung von Sprunganweisungen, d.h. von der Konstruktion unbeschränkter Ablaufstrukturen. Die Grundidee der *strukturierten Programmierung* ist, bei der Formulierung von Algorithmen nur Ablaufstrukturen mit *einem Eingang* und *einem Ausgang* zu verwenden. Die Folge davon ist eine Korrespondenz zwischen der statischen Aufschreibung eines Algorithmus und seinem dynamischen Ablaufverhalten; d.h. was im Programmtext *hintereinander* steht, wird im allgemeinen auch *nacheinander* ausgeführt. Dadurch werden Algorithmen überschaubar und können leichter verifiziert, geändert oder erweitert werden.

Böhm und Jacopini (vgl. Böhm u. Jacopini 1966) haben gezeigt, daß jeder Algorithmus durch Kombination der Bausteine *Sequenz, Verzweigung* und *Wiederholung* (die alle nur einen Eingang und einen Ausgang haben) darstellbar ist.

Abbildung 5.1 zeigt diese Bausteine in Form von Ablaufdiagrammen. Algorithmen, die sich nur aus diesen Elementen zusammensetzen, nennen wir *D-Diagramme* (benannt nach dem Informatiker Dijkstra). Wir wollen darüber hinaus noch die in Abb. 5.2 dargestellten Bausteine zulassen, weil sie sich nicht negativ auf die Verständlichkeit auswirken.

Wenn wir Algorithmen durch Kombinationen dieser Bausteine beschreiben, benötigen wir keine Sprunganweisung (d.h. kein GOTO). Modula-2 gestattet die Realisierung aller in den Abbildungen 5.1 und 5.2 angegebenen Bausteine und verhindert wegen der Abwesenheit einer GOTO-Anweisung unbeschränkte Ablaufstrukturen von vornherein. Die Programmierung ohne GOTOs bietet aber noch keine Garantie für Strukturiertheit. Man kann - durch Auswahl unpassender Progammbausteine - auch schlecht strukturierte Programme schreiben, die keine einzige Sprunganweisung enthalten.

Die LOOP-Anweisung von Modula-2 (vgl. 3.6.3.4) entspricht nicht den oben gestellten Forderungen. Sie kann mehrere Ausgänge haben. In einer

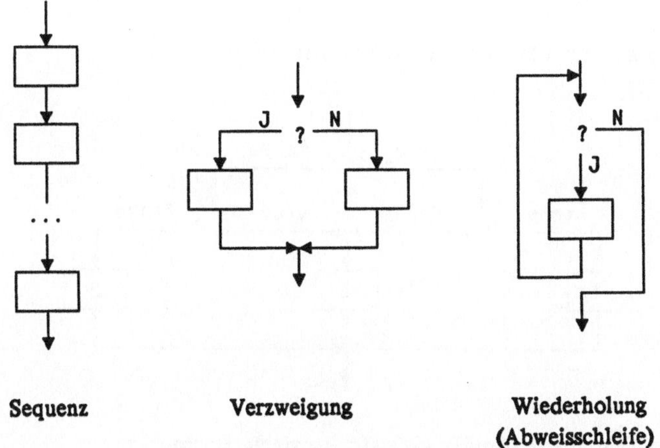

Abb. 5.1 D-Diagramm-Programmbausteine

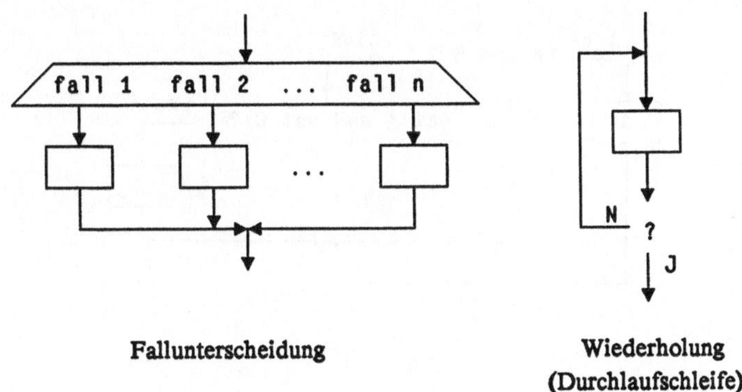

Abb. 5.2 Weitere Programmbausteine

LOOP-Anweisung können mehrere EXIT-Anweisungen enthalten sein, und diese dürfen an jeder beliebigen Stelle im Schleifenrumpf vorkommen. (Eine LOOP-Anweisung als Ganzes hat jedoch ebenfalls nur einen Eingang und einen Ausgang.) Ähnlich verhält es sich mit der RETURN-Anweisung (siehe 3.7.3), die an jeder Stelle innerhalb einer Prozedur stehen kann. Alle anderen Modula-2-Anweisungen repräsentieren Bausteine im oben angebenen Sinn.

An den folgenden drei Beispielen wollen wir nun noch zeigen, auf welche Weise sich unbeschränkte Ablaufstrukturen, die in der Praxis häufig zu finden sind, in strukturierte Lösungen transformieren lassen.

Beispiel 1

Gegeben ist folgende (schlechte) Programmstruktur:

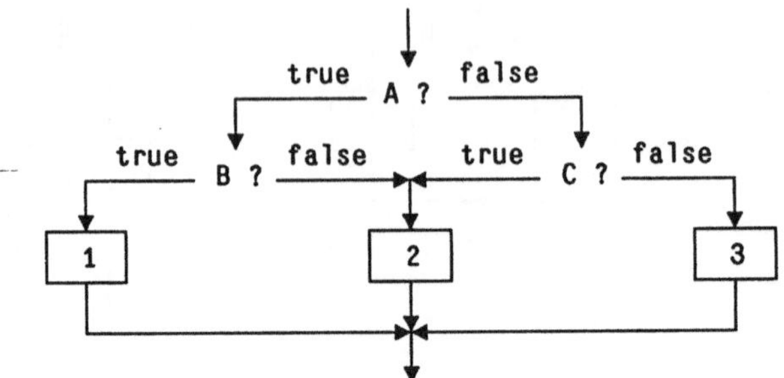

Gesucht ist eine Transformation in eine strukturierte Form.

1. Lösung: Transformation der Abfragebedingungen

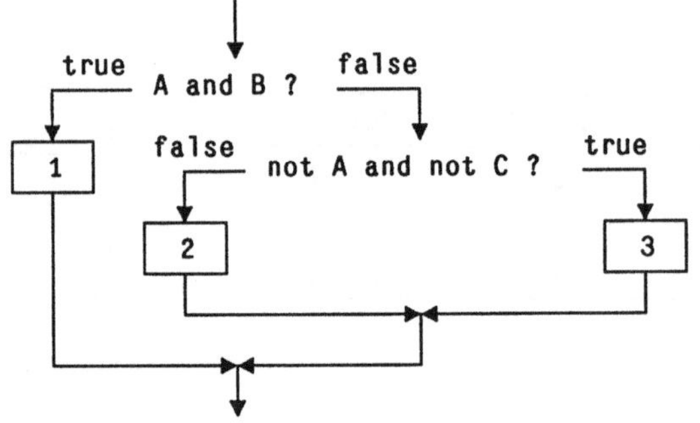

2. Lösung: Codeverdopplung

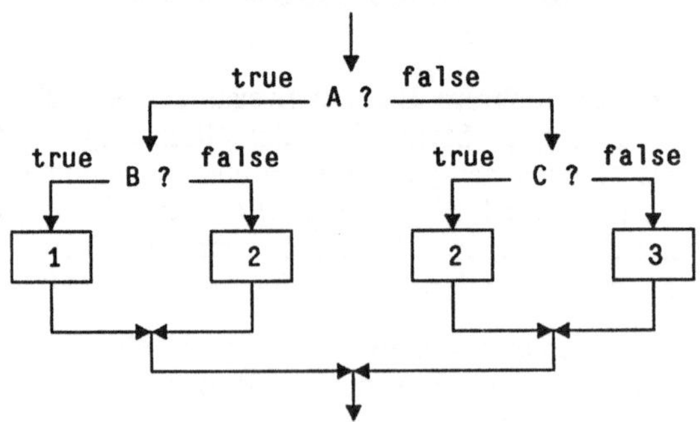

Beispiel 2

Gegeben ist eine sogenannte *n+1/2-Schleife* (n+1/2 Durchläufe), wie sie häufig in LOOP-Anweisungen vorkommt.

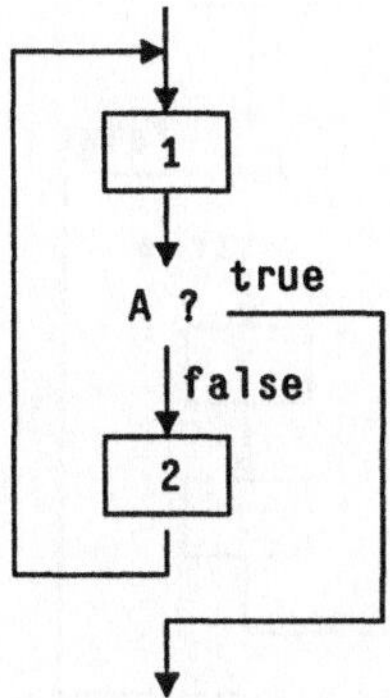

Gesucht ist eine Schleifenform, die den Regeln der strukturierten Programmierung entspricht.

1. Lösung: Einführung einer boole'schen Hilfsvariablen (looping)

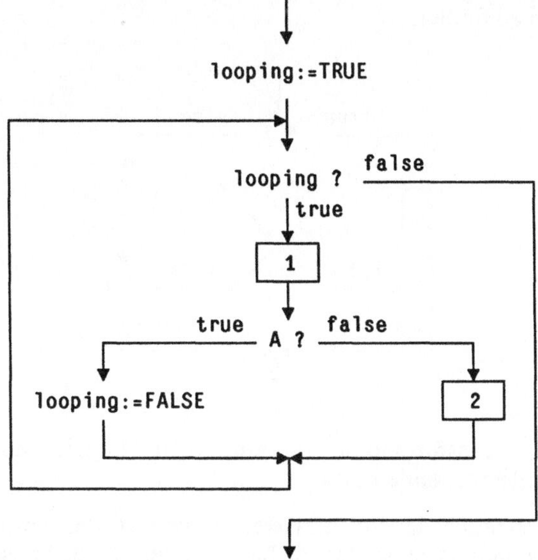

2. Lösung: Codeverdopplung

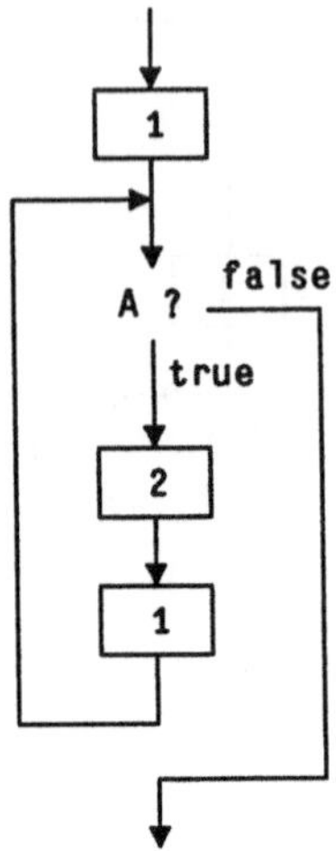

Beispiel 3

Gegeben ist folgende Programmstruktur (die wir *Kreuzstruktur* nennen); sie ist oft in Dialogprogrammen zu finden:

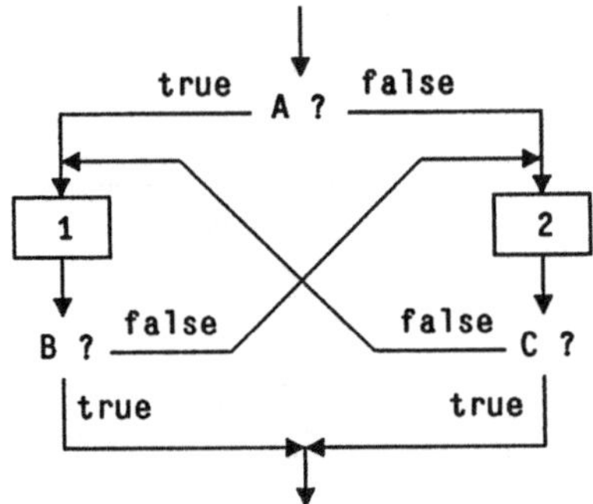

Gesucht ist eine Transformation in eine den Regeln der strukturierten Programmierung entsprechende Form.

Bei näherer Untersuchung der Struktur stellen wir fest, daß abwechselnd 1 und 2 ausgeführt werden und zwar so lange, bis B oder C wahr ist. Dieser Ablauf erinnert an ein Spiel zwischen zwei Partnern. Am Beginn wird ausgelost, welcher der beiden Spieler beginnt (Abfrage A), nach jedem Zug muß entschieden werden, ob das Spiel mit dem anderen Spieler fortgesetzt wird oder zu Ende ist. Wir können eine strukturierte Lösung für diesen Algorithmus angeben, indem wir eine Hilfsvariable next einführen, die die Werte 1, 2 oder 0 annehmen kann, je nachdem, ob Spieler 1 oder Spieler 2 am Zug ist oder ob abgebrochen werden soll.

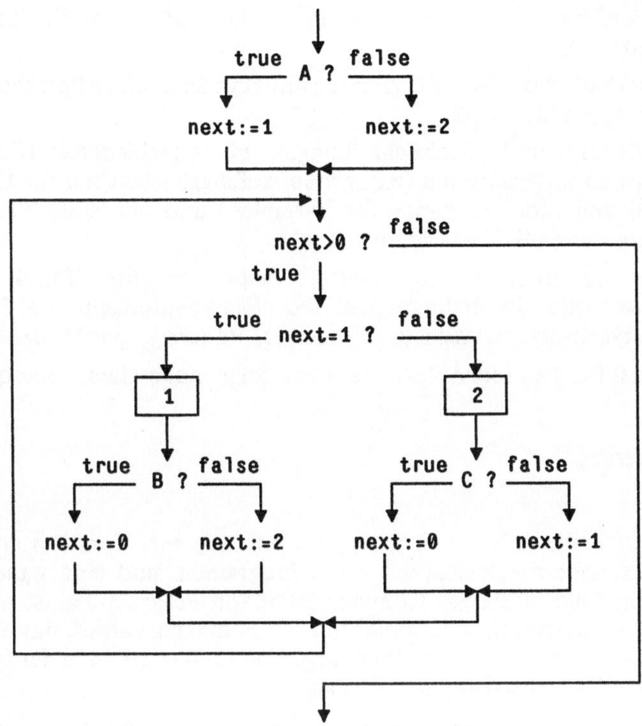

Diese Struktur entspricht dem von uns (als Element der strukturierten Programmierung) angegebenen Baustein der Abweisschleife.

5.1.2 Namenwahl

Die Formulierung von Algorithmen schließt die Benennung von Objekten und die Beschreibung von Aktionen, die diese Objekte manipulieren, mit ein. Der *Namenwahl* kommt beim Schreiben von Algorithmen besondere Bedeutung zu.

Mancherorts hat es sich zum Beispiel eingebürgert, Bezeichner immer mit einem Kurzzeichen für das Programmierprojekt oder gar mit den Initialien des Programmierers beginnen zu lassen. So sind Namen wie WPSMHGW (Grenzwert für das Projekt "Wärmepumpensteuerung", Programmierer: Maier Hans) leider keine Seltenheit. Daß solche Namen das Verständnis eines Algorithmus bedeutend erschweren, liegt auf der Hand.

Wir empfehlen daher, der Ausdruckskraft von Bezeichnern besondere Bedeutung beizumessen und folgende Regeln zur Benennung von Objekten einzuhalten:

- Wähle aussagekräftige Namen, auch wenn die Bezeichner dadurch lang werden. Der Schreibaufwand lohnt sich spätestens dann, wenn ein Programm nach langer Zeit korrigiert und erweitert werden soll.

- Benutze nur allgemein gebräuchliche Abkürzungen, die der Leser eines Programms ohne weitere Erläuterungen verstehen kann. Verwende

Abkürzungen immer im gleichen Sinn (also nicht z.B. `temp` für "Temperatur" und "temporär").

- Vergib innerhalb desselben Programms nur Namen in einer Sprache (z.B. nicht gemischt englisch/deutsch).

- Benutze Groß- und Kleinschreibung, um verschiedene Klassen von Bezeichnern zu unterscheiden (z.B. große Anfangsbuchstaben für Datentypen, Prozeduren und Moduln; kleine für Variablen) und um lange Namen besser lesbar zu machen (z.B. `CheckInputValue`).

- Verwende Hauptwörter für Werte, Zeitwörter für Tätigkeiten und Eigenschaftswörter für Bedingungen, um die Bedeutungen von Bezeichnern deutlich hervortreten zu lassen (z.B. `breite`, `ReadKey`, `gueltig`).

- Stelle einmal für dich selbst Regeln auf und folge ihnen dann konsequent.

5.1.3 Kommentierung

Guter Programmierstil drückt sich auch im Gebrauch von Kommentaren aus; sie entscheiden mit über die Lesbarkeit eines Programms und sind daher wichtige Programmbestandteile. Richtiges Kommentieren von Programmen ist jedoch nicht einfach und setzt Erfahrung, Phantasie und die Fähigkeit voraus, das Wesentliche kurz und präzise auszudrücken (vgl. Pomberger 1984). Wir geben in der Folge einige Regeln zum Schreiben von Kommentaren an:

- Jedes Programm (jeder Modul) sollte mit einem ausführlichen Kommentar beginnen, der dem Leser Auskunft über einige allgemeine Fragen zum Programm gibt:
    - Was leistet das Programm?
    - Wozu (in welchem Zusammenhang) wird das Programm verwendet?
    - Wie arbeitet das Progamm? (Verfahren, spezielle Methoden ...)
    - Wer ist der Autor des Programms?
    - Wann wurde das Programm geschrieben?
    - Welche Änderungen wurden bereits am Programm vorgenommen?
- Jede Prozedur sollte mit einem Kommentar versehen werden, der ihre Aufgabe (und eventuell ihre Arbeitsweise) beschreibt. Das gilt besonders für Prozedurköpfe in Definitionsmoduln.

- Die Bedeutung von Variablen sollte mit Hilfe eines Kommentars erklärt werden.

- Programmteile, die für abgeschlossene Teilaufgaben verantwortlich sind, sollten durch Kommentare gekennzeichnet werden.

- An wichtigen Stellen (z.B. am Anfang von Prozeduren und Schleifen) sollte der Zustand des Programms durch Kommentare (sogenannte *Assertionen*) beschrieben werden.

- Schwer verständliche Anweisungen (z.B. trickreiche Verfahren oder Programmteile, die Besonderheiten eines bestimmten Computers ausnutzen) sollten in Kommentaren so beschrieben werden, daß sie ohne unzumutbaren Aufwand vom Leser verstanden werden können.

* Ein Programm sollte so wenig und so knappe Kommentare wie möglich, aber so viele und so ausführliche Kommentare wie nötig enthalten.

* Es ist besonders darauf zu achten, daß Programmänderungen sich nicht nur auf Deklarationen und Anweisungen auswirken, sondern daß auch die Kommentare im Programm immer auf dem laufenden sind (falsche Kommentare sind schlechter als überhaupt keine!).

Diese Regeln sind mit Absicht allgemein gehalten, da es leider keine Regeln gibt, die für jedes Programm und jedes Aufgabengebiet in gleicher Weise angewandt werden könnten. Das Kommentieren von Programmen ist eine Kunst, genau wie das Entwerfen und Schreiben von Programmen.

5.1.4 Äußere Form von Programmen

Neben der Namenswahl und der Kommentierung hängt die Lesbarkeit eines Programms auch von seiner äußeren Form ab. Wir empfehlen daher folgende Regeln zur Gestaltung der äußeren Form von Programmen:

* In jedem Programm (Modul oder Prozedur) sollten die Deklarationen (von Datentypen, Konstanten, Variablen, Prozeduren) deutlich vom Anweisungsteil getrennt werden.

* Die Deklarationsteile sollten - wenn möglich - ein einheitliches Gliederungsschema aufweisen, z.B. durch folgende Reihenfolge: Konstanten, Datentypen, Variablen, Moduln, Prozeduren.

* Die Schnittstellenbeschreibung (Parameterliste von Prozeduren) soll eine Trennung der Eingangs-, Ausgangs- und Übergangsobjekte vorsehen, zum Beispiel:

```
PROCEDURE FuegeWortAn(b:CARDINAL; w:Wort;
                      VAR z:Druckzeile;
                      VAR passt:BOOLEAN);
```

Zuerst die Eingangsobjekte (b,w), dann die Übergangsobjekte (z) und zum Schluß die Ausgangsobjekte (passt). Leider bietet uns Modula-2 keine Möglichkeit, zwischen Übergangs- und Ausgangsobjekten zu unterscheiden.

* Die Programmstruktur sollte durch Einrückung sichtbar gemacht werden, zum Beispiel:

```
      ...
    REPEAT
      Read(char,eof);
      IF NOT eof
        THEN t1 := t1+1; text[t1] := char
        ELSE PrepareText(text,t1)
      END
    UNTIL eof;
      ...
```

* Kommentare und Programmtext sollten deutlich voneinander getrennt werden.

Wir haben uns bemüht, diese Regeln in diesem Buch konsequent einzuhalten; ausführliche Beispiele dazu sind in Abschnitt 4.1 angegeben.

5.2 Testen von Programmen

Die Praxis hat gezeigt, daß die Herstellung fehlerfreier Programmsysteme im allgemeinen nicht möglich ist. Daher ist es fast immer ein Irrtum zu glauben, daß ein neues Programm fehlerlos sei. Jedes Programm muß sorgfältig daraufhin geprüft werden, ob es tatsächlich das leistet, was man von ihm erwartet. Das *Testen* ist deshalb ein wesentlicher Bestandteil der Arbeit eines Programmierers.

5.2.1 Fehlerarten

Wir unterscheiden grundsätzlich zwei Arten von Programmierfehlern, die *formalen* und die *inhaltlichen* Fehler.

Von formalen Fehlern sprechen wir dann, wenn beim Schreiben des Programms gegen die Regeln der verwendeten Programmiersprache verstoßen wird. Diese Fehler werden vom Compiler bei der Übersetzung erkannt; d.h. der Compiler markiert die Fehlerstelle im Programmtext und gibt (in der Regel) dem Programmierer in Form von Fehlermeldungen Hinweise auf die Fehlerart, die dann eine entsprechende Korrektur des Programms ermöglichen.

Beispiel

Ein Modula-2-Programmierer schreibt in einem Programm folgende (syntaktisch falsche) Anweisung:

```
WHILE a<b REPEAT
```

Dann wird bei der Übersetzung die fehlerhafte Stelle markiert und dem Programmierer ein Hinweis auf den Fehler gegeben, zum Beispiel:

```
WHILE a<b REPEAT
          ↑ Syntax Error: DO expected
```

Formale Fehler entstehen durch Schreibfehler beim Abfassen der Algorithmusbeschreibung und durch Unkenntnis der Sprachregeln. Diese Fehler sind jedoch einfach zu finden und auch einfach zu korrigieren, weil uns der Compiler dabei unterstützt.

Inhaltliche Fehler sind Denkfehler des Programmierers, die zu falschen Ergebnissen des Algorithmus führen. Sie können natürlich nicht vom Compiler erkannt werden. Das Aufspüren dieser Fehler ist die eigentliche Aufgabe des Testens.

5.2.2 Vorgangsweise beim Testen

Beim Test eines Programms geht es darum, Fehler im Programm nachzuweisen. Es ist verständlich, daß der Autor eines Programms versucht, dieses möglichst schnell zum Laufen zu bringen, und deshalb hofft, beim Testen keine Fehler zu finden. Die Grundeinstellung und der Ehrgeiz des Testers sollen jedoch auf das Ziel gerichtet sein, *möglichst viele* Fehler zu finden. Es ist angebracht, jedem Programm größtes

Mißtrauen entgegenzubringen.

Es besteht ein Unterschied, ob wir einfache Programme oder umfangreiche Programmsysteme zu testen haben. Je größer ein Programmsystem ist, desto schwieriger gestaltet sich sein Test. Dann müssen sowohl alle Moduln getrennt als auch ihr Zusammenwirken harten Prüfungen unterzogen werden. Da eine vollständige Behandlung der Probleme, die dabei auftreten, den Rahmen einer Einführung in die Programmierung sprengen würden, begnügen wir uns damit, die wichtigsten Grundregeln für das Testen von Programmen anzugeben.

Regeln für den Programmtest

(1) Testvorbereitungen

- Das Testen beginnt damit, daß wir, noch bevor wir ein Programm auf einem Computer ablaufen lassen, den Algorithmus am Schreibtisch zu verifizieren versuchen. Das geschieht am einfachsten durch eine Handsimulation des fertigen Algorithmus. Dies zwingt uns, alle Entwurfsentscheidungen nochmals nachzuvollziehen, und hilft uns bereits, Fehler zu erkennen.

- Wir müssen damit rechnen, daß in jedem Abschnitt des Programms Fehler enthalten sein können. Die Prüfdaten (sowohl für die Handsimulation als auch für die Ausführung auf dem Computer) müssen daher so gewählt werden, daß alle Zweige des Programms mindestens einmal durchlaufen werden.

- Die Prüfdaten sind so zu wählen, daß insbesondere die Grenzbedingungen getestet werden. Zum Beispiel sollten Variablen mit einem beschränkten Wertebereich die Grenzwerte auch beim Testen annehmen; Schleifen sollen mit der kleinsten und der größten Anzahl von Durchläufen getestet werden; iterative Schleifen (WHILE und REPEAT) sollten auf die Möglichkeit hin untersucht werden, ob es Situationen gibt, die bewirken, daß eine Schleife nicht endet, etc.

- Es genügt nicht, ein Programm nur mit solchen Eingabedaten zu testen, für die es korrekte Ergebnisse liefern soll. Vielmehr muß auch geprüft werden, wie sich das Programm verhält, wenn es mit falschen Eingabedaten versorgt wird.

- Beim Testen sollte man nicht das Programm laufen lassen und hinterher die gelieferten Ergebnisse überprüfen. Bei einer derartigen Vorgangsweise ist der Tester meist geneigt, die Ergebnisse als richtig anzusehen. Es ist besser, die erwarteten Ergebnisse im voraus zu berechnen und mit den tatsächlich vom Programm gelieferten zu vergleichen.

- Zur Vorbereitung der Fehlerlokalisierung empfiehlt es sich, bereits zum Zeitpunkt des Programmentwurfs an kritischen Stellen (z.B. vor Schleifen, am Anfang und Ende von Prozeduren) Anweisungen zur Ausgabe von Informationen (Hilfsdruckanweisungen) über den aktuellen Zustand des Programms anzubringen. *Bei Schleifen:* Ausgabe der Werte aller Variablen, die zur Schleifensteuerung verwendet werden. *Bei Prozeduren:* zu Beginn der Prozedur Ausgabe der Werte der Eingangsparameter, am Ende der Prozedur Ausgabe der Werte der Ergebnisparameter (siehe dazu auch 5.2.3).

(2) Maßnahmen zur Fehlersuche

- Wenn beim Testen ein Fehler aufgetreten ist, muß zuerst die Fehlerstelle lokalisiert werden. Dieser Vorgang wird *debugging* (=Entwanzung, von engl. *bug*=Wanze) genannt. Dazu ist es notwendig zu wissen, in welcher Reihenfolge die einzelnen Programmabschnitte ausgeführt wurden und bis zu welcher Stelle der Ablauf noch korrekt war. Dies geschieht dadurch, daß wir die an den kritischen Stellen angebrachten Hilfsdruckanweisungen aktivieren (siehe 5.2.3) und den Ablauf anhand der Ergebnisse verfolgen.

- Wenn die Stelle gefunden ist, an der der Zustand des Algorithmus nicht mehr stimmt, ist es ratsam, den davorliegenden Abschnitt mittels Handsimulation zu untersuchen.

- Wenn ein Fehler gefunden ist, darf man nicht annehmen, daß das Programm sonst keine Fehler mehr enthält, sondern muß sorgfältig alle Prüfergebnisse mit den vorausberechneten Ergebnissen daraufhin vergleichen, ob nicht noch andere Fehler aufgetreten sind.

- Wenn ein Fehler korrigiert ist, heißt das noch lange nicht, daß nicht neue Fehler dazugekommen sind. Es müssen daher alle früheren Tests wiederholt werden. Es ist deshalb empfehlenswert, alle Testdaten aufzuheben und die mit ihnen durchgeführten Testläufe sorgfältig zu dokumentieren.

- Wenn die Ursache eines Fehlers nicht gefunden wird, ist es ratsam, das Programm einem anderen Programmierer vorzulegen. Allein die Notwendigkeit, einem Uneingeweihten das Programm erklären zu müssen, führt meist dazu, daß man das Programm aus einem anderen Blickwinkel betrachtet und dadurch dem Fehler leichter auf die Spur kommt.

- Es gibt typische, immer wiederkehrende Fehler (z.B. Überschreitung von Indexbereichen bei Feldverarbeitung, Überschreitung des Wertebereichs, Division durch Null). Beim Testen sollten daher diese Fehlermöglichkeiten besonders beachtet werden.

5.2.3 Im Programm eingebaute Testhilfen

Wir haben schon erwähnt, daß die Vorbereitung eines Programms auf die Fehlerlokalisierung eine wichtige Maßnahme für das Testen ist. Der einfachste und natürlichste Weg ist die Verfolgung des Ablaufs eines Programms und die Überwachung des Zustandes (d.h. des Wertes) wichtiger Variablen an bestimmten Stellen des Algorithmus.

Zur Programm*ablaufverfolgung* sind Hilfsdrucke nützlich, die Informationen über Prozeduraufrufe, Schleifendurchläufe oder die Ausführung bestimmter Ausweisungen liefern.

Zur *Zustandsverfolgung* muß es möglich sein, an bestimmten Stellen des Algorithmus die Werte wichtiger Variablen zu beobachten.

Anweisungen zur Ausgabe von Informationen über den Programmablauf und den Zustand von Variablen können vom Programmierer systematisch auf folgende Weise in ein (Modula-2-) Programm eingebaut werden:

```
MODULE TestObject;
   ...
   VAR testswitch: ARRAY [1..n] OF BOOLEAN;
   ...
   PROCEDURE Proc1(in:Type; VAR out:Type);
     lokale Deklarationen
   BEGIN
    IF testswitch[1] THEN
      WriteString("Procedure Proc1 started");
      Write(in)  (* write input parameter(s) *)
    END;
    ...
    Anweisungsteil
    ...
    IF testswitch[1] THEN
      Write("Procedure Proc1 ended");
      Write(out)  (* write output parameter(s) *)
    END;
   END Proc1
   ...
  BEGIN  (* Body of MODULE TestObject *)
  FOR i:=1 TO n DO
    ReadBoolean(testswitch[i])
  END
  ...
  END TestObject.
```

Im Hauptprogramm eines Programmsystems deklarieren wir ein Feld (`testswitch`), das für jede Prozedur des Programmsystems ein Element (eine Schaltervariable) enthält. In jede Prozedur fügen wir am Anfang und am Ende Anweisungen zur Ausgabe von Informationen über den Programmablauf und den Zustand von Variablen ein (z.B. eine Information, daß die Prozedur betreten oder verlassen wurde, Werte der Eingangsobjekte, Werte der Ausgangsobjekte). Derartige Hilfsdruckanweisungen können aber auch an beliebigen anderen Stellen eingefügt werden. Sie sollen nur dann ausgeführt werden, wenn der Tester dies wünscht, d.h. wenn er die einer Prozedur zugeordnete Schaltervariable auf `TRUE` setzt. Zu diesem Zweck werden zu Beginn des Hauptprogramms die Werte der Schaltervariablen eingelesen (Aufruf von `ReadBoolean` im Rumpf des Hauptprogramms).

Diese Technik ermöglicht es, bereits zum Zeitpunkt des Programmentwurfs an bestimmten Stellen Hilfsdruckanweisungen zur Ablauf- und Zustandsverfolgung anzubringen, die wir dann (durch entsprechende Festlegung der Schalterwerte) je nach Bedarf beim Test aktivieren oder unterdrücken können. Wenn die dabei produzierten Informationen nicht ausreichen, können wir später mit derselben Technik an beliebigen anderen Stellen des Programms weitere Anweisungen und Schaltervariablen hinzufügen.

Der *Vorteil* dabei ist, daß wir den Grad der Zustandsverfolgung (z.B. alle Prozeduraufrufe oder nur die Aufrufe von Prozedur X sollen tabelliert werden) je nach Bedarf grob oder fein gestalten können, ohne das Programm selbst zu verändern. Wir können diese Anweisungen auch im Programm belassen, wenn es bereits ausgetestet ist. Wir müssen dann nur statt des Einlesens der Testschalter ihre Werte mit `FALSE` initialisieren. Wenn zu einem späteren Zeitpunkt noch ein Fehler entdeckt wird, haben wir die Möglichkeit, durch eine einzige Programmänderung die Ablauf- und Zustandsverfolgung wieder zu aktivieren.

Der *Nachteil* dieser Technik ist, daß die Prüfung, ob die Hilfsdruckanweisungen ausgeführt werden müssen, Zeit kostet. Die Effizienz des Programms wird dadurch vermindert. In der Regel aber wird der größte Teil der Laufzeit eines Programms von wenigen Prozent des Codes verbraucht. Wenn man darauf achtet, daß in diesen Programmstücken keine oder nur wenige Hilfsdruckanweisungen angebracht werden, ist der Effizienzverlust unbedeutend.

5.2.4 Testwerkzeuge

Moderne *Programmierumgebungen* - das sind Sammlungen von Werkzeugen, die den Programmmierer bei seiner Arbeit unterstützen- verfügen auch über Werkzeuge, die geeignet sind, ohne Vorkehrungen im Programmtext Informationen über den Programmablauf oder den Zustand von Variablen zu liefern. Solche Werkzeuge werden *Debugger* genannt. Sie unterstützen das sukzessive Austesten von Programmen durch die Analyse von Programmzuständen zu jedem beliebigen Zeitpunkt und an jeder beliebigen Stelle im Programmtext. Moderne Debugging-Werkzeuge präsentieren dem Programmierer die Analyseergebnisse in einer verständlichen, d.h. der Denkweise des Programmierers angemessenen Form. Darüber hinaus stehen dem Programmierer manchmal auch zusätzliche Werkzeuge (z.B. Testfallgeneratoren) zur Verfügung. Die heute angebotenen Werkzeuge sind jedoch von so unterschiedlicher Qualität und Leistungsfähigkeit, daß wir hier auf eine Beschreibung verzichten.

6 Software-Engineering mit Modula-2

Software-Engineering ist - vereinfacht ausgedrückt - ein Sammelbegriff für alle Methoden zur wirtschaftlichen Herstellung zuverlässiger und effizienter Softwareprodukte und umfaßt daher Methoden zur Spezifikation, zum Entwurf, zur Implementierung, zum Test, zur Dokumentation und zur Wartung von Softwareprodukten.

Die verschiedenen Programmiersprachen unterstützen die heute bekannten Software-Engineering-Methoden in sehr unterschiedlicher Weise. Moderne Programmiersprachen (wie z.B. Modula-2 oder Ada) wurden gerade im Hinblick auf diese Methoden entwickelt, während ältere Sprachen die Anwendung dieser Methoden oft nur spärlich unterstützen, manchmal sogar behindern. Die Wahl der Programmiersprache kann daher die Qualität und die Herstellungskosten eines Softwareprodukts entscheidend beeinflussen.

Dieses Buch ist eine Einführung in die Programmierung und kein Buch über Software-Engineering. Wir wollen aber die Einführung damit abrunden, daß wir kurz diskutieren, in welcher Weise die Programmiersprache Modula-2 Prinzipien des Software-Engineerings unterstützt.

6.1 Modula-2 als Hilfsmittel zur Spezifikation

Der Werdegang eines Softwareprodukts kann in mehrere *Projektphasen* (siehe Abb. 6.1) eingeteilt werden. Die erste Phase, die *Problemanalyse*, hat die Erstellung einer *Anforderungsdefinition* zum Ziel. In dieser Projektphase kann uns eine Programmiersprache nicht als Hilfsmittel dienen, da es ja um die Formulierung der Aufgabenstellung geht. In der *Entwurfsphase* wird festgelegt, durch welche Programmkomponenten die in der Problemanalyse definierten Anforderungen realisiert werden sollen. Das Ergebnis der Entwurfsphase ist eine Sammlung von *Programmspezifikationen*, die dann die Grundlage für die Ausformulierung und die *Implementierung* der einzelnen Programmkomponenten (Algorithmen) bilden.

Eine der wichtigsten Aufgaben beim Entwurf eines Softwareprodukts ist die Definition der Moduln, in die das Programmsystem zerlegt wird, und ihrer Schnittstellen. Wir können das Konzept der Export-Schnittstelle (Definitionsmodul) in Modula-2 bereits in der Entwurfsphase zur Schnittstellenbeschreibung der Programmkomponenten benutzen. Diese Art der Modulspezifikation eignet sich sehr gut zur Entwurfsdokumentation und hilft (wenn wir Modula-2 auch als Implementierungssprache verwenden), inkonsistente Schnittstellen weitgehend zu vermeiden. Das Konzept der Schnittstellenspezifikation, wie Modula-2 es vorsieht, können wir beim Entwurf auch dann verwenden, wenn die einzelnen Programmkomponenten später in einer anderen Sprache implementiert werden.

Modula-2 ist keine Spezifikationssprache, unterstützt jedoch die Spezifikation von Programmbausteinen.

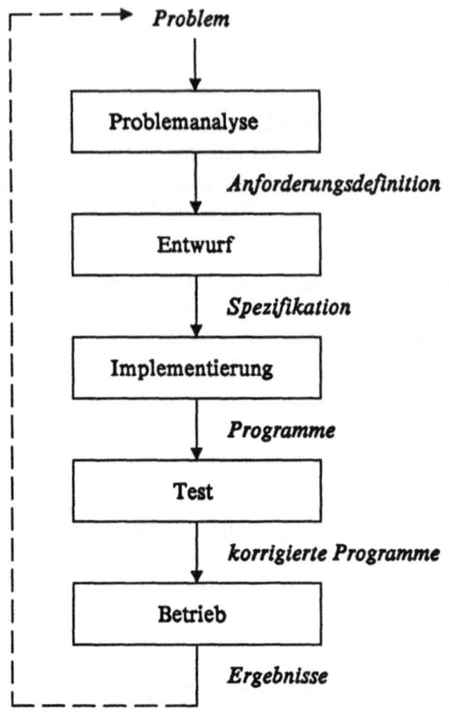

Abb. 6.1 Projektphasen

6.2 Modularisierung und Strukturierung

In Kapitel 2 haben wir gezeigt, wie wir durch schrittweise Verfeinerung eine Aufgabe solange in Teilaufgaben zerlegen, bis wir diese Teilaufgaben algorithmisch formulieren können. Wir haben außerdem angegeben, nach welchen Kriterien die so gewonnenen Algorithmen zu Moduln zusammengefaßt werden können.

Es ist klar, daß wir bei der Niederschrift der Programme in einer Programmiersprache möglichst danach trachten, daß sich unsere Entwurfsentscheidungen auch in den Programmen widerspiegeln. Wir erwarten, daß sich die beim Entwurf festgelegten Zerlegungsstrukturen (Moduln, Prozeduren) und Schnittstellenbeschreibungen auch in der verwendeten Programmiersprache ausdrücken lassen. Dies ist leider bei vielen älteren Programmiersprachen nur beschränkt möglich, weil meist Sprachelemente zur Formulierung von Moduln fehlen, keine Trennung von Spezifikation und Implementierung von Moduln möglich ist und manchmal sogar das Prozedurkonzept fehlt.

Modula-2 unterstützt die Transformation der Entwurfsergebnisse in Programme auf sehr elegante Weise und gestattet sowohl die Formulierung von Moduln und Prozeduren als auch die Trennung von Schnittstellendefinition und Implementierung, wie sie z.B. für Datenkapseln und abstrakte Datentypen nützlich ist.

Neben der Modularisierung geht es in der Programmierung auch um die Strukturierung der einzelnen Algorithmen. In 5.1.1 "Strukturierung" haben wir dafür den Begriff *strukturierte Programmierung* eingeführt und beschrieben, welche Maßnahmen zu treffen sind, um zu gut strukturierten Algorithmen zu gelangen. Gut strukturierte Programme enthalten ausschließlich die Elemente Sequenz, Verzweigung, Fallunterscheidung und Wiederholung (siehe Abb. 5.1 und 5.2).

Modula-2 stellt uns Anweisungen zur Formulierung genau dieser Bausteine zur Verfügung. Durch das Fehlen einer GOTO-Anweisung in der Sprachdefinition kommen wir gar nicht erst in Versuchung, unbeschränkte Ablaufstrukturen zu formulieren. Modula-2 unterstützt deshalb die strukturierte Programmierung bedeutend besser als ältere Programmiersprachen (z.B. COBOL, Fortran, Basic).

6.3 Datenkapselung und Datenabstraktion

Das *Prinzip der Datenkapselung* ist von großem praktischen Wert. Vor allem bei der Implementierung größerer Programmsysteme wird durch die Verwendung von Datenkapseln eine wesentlich höhere Zuverlässigkeit erreicht als bei herkömmlichen Implementierungstechniken.

In Abschnitt 2.2 "Datenkapselung" haben wir dieses Prinzip ausführlich erläutert und auch ein Beispiel dafür angegeben, wir haben aber das Prinzip ganz allgemein und losgelöst von einer Programmiersprache behandelt.

Das Prinzip der Datenkapselung besagt, daß die Algorithmen, die die gekapselten Datenobjekte benutzen wollen, dies nur über *Zugriffsalgorithmen* tun können und die konkrete Realisierung der gekapselten Objekte vor dem Benutzer geheimgehalten wird; daß daher eine Änderung der Organisation der gekapselten Objekte und der Zugriffsprozeduren keine Auswirkung auf die Programme haben darf, die die Datenkapsel benutzen.

Das Modulkonzept mit Trennung von Spezifikations- und Implementierungsteil (siehe 3.8.3 "Äußere Moduln und getrennte Übersetzung") ist genau das, was wir brauchen, wenn wir Datenkapseln in einer Programmiersprache beschreiben wollen. Es trennt die Kapsel in zwei Teile, den für den Benutzer sichtbaren Teil, der die Beschreibung der Zugriffsprozeduren (d.h. des Exports der auf den gekapselten Objekten zugelassenen Operationen) enthält, und den für den Benutzer unsichtbaren Teil, der alle Implementierungsdetails der gekapselten Objekte und die algorithmische Struktur der Zugriffsalgorithmen umfaßt.

Durch das *Konzept der getrennten Übersetzung* mit Schnittstellenprüfung ist es jederzeit möglich, die interne Struktur der Datenkapsel zu ändern, ohne daß dies Auswirkungen auf den Benutzer der Datenkapsel nach sich zieht. Ein Beispiel für die Realisierung einer Datenkapsel in Modula-2 finden wir im Modul `ZellenVerwaltung` (Abschnitt 4.1, Punkt (3)).

In Modula-2 können entsprechend den in 3.8.1 "Innere Moduln" angegebenen Import- und Export-Regeln für Moduln nicht nur Prozeduren, sondern auch Variablen exportiert werden. Auf exportierte Variablen kann der "Importeur" so zugreifen, als ob sie in ihm selbst deklariert worden wären; d.h. er kennt ihre konkrete Realisierung und kann auch ihre Werte verändern. Wenn wir von dieser Möglichkeit Gebrauch machen, durchbrechen wir das Geheimnisprinzip, weil wir dann mit globalen Objekten (siehe Abschnitt 2.2 unter "Vorteile der Datenkapsel") arbeiten und alle diesbezüglichen Nachteile (schlechte Änderbarkeit, kein Schutz vor unberechtigtem Zugriff) in Kauf nehmen müssen.

Eng verbunden mit dem Begriff der Datenkapsel sind auch die Begriffe *abstrakte Datenstruktur* und *abstrakter Datentyp*.

Wir haben schon in Abschnitt 2.1 erläutert, daß es nach dem Prinzip der schrittweisen Verfeinerung wichtig ist, nicht zu früh an eine bestimmte Repräsentation von Daten zu denken. Dadurch soll verhindert werden, daß sich der Entwerfer zu bald mit Detailfragen beschäftigt und die Lösung der Grundprobleme vernachlässigt oder gar seinen Entwurf an die Datenstruktur anzupassen versucht. Wir haben daher das Prinzip der schrittweisen Verfeinerung auch beim Entwurf der Datenstrukturen angewandt und in diesem Sinne mit abstrakten Datenstrukturen gearbeitet.

> "Eine *abstrakte Datenstruktur* definiert eine Menge von Objekten (ihre Komponenten) und eine Menge von Operationen, die auf die Komponenten oder auf die Datenstruktur als ganzes angewandt werden können." (Pomberger 1984, S. 100)

Auf Grund dieser Definition können wir sofort eine Beziehung zur Datenkapsel herstellen. Jede Datenkapsel repräsentiert eine abstrakte Datenstruktur. Die Daten, die von ihr verwaltet werden, sind die Objekte, und die Zugriffsfunktionen sind die darauf definierten Operationen.

Mit dem Begriff der abstrakten Datenstruktur verwandt, aber nicht mit ihm identisch, ist der Beriff des abstrakten Datentyps.

> "Ein *abstrakter Datentyp* definiert eine Menge von Objekten, die alle dieselbe abstrakte Datenstruktur haben, durch die mit ihnen ausführbaren Operationen." (Pomberger 1984, S. 100)

Abstrakte Datentypen benötigen wir dann, wenn wir mehrere Exemplare einer abstrakten Datenstruktur definieren wollen. Ein Beispiel zur Implementierung mehrerer Exemplare von "Warteschlangen" soll dies erläutern.

Wir wollen einen abstrakten Datentyp Queue, die auf ihm ausführbaren Operationen EnQueue (Füge ein Element an eine bestimmte Warteschlange an) und DeQueue (Entferne das erste Element aus einer bestimmten Warteschlange) sowie drei Exemplare q1, q2, q3 des Datentyps Queue definieren. Alle drei Variablen (q1, q2, q3) erhalten dadurch gemeinsame Eigenschaften; als Folge davon können auch dieselben Operationen auf sie angewandt werden.

Die Implementierung abstrakter Datentypen ist in Modula-2 durch das Modul-Konzept zusammen mit dem Konzept der undurchsichtigen Datentypen (siehe 3.8.3.1 "Definitionsmoduln") möglich. Wir schreiben nur den Namen des

abstrakten Datentyps in den Spezifikationsteil und holen die vollständige
Deklaration im Implementierungsteil nach. Der Spezifikationsteil für einen
abstrakten Datentyp "Warteschlange" lautet deshalb:

```
DEFINITION MODULE Queues;
  TYPE Queue;  (*abstrakter Datentyp*)

    PROCEDURE EnQueue(VAR q:Queue; elem:INTEGER; VAR full:BOOLEAN);
    (* Fuegt das Element elem an die Warteschlange q an. Wenn die
       Warteschlange vor dem Aufruf von EnQueue bereits voll war, wird
       full=TRUE gesetzt und nichts angefuegt (sonst erhaelt full den
       Wert FALSE). *)

    PROCEDURE DeQueue(VAR q:Queue; VAR elem:INTEGER; VAR empty:BOOLEAN);
    (* Liefert das erste Element (elem) der Wartschlange q und entfernt
       das Element aus q. Wenn die Warteschlange vor dem Aufruf von
       DeQueue bereits leer war, wird empty=TRUE gesetzt und der Wert
       von elem ist undefiniert (sonst erhaelt empty den Wert FALSE). *)

  END Queues.
```

Der Modul Queues kann von anderen Moduln in folgender Weise benutzt werden:

```
FROM Queues IMPORT
  Queue, EnQueue, DeQueue;
...
VAR
  q1,q2,q3:   Queue;
  elem:       INTEGER;
  empty,full: BOOLEAN;
...
EnQueue(q1,10,full);
...
DeQueue(q2,elem,empty);
...
```

Damit haben wir die Möglichkeit geschaffen, mit einem abstrakten Datentyp
(Queue) zu arbeiten. Die konkrete Implementierung des Typs Queue und der
Aufbau der durch die Prozeduren EnQueue und DeQueue definierten Operationen
ist im Implementierungsmodul versteckt und bleibt dem Benutzer verborgen.

Leider hat die Anwendung von versteckten Typen in Modula-2 einen Haken, da der
einem abstrakten Datentyp (im Implementierungsmodul) zugeordnete konkrete
Datentyp laut Sprachdefinition nur ein POINTER-Typ sein darf. Alle anderen
Typen, insbesondere ARRAYs oder RECORDs, sind als abstrakte Datentypen nicht
erlaubt.

Die Einschränkung abstrakter Datentypen auf Zeigertypen sieht auf den ersten Blick
sehr unangenehm aus. In unserem Beispiel benötigen wir zur Realisierung einer
Warteschlange ein Feld oder eine dynamisch verkettete Liste. Da wir aber Objekte
jedes Typs dynamisch erzeugen können (siehe Abschnitt 4.3), ist es möglich, den
Zeiger auf sie als ihren abstrakten Datentyp anzusehen.

Das bedingt, daß wir in unseren Modul Queues eine zusätzliche Prozedur
NewQueue(VAR q:Queue) aufnehmen müssen, mit der wir beliebig viele Exemplare
vom Datentyp Queue dynamisch erzeugen können. Bevor wir mit einer Variablen
des Datentyps Queue arbeiten können, muß sie durch einen Aufruf von NewQueue

initialisiert werden.

Die vollständige Lösung für den abstrakten Datentyp Queue sieht dann folgendermaßen aus:

```
DEFINITION MODULE Queues;
  TYPE Queue;  (*undurchsichtiger Typ*)

  PROCEDURE EnQueue(VAR q:Queue; elem:INTEGER; VAR full:BOOLEAN);
  (* Fuegt das Element elem an die Warteschlange q an. Wenn die
     Warteschlange vor dem Aufruf von EnQueue bereits voll war, wird
     full=TRUE gesetzt und nichts angefuegt (sonst erhaelt full den
     Wert FALSE). *)

  PROCEDURE DeQueue(VAR q:Queue; VAR elem:INTEGER; VAR empty:BOOLEAN);
  (* Liefert das erste Element (elem) der Wartschlange q und entfernt
     das Element aus q. Wenn die Warteschlange vor dem Aufruf von
     DeQueue bereits leer war, wird empty=TRUE gesetzt und der Wert
     von elem ist undefiniert (sonst erhaelt empty den Wert FALSE). *)

  PROCEDURE NewQueue(VAR q:Queue);
  (* Erzeugt ein neues (leeres) Exemplar vom Typ Queue. *)

END Queues.


IMPLEMENTATION MODULE Queues;
  FROM Storage IMPORT
    ALLOCATE, DEALLOCATE;

  CONST queuesize = 100;

  TYPE
    Queueindex = [0..queuesize];
    Queuerec = RECORD
                 queue: ARRAY Queueindex OF INTEGER;
                 front,rear: Queueindex
               END;
    Queue = POINTER TO Queuerec;

  PROCEDURE NewQueue(VAR q:Queue);
  BEGIN
    NEW(q);
    q↑.front := 0;
    q↑.rear := 0
  END NewQueue;

  PROCEDURE EnQueue(VAR q:Queue; elem:INTEGER; VAR full:BOOLEAN);
    VAR h: Queueindex;
  BEGIN
    WITH q↑ DO
      h := (rear+1) MOD queuesize;
      full := h=front;
      IF NOT full THEN
        rear := h;
        queue[rear] := elem
      END
    END (*WITH*)
  END EnQueue;
```

```
    PROCEDURE DeQueue(VAR q:Queue; VAR elem:INTEGER; VAR empty:BOOLEAN);
    BEGIN
      WITH q↑ DO
        empty := front=rear;
        IF NOT empty THEN
          front := (front+1) MOD queuesize;
          elem := queue[front]
        END
      END (*WITH*)
    END DeQueue;


    END Queues.
```

Die RECORD-Komponente rear zeigt immer auf das zuletzt in die Warteschlange
eingetragene Element; front bezeichnet immer die Position des zuletzt entfernten
Elements. Wenn front=rear ist, enthält die Warteschlange daher keine Elemente.

Wir sehen, daß der Spezifikationsteil vollkommen unabhängig von der gewählten
Implementierung der Warteschlange ist, also Queue wirklich ein abstrakter
Datentyp ist. Wir hätten ebensogut die Warteschlage als Liste aus dynamisch
erzeugten RECORDs implementieren können (z.B. um die Längenbeschränkung
loszuwerden), ohne daß sich dadurch an der Benutzung des Moduls Queues etwas
geändert hätte.

6.4 Getrennte Übersetzung und Typenbindung

Bei der Programmierung im Kleinen wird das Programm von einer einzelnen Person
erstellt, die in vielen Fällen auch der einzige Benutzer des Programms ist. Bei diesen
Programmentwicklungen hat der Programmierer alle Einzelheiten, wie Schnittstellen
von Moduln und Prozeduren, im Kopf und muß sich an keine Richtlinien oder
Normen halten. Komplexe Programmsysteme hingegen werden oft von
Projektteams, also von mehreren Personen erstellt. An Programmiersprachen, in
denen große Programmsysteme implementiert werden, stellen wir daher
Forderungen, die diese Arbeitsteilung ermöglichen und erleichtern. Im einzelnen
sind das:

- Getrennte Übersetzbarkeit der einzelnen Programmkomponenten

- Definition von Schnittstellen, die unabhängig von der Implementierung der
  Programmkomponenten sind

- Automatische Prüfung auf Konsistenz der Schnittstellen bei der Übersetzung
  der einzelnen Programmkomponenten.

Die Forderung nach getrennter Übersetzbarkeit ist bereits bei älteren
Programmiersprachen, wie Fortran oder PL/I, erfüllt. Die Übersetzung einzelner
Programmteile erfolgt jedoch bei diesen Sprachen *unabhängig* von allen anderen
Komponenten. Das hat den Nachteil, daß unverträgliche Schnittstellen (wenn z.B.
Anzahl oder Typen der aktuellen und formalen Parameter nicht übereinstimmen)
erst bei der Programmausführung bemerkt werden, aber den Vorteil, daß die
Übersetzungsreihenfolge für die Komponenten beliebig ist. Der Programmierer

muß also selbst die Schnittstellen in den von ihm implementierten Programmteilen auf ihre Konsistenz überprüfen.

Modula-2 erlaubt uns die getrennte Übersetzung von Moduln bei gleichzeitiger Prüfung der Schnittstellen auf ihre Konsistenz. Dazu müssen bei der Übersetzung eines Moduls alle Definitionsmoduln (Schnittstellenbeschreibungen) der von diesem Modul importierten anderen Moduln in übersetzter Form vorliegen. Bei der Übersetzung der Moduln muß also eine bestimmte Reihenfolge eingehalten werden. Wir wollen das am Beispiel eines Importgraphen verdeutlichen (Abb. 6.2).

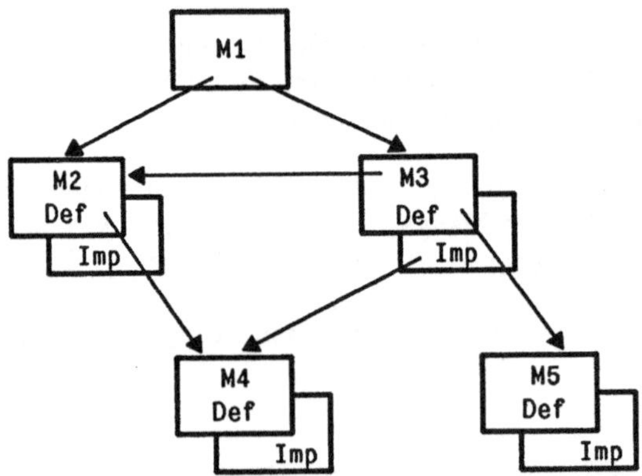

Abb. 6.2   Importgraph mit der Relation "x importiert Objekte aus y"

Wie wir aus dem Importgraphen in Abb. 6.2 sehen, importiert der Modul M2 Objekte aus dem Modul M4; der Modul M3 importiert Objekte aus den Moduln M2, M4 und M5. Für die Übersetzung dieser Moduln gilt:

- Für die Übersetzung des Implementierungsmoduls M4 ist nur die Übersetzung seines Definitionsmoduls Voraussetzung, ebenso für M5.

- Wollen wir den Implementierungsmodul M2 übersetzen, so müssen sein Definitionsmodul und der Definitionsmodul M4 übersetzt sein.

- Die Übersetzung des Implementierungsmoduls M3 und des Programm-Moduls M1 setzt die Übersetzung aller Definitionsmoduln voraus.

Daraus können wir für die Definitionsmoduln die Übersetzungsreihenfolgen

```
M4 - M2 - M5 - M3
M5 - M4 - M2 - M3
M4 - M5 - M2 - M3
```

ableiten. Voraussetzung für die Übersetzung eines Implementierungsmoduls ist die erfolgreiche Übersetzung seines Definitionsmoduls und aller Definitionsmoduln, von denen er Objekte importiert. Ansonsten können die Implementierungsmoduln und der Programm-Modul in beliebiger Reihenfolge übersetzt werden. Wir sehen also, daß es mehrere Möglichkeiten für die Übersetzungsreihenfolge gibt. Es ist aber durchaus möglich, daß in einem anderen Fall nur eine einzige Reihenfolge zulässig ist. Wir wollen die Abhängigkeit der Moduln unseres Beispiels in Abb. 6.3 noch einmal in einer Grafik darstellen. Jeder Pfeil A → B bedeutet darin, daß der Modul A vor Modul B übersetzt werden muß.

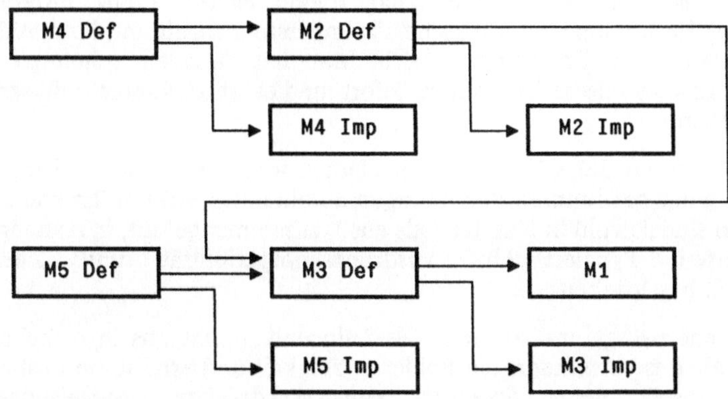

Abb. 6.3 Modulabhängigkeiten mit der Relation "x muß vor y übersetzt werden"

Die Änderung eines Definitionsmoduls (d.h. die Änderung der Schnittstelle einer Programmkomponente) bewirkt, daß keines der Programme, die diesen Modul benutzen, mehr lauffähig ist, weil ja die Konsistenz der Schnittstellen nicht mehr gewährleistet ist. In solchen Fällen müssen alle Moduln, die diesen Definitionsmodul benutzen, neu übersetzt werden, um zu prüfen, ob die Schnittstellen auch nach der Änderung noch zusammenpassen. Dies gilt auch dann, wenn ein Definitionsmodul bloß übersetzt wird und sich sein Text nicht geändert hat, weil eben durch die Neuübersetzung des Definitionsmoduls die Übersetzungsreihenfolge nicht mehr stimmt.

Wie uns Abb. 6.3 zeigt, sind von einer Änderung des Definitionsmoduls M4 alle anderen Moduln, ausgenommen M5, betroffen und müssen neu übersetzt werden. Wird z.B. der Definitionsmodul M3 geändert, so ist davon nur sein Implementierungsmodul und der Programm-Modul M1 betroffen. Die Änderung eines Implementierungsmoduls hat lediglich seine eigene Neuübersetzung zur Folge, da dadurch keine Schnittstellen betroffen sind.

Das Konzept der getrennten Übersetzung von Moduln unterstützt die arbeitsteilige Software-Entwicklung. Es bietet durch die Möglichkeit, die Konsistenz von Schnittstellen bereits zur Übersetzungszeit zu prüfen, das Maß an Sicherheit, das dafür erforderlich ist.

Ein weiterer Schritt in Richtung Sicherheit ist die *strenge Typenbindung* in Modula-2. In den meisten älteren Programmiersprachen (wie z.B. in PL/I und Fortran) ist es möglich, Objekte unterschiedlichen Datentyps miteinander zu verknüpfen. Wenn in einem Ausdruck z.B. ein INTEGER-Objekt a mit einem CHAR-Objekt b verknüpft werden kann (z.B. a+b), dann muß es Regeln geben, die festlegen, was "+" in diesem Fall bedeutet, oder in welcher Weise eines der beiden Objekte auf den Wertebereich des anderen abgebildet wird. Diese Regeln sind oft nicht in den Sprachdefinitionen festgelegt, sondern compilerabhängig, und sie können vom Programmierer zu allerlei Tricks benutzt werden, die zu merkwürdigen und für den

Uneingeweihten unverständlichen Ergebnissen führen. Darunter leidet die Verständlichkeit von Programmen. Noch schlimmer ist es, wenn zwei Objekte unterschiedlichen Datentyps unabsichtlich miteinander verknüpft werden. Wenn der Compiler in solchen Situationen nach irgendwelchen (dem Programmierer unbekannten) Regeln eine automatische Typanpassung vornimmt, kommt dies einer Fehlinterpretation des Programms gleich. Man hat dann ein scheinbar richtiges Programm, das aber falsche Ergebnisse liefert, und es ist oft äußerst mühsam, solche Fehler zu finden.

In Modula-2 werden diese Nachteile vermieden, weil wir durch das Typenkonzept Objekte nur unter bestimmten Bedingungen miteinander verknüpfen können. Diese Bedingungen sind sowohl in Kapitel 3 als auch, zusammengefaßt, in Anhang C unter den Begriffen Typgleichheit, Ausdruckskompatibilität und Zuweisungskompatibilität beschrieben.

Dieses Konzept zwingt uns zu mehr Disziplin und nimmt uns in manchen Fällen Flexibilität, aber es vermindert die Fehleranfälligkeit und erhöht die Lesbarkeit der Programme, weil beim Studium von Ausdrücken, Anweisungen und Schnittstellenbeschreibungen keine versteckten Transformationsregeln beachtet werden müssen. Wenn wir wirklich zwei Objekte unverträglicher Datentypen miteinander verknüpfen wollen, können wir das durch Anwendung von Standardprozeduren (z.B. FLOAT oder CHR) oder Typtransferfunktionen (siehe 3.9.2). Das heißt aber, daß wir dies explizit im Programmtext kenntlich machen und der Leser somit die entsprechende Information erhält. Die strenge Typenbindung hilft uns also, Fehler frühzeitig zu erkennen und Programme schneller und sicherer auf ihre Korrektheit zu prüfen.

Anhang A: Syntaxdiagramme

In Kapitel 3 ist für jedes Sprachelement von Modula-2 ein Syntaxdiagramm angegeben. Alle diese Diagramme sind in diesem Anhang noch einmal zusammengefaßt; sie sollen bei der Klärung von Fragen nach der Schreibweise bestimmter Programmkonstruktionen helfen. Die Syntaxdiagramme sind in derselben Reihenfolge wie in Kapitel 3 angegeben und mit denselben Nummern versehen. Die folgende alphabetische Aufstellung soll das Auffinden eines gesuchten Diagramms erleichtern.

$Ident_1$

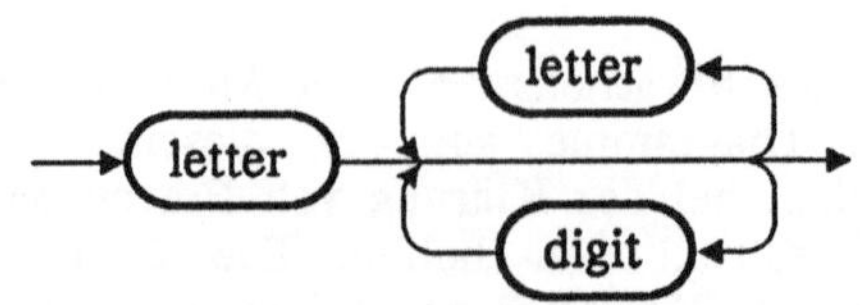

$QualIdent_2$

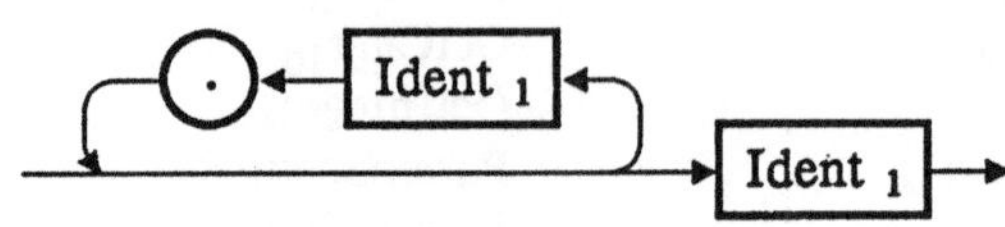

$Number_3$

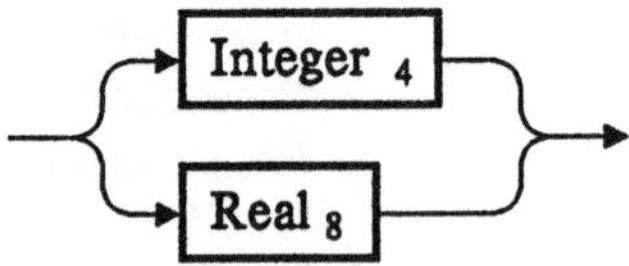

$Integer_4$

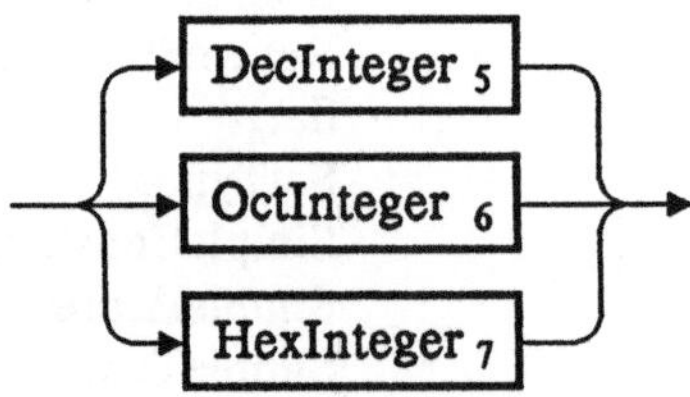

$DecInteger_5$

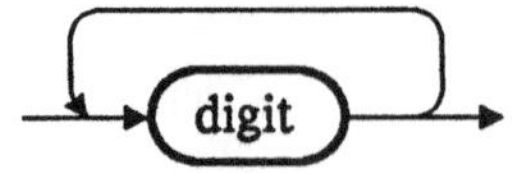

OctInteger$_6$

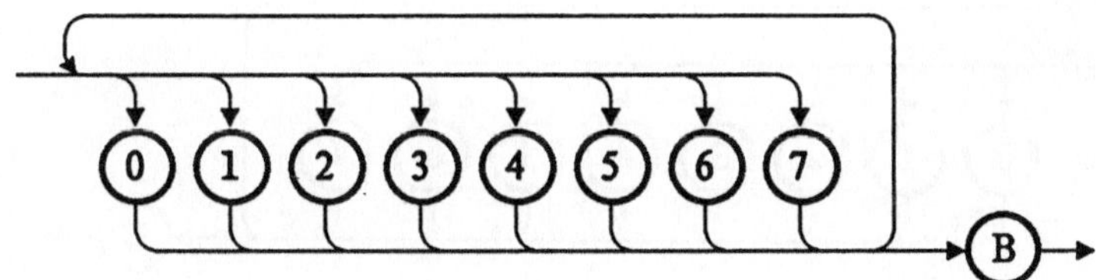

HexInteger$_7$

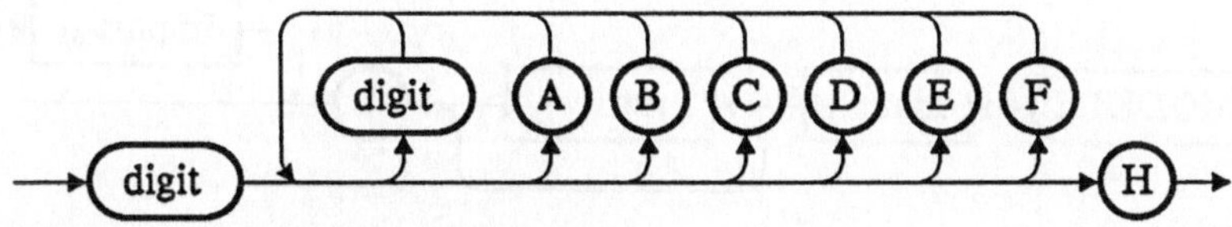

Real$_8$

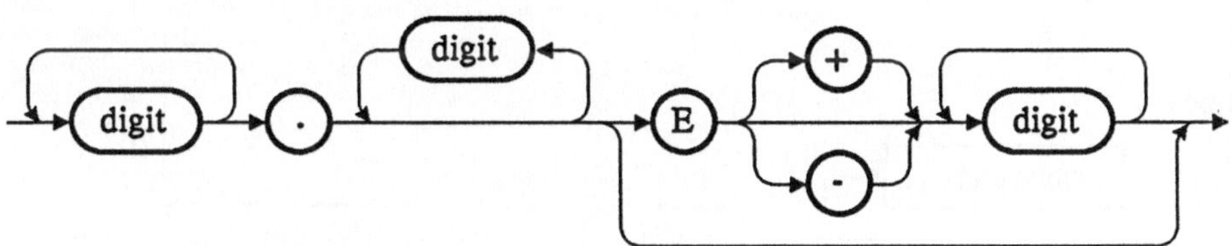

String$_9$

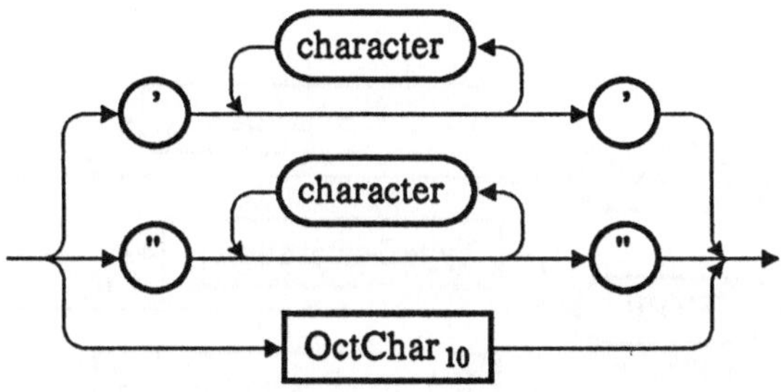

OctChar_{10}

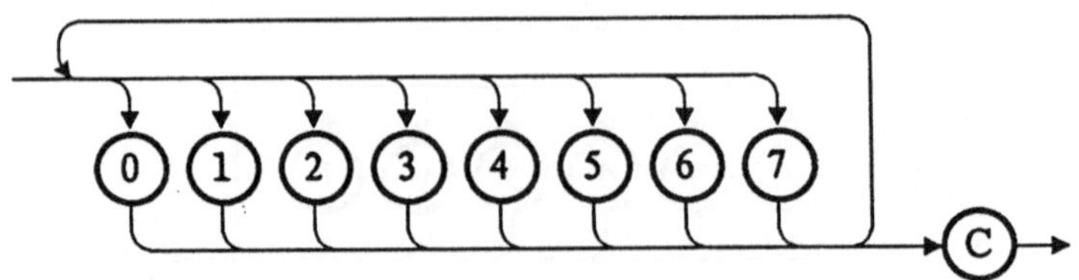

$\text{ProgramModule}_{11}$

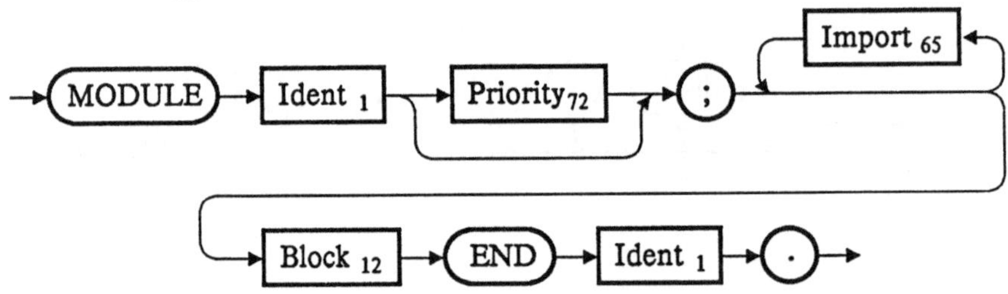

Block_{12}

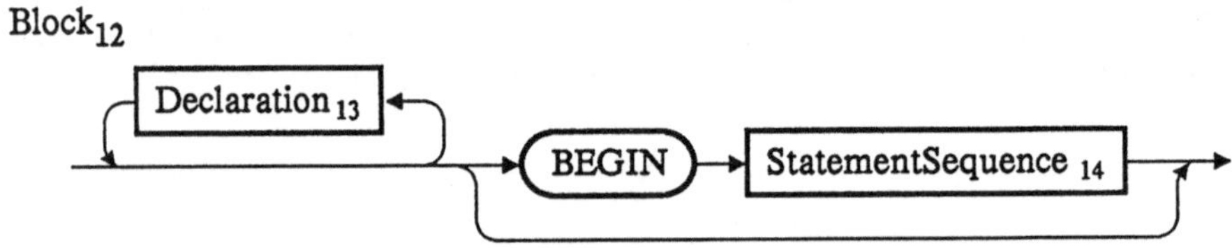

Declaration_{13}

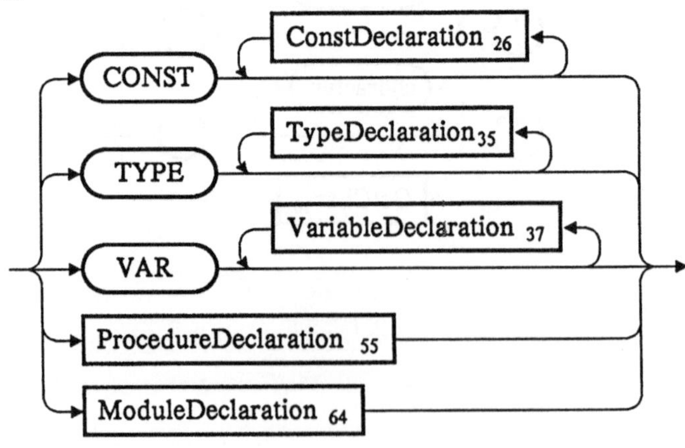

StatementSequence$_{14}$

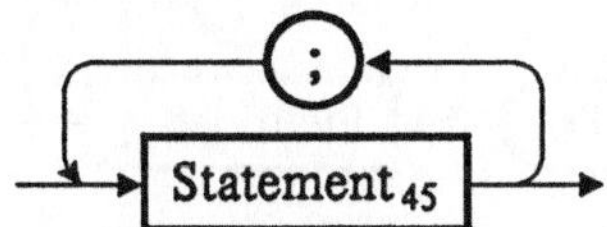

Enumeration$_{15}$

Subrange$_{16}$

SetType$_{17}$

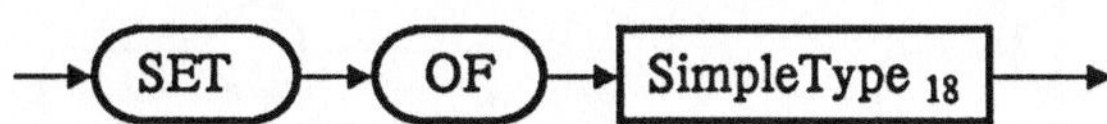

SimpleType$_{18}$

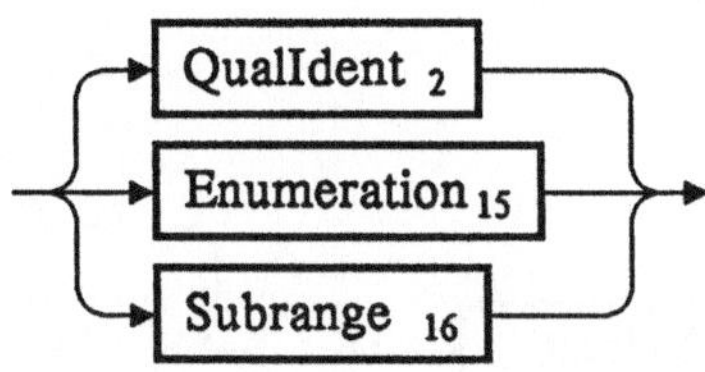

ArrayType$_{19}$

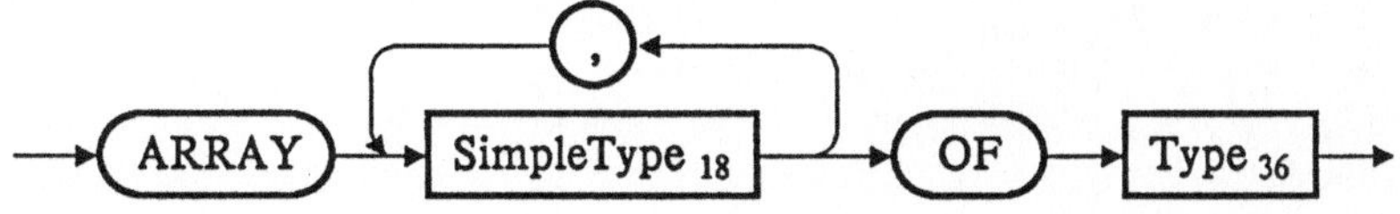

RecordType$_{20}$

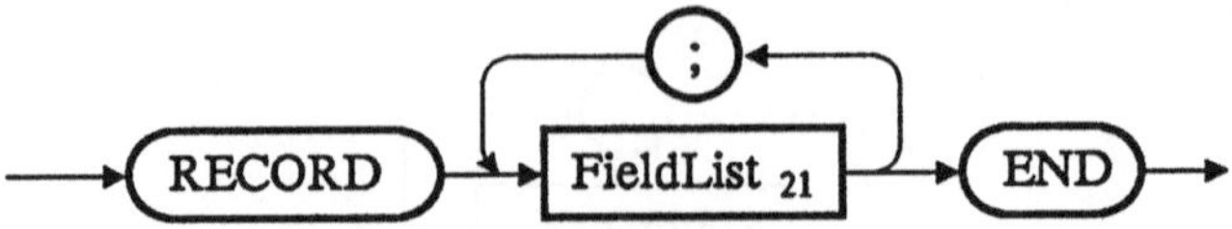

FieldList$_{21}$

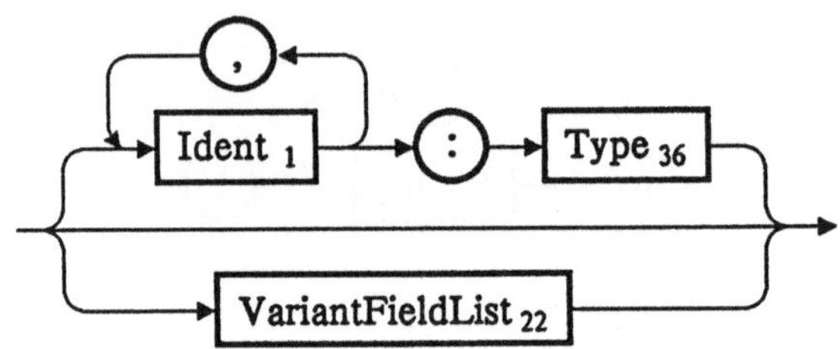

VariantFieldList$_{22}$

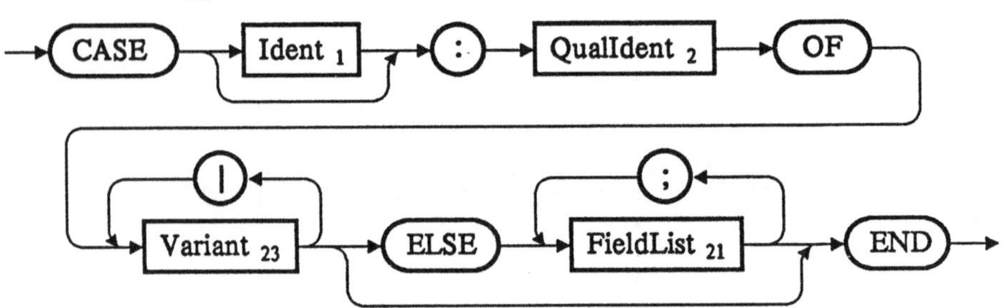

Variant$_{23}$

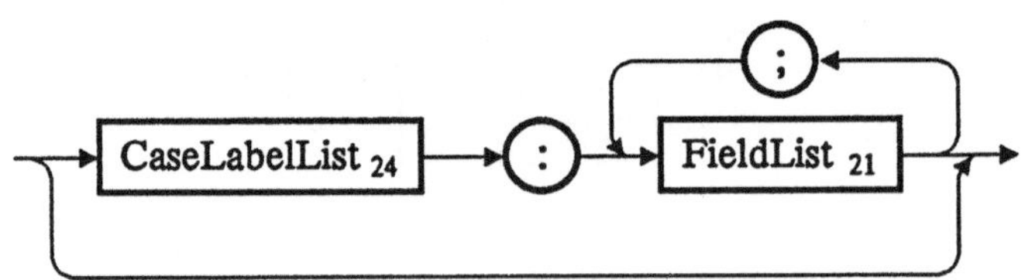

CaseLabelList$_{24}$

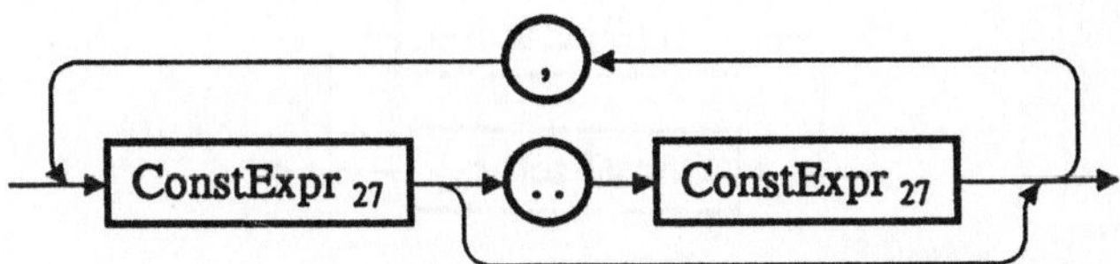

PointerType$_{25}$

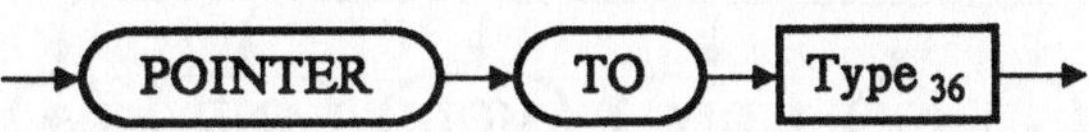

ConstDeclaration$_{26}$

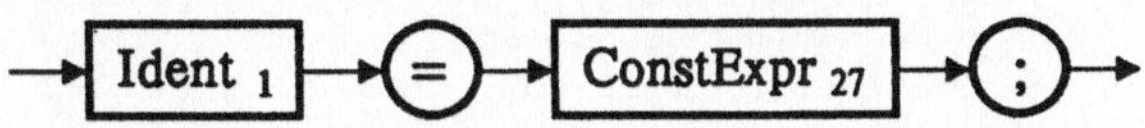

ConstExpr$_{27}$

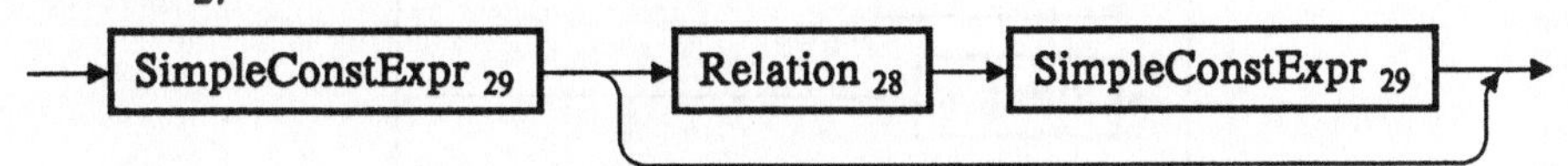

Relation$_{28}$

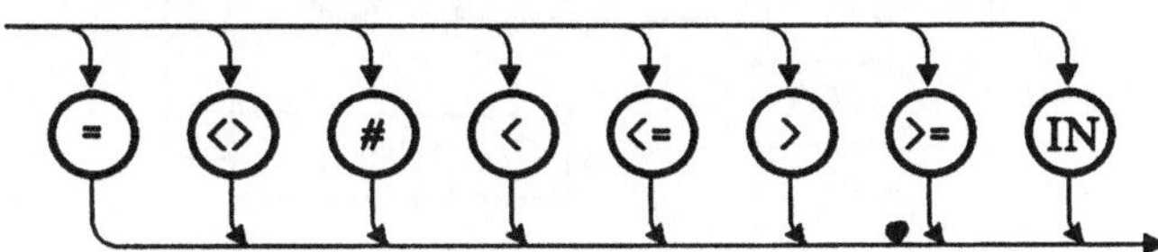

SimpleConstExpr$_{29}$

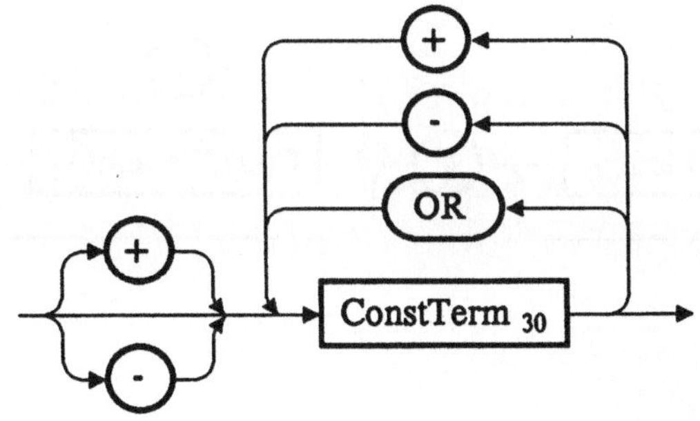

ConstTerm$_{30}$

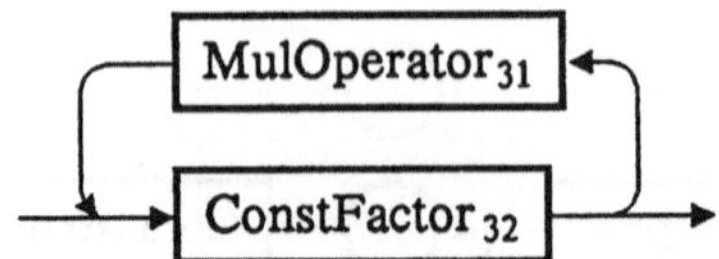

MulOperator$_{31}$

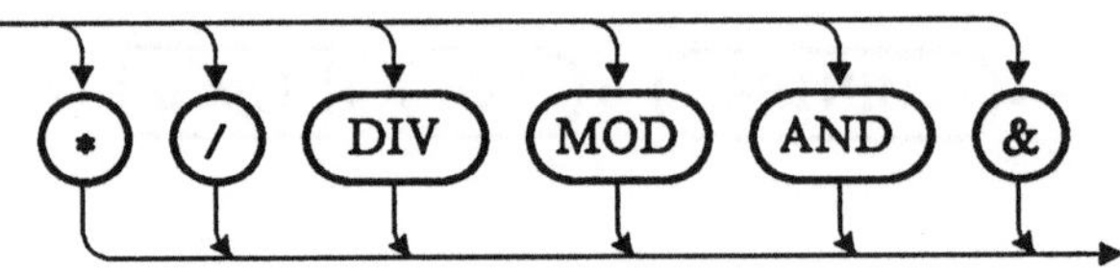

ConstFactor$_{32}$

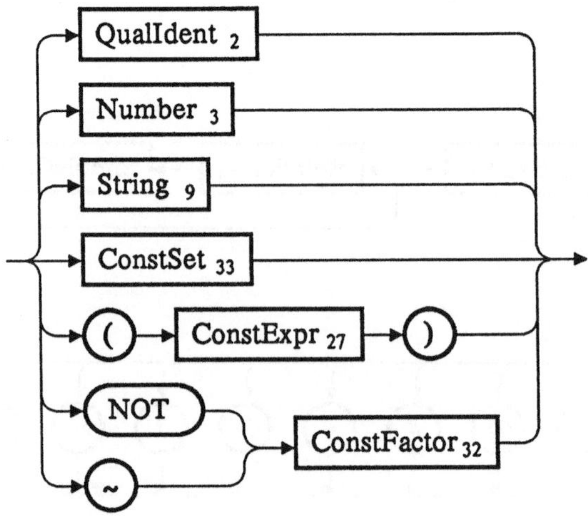

ConstSet$_{33}$

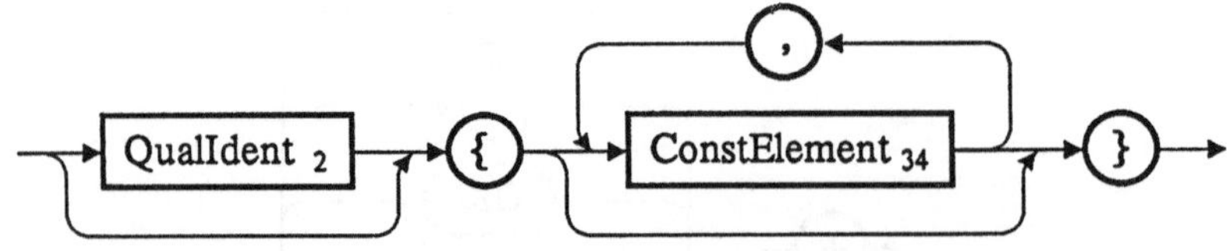

ConstElement$_{34}$

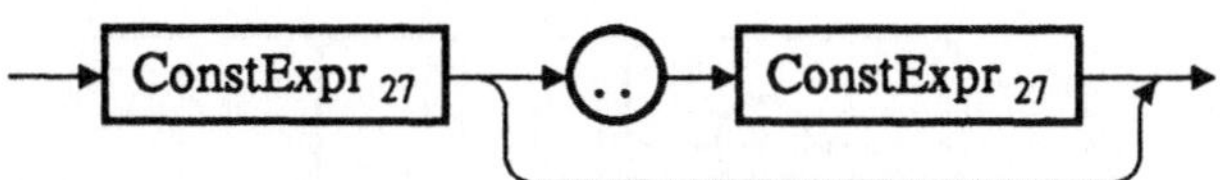

TypeDeclaration$_{35}$

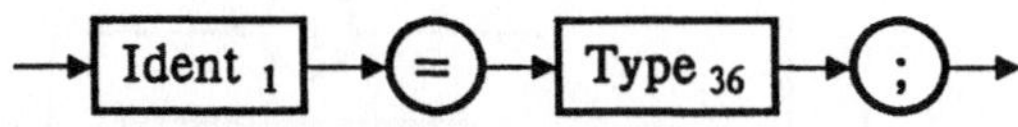

Type$_{36}$

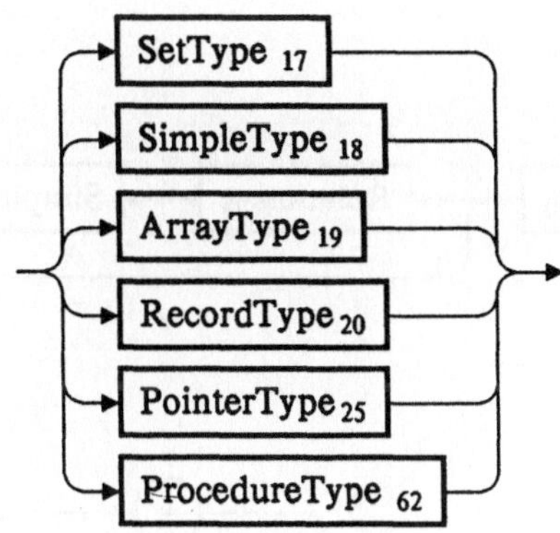

VariableDeclaration$_{37}$

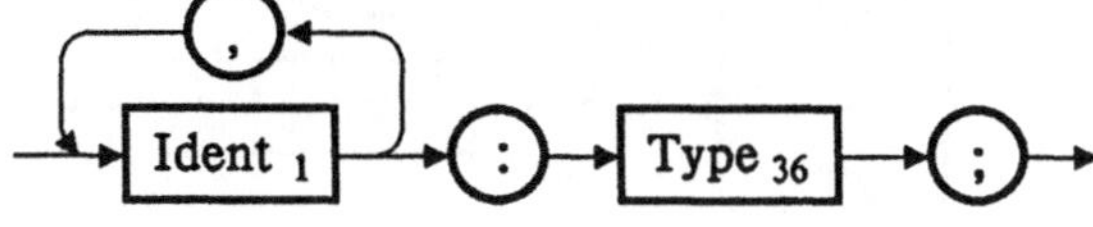

Designator$_{38}$

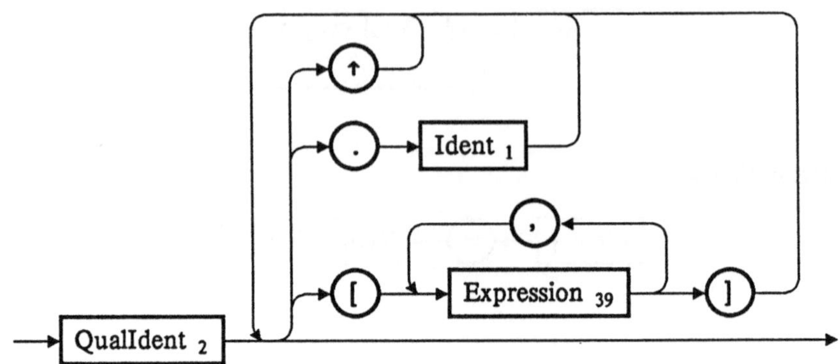

Expression$_{39}$

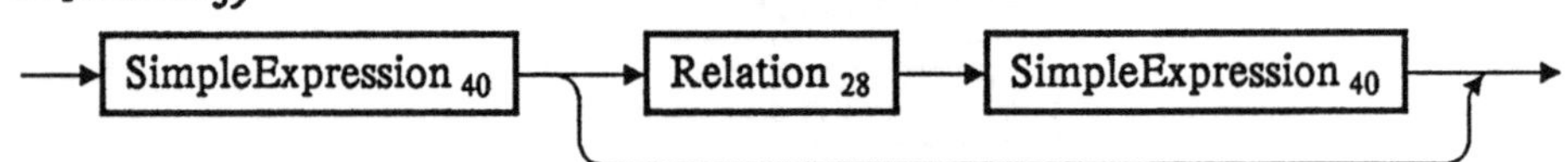

SimpleExpression$_{40}$

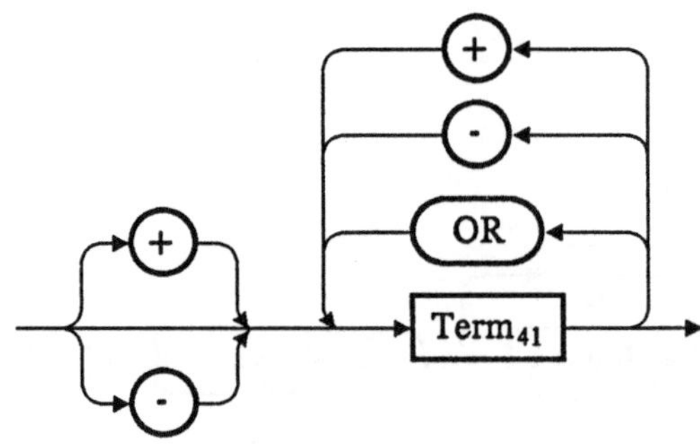

Term$_{41}$

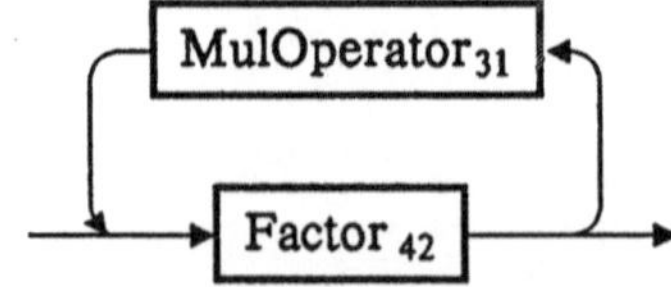

Factor$_{42}$

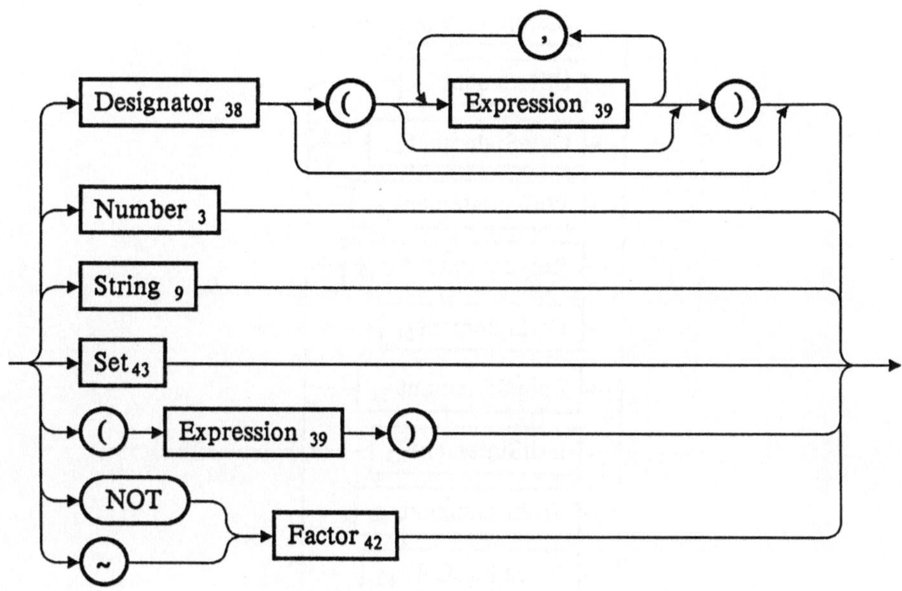

Set$_{43}$

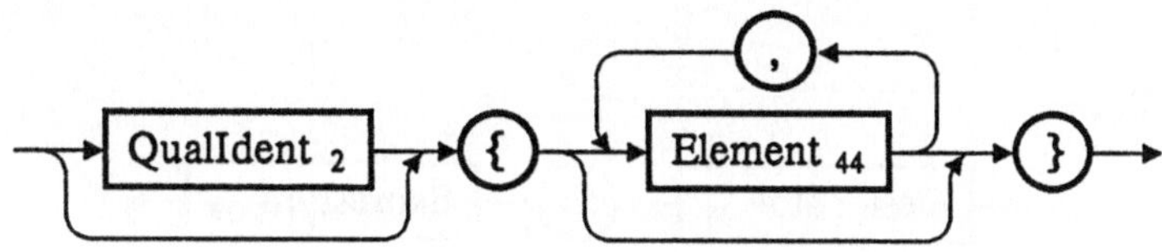

Element$_{44}$

Statement$_{45}$

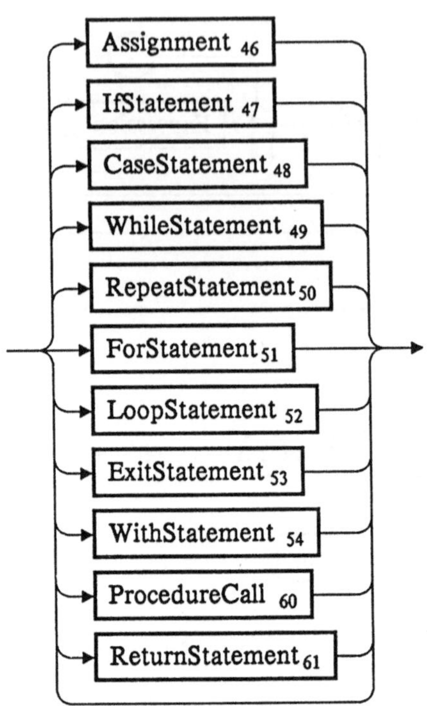

Assignment$_{46}$

IfStatement$_{47}$

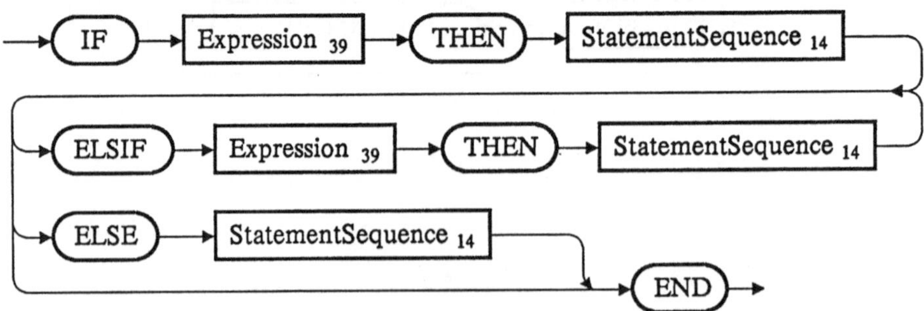

CaseStatement$_{48}$

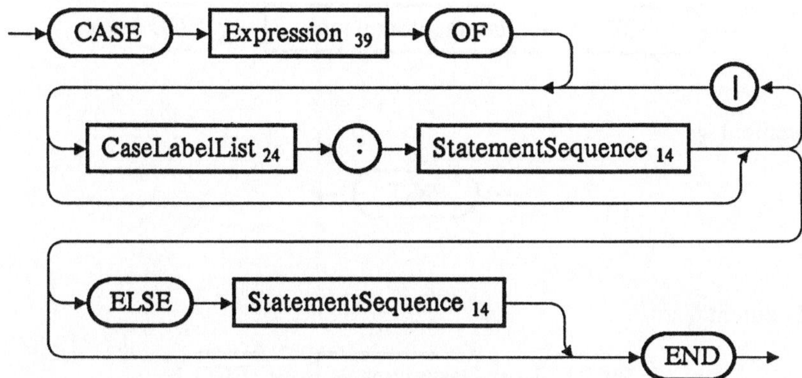

WhileStatement$_{49}$

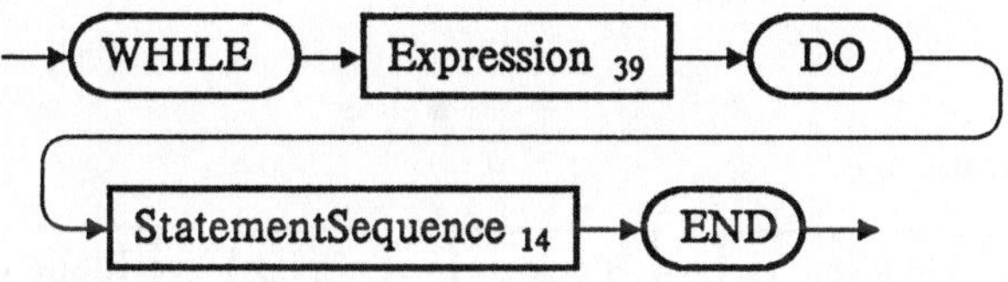

RepeatStatement$_{50}$

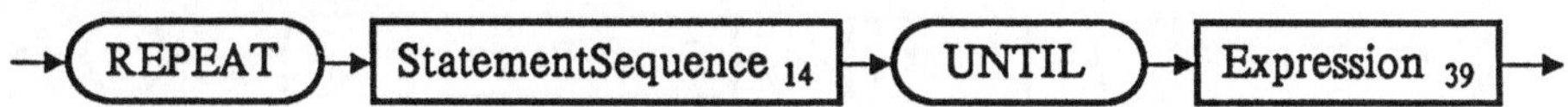

ForStatement$_{51}$

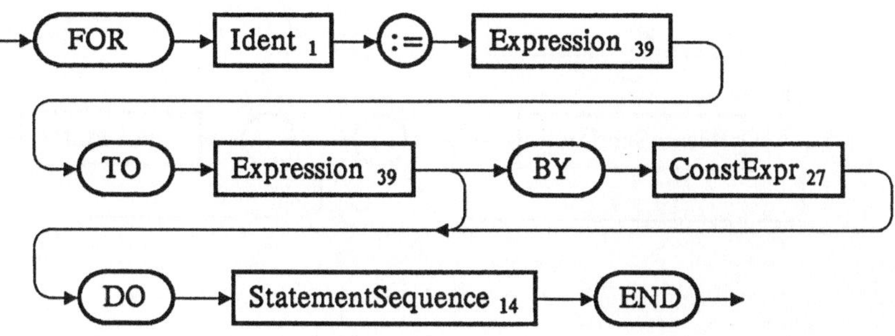

LoopStatement$_{52}$

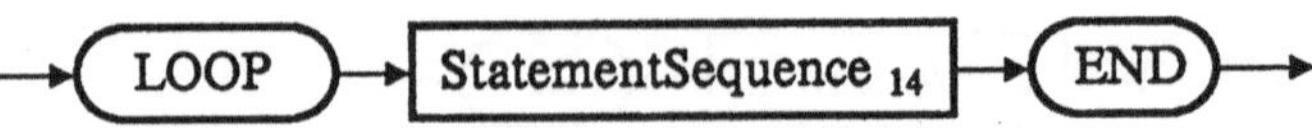

ExitStatement$_{53}$

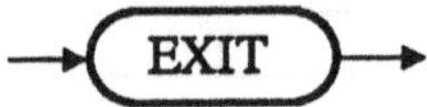

WithStatement$_{54}$

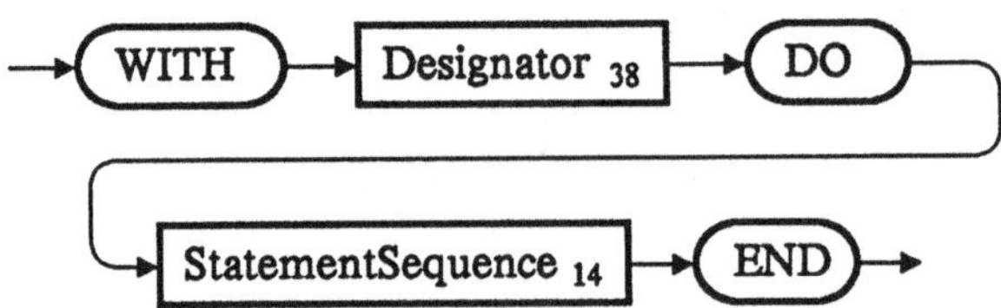

ProcedureDeclaration$_{55}$

ProcedureHeading$_{56}$

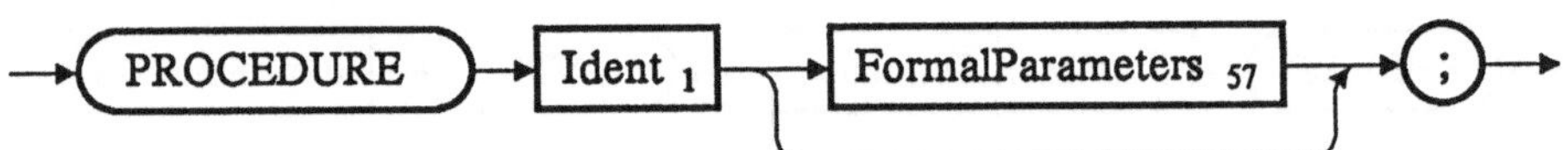

FormalParameters$_{57}$

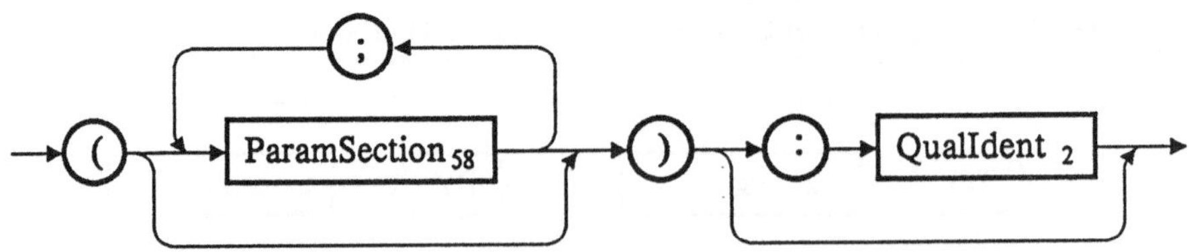

ParamSection$_{58}$

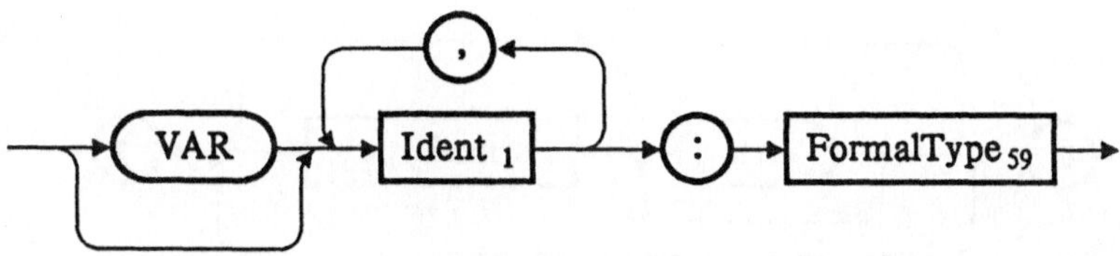

FormalType$_{59}$

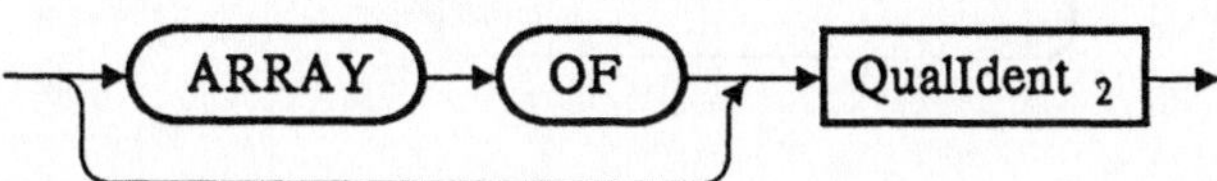

ProcedureCall$_{60}$

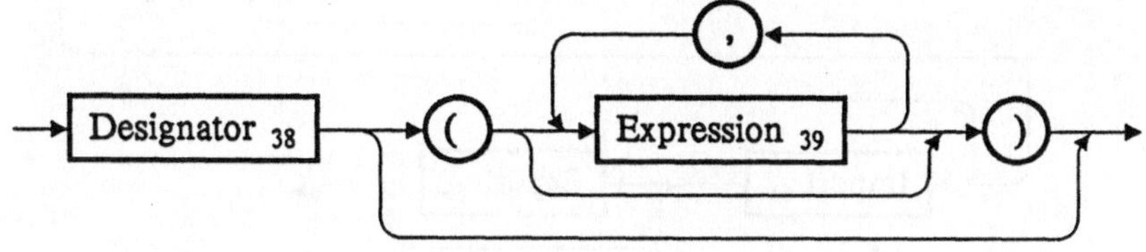

ReturnStatement$_{61}$

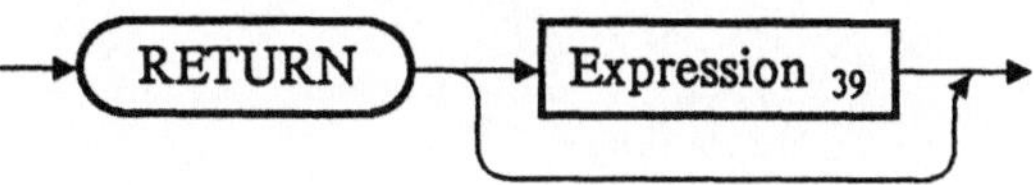

ProcedureType$_{62}$

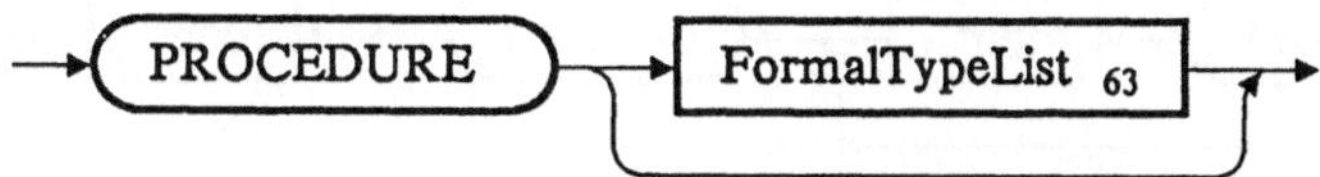

FormalTypeList$_{63}$

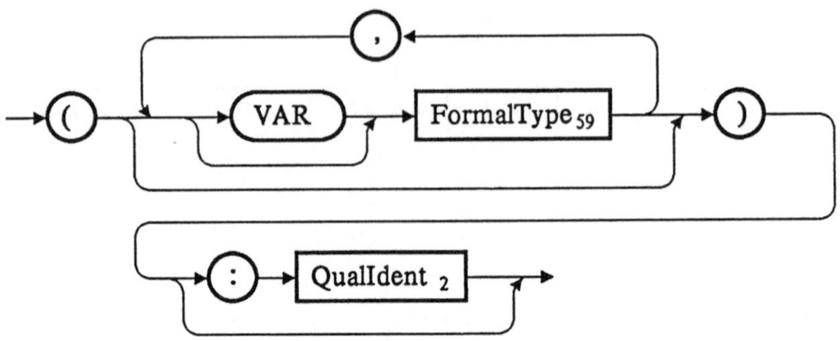

ModuleDeclaration$_{64}$

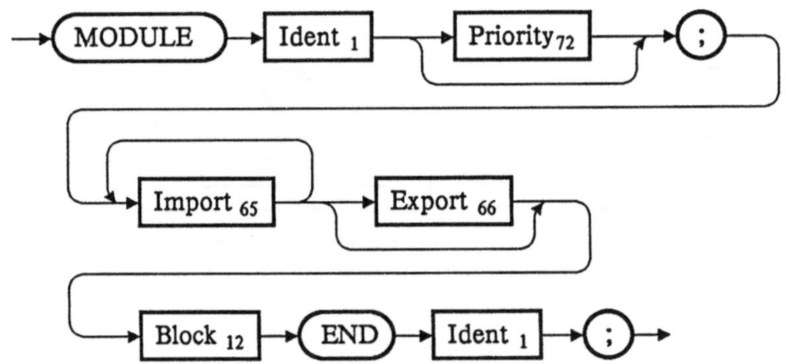

Import$_{65}$

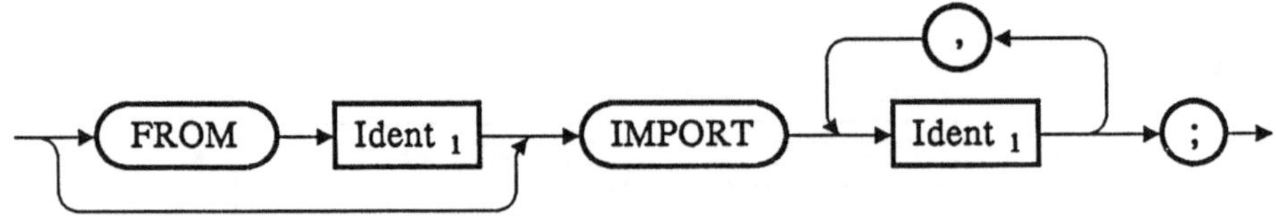

Export$_{66}$

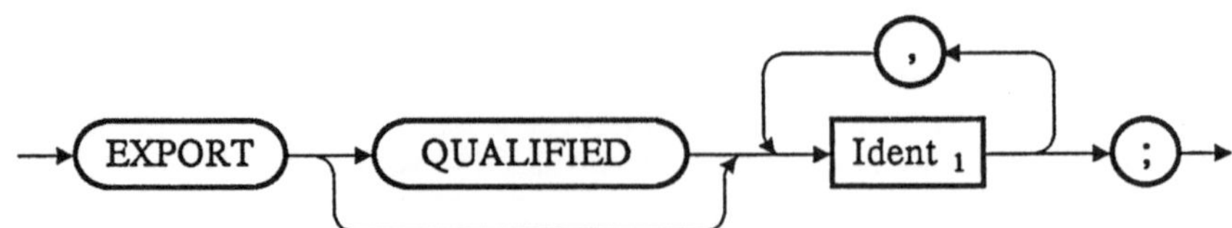

DefinitionModule$_{67}$

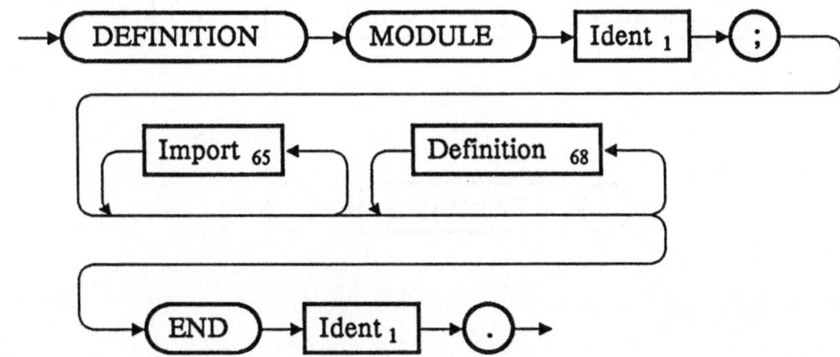

Definition$_{68}$

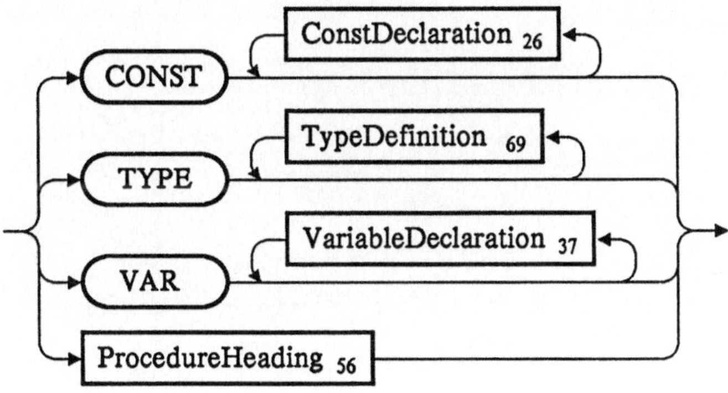

TypeDefinition$_{69}$

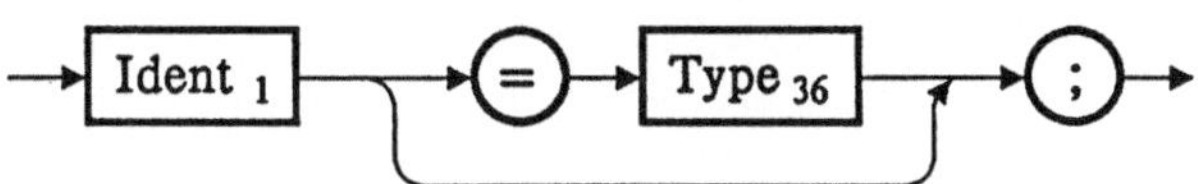

ImplementationModule$_{70}$

TypeTransfer$_{71}$

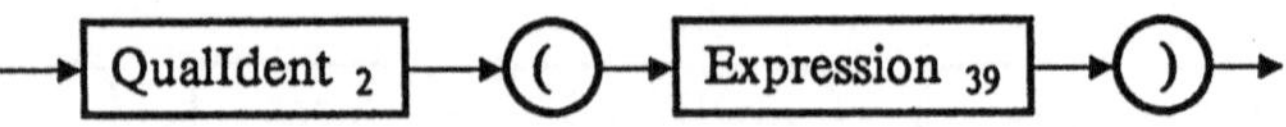

Priority$_{72}$

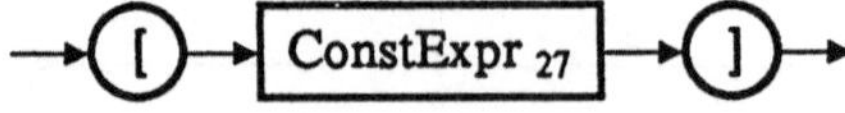

Anhang B: Vordeklarierte Bezeichner

In Modula-2 gibt es eine Reihe von vordeklarierten Bezeichnern für Konstanten,
elementare Datentypen und Standardprozeduren. Die folgende Aufstellung gibt
einen kurzen Überblick darüber, was sie bedeuten. Für eine detaillierte
Beschreibung verweisen wir den Leser auf die Unterabschnitte 3.4.1.1
"Vordeklarierte Datentypen" und 3.7.8 "Standardprozeduren".

Vordeklarierte Konstanten

FALSE	boole'scher Wert für "falsch"
NIL	POINTER-Wert, der auf kein Objekt zeigt
TRUE	boole'scher Wert für "wahr"

Vordeklarierte Datentypen

BITSET	Mengen
BOOLEAN	Wahrheitswerte
CARDINAL	natürliche Zahlen ($>=0$)
CHAR	Zeichen
INTEGER	ganze Zahlen (positiv oder negativ)
PROC	parameterlose Prozeduren
REAL	gebrochene Zahlen

Standardprozeduren

DEC(x)	vermindert den Wert von x um 1.
DEC(x,n)	vermindert den Wert von x um n.
DISPOSE(p)	gibt den Speicherbereich, auf den p zeigt, frei.
EXCL(s,e)	entfernt das Element e aus der Menge s.
HALT	bricht die Programmausführung ab.
INC(x)	erhöht den Wert von x um 1.
INC(x,n)	erhöht den Wert von x um n.
INCL(s,e)	erweitert die Menge s um das Element e.
NEW(p)	legt einen neuen dynamischen Speicherbereich an.

Standardfunktionen

ABS(x)	liefert den Absolutbetrag des Ausdrucks x.
CAP(ch)	wandelt das Buchstabenzeichen ch in einen Großbuchstaben um.
CHR(c)	liefert das Zeichen mit der Ordinalzahl c.
FLOAT(c)	wandelt die CARDINAL-Zahl c in eine REAL-Zahl um.
HIGH(a)	liefert den höchsten Index des ARRAYs a.
MAX(T)	liefert den höchsten durch den Datentyp T darstellbaren Wert.
MIN(T)	liefert den kleinsten durch den Datentyp T darstellbaren Wert.
ODD(x)	liefert den boole'schen Wert für "x ist ungerade".
TRUNC(r)	wandelt die REAL-Zahl r in eine CARDINAL-Zahl um.
VAL(T,c)	liefert jenen Wert des Datentyps T, der die Ordinalzahl c hat.

Anhang C: Kompatibilitätsregeln

Das strenge Typkonzept von Modula-2 zwingt den Programmierer, im Kopf zu behalten muß, welche Datentypen unter welchen Bedingungen miteinander verträglich sind. Die diesbezüglichen Regeln wurden zwar alle in Kapitel 3 angegeben, sie sind aber über das ganze Kapitel verstreut. Wir fassen daher alle Kompatibilitätsregeln an dieser Stelle noch einmal zusammen:

Typgleichheit (siehe 3.4.5)

Zwei Objekte x1 und x2 mit den Datentypen t1 und t2 werden als *vom selben Datentyp* bezeichnet, wenn eine der folgenden Bedingungen erfüllt ist:

- t1 und t2 werden durch *denselben Namen* bezeichnet, zum Beispiel:

```
VAR                        VAR
   n:    INTEGER;             material: Material;
   wert: INTEGER;            werkstoff: Material;
```

- x1 und x2 werden *innerhalb derselben Variablenliste* oder *innerhalb desselben Parameterabschnitts* deklariert, z.B.:

```
VAR                        PROCEDURE P(x,y:CHAR);
   n,wert: INTEGER;
   wuerfel,augen: [1..6];
```

- t1 und t2 werden durch Namen bezeichnet, und die beiden Namen wurden in Typdeklarationen als *synonym* erklärt, zum Beispiel:

```
TYPE                       TYPE
   Minute = [0..59];          t = (a,b,c);
   Second = Minute;           t1 = t;
VAR                           t2 = t;
   sec: Second;            VAR
   min: Minute;              x1: t1;
                             x2: t2;
```

- x1 und x2 sind *Konstanten desselben Enumerationstyps*, wie low und high bzw. rot und gelb in den folgenden Beispielen:

```
VAR                        TYPE
   voltage: (low,high);       Farbe = (rot,blau,gelb,gruen);
```

Typgleichheit ist erforderlich

- *bei VAR-Parametern*

Die Datentypen des formalen und des aktuellen Parameters müssen gleich sein.

Ausnahmen:

- Wenn der formale Parameter ein *ARRAY-Parameter* ist, müssen nur die *Element-Datentypen* des formalen und des aktuellen Parameters gleich sein.
- *ADDRESS* ist mit *CARDINAL* sowie mit allen *POINTER-Typen* verträglich.

- *WORD* ist mit jedem Datentyp, der genau ein *Speicherwort* belegt, verträglich.

- *ARRAY OF WORD* ist mit *jedem beliebigen Datentyp* verträglich.

* *bei Prozedurvariablen*

Wenn einer Prozedurvariablen pv eine Prozedur P zugewiesen werden soll, müssen die Datentypen aller Parameter von pv und P paarweise gleich sein; wenn pv und P Funktionsprozeduren sind, müssen auch ihre "Funktionsdatentypen" gleich sein.

Ausdruckskompatibilität (siehe 3.5.5)

Zwei Operanden x1 und x2 (mit den Datentypen t1 und t2) sind *ausdruckskompatibel*, wenn eine der folgenden Bedingungen erfüllt ist:

* t1 und t2 sind *dieselben Datentypen.*

* t1 ist ein Subrange-Typ mit dem Basistyp t2 (oder umgekehrt).

* t1 und t2 sind Subrange-Typen mit *demselben Basistyp.*

* t1 ist INTEGER oder CARDINAL und t2 ist ein Subrange-Typ (oder x2 ist eine Konstante) im Bereich [0..maxint] (oder umgekehrt). Der Wert von maxint hängt von der verwendeten Rechenanlage ab. Es handelt sich dabei um die größte INTEGER-Zahl (die gleichzeitig vom Datentyp CARDINAL ist).

* x1 ist die vordefinierte Konstante NIL und t2 ist ein beliebiger POINTER-Typ (oder umgekehrt).

* t1 und t2 sind *prozedurkompatibel.*

* t1 ist ADDRESS und t2 ist CARDINAL oder ein beliebiger POINTER-Typ (oder umgekehrt).

Ausdruckskompatibilität ist erforderlich:

* *in Ausdrücken*

Wenn zwei Operanden durch einen Operator verknüpft werden, müssen sie ausdruckskompatibel sein.

Ausnahme:

Bei e IN s (mit s vom Datentyp SET OF T) muß e mit T ausdruckskompatibel sein.

* *in FOR-Anweisungen*

In FOR x:=first TO last DO ... müssen sowohl first als auch last mit x ausdruckskompatibel sein.

- *in CASE-Anweisungen*

  In CASE x OF c_1:... | c_2: ... END müssen alle Konstanten c_i mit x ausdruckskompatibel sein.

Zuweisungskompatibilität (siehe 3.6.1)

Wir bezeichnen in der Wertzuweisung d:=e den Designator d mit dem Datentyp td und den Ausdruck e mit dem Datentyp te als *zuweisungskompatibel*, wenn eine der folgenden Aussagen zutrifft:

- Der Designator d und der Ausdruck e sind *ausdruckskompatibel*.

- td ist INTEGER (oder ein Subrange davon) und te ist CARDINAL (oder ein Subrange davon) oder umgekehrt. Bei der Ausführung der Wertzuweisung muß in diesem Fall gewährleistet sein, daß der Wert des Ausdrucks e im durch td definierten Wertebereich liegt. Sonst ist das Ergebnis der Wertzuweisung undefiniert.

- td ist ARRAY[0..n-1] OF CHAR (d.h. d beschreibt ein Zeichenfeld der Länge n) und e ist eine Zeichenkettenkonstante der Länge l mit l<=n. (Bei der Wertzuweisung wird bei l<n die Zeichenkette e in d[0] bis d[l-1] abgelegt; dem Element d[l] wird das Nullzeichen 0C zugewiesen.)

- td ist WORD und te ist ein beliebiger Datentyp, der genau ein Speicherwort belegt (oder umgekehrt).

Zuweisungskompatibilität ist erforderlich

- *bei Wertzuweisungen*

  In d:=e müssen d und e zuweisungskompatibel sein.

- *bei Indizierung*

  Wenn x vom Datentyp ARRAY T OF E ist, muß bei jeder Indizierung x[i] der Ausdruck i mit T zuweisungskompatibel sein.

- *bei Eingangsparametern (ohne VAR)*

  Der aktuelle Parameter (=Ausdruck) e muß mit dem formalen Parameter zuweisungskompatibel sein.

  Ausnahmen:
  - Wenn der formale Parameter ein *ARRAY-Parameter* ist, müssen die *Element-Datentypen* des formalen und des aktuellen Parameters vom *selben* Datentyp sein.
  - *ARRAY OF WORD* ist mit *jedem beliebigen Datentyp* verträglich.

- *bei Funktionsprozeduren*

  In einer Funktionsprozedur mit dem "Funktionsdatentyp" T muß jeder in einer RETURN-Anweisung vorkommende Ausdruck mit T zuweisungskompatibel sein.

Prozedurkompatibilität (siehe 3.7.9)

Bei der Zuweisung einer Prozedur P an eine Prozedurvariable pv müssen folgende Bedingungen gelten:

- pv und P haben die gleiche Anzahl von Formalparametern.

- Die formalen Parameter von pv und P stimmen paarweise überein, d.h. der i-te Parameter von pv und der i-te Parameter von P müssen

  - vom *selben* Datentyp (FormalType) sein

  - entweder beide VAR-Parameter oder beide Eingangsparameter sein

- pv und P dürfen entweder beide keine Funktionsprozeduren sein oder die Datentypen ihrer Funktionswerte müssen gleich sein.

Prozedurkompatibilität ist erforderlich

- bei jedem Auftreten von Prozeduren oder Prozedurvariablen (nicht Prozeduraufrufen!) in Ausdrücken, Wertzuweisungen oder Parameterlisten (siehe auch "Ausdruckskompatibilität").

Anhang D: ASCII-Tabelle

Die folgende Tabelle stellt alle im ASCII-Code verfügbaren Zeichen und die ihnen entsprechenden Ordinalzahlen einander gegenüber. Die Ordinalzahlen sind dezimal, oktal und hexadezimal (in dieser Reihenfolge) angegeben, z.B. ist

```
CHR(42) = CHR(52B) = 52C = CHR(2AH) = "*"
```

Die Zeichen mit den Ordinalzahlen 0 bis 31 und 127 sind Steuerzeichen, die von bestimmten Peripheriegeräten interpretiert werden können; z.B. bewirkt das Zeichen FF (CHR(12) oder 14C) einen Seitenvorschub ("form feed"), wenn es auf einem Drucker ausgegeben wird.

0	0B	00H	NUL	32	40B	20H	" "	64	100B	40H	"@"	96	140B	60H	"`"
1	1B	01H	SOH	33	41B	21H	"!"	65	101B	41H	"A"	97	141B	61H	"a"
2	2B	02H	STX	34	42B	22H	"\""	66	102B	42H	"B"	98	142B	62H	"b"
3	3B	03H	ETX	35	43B	23H	"#"	67	103B	43H	"C"	99	143B	63H	"c"
4	4B	04H	EOT	36	44B	24H	"$"	68	104B	44H	"D"	100	144B	64H	"d"
5	5B	05H	ENQ	37	45B	25H	"%"	69	105B	45H	"E"	101	145B	65H	"e"
6	6B	06H	ACK	38	46B	26H	"&"	70	106B	46H	"F"	102	146B	66H	"f"
7	7B	07H	BEL	39	47B	27H	"'"	71	107B	47H	"G"	103	147B	67H	"g"
8	10B	08H	BS	40	50B	28H	"("	72	110B	48H	"H"	104	150B	68H	"h"
9	11B	09H	HT	41	51B	29H	")"	73	111B	49H	"I"	105	151B	69H	"i"
10	12B	0AH	LF	42	52B	2AH	"*"	74	112B	4AH	"J"	106	152B	6AH	"j"
11	13B	0BH	VT	43	53B	2BH	"+"	75	113B	4BH	"K"	107	153B	6BH	"k"
12	14B	0CH	FF	44	54B	2CH	","	76	114B	4CH	"L"	108	154B	6CH	"l"
13	15B	0DH	CR	45	55B	2DH	"-"	77	115B	4DH	"M"	109	155B	6DH	"m"
14	16B	0EH	SO	46	56B	2EH	"."	78	116B	4EH	"N"	110	156B	6EH	"n"
15	17B	0FH	SI	47	57B	2FH	"/"	79	117B	4FH	"O"	111	157B	6FH	"o"
16	20B	10H	DLE	48	60B	30H	"0"	80	120B	50H	"P"	112	160B	70H	"p"
17	21B	11H	DC1	49	61B	31H	"1"	81	121B	51H	"Q"	113	161B	71H	"q"
18	22B	12H	DC2	50	62B	32H	"2"	82	122B	52H	"R"	114	162B	72H	"r"
19	23B	13H	DC3	51	63B	33H	"3"	83	123B	53H	"S"	115	163B	73H	"s"
20	24B	14H	DC4	52	64B	34H	"4"	84	124B	54H	"T"	116	164B	74H	"t"
21	25B	15H	NAK	53	65B	35H	"5"	85	125B	55H	"U"	117	165B	75H	"u"
22	26B	16H	SYN	54	66B	36H	"6"	86	126B	56H	"V"	118	166B	76H	"v"
23	27B	17H	ETB	55	67B	37H	"7"	87	127B	57H	"W"	119	167B	77H	"w"
24	30B	18H	CAN	56	70B	38H	"8"	88	130B	58H	"X"	120	170B	78H	"x"
25	31B	19H	EM	57	71B	39H	"9"	89	131B	59H	"Y"	121	171B	79H	"y"
26	32B	1AH	SUB	58	72B	3AH	":"	90	132B	5AH	"Z"	122	172B	7AH	"z"
27	33B	1BH	ESC	59	73B	3BH	";"	91	133B	5BH	"["	123	173B	7BH	"{"
28	34B	1CH	FS	60	74B	3CH	"<"	92	134B	5CH	"\\"	124	174B	7CH	"|"
29	35B	1DH	GS	61	75B	3DH	"="	93	135B	5DH	"]"	125	175B	7DH	"}"
30	36B	1EH	RS	62	76B	3EH	">"	94	136B	5EH	"↑"	126	176B	7EH	"~"
31	37B	1FH	US	63	77B	3FH	"?"	95	137B	5FH	"_"	127	177B	7FH	DEL

Literatur

Aho A.V., Hopcroft J.E., Ullman J.D. (1975) The Design and Analysis of Computer Algorithms. Addison-Wesley

Bauer F.L., Goos G. (1982) Informatik - Eine einführende Übersicht. Springer, Berlin Heidelberg New York

Böhm D., Jacopini G. (1966) Flow Diagrams, Turing Machines and Languages with Only Two Formation Rules. Communications of the ACM 9/5:366-371

Dijkstra E.W. (1968) Cooperating Sequential Processes. In: Genuys, E. (ed.): Programming Languages. Academic Press , pp 43-112

Goos G. (1973) Systemprogrammiersprachen und strukturiertes Programmieren. In: Hackl C.E. (ed.): Programming Methodology. Lecture Notes in Computer Science Vol. 23, Springer, Berlin Heidelberg New York, pp 203-224

Jensen K., Wirth N. (1978) Pascal User Manual and Report. Springer, Berlin Heidelberg New York, 3rd ed. 1985

Knuth D.E. (1973) The Art of Computer Programming, Vol. I-III. Addison-Wesley

Kronsjö L.I. (1979) Algorithms: Their Complexity and Efficiency. Wiley

Nassi I., Shneiderman B. (1973) Flowchart Techniques for Structured Programming. Sigplan Notices 8/8:12-26

Parnas D.L. (1972) On the Criteria to be Used in Decomposing Systems into Modules. Communications of the ACM 15/12:1053-1058

Pomberger G. (1984) Softwaretechnik und Modula-2. Hanser

Rechenberg P. (1974) Programmieren für Informatiker mit PL/I, Band 1 und 2. Oldenbourg

Wirth N. (1971) Program Development by Stepwise Refinement. Communications of the ACM 14/4:221-227

Wirth N. (1975) Algorithmen und Datenstrukturen. Teubner

Wirth N. (1978) Systematisches Programmieren. Teubner

Wirth N., Ohran R. (1981) Lilith - A Modula-2 Machine, Proc. NBS/IEEE/ACM Software Tool Fair, San Diego

Wirth N. (1984) Schemes for Multiprogramming and their Implementation in Modula-2. Bericht Nr.59, ETH Zürich

Wirth N. (1985) Programmieren in Modula-2. Springer, Berlin Heidelberg New York

Stichwortverzeichnis

Dieses Verzeichnis enthält unter anderem die Namen aller Syntaxdiagramme (*kursiv* dargestellt). Die fett gedruckten Seitennummern weisen auf Stellen hin, an denen häufig vorkommende Suchbegriffe definiert oder ausführlich erläutert werden.

Studienreihe Informatik

Herausgegeben von W. Brauer und G. Goos

P.C. Lockemann, H.C. Mayr: **Rechnergestützte Informationssysteme.** X, 368 S., 37 Abb. *1978.*

A.K. Salomaa: **Formale Sprachen.** Übersetzt aus dem Englischen von E.-W. Dieterich. IX, 314 S., 18 Abb., 5 Tab. *1978.*

F.L. Nicolet (Hrsg.): **Informatik für Ingenieure.** Unter Mitarbeit von W. Gander, J. Harms, P. Läuchli, F.L. Nicolet, J. Vogel, C.A. Zehnder. X, 187 S., 53 Abb., 20 Tab. *1980.*

A. Bode, W. Händler: **Rechnerarchitektur – Grundlagen und Verfahren.** XI, 278 S., 140 Abb., 4 Tab. *1980.*

B.W. Kernighan, P.L. Plauger: **Programmierwerkzeuge.** Übersetzt aus dem Englischen von I. Kächele, M. Klopprogge. IX, 492 S. *1980.*

A.N. Habermann: **Entwurf von Betriebssystemen – Eine Einführung.** Übersetzt aus dem Englischen von K.-P. Löhr. XII, 444 S., 87 Abb. *1981.*

T.W. Olle: **Das Codasyl-Datenbankmodell.** Übersetzt aus dem Englischen von H. Münzenberger. XXIV, 389 S. *1981.*

K.E. Ganzhorn, K.M. Schulz, W. Walter: **Datenverarbeitungssysteme – Aufbau und Arbeitsweise.** XVI, 305 S., 181 Abb., 1 Schablone als Beilage. *1981.*

B. Buchberger, F. Lichtenberger: **Mathematik für Informatiker I – Die Methode der Mathematik.** 2., korrigierte Auflage. XIII, 315 S., 30 Abb. *1981.*

F.L. Bauer, H. Wössner: **Algorithmische Sprache und Programmentwicklung.** Unter Mitarbeit von H. Partsch, P. Pepper. 2., verbesserte Auflage. XV, 513 S. *1984.*

F. Gebhardt: **Dokumentationssysteme.** 331 S., 14 Abb. *1981.*

E. Horowitz, S. Sahni: **Algorithmen – Entwurf und Analyse.** Übersetzt aus dem Amerikanischen von M. Czerwinski. XIV, 770 S. *1981.*

W. Sammer, H. Schwärtzel: **CHILL – Eine moderne Programmiersprache für die Systemtechnik.** XIII, 191 S., 165 Abb. *1982.*

P.C. Lockemann, A. Schreiner, H. Trauboth, M. Klopprogge: **Systemanalyse – DV-Einsatzplanung.** XIV, 342 S., 119 Abb. *1983.*

A. Bode, W. Händler: **Rechnerarchitektur II – Strukturen.** XI, 328 S., 164 Abb. *1983.*

H.A. Klaeren: **Algebraische Spezifikation – Eine Einführung.** VII, 235 S. *1983.*

H. Niemann: **Klassifikation von Mustern.** X, 340 S., 77 Abb. *1983.*

W. Heise, P. Quattrocchi: **Informations- und Codierungstheorie – Mathematische Grundlagen der Daten-Kompression und -Sicherung in diskreten Kommunikationssystemen.** X, 370 S., 62 Abb. *1983.*

H. Stoyan, G. Görz: **LISP – Eine Einführung in die Programmierung.** XI, 358 S., 29 Abb. Korr. Nachdruck *1986.*

K. Däßler, M. Sommer: **Pascal – Einführung in die Sprache; DIN-Norm 66256; Erläuterungen.** 2. Auflage. Unter Mitarbeit von A. Biedl. XIII, 248 S. *1985.*

G. Blaschek, G. Pomberger, F. Ritzinger: **Einführung in die Programmierung mit Modula-2.** 2., korrigierte Auflage. VII, 279 S., 26 Abb. *1987.*

R. Marty: **Methodik der Programmierung in Pascal.** 3. Auflage. IX, 201 S., 33 vollständige Programmbeispiele. *1986.*

W. Reisig: **Petrinetze – Eine Einführung.** 2., überarbeitete und erweiterte Auflage. IX, 196 S., 111 Abb. *1986.*

J. Nievergelt, K. Hinrichs: **Programmierung und Datenstrukturen – Eine Einführung anhand von Beispielen.** XI, 149 S. *1986.*

E. Jessen, R. Valk: **Rechensysteme – Grundlagen der Modellbildung.** XVI, 562 S., 269 Abb. *1987.*